"É muito raro o processo de desburocratização ser feito de maneira tão efetiva, empenhada e abrangente. A hora de começar é agora e o livro para se ler é *Humanocracia*, o guia prático de Hamel e Zanini para a criação de ambientes de trabalho que dão a todos a oportunidade de prosperar — algo essencial para revitalizar nossas organizações e revigorar nossas economias."

— **BENGT HOLMSTRÖM,** professor em *Paul A. Samuelson* de
Economia do Instituto de Tecnologia de Massachusetts; laureado
com o Nobel de Economia em 2016

"Hamel e Zanini conseguiram dois feitos notáveis. Produziram uma das críticas mais convincentes à burocracia que já li — explicando as muitas maneiras como as organizações burocráticas prejudicam a autonomia, a resiliência e a criatividade humanas. E eles lançaram um apelo estimulante para que o melhor seja feito — construir organizações que libertem a genialidade cotidiana das pessoas dentro delas. Repleto de percepções afiadas e orientações práticas, *Humanocracia* é um livro essencial."

— **DANIEL H. PINK,** autor best-seller do *New York Times* de *Motivação 3.0* e *Vender é Humano*

"*Humanocracia* oferece ao leitor um roteiro para ajudar as organizações a libertar a criatividade, a energia e a resiliência ao impulsionar seu cerne — os humanos."

— **GEN. STANLEY McCHRYSTAL,** aposentado do Exército dos EUA;
autor de *Team of Teams*

"*Humanocracia* é o livro de administração mais importante que li nos últimos tempos. Não é apenas mais um livro sobre o poder do propósito ou as satisfações da capacitação, é algo melhor. É uma exposição detalhada, bem fundamentada, baseada em dados e com argumentos verossímeis sobre os enormes custos da burocracia na sociedade. Hamel e Zanini apresentam uma discussão igualmente convincente para explicar por que pode ser diferente, oferecendo um guia prático para criar organizações que realmente funcionam."

— **AMY EDMONDSON,** professora da Harvard Business School;
autora de *The Fearless Organization*

CB007753

"Quase todas as grandes organizações criam um sistema burocrático em prol de uma segurança elusiva. Na realidade, a burocracia estagna a organização e frustra os funcionários. *Humanocracia* é um guia prático sobre como escapar dessa armadilha e desbloquear o potencial oculto de grandes organizações e, sobretudo, de seu maior patrimônio — os funcionários."

— **OLIVER BÄTE,** presidente e CEO da Allianz

"Em nosso atual mundo, bastante dinâmico, as grandes empresas precisam estimular o poder dos funcionários para multiplicar seu valor e seu impacto. *Humanocracia* traz um manual convincente de como grandes organizações podem reduzir a burocracia, criar uma força de trabalho altamente engajada e construir líderes que ajudem seu pessoal."

— **VAS NARASIMHAN,** CEO da Novartis

"Se alguma organização já destruiu suas esperanças e seus sonhos, este livro pode ajudar a reanimá-lo. É difícil imaginar um guia melhor para acabar com as burocracias e construir locais de trabalho que estejam à altura do potencial das pessoas que neles trabalham."

— **ADAM GRANT,** autor best-seller do *New York Times* de *Originais* e *Dar e Receber*; apresentador do TED podcast *WorkLife*

"Hamel e Zanini escreveram um guia ousado e essencial para a construção de uma organização imbuída do mesmo espírito de criatividade e empreendedorismo das pessoas que trabalham nela. Sua visão 'pós-burocrática' do trabalho não é apenas pertinente, mas também energizante."

— **ERIC RIES,** autor de *A Startup Enxuta*

"Tecnologia rápida e inovações empresariais exigem uma grande revisão das organizações burocráticas tradicionais. *Humanocracia* fornece uma estrutura estimulante e inspiradora para a criação das organizações inovadoras do futuro."

— **MING ZENG,** ex-diretor executivo de estratégia do Alibaba Group; autor de *Alibaba: Estratégia de sucesso*

"*Humanocracia* defende a substituição da cadeia de comando pela cadeia de confiança e por uma transparência radical. É uma receita para desbloquear a inovação revolucionária e o valor de cada indivíduo."

— **MARC BENIOFF,** presidente e CEO da Salesforce; autor de *Trailblazer*

"Finalmente, um livro que contém a tática para atacar a burocracia com tudo. As razões para utilizar-se da burocracia desapareceram há muito tempo na era digital — e ainda assim ela persiste. Hamel e Zanini nos apresentam uma alternativa que estimula as pessoas em vez de atormentá-las, humanizando a organização a níveis mais elevados de responsabilidade e impacto."

— **DIANE GHERSON,** diretora executiva de
Recursos Humanos da IBM

"Para que uma empresa desempenhe seu papel de fornecer produtos e serviços que ajudem as pessoas a melhorar suas vidas, seus funcionários devem estar totalmente capacitados para aperfeiçoar constantemente sua habilidade de contribuição. Isso requer funções que se encaixem em suas competências únicas e uma cultura que celebre e recompense a inovação, a colaboração, o desafio e todos os outros elementos do empreendedorismo baseado em princípios. *Humanocracia* revela uma condição básica para eliminar a gestão burocrática. Essa mudança não é apenas essencial para o sucesso dos negócios em longo prazo, mas para uma sociedade livre e aberta que dê a todos a oportunidade de crescer."

— **CHARLES G. KOCH,** presidente e CEO da Koch Industries;
fundador da Stand Together; autor de *Good Profit*

"Em *Humanocracia*, Hamel e Zanini desafiam a velha ordem e, simultaneamente, mostram o caminho para a criação de uma ordem nova e melhor, capaz de atingir objetivos maiores para as empresas e as comunidades que atendem.

Em um momento em que a revolução digital está modificando todos os aspectos da vida humana, os autores alertam devidamente as empresas de que suas estruturas burocráticas, resistentes às mudanças e muitas vezes perdulárias, são um obstáculo para o crescimento. A burocracia impede a criatividade dos funcionários, compromete sua automotivação e prejudica a felicidade no local de trabalho.

Assim, a necessidade de transformar as empresas em entidades humanocêntricas tornou-se mais urgente do que nunca. Como podemos ter sucesso nessa tarefa? Não encontrei guia melhor do que *Humanocracia* — um livro que todos aqueles que buscam e realizam mudanças deveriam ler."

— **MUKESH AMBANI,** presidente e diretor-geral da Reliance
Industries Limited; nomeado pela *Time* como uma das 100 Pessoas
Mais Influentes do Mundo em 2019

"Hamel e Zanini argumentam que a burocracia é opressiva, e estão certos. Com o engajamento no trabalho de apenas 15% dos 1,4 bilhão de funcionários em tempo integral do mundo, temos que capacitar o indivíduo, ou os seres humanos nunca prosperarão. A diferença que este livro pode fazer depende de você."

— **JIM CLIFTON,** CEO da Gallup

"*Humanocracia* é leitura obrigatória para sobreviver e prosperar no futuro. Este livro é um *tour de force.*"

— **VIJAY GOVINDARA JAN,** professor honorário *Coxe* da Tuck School
of Business na Dartmouth; autor de *The Three-Box Solution*

"Inovação é importante tanto para a forma como nos organizamos quanto para o que fazemos. *Humanocracia* mostra como é possível desbloquear a paixão e o potencial criativo em nossas organizações e dar a nós mesmos uma chance de enfrentar com sucesso os desafios mais importantes de nosso tempo."

— **TIM BROWN,** presidente da IDEO; autor de *Change by Design*

"*Humanocracia* é um livro sobre libertar o potencial humano, substituindo a burocracia por paixão e criatividade. Uma leitura obrigatória para quem deseja construir organizações humanocêntricas de forma eficiente."

— **JIM HAGEMANN SNABE,** presidente da Siemens AG; presidente da
AP Møller—Mærsk A/S; autor de *Dreams and Details*

"De forma atenciosa, *Humanocracia* descreve por que chegou a hora de as organizações abandonarem seus métodos burocráticos e trazer a humanidade de volta ao local de trabalho. Durante a leitura, eu assentia com a cabeça o tempo inteiro, pensando 'SIM! É isso. Este é o novo paradigma de gestão de que necessitamos há décadas. Hamel e Zanini conseguiram!'"

— **JIM WHITEHURST**, presidente da IBM; autor de *The Open Organization*

"*Humanocracia* é o livro mais esclarecedor e instrutivo para esta nova década cheia de propósitos. É leitura obrigatória para todas as organizações que buscam prosperar, sobreviver e, principalmente, causar o impacto humano que suas equipes desejam."

— **ANGELA AHRENDTS,** ex-CEO da Burberry; ex-vice-presidente sênior da Apple

"Na prática, todas as empresas sofrem disrupção de inovações vindas de todas as direções. A hierarquia burocrática é simplesmente muito lenta na tomada de decisões e não é inovadora o suficiente para ter sucesso competitivo na terceira década do século XXI. *Humanocracia* nos mostra o caminho a seguir para a criação de organizações menos burocráticas e mais inovadoras e humanas."

— **JOHN MACKEY,** cofundador e CEO da Whole Foods Market; coautor de *Capitalismo Consciente*

"De forma eficaz, Gary Hamel e Michele Zanini descrevem uma forma de sair do impasse burocrático que frustra muitas pessoas em seu trabalho diário. Como um movimento, *Humanocracia* nos levará a organizações mais humanas!"

— **JOS DE BLOK,** fundador da Buurtzorg

"Com perspicácia, Hamel e Zanini diagnosticam a burocracia sufocante que torna várias das organizações de hoje muito menos coletivamente inteligentes do que poderiam ser. Em seguida, eles dão exemplos fascinantes e instruções inspiradoras para a criação de organizações que são muito mais inovadoras, adaptáveis e gratificantes para as pessoas que nelas trabalham."

— **THOMAS W. MALONE,** professor *Patrick J. McGovern* de Administração da MIT Sloan School of Management; diretor do Centro de Inteligência Coletiva do MIT

"Por mais de uma década, Gary Hamel nos instou a aperfeiçoar a maneira como lideramos e organizamos. Neste livro, Hamel e Michele Zanini apresentam detalhes sobre como desburocratizar nossas empresas e transformá-las em organizações ágeis nas quais a paixão e os talentos dos funcionários são libertados e aproveitados para a cocriação com clientes, produtos e serviços que fazem uma diferença positiva."

— **LINDA A. HILL,** professora Wallace Brett Donham da Harvard
   Business School; coautora de *Collective Genius*

"Este livro é uma análise profunda das consequências disfuncionais da hierarquia e da burocracia. Por meio de vários exemplos de empresas que tentam uma abordagem diferente, os autores fornecem um modelo alternativo baseado nos seres humanos como solucionadores comprometidos e ativos de problemas, em vez de 'recursos' a serem usados para objetivos organizacionais. Esse modelo alternativo mostra-se mais eficaz em todas as tradicionais funções gerenciais."

— **EDGAR H. SCHEIN**, professor emérito da MIT Sloan School of
   Management; coautor de *Humble Leadership*

"Para construir um negócio resiliente, todos devem pensar e agir como proprietários. *Humanocracia* oferece um guia para desenvolver o empreendedorismo dentro de uma organização."

— **TONY HSIEH,** CEO da Zappos; autor best-seller do *New York Times*
   de *Satisfação Garantida*

HUMANOCRACIA

HUMANOCRACIA

CRIANDO ORGANIZAÇÕES TÃO INCRÍVEIS QUANTO AS PESSOAS QUE AS FORMAM

GARY HAMEL
+
MICHELE ZANINI

ALTA BOOKS
EDITORA

Rio de Janeiro, 2021

Humanocracia

Dados Internacionais de Catalogação na Publicação (CIP) de acordo com ISBD

H212h	Hamel, Gary
	Humanocracia: criando organizações tão incríveis quanto as pessoas que as formam / Gary Hamel, Michele Zanini ; traduzido por Melissa Medeiros. - Rio de Janeiro : Alta Books, 2021.
	352 p. ; 16cm x 23cm.
	Tradução de: Humanocracy
	Inclui índice e apêndice.
	ISBN: 978-65-5520-313-4
	1. Administração. 2. Gestão. 3. Organizações. 4. Pessoas. I. Zanini, Michele. II. Medeiros, Melissa. III. Título.
	CDD 658.401
2021-1926	CDU 658.011.2

Elaborado por Vagner Rodolfo da Silva - CRB-8/9410

Rua Viúva Cláudio, 291 — Bairro Industrial do Jacaré
CEP: 20.970-031 — Rio de Janeiro (RJ)
Tels.: (21) 3278-8069 / 3278-8419
www.altabooks.com.br — altabooks@altabooks.com.br

Produção Editorial	**Diretor Editorial**
Editora Alta Books	Anderson Vieira
Gerência Comercial	**Coordenação Financeira**
Daniele Fonseca	Solange Souza
Editor de Aquisição	
José Rugeri	
acquisition@altabooks.com.br	

Produtores Editoriais	**Equipe Comercial**
Ian Verçosa	Adriana Baricelli
Illysabelle Trajano	Daiana Costa
Larissa Lima	Kaique Luiz
Maria de Lourdes Borges	Tairone Oliveira
Paulo Gomes	Victor Hugo Morais
Thiê Alves	
Thales Silva	

Equipe Ass. Editorial	**Marketing Editorial**
Brenda Rodrigues	Livia Carvalho
Caroline David	Gabriela Carvalho
Luana Goulart	Thiago Brito
Marcelli Ferreira	marketing@altabooks.com.br
Mariana Portugal	
Raquel Porto	

Coordenação de Eventos	**Assistente Comercial**
Viviane Paiva	Fellipe Amorim
comercial@altabooks.com.br	vendas.corporativas@altabooks.com.br

Atuaram na edição desta obra:

Tradução	**Revisão Gramatical**
Melissa Medeiros	Rafael Surgek
	Thaís Pol
Copidesque	
Ana Gabriela Dutra	**Diagramação**
	Joyce Matos

(ⓜ) **Ouvidoria:** ouvidoria@altabooks.com.br

Editora afiliada à:

Impressão e Acabamento | Gráfica Viena
Todo papel desta obra possui certificação FSC® do fabricante.
Produzido conforme melhores práticas de gestão ambiental (ISO 14001).
www.graficaviena.com.br

Para Kelly Duhamel, por me ensinar muito sobre a vida, o amor e o que significa ser humano.
— Gary

Para Ludovica, Clara e Luigi, cujos amor e exemplo me inspiram a *ser* mais, todos os dias.
— Michele

Agradecimentos

Este livro reflete as ideias e as contribuições de muitas pessoas. Somos profundamente gratos a Polly LaBarre, com quem trabalhamos em estreita colaboração no desenvolvimento e na aplicação da metodologia de *hacking management* [gerenciamento de *hacking*, em tradução livre] descrita nos capítulos finais. Nossos colegas do Management Lab, Bruce Stewart e Matthew Hamel, também foram fundamentais no teste de abordagens não convencionais para mudanças organizacionais em larga escala.

Embora as ideias encontradas neste livro tenham sido testadas com muitas instituições em todo o mundo, devemos um agradecimento especial a Mark King e Angela Ahrendts. Eles nos ofereceram ambientes reais para testar algumas de nossas ideias mais radicais, nos ajudando a compreender melhor o poder e os limites da inovação em gerenciamento.

De diversas formas, este livro reflete a boa vontade dos líderes que compartilharam os princípios e as práticas humanocêntricas de sua instituição e nos conectaram com colegas que estavam na linha de frente para um diálogo mais profundo. Por essas contribuições, gostaríamos de agradecer às organizações e aos indivíduos a seguir.

No Projeto ATLAS, do CERN: Markus Nordberg e Marzio Nessi. Na Buurtzorg: Jos de Blok. Na GE Aviation: Michael Wagner. Na Haier: Ji Guangqiang, Lu Kailin, Wu Yong, Wang Jian e Zhang Rumin. Na Michelin: Bertrand Ballarin, Laurent Carpentier, Jean-Noel Gorce, Jean-Michel Guillon, Jaroslaw Michalak e Christian Thierolf. Na Morning Star: Paul Green, Doug Kirkpatrick e Chris Rufer. Na Nucor: John Ferriola, James Frias, Donovan Marks, Katherine Miller, Mary Emily Slate e Thad Solomon. Na Southwest: Emily Samuels e Julie Weber. Na Svenska Handelsbanken: Anders Bouvin e Richard Winder. No Serviço Nacional de Saúde do Reino Unido: Helen Bevan. Na W. L. Gore & Associates: Michelle Augustine, Terri Kelly e Jason Eads.

Muitas das ideias deste livro foram previamente apresentadas aos participantes do Programa Executivo Sênior da London Business School. Somos gratos pelos insights e pelo incentivo que eles ofereceram.

Grace Reim, nossa colega de longa data, passou a maior parte de três anos lidando com os nossos problemas enquanto trabalhávamos no livro, e suas habilidades excelentes de gerenciamento de projetos se mostraram inestimáveis. Stig Albertsen, Katrina Marshall e Susan Salzbrenner, do Implement Consulting Group, contribuíram de forma admirável para a pesquisa e foram parceiros de ideias durante todo o processo de escrita.

Agradecemos ao nosso agente literário, Christy Fletcher, por tornar este projeto possível, e a Mark Fortier pela divulgação do livro.

Por fim, somos gratos a Adi Ignatius, editor-chefe da *Harvard Business Review Press*, por nos dar a chance de trabalhar com sua magnífica equipe, começando com Jeff Kehoe, nosso editor. Nós realmente apreciamos a orientação atenciosa de Jeff sobre a estrutura e o conteúdo do livro e seu apoio e incentivo constantes. Outros que merecem nossa homenagem incluem Nicole Torres, Jen Waring e Julie Devoll, bem como toda a equipe de marketing e publicidade.

Escrever um livro é uma tarefa árdua, não apenas para os autores, mas também para suas famílias. Nós somos profundamente gratos pela paciência e pelo apoio que recebemos de nossos companheiros e filhos em todos os anos de pesquisa e escrita necessários à produção deste livro.

Embora o crédito por este livro deva ser amplamente compartilhado, a responsabilidade por qualquer falha é nossa.

Sobre os autores

GARY HAMEL é professor visitante de estratégia e empreendedorismo da London Business School. Ele é autor de vinte artigos para a *Harvard Business Review* e publicou cinco livros na *Harvard Business Review Press*, incluindo *The Future of Management* (2007), que foi eleito o livro de negócios do ano na Amazon. O *Wall Street Journal* classificou Hamel como o guru de gestão mais influente do mundo, enquanto o *Financial Times* o intitulou um "revolucionário em gestão sem igual". Como consultor, Hamel ajudou várias das empresas mais respeitadas do mundo a aumentar sua capacidade de inovação e renovação estratégica. Ele é palestrante regular nas conferências de maior prestígio do mundo e é membro da Strategic Management Society. Junto com Michele Zanini, Hamel é cofundador do Management Lab, uma organização que desenvolve tecnologia e ferramentas para apoiar a inovação em gestão revolucionária. Ele mora no norte da Califórnia.

MICHELE ZANINI é cofundador do Management Lab. Junto com Gary Hamel, ele ajuda instituições com perspectivas visionárias a se tornarem locais de trabalho mais resilientes, inovadores e envolventes. Anteriormente, Zanini era sócio da McKinsey & Company e líder nas práticas organizacionais, estratégicas e de serviços financeiros da empresa. Também passou cinco anos como analista de políticas na RAND Corporation, onde conduziu uma pesquisa pioneira sobre como terroristas e outros grupos insurgentes aproveitavam as tecnologias da era da informação para atuar com mais agilidade. Seu trabalho já foi publicado na *Harvard Business Review*, no *Financial Times* e no *Wall Street Journal*. Zanini é formado pela John F. Kennedy School of Government, da Universidade Harvard, e pela Escola de Pós-Graduação Pardee RAND. Ele mora em Boston.

Sumário

PARTE QUATRO

O Caminho para a Humanocracia

Como Chegamos Lá?

Prefácio

Como você se sentiria no trabalho se…

Tivesse o direito de criar suas próprias atribuições?

Sua equipe estivesse livre para definir os próprios objetivos e métodos?

Fosse incentivado a desenvolver suas habilidades e assumir novos desafios?

Seus colegas de trabalho parecessem mais família do que colegas?

Nunca se sentisse sobrecarregado por regras inúteis e burocracia?

Se sentisse confiável em todas as situações para usar seu bom senso?

Prestasse contas a seus colegas em vez de a um chefe?

Não precisasse perder tempo com bajulação ou jogos políticos?

Tivesse a chance de ajudar a moldar a estratégia e a direção de sua empresa?

Sua influência e compensação dependessem de suas habilidades, e não do seu cargo?

Nunca tivesse motivos para se sentir inferior aos seus superiores?

Imagine como seria incrível se todos esses aspectos fossem verdadeiros onde você trabalha. Surpreendentemente, supomos, seria improvável que o trabalho parecesse um trabalho. Infelizmente, essa não é a realidade da maioria dos funcionários. A empresa típica de médio ou grande porte infantiliza o funcionário, impõe uma conformidade maçante, desencoraja o empreendedorismo, coloca as pessoas em papéis limitados, impede o crescimento pessoal e trata os seres humanos como meros recursos.

Como consequência, nossas instituições costumam ser menos resilientes, criativas e dinâmicas do que as pessoas que trabalham nelas. A culpada é a burocracia — com suas estruturas de poder autoritárias, suas regras sufocantes e sua politicagem tóxica. Alguns podem acreditar que a burocracia está em declínio, que terá o mesmo destino que telefones fixos, carros movidos a combustível e plásticos descartáveis. A palavra "burocracia", assim como "cavalo-vapor", parece ser a relíquia de uma época passada — e em muitos aspectos é, mas, infelizmente, ainda está conosco. Como veremos no Capítulo 3, a burocracia vem crescendo, não diminuindo — um fato que está correlacionado, acreditamos, à desaceleração preocupante no crescimento da produtividade global, um fenômeno que é um mau presságio para os padrões de vida e as oportunidades econômicas.

As organizações burocráticas são inertes, supérfluas e desanimadoras. Em uma burocracia, o poder de iniciar a mudança é atribuído a alguns líderes seniores. Quando os que estão no topo sucumbem à negação, à arrogância e à nostalgia, como costumam fazer, a organização fraqueja. É por isso que mudanças profundas em uma burocracia costumam ser tardias e convulsivas. As burocracias também têm fobia à inovação. Elas são naturalmente avessas ao risco e oferecem poucos incentivos para aqueles inclinados a desafiar o status quo. Em uma burocracia, ser um dissidente é uma ocupação de alto risco. E o pior de tudo, as burocracias são opressoras. Privados de qualquer influência real, os funcionários desconectam as emoções do trabalho. Iniciativa, criatividade e ousadia — requisitos para o sucesso na economia criativa — muitas vezes ficam em casa.

Felizmente, a burocracia não é a única maneira de organizar a atividade humana em escala. Em todo o mundo, um pequeno mas crescente grupo de pioneiros pós-burocráticos estão provando que é possível capturar os benefícios da burocracia — controle, consistência e coordenação — enquanto as penalidades são evitadas — inflexibilidade, mediocridade e indolência. Quando comparadas a seus pares de gerenciamento mais tradicional, as empresas de vanguarda — muitas das quais apresentaremos neste livro — são mais proativas, inventivas e lucrativas.

Essas empresas foram construídas — ou, em alguns casos, reconstruídas — com um objetivo em mente: maximizar a contribuição humana. Essa aspiração é o espírito promissor da humanocracia e contrasta fortemente com a obsessão burocrática pelo controle. Ambas as metas são importantes, mas, na maioria das organizações, o esforço despendido na garantia da conformidade demanda uma energia superior à necessária para ampliar a capacidade do impacto humano. Esse enorme desequilíbrio, além de ser eticamente perturbador, é perigoso para as organizações e um entrave para a economia.

A burocracia é particularmente problemática para grandes empresas. Conforme uma instituição cresce, camadas são adicionadas, equipes ficam maiores, regras proliferam e custos de compliance aumentam. Quando uma empresa atinge um certo limite de complexidade — cerca de duzentos a trezentos funcionários, em nossa experiência —, a burocracia começa a crescer mais rápido do que a própria instituição. É por isso que as grandes empresas têm mais burocracia per capita do que as pequenas e estão sobrecarregadas com deseconomias gerenciais de escala.

A ligação entre perímetro e "buroclerose" seria menos preocupante se as grandes instituições não fossem tão dominantes. Apesar de todo o falatório sobre economia GIG, existe — agora mais do que nunca — uma grande porcentagem da força de trabalho dos EUA que trabalha para grandes empresas. Em 1987, 28,8% dos funcionários norte-americanos trabalhavam em empresas com mais de 5 mil colaboradores. Trinta anos depois, o percentual era de 33,8. Hoje, o número de funcionários trabalhando em organizações com mais de 10 mil colaboradores supera o número dos que trabalham em empresas com cinquenta ou menos funcionários.

Defensores do status quo dirão que a burocracia é o correlato inevitável da complexidade, mas nossas evidências sugerem o contrário. As empresas de vanguarda provam que é possível construir organizações que são grandes *e* rápidas, disciplinadas *e* fortalecedoras, eficientes *e* empreendedoras, ousadas *e* prudentes.

Se você duvida, aqui está um *amuse-bouche* — um pequeno exemplo do que é possível quando uma instituição se compromete com "a humanidade acima da burocracia". Este é o lema da Buurtzorg, líder na prestação de serviços de saúde domiciliar nos Países Baixos. Os 11 mil enfermeiros e os 4 mil empregados domésticos da empresa estão organizados em mais de 1.200 equipes autogerenciadas. Cada equipe de enfermeiros é composta de doze cuidadores responsáveis por uma área geográfica específica, geralmente com cerca de 10 mil residentes holandeses. Essas unidades operacionais compactas são encarregadas de encontrar clientes, alugar escritórios, recrutar novos membros, administrar orçamentos, programar equipes, cumprir metas ambiciosas e melhorar constantemente a qualidade e a eficiência do atendimento prestado.

Na maioria das instituições, essas funções recairiam sobre gerentes regionais, mas, na Buurtzorg, elas são divididas entre os membros da equipe local. Cada equipe tem uma "governanta" e um "tesoureiro", um "monitor de desempenho", um "organizador", um "desenvolvedor" e um "mentor". São funções de meio período preenchidas por enfermeiros que passam a maior parte do dia trabalhando com pacientes.

Para apoiar sua força de trabalho poderosa, a Buurtzorg treina todos os funcionários em tomada de decisões em grupo, escuta ativa, resolução de conflitos e *peer coaching*. As equipes são unidas por uma plataforma social chamada "Welink", na qual os enfermeiros postam perguntas e dicas. Em vez de ditar protocolos de atendimento domiciliar por meio de uma abordagem top-down, a Buurtzorg incentiva as equipes a otimizar suas práticas operacionais, aproveitando a sabedoria coletiva da rede e inovando localmente quando veem oportunidades de modernizar suas técnicas. Métricas de desempenho detalhadas de cada equipe são visíveis por toda a Buurtzorg, uma transparência que cria um poderoso incentivo para a aprendizagem colaborativa e a melhoria contínua.

A equipe administrativa da Buurtzorg inclui 52 coaches regionais e da sede, 50 funcionários de backoffice (a maioria de TI) e 2 diretores seniores, incluindo Jos de Blok, fundador da empresa. Tudo bem conciso: uma organização de 15 mil pessoas com dois gestores de linha e uma equipe de assessoria com pouco mais de cem indivíduos.

A Buurtzorg define *benchmarks* em praticamente todas as áreas de desempenho (veja a figura P1). A liderança substancial da empresa sobre seus concorrentes não é o resultado de uma brilhante estratégia top-down, regras operacionais servilmente aplicadas ou algoritmos devoradores de dados, mas, sim, de um modelo organizacional que capacita e equipa cada funcionário para ser um solucionador de problemas inspirado e um especialista em negócios que sabe tomar decisões.

A Buurtzorg foi eleita a empregadora holandesa do ano cinco vezes — nada mal para uma empresa fundada em 2006, mas, como veremos, ela não é a única a aproveitar o poder da genialidade cotidiana.

Por que, então, mais organizações não seguiram o exemplo? Por que as empresas estabelecidas se sobrecarregariam voluntária e desnecessariamente com o que é, em essência, um imposto sobre o esforço humano? Porque, francamente, desburocratizar significa desmantelar as estruturas de poder tradicionais. Como você deve ter notado, pessoas poderosas costumam relutar em ceder e geralmente têm os meios necessários para defender suas prerrogativas. Esse é um sério impedimento, uma vez que não há como construir uma organização humanocêntrica sem achatar a pirâmide.

Em vez de assumir a tarefa amplamente política de extirpar a burocracia, os CEOs têm procurado compensar seus custos por meio da busca de poder de mercado e vantagem regulatória. Entre 2015 e 2019, o valor das fusões e aquisições globais totalizou US$20 trilhões, que é aproximadamente toda a Bolsa de Valores de Nova York. Os economistas Gustavo Grullon, Yelena Larkin e Roni Michaely estimam que, entre 1972 e 2014, mais de 75% das indústrias dos Estados Unidos se tornaram mais concentradas.[1]

FIGURA P-1

Buurtzorg versus Seus Competidores

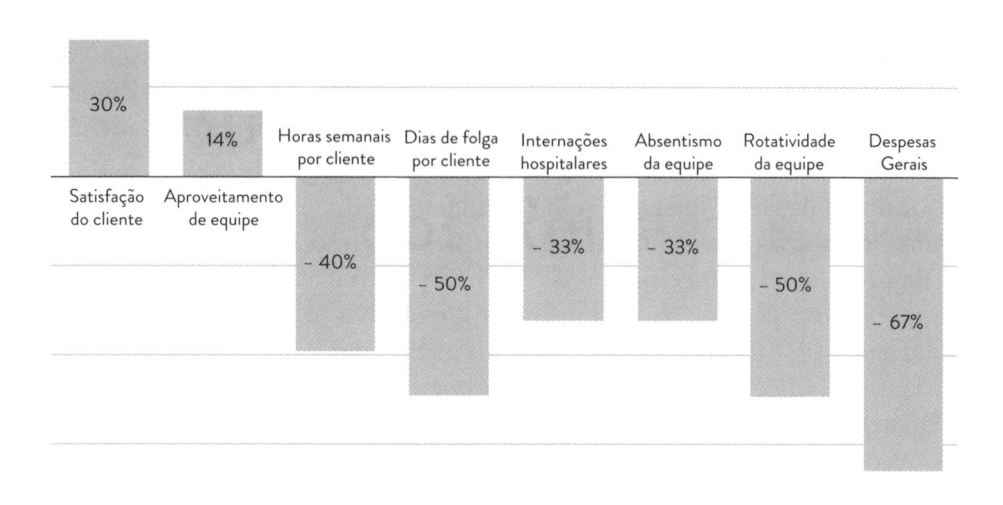

Fonte: Stefan Ćirković, "Buurtzorg: Revolutionizing Home Care in the Netherlands", Center for Public Impact Case Study, 15 de novembro de 2018.

Com muita frequência, quando uma grande empresa é atingida pelos ventos da destruição criativa e começa a afundar, o primeiro impulso de um CEO não é se livrar do lastro da burocracia, mas se agarrar a outro navio-petroleiro naufragando.

Embora muitas vezes os CEOs justifiquem as megafusões prometendo maior eficiência operacional, pesquisas sugerem que os benefícios reais têm menos a ver com economias de escala e mais com vantagem oligopolista.[2] Um estudo abrangente da economia dos EUA realizado por Jan De Loecker, Jan Eeckhout e Gabriel Unger constatou que os *"markups"*, indicadores do poder de mercado que medem a diferença no nível da empresa entre os preços e os custos marginais, aumentaram acentuadamente nas últimas décadas. Em 1980, uma empresa média cobrava 21% do custo marginal; em 2016, o *markup* médio havia aumentado para 61%. Essa tendência foi observada não apenas nos Estados Unidos, mas também em outras economias desenvolvidas.[3]

O crescimento também aumenta o poder político. Uma empresa de US$100 bilhões com um esforço de lobby correspondente tem muito mais influência em Washington, Bruxelas e outros centros de poder do que uma empresa com um décimo desse tamanho.

Exemplos recentes de lobby caríssimos incluem a tentativa dos fabricantes de automóveis dos EUA para impedir a Tesla de abrir lojas próprias; a promessa obtida pela indústria farmacêutica de que o governo norte-americano não usará seu poder para reduzir os preços dos medicamentos; e a resistência dos hospitais dos EUA às exigências governamentais por maior transparência nos preços da assistência médica.

Embora os CEOs queixem-se de regulamentações, um estudo recente de James Bessen, da Universidade de Boston, revelou uma forte correlação entre a regulamentação específica de determinado setor e o aumento subsequente nos lucros.[4] Bessen calcula que, nos últimos anos, o chamado *rent-seeking* adicionou US$2 trilhões às avaliações das instituições e transferiu anualmente US$400 bilhões dos consumidores para as empresas. Por que sangrar no campo de batalha, perguntam-se os CEOs, quando você pode usar seu poder político para obter uma vantagem?

Como muitas empresas descobriram, é mais fácil fazer outro acordo ou contratar mais lobistas do que desburocratizar um império em expansão. Essa é uma má notícia para consumidores e cidadãos. Como qualquer economista lhe dirá, altos níveis de poder de mercado enfraquecem o investimento, reprimem a inovação, reduzem a criação de empregos e exacerbam a desigualdade de renda.

Seria ótimo se novas e agressivas startups responsabilizassem os oligopolistas, e isso às vezes acontece, mas no geral o impacto do empreendedorismo é modesto. No momento de escrita deste livro, o mundo continha 433 "unicórnios" — empresas apoiadas por capital de risco que ostentam um valor de mercado de US$1 bilhão ou mais. Embora recebam muita publicidade, essas empresas são uma parte relativamente pequena de suas respectivas economias. No início de 2020, nos Estados Unidos, os unicórnios tinham um valor combinado de mercado de US$650 bilhões. Parece um número grande, mas na época representava pouco mais de 2% do valor combinado de mercado do S&P 500. Por mais que enclaves empresariais, como o Vale do Silício, sejam importantes, precisamos encontrar maneiras de acender a chama do empreendedorismo em todas as organizações.

Ao que parece, muitos líderes ainda não chegaram a essa conclusão. Basicamente, eles apostam que as vantagens do poder de mercado e da força política mais do que compensarão as desvantagens do entrave burocrático. No entanto, há o risco de confiar na contínua aquiescência do poder corporativo em expansão. O Conselho de Assessores Econômicos da Casa Branca pediu uma "reação firme aos abusos de poder de mercado".[5] Os juristas Eric Posner e Glen Weyl acreditam que "alguns dos maiores empregadores do país... precisam ser desmembrados" e "as autoridades reguladoras precisam ficar mais agressivas com os monopólios de tecnologia e impedi-los de absorver rivais inovadores".[6] Até o Goldman Sachs, oficiante de inúmeros casamentos corporativos, observou que, se a tendência à maior concentração persistir, isso significará que "há questionamentos mais amplos a serem feitos sobre a eficácia do capitalismo".[7] Pode ter certeza de que, quando o Goldman Sachs se pergunta se a consolidação foi longe demais, a resposta é sim.

E não são apenas os especialistas. Os cidadãos também se cansaram. Em uma pesquisa da Pew Research realizada em 2019, 82% dos norte-americanos disseram que as grandes corporações têm muito poder e muita influência na economia. O argumento "quanto maior, melhor" está ficando cada vez mais difícil de engolir. À medida que a opinião começa a mudar e os governos tornam-se mais agressivos ao desafiar o poder do monopólio, os CEOs precisam encontrar novos caminhos para a rentabilidade e o crescimento. A melhor aposta: comprometer-se incondicionalmente com a criação de organizações que permitam aos seres humanos fazer seu melhor trabalho, livre das amarras da burocracia.

De maneira crítica, existem razões sociais, políticas e econômicas para declarar guerra à burocracia. Nos últimos anos, legisladores e políticos expressaram preocupação com a crescente desigualdade de renda. Entre 1979 e 2016, o quintil superior dos assalariados dos EUA viu sua remuneração crescer 27%, enquanto aqueles do quintil inferior sofreram um declínio de 1%.[8] (Veja a figura P2.)

Muitos fatores contribuíram para essa divergência, incluindo a concorrência de países com baixos salários, a preferência crescente das grandes empresas por prestadores de serviço autônomos, o poder cada vez menor dos sindicatos e os efeitos da substituição de funções pela tecnologia. A pressão descendente que essas forças exercem sobre os empregos de baixa e média renda tem sido responsabilizada tanto pelo aumento do populismo no Cinturão da Ferrugem quanto pelo crescente fascínio pelo socialismo entre os eleitores da geração Z, que temem nunca ser tão prósperos quanto seus pais. O perigo, já muito aparente, é que a polarização do mercado de trabalho corroa ainda mais a coesão social e a amizade política.

Somado a isso está o medo de que a robótica e a inteligência artificial suplantem muitos empregos de baixo e médio escalão. Um relatório da

Instituição Brookings de 2019 estimou que 25% dos empregos nos EUA são altamente vulneráveis à automação e outros 36% apresentam risco moderado.[9] Um estudo independente, abrangendo 32 países da OCDE, constatou que 300 milhões de empregos estão ameaçados pela automação. Elon Musk, fundador da Tesla e da SpaceX, advertiu que os seres humanos precisam se preparar para um mundo no qual "robôs serão capazes de fazer tudo melhor do que nós".[10] Essas e outras previsões igualmente terríveis deram lugar à ideia de uma renda garantida para cada cidadão, financiada em parte por um imposto sobre robôs.

FIGURA P-2

Mudanças em Salários Efetivos por Quintil (1979–2016)

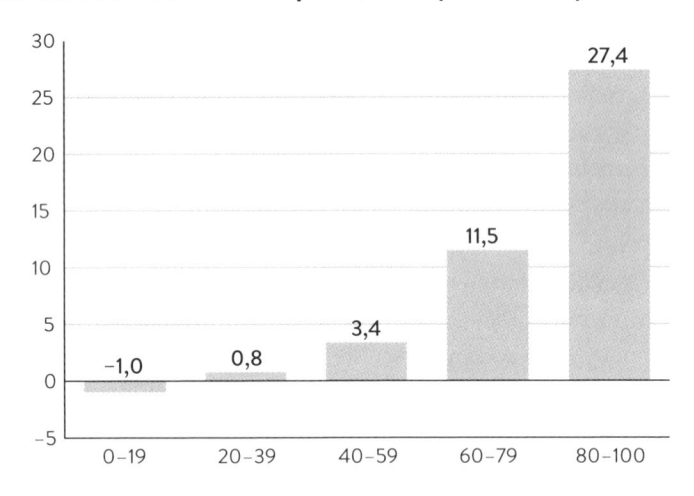

Fonte: Jay Shambaugh, Ryan Nunn, Patrick Liu e Greg Nantz, "Thirteen Facts about Wage Growth", relatório da Instituição Brookings, setembro de 2017.

O problema mais geral de salários estagnados ou em declínio acarretou uma série de propostas políticas, incluindo a representação obrigatória dos trabalhadores em conselhos corporativos, a negociação coletiva por setor, melhores benefícios para trabalhadores da economia GIG, incentivos fiscais para investimento em capital humano e maior ênfase em ciências e matemática no ensino secundário.

Embora algumas dessas ideias tenham mérito, nenhuma delas aborda o que consideramos uma suposição injustificada e prejudicial, isto é, que uma grande quantidade de empregos é inerente e inalteravelmente pouco qualificada. Em regra, um trabalho é definido como pouco qualificado se não exigir ensino superior ou treinamento avançado. Como esses empregos requerem pouca experiência especializada, eles tendem a ser mal remunerados. De acordo com um estudo recente, 53 milhões de trabalhadores norte-americanos, ou 44% da força de trabalho, estão em empregos com baixa remuneração.[11] Isso é um fato, mas economistas e juristas erram quando presumem que é um fato imutável.

Ao contrário do senso comum, o que torna um trabalho pouco qualificado não é a natureza da função que ele envolve, ou as credenciais exigidas, mas se as pessoas que executam a tarefa têm ou não a oportunidade de desenvolver suas competências e enfrentar novos problemas. A lição mais importante a ser aprendida com os pioneiros pós-burocráticos é que é possível aperfeiçoar radicalmente o que de outra forma seria considerado um emprego de baixa qualificação — como operar uma empilhadeira, colocar malas dentro de um avião ou embalar produtos agrícolas. Essa alquimia no ambiente de trabalho — transformar empregos estagnados em empregos progressivos — torna-se viável quando um empregador:

- Ensina a equipe de linha de frente a pensar como empresários.

- Treina funcionários em mais de uma função e organiza-os em grupos pequenos e multifuncionais.

- Dá a essas equipes a responsabilidade pelo demonstrativo de lucros e perdas.

- Junta novos funcionários com mentores experientes.

- Encoraja os funcionários a identificar e lidar com oportunidades de crescimento.

- Fornece tempo e recursos para realização de experimentos locais.

- Fornece aos funcionários vantagens financeiras para encorajá-los a fazer mais do que apenas o seu trabalho exige.

- Trata todo indivíduo e toda função como indispensáveis para o sucesso coletivo.

As empresas de vanguarda oferecem salários acima da média, não porque sejam extraordinariamente generosas, mas porque seus funcionários geram valor excepcional. Há uma profunda convicção nessas organizações de que quando funcionários "comuns" têm a chance de aprender, crescer e contribuir, eles alcançarão resultados notáveis. Com o tempo, essa convicção produz uma força de trabalho amplamente experiente, permanentemente inovadora e intensamente focada no cliente. A experiência dos rebeldes pós-burocráticos atesta uma única verdade esclarecedora: uma instituição tem pouco a temer do futuro ou de seus concorrentes quando está repleta de "microempreendedores" autogestionários.

Os burocratas presumem erroneamente que trabalhos comoditizados são ocupados por profissionais comoditizados. Infelizmente, esse preconceito tende a se autovalidar. Quando os seres humanos têm poucas oportunidades de exercitar sua imaginação, o resultado é a baixa criatividade. Isso é, então, considerado prova de que o funcionário médio é meio idiota.

Os pesquisadores que tentam estimar o impacto da automação sobre o emprego frequentemente cometem o mesmo erro. Por exemplo, após revisar descrições detalhadas de tarefas para 702 profissões compiladas pela Secretaria de Estatísticas Trabalhistas dos Estados Unidos (BLS, na sigla em inglês), Carl Frey e Michael Osborne, pesquisadores da Universidade Oxford, estimaram que 47% dos empregos norte-americanos corriam alto risco de automação.[12] Essa conclusão não surpreende, uma vez que, de acordo com nossa análise dos dados da BLS, 70% dos funcionários dos EUA têm empregos que exigem pouca ou nenhuma originalidade. Esse fato nada diz sobre a imaginação das pessoas nesses empregos, mas elucida a maneira como o paradigma burocrático elimina do trabalho a iniciativa e a criatividade.

Frey e Osborne observam corretamente que os trabalhos que envolvem "tarefas complexas de percepção e manipulação, tarefas de inteligência criativa e social" são resistentes à automação. Contudo, é um erro presumir que a grande maioria dos empregos em uma economia oferece pouco espaço para a aplicação das capacidades exclusivamente humanas que distinguem as pessoas das máquinas. É igualmente equivocado acreditar que tais capacidades estão estritamente distribuídas dentro da população humana. Pense por um momento na extensão ilimitada de criatividade que pode ser encontrada no YouTube ou na vastidão da blogosfera. Os criadores de hoje são inerentemente mais talentosos do que seus antepassados? Claro que não. O que mudou é que alguns bilhões de pessoas, graças às novas ferramentas e plataformas digitais, finalmente tiveram a chance de cultivar sua criatividade latente. Por que esperaríamos que os resultados fossem menos espetaculares se todos os funcionários estivessem equipados e capacitados da mesma forma?

São nossas organizações incrustadas por burocracia que têm raciocínio lento, não as pessoas nelas. Isso não é uma conjectura; é a nossa própria experiência. Mais de uma década atrás, um dos autores liderou um programa de treinamento em larga escala em uma empresa de manufatura do Meio-Oeste dos Estados Unidos. Ao longo de um ano, mais de 30 mil funcionários, muitos deles membros de sindicatos da classe trabalhadora, foram ensinados a pensar como inovadores empresariais. Desse esforço surgiram milhares de ideias transformadoras. Em um caso memorável, embora não incomum, uma funcionária que trabalhava em uma linha de montagem há tempos teve uma ideia que rendeu uma recompensa de milhões de dólares. Pela primeira vez em sua carreira, essa mulher foi convidada a pensar grande e, quando a chance apareceu, ela a agarrou. Infelizmente, muitos funcionários nunca têm essa oportunidade. Em vez de serem vistos como inventores e executores, eles são vistos como *meatware* — onerosos substitutos de máquinas que não podem ser atualizados.

Um dos nossos principais objetivos neste livro é traçar um plano para transformar cada emprego em um bom emprego. Em vez de desqualificar o trabalho, precisamos capacitar os funcionários. Em vez de terceirizar funções de baixo valor, precisamos aumentar o conteúdo criativo de cada uma delas. Em vez de presumir que os empregos da classe média vão, por fim, sucumbir à globalização e à automação, precisamos reformular os ambientes de trabalho de forma que despertem a genialidade cotidiana de cada ser humano. Embora possa haver um número finito de tarefas rotineiras a serem realizadas no mundo, não há limite para o número de problemas pertinentes que imploram para serem resolvidos. Desse ponto de vista, a ameaça que a automação representa para o emprego depende principalmente de continuarmos ou não a tratar os funcionários como robôs.

A mudança para a humanocracia não será fácil. Considere que na pesquisa Great Jobs Demonstration realizada pela Gallup em 2019, menos de um terço dos empregados dos EUA concorda completamente com a afirmação: "Tenho a oportunidade de fazer meu melhor todos os dias." Menos de um quarto afirmou que deve ser inovador em sua função e apenas um em cada cinco sentia que suas opiniões importavam no trabalho.[13] Com dados assim, não é exagero argumentar que muitas organizações desperdiçam mais do que aproveitam a capacidade humana.

Existem barreiras práticas, filosóficas e políticas para corrigir essa realidade lamentável. No nosso trabalho de consultoria, esbarramos em muitos desses obstáculos e temos cicatrizes para provar isso. Não somos ingênuos, mas também aprendemos o suficiente para ter esperança. A burocracia não é uma constante cosmológica. Não está escrito nas estrelas que nossas organizações devem ser complexas, sufocantes e insensíveis. A burocracia foi inventada por seres humanos, e agora cabe a nós inventar algo melhor.

A primeira tarefa é construir um caso incontestável para arrancar a burocracia pela raiz. Esse é o foco da Parte I, "A Tese em Defesa da Humanocracia". No Capítulo 1, você aprenderá por que o maior risco para a maioria das instituições não é um modelo operacional antiquado ou um modelo de negócios falido, mas um modelo de gerenciamento estagnado. Embora nossas instituições possam já ter arcado com os custos da burocracia, isso não acontece mais. No Capítulo 2, você terá uma visão detalhada de como as características da burocracia — estratificação, especialização, formalização e rotinização — comprometem a flexibilidade, a inovação e o engajamento. Você também terá um vislumbre inicial de como algumas instituições heréticas têm desafiado as normas burocráticas. No Capítulo 3, mostraremos como calcular os custos ocultos da burocracia em sua própria organização — uma etapa crítica na construção do compromisso para realizar uma reformulação abrangente da gestão.

Para passar do diagnóstico à ação, você precisa acreditar que há uma alternativa ao status quo — que a ideia de uma organização humanocêntrica não é uma fantasia utópica. Na Parte II, "Humanocracia em Ação", exploraremos duas empresas impressionantes que aproveitaram o poder da humanocracia. O Capítulo 4 lhe dará uma visão privilegiada da Nucor, a empresa siderúrgica mais inovadora do mundo. Você aprenderá como o seu modelo de gerenciamento supersimples libera a criatividade e incentiva todos a pensar e agir como proprietários. No Capítulo 5, revelaremos os segredos da fabricante global de eletrodomésticos e aparelhos eletrônicos Haier, que é, indiscutivelmente, a empresa com o gerenciamento mais criativo do mundo. Na última década, a Haier buscou construir uma empresa com "distância zero" entre funcionários e clientes. Para tanto, ela dividiu sua organização de 56 mil pessoas em 4 mil microempresas, com apenas dois níveis separando os funcionários da linha de frente do CEO. Mais uma rede do que uma hierarquia, a Haier oferece um modelo surpreendente, mas prático, para alcançar o empreendedorismo em escala.

Na Parte III, "Os Princípios da Humanocracia", você será apresentado aos sete princípios básicos de uma instituição humanocêntrica: sentimento de propriedade, mercados, meritocracia, comunidade, transparência, experimentação e paradoxo. No Capítulo 6, argumentaremos que reinventar a gestão requer não apenas novas ferramentas e novos métodos, mas princípios inteiramente novos. Do Capítulo 7 ao 13, forneceremos exemplos detalhados de como operacionalizar cada um dos princípios de maneiras que tornarão sua organização mais flexível, criativa e ousada.

Como você pode suspeitar, a burocracia não cederá apenas a novos pensamentos. Como a tecnologia social mais onipresente do mundo, a burocracia é familiar, arraigada e bem defendida. Para triunfar, você precisará contornar as velhas estruturas de poder, estimular um eleitorado que seja a favor das mudanças e iniciar dezenas de experimentos organizacionais audaciosos. Esses são os desafios que enfrentaremos na Parte IV, "O Caminho para a Humanocracia". No Capítulo 14, você aprenderá como Bertrand Ballarin, gerente de relações industriais da Michelin, catalisou um esforço bottom-up para capacitar radicalmente as equipes da linha de frente. Sua história proporcionará insights profundos sobre como alcançar objetivos revolucionários com meios evolutivos. No Capítulo 15, ofereceremos um guia passo a passo para começar as mudanças na sua própria equipe. Mostraremos como se livrar do pensamento burocrático, engajar seus colegas e transformar sua unidade em um laboratório para inovações de gestão radicais. Finalmente, no Capítulo 16, mostraremos como escalonar. Com base nas lições de hackers e de ativistas de gerenciamento, descreveremos o que é necessário para construir uma campanha que envolva todos no trabalho de reinventar a gestão. Demonstraremos que implantar a humanocracia requer uma abordagem nova e ousada para a transformação em grande escala, na qual a mudança vem de dentro.

Este livro é um manifesto e um manual. Ele argumenta, esperamos, de forma persuasiva, que é hora de libertar o espírito humano dos grilhões da burocracia — e que fazer isso acarretará profundos benefícios para indivíduos, instituições, economias e sociedades. Também oferece aos rebeldes da administração estratégias práticas para promover a causa em prol da humanocracia dentro de suas próprias instituições. Nos últimos anos, fomos abençoados com a oportunidade de trabalhar com um grupo incrível de piratas organizacionais. Eles nos ensinaram que, com coragem, compaixão e pensamento crítico, qualquer um pode transformar uma grande instituição — independentemente de seu título ou cargo. Portanto, se você está *pronto* para construir uma organização adequada para os seres humanos e para o futuro, nós o convidamos a começar aqui e agora.

Parte Um

A Tese em Defesa da Humanocracia

Por que Mexer no Vespeiro Burocrático?

Totalmente Humano

Nós somos definidos pelas causas que defendemos. Nossa identidade é revelada pelos desafios que abraçamos. Por mais modestos que sejam nossos meios e finitas nossas capacidades, podemos nos presentear com a alegria de uma nobre missão. Felizmente, existem muitos problemas que merecem ser resolvidos — como construir máquinas que pensam, reduzir as emissões de CO_2, superar a desigualdade racial, combater superbactérias resistentes a medicamentos, acabar com o tráfico humano e construir habitats em outros planetas.

De alguma forma, sabemos que a vida é muito curta para nos envolvermos com problemas irracionais. Os sábios estavam certos quando nos aconselharam a seguir a "trilha menos percorrida". Resolver novos problemas e traçar novos caminhos — é para isso que nascemos. Logo, é terrível o fato de tantos de nós trabalharmos em organizações apáticas e desanimadoras. Sugira uma ideia inovadora e audaciosa para seu chefe e você provavelmente se deparará com objeções: "Isso não encaixa na nossa estratégia." "Não temos orçamento." "Isso nunca será aprovado pelo departamento legal." "Essa não é nossa cultura." "É impraticável." "Tem muitas desvantagens." O problema não é o seu gestor; ele está de mãos atadas, assim como você. O problema é que sua organização, como muitas, é inerentemente rígida, repressiva e apática.

Tire um tempo e atribua uma pontuação para sua organização nos seguintes aspectos:

Objetivos:	Ousados	← ○———○———○ →	Tímidos
Riscos:	Altos	← ○———○———○ →	Baixos
Velocidade:	Rápida	← ○———○———○ →	Devagar
Criatividade:	Espontânea	← ○———○———○ →	Reprimida
Autonomia:	Expansiva	← ○———○———○ →	Limitada
Compromisso:	Entusiasmado	← ○———○———○ →	Tépido
Inovação:	Encorajadora	← ○———○———○ →	Desanimadora

A menos que sua organização seja pequena ou verdadeiramente excepcional, é provável que ela penda para o lado direito da escala. É por isso que você se sente aprisionado. Você foi privado da ousadia. "Busca épica", você resmunga. "Só quero pagar minhas contas."

Justíssimo, mas como acabamos em organizações com tanta falta de coragem, criatividade e paixão? E, o mais importante, como nos acostumamos a essa realidade? A resposta é simples: isso é tudo o que conhecemos. Em maior ou menor grau, *toda* organização é temerosa e dogmática. Mesmo as empresas mais importantes do mundo parecem sobrecarregadas por inadequações intrínsecas.

Pense na Intel. São necessários milhares de pessoas incrivelmente inteligentes para compactar 100 milhões de transistores em um milímetro quadrado de silício. Como empresa, a Intel arruinou o que deveria ter sido uma escolha simples: fornecer chips para bilhões de dispositivos móveis. A empresa não conseguiu prever o crescimento explosivo do mercado de smartphones, então passou uma década, e gastou mais de US$10 bilhões, na tentativa de se restabelecer. Finalmente, em 2016, admitiu derrota e fechou sua unidade de comunicações móveis. Outras titãs da tecnologia — Microsoft, IBM, Hewlett-Packard e Dell Technologies — também arruinaram a revolução móvel. Como isso aconteceu? Como empresas com programas de P&D de bilhões de dólares, CEOs famosos e acesso aos melhores consultores do mundo se equivocaram sobre o futuro?

Não se engane, nossas organizações nos superam de muitas maneiras. Visite a fábrica da Tesla em Fremont, Califórnia, e você ficará pasmo. Com mais de 460 mil m², é o maior edifício do estado. Centenas de robôs gigantes executam movimentos complexos como passos de dança, carrinhos sem motoristas transportam peças entre as estações de trabalho, guinchos gigantes giram as estruturas dos carros no ar, uma prensa de sete andares arranca os painéis da carroceria e um enxame de trabalhadores corre para manter tudo funcionando perfeitamente. Essa sinfonia de sincronicidade é muito simples e bonita, não dá para evitar ficar impressionado com o que os seres humanos podem realizar quando trabalham em consonância.

Nossas organizações nos permitem fazer juntos o que não pode ser feito sozinho. Nenhum ser humano sozinho consegue construir um carro, lançar um satélite, criar um sistema operacional, treinar um médico, erguer um prédio ou mobilizar pessoas. Até mesmo Jesus precisou de doze discípulos.

No entanto, apesar de todas as realizações, nossas organizações são inertes, incrementais e pouco inspiradoras. Essas são as *incompetências básicas* das corporações e são tão arraigadas que podemos nos perdoar por supor que sejam irremediáveis. Dizemos a nós mesmos que é da natureza das grandes organizações serem frágeis e retrógradas, e que desejar o contrário é ingênuo. Nosso pessimismo seria justificado se não fosse por um fato relevante. Como seres humanos, *somos* resilientes, criativos e exuberantes. O fato de nossas organizações não apresentarem essas características sugere que, em alguns aspectos importantes, elas são menos humanas do que nós. Ironicamente, parece que as organizações criadas por humanos têm pouco espaço para aquelas coisas que fazem de nós, bípedes sem pelos, especiais — coisas como coragem, intuição, amor, diversão e habilidade. Não podemos culpar deuses malévolos por esse fato lamentável. Se nossas organizações são desumanas, é porque as projetamos para serem assim — conscientemente ou não. Cada organização é um conjunto de escolhas sobre a melhor forma de organizar os seres humanos à luz de algum objetivo específico. A premissa deste livro é que a maioria dessas escolhas pode e deve ser revisada.

Não deveríamos ter que nos contentar com organizações que são autoritárias e sem graça. Legado não é destino. Houve uma época em que a maior parte do mundo era governada por tiranos, mas, hoje, bilhões de seres humanos vivem em liberdade. Essa mudança da autocracia para a democracia não ocorreu de forma espontânea, nem começou do topo. Em vez disso, ela foi obra de uma ampla confederação de filósofos, manifestantes e patriotas inspirados pela promessa de se autogovernar.

Não devemos ser menos radicais ao repensar os fundamentos das organizações humanas. Como nossos antepassados, devemos fazer nossa parte para emancipar o espírito humano. É aqui que encontramos uma causa que vale a pena defender — construir organizações que deem a cada ser humano a oportunidade de prosperar.

Se você acredita que os seres humanos merecem mais de seus empregos e que seríamos muito mais satisfeitos com organizações mais dinâmicas e inventivas, há muito que pode ser feito para que o mundo avance. Como veremos, existem alternativas convincentes e viáveis para o status quo organizacional e um caminho para chegarmos lá, embora seja necessário um pouco de dedicação. Não tenha dúvidas, se começar com os princípios certos e aprender a pensar como um ativista, você poderá contribuir de forma decisiva para enriquecer a vida de seus colegas e ajudar sua organização a florescer em um mundo que, por mais perturbador que seja, está inundado de oportunidades.

Ao progredirmos, devemos nos lembrar de que, quando consideramos um problema intratável, conspiramos para perpetuá-lo. Pense no cidadão rico que desvia os olhos dos sem-teto em vez de se voluntariar em um abrigo, ou no banhista que se desvia do lixo espalhado, mas não se abaixa para pegá-lo. Por mais assustadores que sejam, mesmo os problemas mais arraigados rendem-se à coragem e à tenacidade. Não devemos recuar nem desviar o olhar. Em vez disso, precisamos confrontar o que conhecemos há muito tempo — nossas organizações estão incapacitadas por sua desumanidade. Documentaremos essa realidade no restante do Capítulo 1, diagnosticaremos as raízes do problema no Capítulo 2 e reuniremos nossas descobertas para uma revolução do gerenciamento no Capítulo 3. Nos capítulos subsequentes, apresentaremos um plano para construir organizações que são totalmente adequadas aos seres humanos e ao futuro.

Seres Humanos São Resilientes. Nossas Organizações, Não

Vivemos em um mundo de mudanças aceleradas, no qual o futuro é cada vez menos uma extrapolação do passado. A mudança é incessante, impiedosa e ocasionalmente chocante. (Imagine robôs dançarinos de pole dancing em Las Vegas. Sim, isso existe.) Bem-vindo à era da revolução.

Alguns argumentam que a mudança tem se acelerado desde o Big Bang.[1] Ao longo das eras, a velocidade com que a matéria se organiza em estruturas e sistemas mais complexos tem se acelerado de forma gradual e imperceptível. E agora, após 14 bilhões de anos, o ritmo da mudança tornou-se hipercrítico. Que sorte a nossa!

Essa aceleração repentina é o produto de mudanças radicais no crescimento do poder computacional e da capacidade de rede. O último iPhone tem quase seis mil vezes mais transistores do que o chip i486 que alimentava os PCs no final dos anos 1980. Em 2017, o tráfego global da internet atingiu mais de 46.600 gigabytes por segundo — um aumento de quase 40 milhões de vezes em relação aos números de 1992.[2]

Esse crescimento exponencial abriu espaço para novos e deslumbrantes horizontes. Graças à biologia computacional, estamos começando a entender os elaborados processos bioquímicos das células humanas. Quanto maior o poder de computação, mais capazes são as máquinas. O DRIVE AGX Pegasus, o sistema dualchip projetado pela Nvidia para oferecer suporte a carros autônomos, executa 320 trilhões de operações por segundo.[3] À medida que o custo da largura de banda caiu, setores inteiramente novos, como as mídias sociais, surgiram. Redes poderosas permitem que seres humanos colaborem de maneiras nunca antes possíveis. O artigo que anunciou a descoberta do bóson de Higgs, por exemplo, tinha mais de 5 mil coautores.

As ondas de choque dessa explosão na computação e na comunicação estão reverberando ao nosso redor: comércio eletrônico, economia compartilhada, biologia sintética, blockchain, realidade aumentada, aprendizado de máquina, impressão 3D e a internet das coisas. À medida que essas ondas se dissipam, novas se perpetuarão por aí. Nos próximos anos, cerca de 200 bilhões a 1 trilhão de coisas, principalmente sensores, estarão conectadas à web.[4] Imagine um mundo no qual cada mudança de estado — cada movimento, fluxo, transação e alvoroço — produz dados. O próprio planeta finalmente será senciente.

Nesse redemoinho, a pergunta mais importante para qualquer organização é: Estamos mudando tão rápido quanto o mundo ao nosso redor? Para a maioria das organizações, a resposta é não.

Os CEOs tendem a culpar a natureza humana por essa falta de adaptabilidade. "As pessoas", eles entoam solenemente, "são contra mudanças". Como tantos gerencialismos batidos, isso é mentira. Pense nas pessoas que você conhece. Nos últimos três anos, quantas delas fizeram pelo menos uma das seguintes coisas:

- Mudou-se para uma cidade nova.

- Começou um novo trabalho.

- Terminou um relacionamento romântico ou iniciou um novo.

- Inscreveu-se em um curso.

- Iniciou uma nova prática de exercícios.

- Começou um novo hobby.

- Perdeu 5kg.

- Redecorou um quarto.

- Viajou para um destino diferente nas férias.

- Fez uma nova amizade.

É provável que todos que você conhece tenham feito uma mudança em pelo menos uma dessas áreas. O fato é: somos viciados em mudanças. Temos um apetite insaciável pelo novo. Todas essas mudanças que agitam nosso mundo são ações *nossas*. Somos *nós* os agentes da revolução.

Diferindo dos seres humanos, as organizações são terríveis em mudanças. É por isso que os encarregados normalmente ficam na defensiva. Hoje, *esperamos* que coisas novas superem as antigas. Instintivamente, sabemos que, em um mundo de mudanças rápidas, os recursos não substituem a desenvoltura — e que mesmo as empresas mais inteligentes estão vulneráveis.

Apesar de sua liderança em recursos de busca, o Google perdeu a oportunidade de assumir um papel pioneiro nas mídias sociais. Quando lançou o Google+, o Facebook já havia construído uma liderança insuperável. Quando o iTunes da Apple demorou a oferecer conteúdo de streaming, portas foram abertas para novatos como Spotify e Netflix. Quando a eHarmony, precursora do namoro online, demorou a responder à revolução dos smartphones, o Tinder preencheu a lacuna.

Se você acredita que o futuro é fundamentalmente indecifrável, defenderia que os revolucionários mais celebrados de hoje foram apenas sortudos, que foi um por mero acaso que eles decifraram o que viria. Essa conclusão está errada por dois motivos. Primeiro, o futuro não é tão nebuloso como muitas vezes se supõe. Se prestarmos atenção às mudanças, às tendências crescentes que estão ganhando velocidade, muitas vezes conseguimos vislumbrá-lo.

No momento, as empresas de televisão a cabo dos Estados Unidos estão lutando para se ajustar a um mundo no qual elas não têm mais o monopólio da distribuição de conteúdo de vídeo. No final de 2019, mais de 40 milhões de lares norte-americanos haviam trocado a televisão a cabo por novos serviços online.[5] Naquele mesmo ano, o número de assinaturas de streaming ultrapassou o número de clientes de TV a cabo,[6] uma mudança absolutamente previsível. No início dos anos 1990, os tecnólogos da AT&T previram que o streaming de vídeo se tornaria comercialmente viável em 2005, e estavam certos. O YouTube foi lançado em 2005, a primeira iteração da Apple TV apareceu em 2006 e a Netflix transmitiu seu primeiro filme em 2007.

Segundo, mesmo que tropeçar em uma estratégia futurística seja uma questão de sorte, ainda é preciso explicar por que o azar da velha guarda é tão previsível. Se assistir a alguém jogar *blackjack* por várias horas e essa pessoa perder todas as rodadas, você não atribuirá isso à má sorte; presumirá que o coitado do jogador é incompetente.

Os dados sugerem que a inércia institucional é endêmica e cara. Considere:

- Apenas 11% das empresas que estavam na lista *Fortune 500* em 1955 permanecem nela hoje.

- A idade média de uma empresa no Índice S&P 500 caiu de 60 anos na década de 1950 para menos de 20 anos atualmente.

- Entre 2010 e 2019, as empresas de capital aberto dos EUA relataram mais de US$550 bilhões em encargos de reestruturação, que são normalmente o produto de tentativas tardias ou ineptas de renovação estratégica.

Tudo isso é prova de um fato simples: o mundo está se tornando cada vez mais conturbado, e isso acontece mais rápido do que as empresas conseguem se adaptar.

Na prática, a mudança organizacional tende a ser insignificante ou traumática. Todos os dias, as empresas atualizam produtos e melhoram processos sem muitos problemas. Entretanto, os pivôs estratégicos tendem a ser agitados, não muito diferentes das revoltas que ocasionalmente causam concussões em ditaduras mal governadas. Em grandes empresas, como em estados autoritários, a mudança de regime — substituir o chefe — é a única maneira de anular políticas calamitosas ou obsoletas.

Dada essa dinâmica, as empresas que ficam para trás tendem a permanecer lá. Desde 1990, houve apenas 5 anos nos quais a *General Motors* não perdeu participação em seu mercado doméstico.[7] A empresa está viva hoje graças a um resgate do governo após a crise financeira de 2008.

Infelizmente, empresas senescentes não podem ser sacrificadas. Em vez disso, elas se mantêm letárgicas, fechando instalações, matando marcas, estrangulando a P&D, dispensando pessoal, fundindo-se com rivais apáticos e fazendo lobby para obter ajuda regulatória. Essas são "empresas de esteira", e há mais delas do que você imagina.

Em janeiro de 2020, havia 454 empresas no S&P 500 que já existiam como empresas de capital aberto há pelo menos 10 anos. Destas, 124 não conseguiram entregar altos retornos trimestrais em mais de um ano dentre esses dez. A liga dos atrasados inclui: Berkshire Hathaway, Coca-Cola, Comcast, ExxonMobil, Ford, Intel, Merck, Oracle, PepsiCo, Procter & Gamble, United Parcel Service, Verizon, Viacom, Walmart e Wells Fargo. Entre 2009 e 2019, essas e outras empresas de esteira produziram um retorno cumulativo médio de 172% — ou menos da metade do ganho médio de 388% alcançado pelos outros veteranos em nosso conjunto de dados.

Os acionistas não são os únicos perdedores quando uma empresa afunda. Organizações que demoram a mudar prendem talentos e capital que seriam melhor empregados em outro lugar. Isso diminui os salários e os retornos em toda a economia. Organizações inertes também adiam o futuro. Depois de terem sido humilhadas pela Tesla, todas as outras grandes fabricantes agora planejam trazer uma gama completa de veículos elétricos para o mercado.[8] Isso seria ótimo para o planeta, mas teria sido melhor se os responsáveis tivessem embarcado nessa busca anos atrás, em vez de esperar que um novato se preocupasse com o futuro.

Precisamos de organizações com uma "vantagem evolutiva" — uma capacidade de mudar tão rápido quanto a própria mudança.

Uma organização verdadeiramente resiliente…

Nunca deve se blindar com negações;

Corre de encontro ao futuro;

Muda antes que seja necessário;

Redefine as expectativas do cliente de forma contínua;

Aproveita novas oportunidades sempre que possível;

Nunca vivencia um choque inesperado de ganhos;

Cresce mais rápido que suas rivais;

Possui a vantagem de atrair os funcionários mais dinâmicos do mundo.

Uma das nossas tirinhas favoritas da *New Yorker* retrata uma dupla de dinossauros. Um está recostado contra uma rocha enquanto o outro está sentado ereto, com os membros anteriores atarracados socando o ar. "Tudo o que estou dizendo", diz o réptil, "é que é a hora de desenvolver a tecnologia para desviar o asteroide". Ao contrário daqueles dinossauros condenados, os seres humanos têm um grande córtex pré-frontal, polegares opositores e dedos indicadores. Somos inteligentes o suficiente para ver o futuro chegando e habilidosos o bastante para fazer algo a respeito. Não somos dinossauros e nossas organizações, muito menos.

Seres Humanos São Criativos. Organizações (Majoritariamente), Não

Inovação é o combustível para a renovação, e os CEOs sabem disso. Em uma pesquisa do Boston Consulting Group, 79% dos líderes classificaram a inovação como prioridade; eles sabem que a inovação é o único seguro contra a irrelevância. Contudo, em outra pesquisa, conduzida pela McKinsey & Company, 94% dos executivos expressaram decepção com o desempenho de inovação de sua organização.

Apesar disso, a capacidade de inovação é a marca registrada de nossa espécie. Cada um de nós nasceu para criar — seja planejando um jardim, escrevendo um blog, compondo uma fotografia, inventando uma receita, desenvolvendo um aplicativo ou começando um negócio. Um estudo recente sobre os millennials nos Estados Unidos, com idades entre 30 e 39 anos, descobriu que 55% deles já usaram vídeos online para aprimorar suas habilidades criativas, e um número significativo também representava aqueles que já postaram um objeto artesanal para venda online.[9]

A tecnologia digital democratizou as ferramentas de criatividade e deu aos criadores um público global. Todos os dias...

- Mais de 700 mil horas de conteúdo novo são carregadas no YouTube.

- Três milhões de blogs são criados com o WordPress.

- 95 milhões de novas fotos são postadas no Instagram.

- O Google Play adiciona 1.300 novos aplicativos aos 3 milhões já disponíveis.

- Milhares de projetos são lançados em sites de financiamento coletivo, como Kickstarter, Wefunder, Indiegogo e Crowdcube.

A inovação científica também está avançando em um ritmo alucinante. Desde 1985, o número de patentes concedidas a cada ano pelo Escritório de Patentes e Marcas dos Estados Unidos cresceu mais de 400%. Não há falta de engenhosidade em nosso mundo. Por que, então, as organizações antigas geralmente são péssimas em inovações revolucionárias?

Todos os anos, a revista *Fast Company* publica uma lista das empresas consideradas as mais inovadoras do mundo por seus editores. Recentemente, as quinze principais inovadoras foram:

1. Meituan Dianping

2. Grab

3. NBA

4. Walt Disney

5. Stitch Fix

6. Sweet Green

7. Apeel Sciences

8. Square

9. Oatly

10. Twitch

11. Target

12. Shopify

13. AnchorFree

14. Peloton

15. Alibaba

Percebe-se que todas elas, com exceção de duas, têm menos de 30 anos, e dois terços já nasceram digitais. Tudo indica que, se uma organização é antiga e analógica, está ferrada. Mesmo assim, muitas das empresas coroadas como "mais inovadoras" acabam sendo superestimadas, famosas por um sucesso só. Em 2012, quando o Gilt Groupe apareceu na lista da *Fast Company*, o varejista online ostentava uma avaliação de US$1 bilhão. Infelizmente, o modelo de negócios da empresa, construído em torno de "vendas relâmpago" de itens de moda, acabou sendo fogo de palha. Após vários ciclos de encolhimento, o Gilt Groupe foi adquirido pela Hudson Bay Company em 2016 por US$250 milhões. Quinze meses depois, a Hudson Bay percebeu que não obteria retorno de nem metade da compra. Outros inovadores anteriormente valorizados experimentaram situações semelhantes, incluindo Zynga, Groupon, SolarCity e GoPro. Inventar um modelo de negócios sensacional é difícil; reinventá-lo é ainda mais. Inovadores em série são raros.

A Apple e a Amazon são as exceções que comprovam a regra. Apesar de seu tamanho, elas criaram repetidamente produtos e serviços que definem categorias, como o iPhone e o iPad, e o Kindle e o Echo. Também foram pioneiras em novos modelos de negócios ousados, como a App Store e a Amazon Web Services. Em uma façanha rara, a Apple e a Amazon apareceram na lista do Boston Consulting Group das empresas mais inovadoras do mundo por 13 anos consecutivos, com a Apple liderando a lista em todos os anos. Então, sim, grandes organizações *conseguem* ser inovadoras de forma consistente — mas a maioria não é, e se a inovação depende de ter um gênio criativo como Steve Jobs ou Jeff Bezos no comando, a maioria nunca será.

Na esperança de superar seu incrementalismo habitual, muitas empresas criaram "incubadoras" e "aceleradoras" de inovação planejadas. Segundo uma estimativa, existem agora 580 laboratórios de ideias em todo o mundo, ante trezentos existentes dois anos atrás. Apesar de sua popularidade, há poucas evidências de que esses postos criativos entreguem retornos significativos. Algumas poucas almas criativas levando uma vida boa em suas aceleradoras não podem substituir uma capacidade profundamente enraizada de reinvenção contínua do negócio principal.

Aquisição é outra estratégia frequentemente utilizada para superar um deficit de inovação. Infelizmente, assim como bêbados solitários à meia-noite, os atrasados perenes costumam ser excessivamente ansiosos e pretendentes desorientados. Entre 2008 e 2016, a Hewlett-Packard, antes uma estrela da inovação, gastou mais de US$37 bilhões em aquisições com o objetivo de transformar-se em uma potência em serviços de TI. Muitos dos negócios resultaram em grandes baixas. Enquanto escrevemos isto, a HP Enterprise vale menos da metade do que gastou em sua farra de aquisições.

Apesar de uma torrente de livros que prometem desvendar os segredos da inovação, as grandes organizações parecem mais incapazes do que nunca de liberar a energia criativa de seu pessoal. Alguns especialistas em administração, como os céticos do século XIX, que acreditavam que os seres humanos nunca voariam, afirmam que as grandes empresas são geneticamente incapazes de inovarem. Entendemos esse pessimismo, mas somos mais esperançosos. Em todo o mundo, 1 milhão de pessoas estão voando neste exato momento. Se almejarmos alto, não há razão para que nossas organizações não possam voar também.

Seres Humanos São Apaixonados. Nossas Organizações (Majoritariamente), Não

Sem dúvida, existe algo em sua vida que desperta sua paixão, algo que o cativa e fortalece. Talvez seja sua família, sua religião, uma causa social, uma equipe esportiva ou um hobby. A paixão pode ter um lado ruim, é claro — como o extremismo religioso, ódio racial ou predação sexual. Essas são paixões mal direcionadas e corrompidas. Felizmente, a maioria das paixões humanas é vivificante.

Quando estamos atrelados a uma paixão saudável, experimentamos uma combinação mágica de esforço e prazer. Obstáculos formidáveis transformam-se em quebra-cabeças intrigantes, e vitórias menores, em medalhas de realização. Estamos mais vivos quando fazemos algo que nos encanta. Infelizmente, a maioria das pessoas não encontra esse encanto no trabalho.

Um estudo da Gallup, de 2018, descobriu que apenas um terço dos funcionários dos Estados Unidos estava totalmente engajado em seu trabalho — sendo o engajamento definido como estar "envolvido, entusiasmado e comprometido com o trabalho". A maioria dos funcionários, 53%, "não estava engajada", enquanto 13% — os maliciosamente complacentes — estavam "ativamente desengajados".[10] Em todo o mundo, a situação é ainda pior, com 15% engajados, 67% desengajados e 18% ativamente desengajados.

Vamos ver por que isso é importante. Imagine por um momento a hierarquia de competências do trabalho, parecida com a hierarquia de necessidades de Maslow (veja a Figura 1-1).

FIGURA 1-1

Hierarquia de Competências do Trabalho

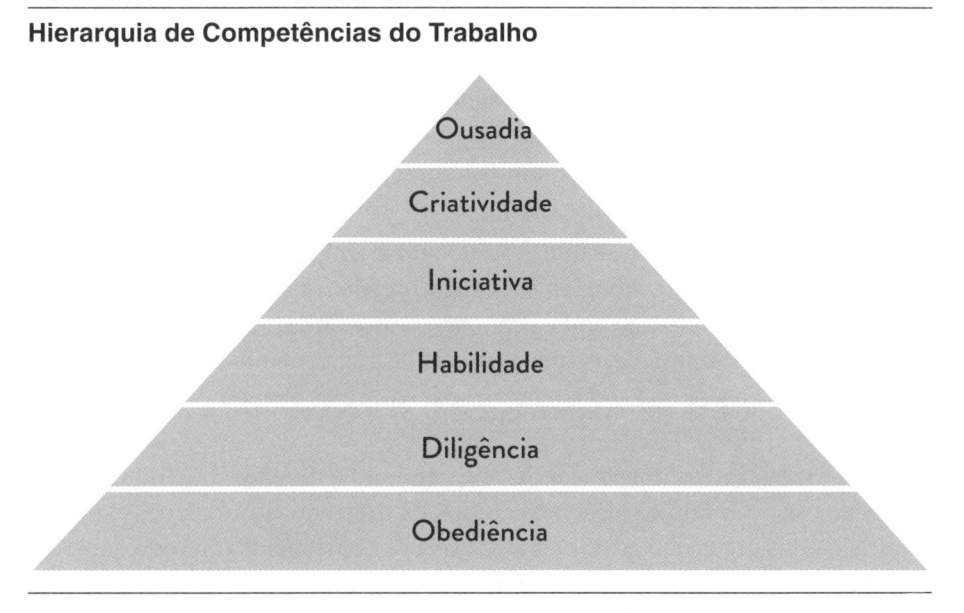

Na base está a obediência. Toda organização depende de funcionários capazes de seguir as regras básicas de segurança, disciplina financeira e assistência ao cliente. A competência seguinte é a diligência. Uma organização precisa de funcionários dispostos a trabalhar arduamente e a assumir responsabilidades pelos resultados. O terceiro nível é a habilidade. Para serem eficazes em seus trabalhos, os membros da equipe precisam das habilidades necessárias. Embora essas competências — obediência, diligência e habilidade — sejam essenciais, raramente criam muito valor. Vencer na economia criativa exige mais. Uma organização precisa de pessoas com iniciativa — empreendedores que sejam proativos, que não esperam ser chamados e que não sejam limitados pela descrição de sua função. Igualmente fundamental é a criatividade

— pessoas que são capazes de ver os problemas com outros olhos e gerar novas soluções. Por fim, no topo, está a ousadia — a disposição de se esforçar e assumir riscos por uma causa louvável.

Essas habilidades de ordem superior são produtos da paixão, de um compromisso com algo que nos inspira, algo fora de nós que precisa e merece o melhor de quem somos. Iniciativa, criatividade e valor não podem ser forçados, são dádivas. Cabe a cada funcionário decidir: "Levarei ou não essas dádivas para o trabalho hoje?" E, como os dados da Gallup sugerem, a resposta geralmente é "não" e, às vezes, "de jeito nenhum".

Assim como uma empresa não consegue construir uma vantagem evolutiva sem uma vantagem inovadora, ela também não consegue construir uma vantagem inovadora sem uma vantagem inspiradora. Se o objetivo é construir uma organização capaz de se autorrenovar, que com coragem se aventura no futuro, então *tudo* depende fundamentalmente de um engajamento voluntário, empolgado e alegre.

Não há segredo sobre o que impulsiona o engajamento. Desde *O Lado Humano da Empresa*, de Douglas McGregor, a *Motivação 3.0*, de Dan Pink, a fórmula não mudou em 60 anos: propósito, autonomia, coleguismo e a oportunidade de crescer. Infelizmente, os níveis de engajamento também não mudaram muito. Parece que cada geração redescobre os elementos essenciais do engajamento humano, mas não muda de atitude.

Você pode argumentar que o desengajamento é inevitável. Afinal, muitos empregos não são muito atraentes. Todos os dias encontramos pessoas com empregos dos quais não gostam. Talvez seja um balconista, um representante de centro de serviços, um cozinheiro de fast-food, um entregador, um jardineiro ou uma diarista. Você dificilmente espera que essas pessoas fiquem entusiasmadas com seus empregos, certo? Na verdade, errado. Em um estudo conduzido pelo Pew Research Center, 89% dos funcionários disseram estar "muito satisfeitos" ou "satisfeitos de alguma forma" com suas atividades diárias.

O deficit no engajamento não está no que as pessoas fazem no trabalho, mas em como são gerenciadas. Na pesquisa da Gallup, 70% da variação nas pontuações de engajamento foi explicada por diferenças nas atitudes e nos comportamentos do chefe do funcionário.[11] Por exemplo, os funcionários que sentiam que podiam abordar seu chefe com qualquer tipo de pergunta eram mais engajados do que aqueles que sentiam que não podiam. "Mas calma", você pensa, "se dois terços dos funcionários são desengajados, isso significa que a maioria dos chefes é idiota?" Talvez, mas o problema é o seguinte: os gestores não são nem mais nem menos engajados do que seus subordinados. De acordo com a Gallup, 51% dos gestores norte-americanos não estão engajados e 14% estão ativamente desengajados.[12] Em outras palavras, seu chefe provavelmente está tão desanimado quanto você. Meu Deus! Talvez a hierarquia seja cheia de idiotas. Ou talvez não.

O Legado da Burocracia

E se a falta de humanidade de nossas organizações for sintoma de algo mais profundo, algo que não tem nada a ver com algum gestor ou organização em particular? Parece provável, não é? Se praticamente todas as organizações no planeta sofrem das mesmas aflições — inércia, incrementalismo e anomia emocional — talvez haja mecanismos comuns de doenças subjacentes. Uma mutação no gene BRCA aumenta o risco de câncer de mama em uma mulher, quer ela more na China ou na França. Uma dieta rica em carboidratos aumenta o risco de diabetes, seja você mexicano ou australiano.

Seguindo essa lógica, precisamos perguntar: De que forma as organizações são semelhantes? Quais características são comuns à Sony, Telefonica, UNICEF, Igreja Católica, Oracle, Volkswagen, HSBC, Serviço Nacional de Saúde da Grã-Bretanha, Petromex, Universidade da Califórnia, Rio Tinto, Carrefour, Siemens, Pfizer e milhões de outras organizações menos conhecidas?

A resposta: todas são bastiões da burocracia. Todas estão de acordo com o mesmo projeto burocrático:

Existe uma hierarquia formal.

O poder depende de posições.

A autoridade é hierarquizada.

Grandes líderes designam pequenos líderes.

Estratégias e orçamentos são definidos no topo.

Os grupos centrais da equipe criam as diretrizes e garantem a obediência a elas.

As funções de trabalho são bem definidas.

O controle é obtido por meio de supervisão, regras e sanções.

Os gestores atribuem tarefas e avaliam o desempenho.

Todos competem por uma promoção.

A remuneração correlaciona-se com o cargo.

Essas características organizacionais podem parecer inócuas, mas, como veremos, é aqui, no cenário comum da burocracia, que encontramos as raízes da incompetência institucional. Nossas organizações são menos do que totalmente humanas porque foram projetadas para isso. No início do século XX, Max Weber, o sociólogo alemão pioneiro, escreveu: "A burocracia desenvolve-se mais perfeitamente quando é mais 'desumanizada', quanto mais é bem-sucedida em eliminar todos os elementos puramente pessoais, irracionais e emocionais que escapam às previsões."[13] Na época, como agora, o objetivo da burocracia era transformar seres humanos em robôs semiprogramáveis.

A palavra *bureaucratie* foi cunhada no início do século XVIII por Jean-Claude Marie Vincent, um ministro do governo francês. Traduzido como "a regra das escrivaninhas", o rótulo não pretendia ser um elogio. Vincent via o vasto aparato administrativo da França como uma ameaça ao espírito empresarial. (*Plus ça change, plus c'est la même choose*. ["Quanto mais muda, mais permanece a mesma coisa", em tradução livre.]) Um século depois, em 1837, o filósofo britânico John Stuart Mill descreveu a burocracia como uma grande rede tirânica.

Essa descrição parece tão adequada hoje quanto há 180 anos, então por que ainda não nos rebelamos? Por que continuamos engolfados em um relacionamento abusivo com nossas organizações? Porque, para simplificar, carecemos de uma alternativa melhor, ou pelos menos assim acreditamos.

Quando comparada às organizações despóticas e desordenadas que a precederam, a burocracia foi uma bênção. Em organizações pré-burocráticas, os líderes eram caprichosos e as tomadas de decisão eram, na maioria das vezes, conjecturas. O planejamento era aleatório e as práticas de trabalho, peculiares. A supervisão era irregular, a remuneração mal correlacionada com o esforço e a rotatividade de funcionários muitas vezes superava 300% ao ano. A burocracia mudou tudo isso e, assim, turbinou o crescimento da produtividade.

Entre 1890 e 2016, o valor criado por uma hora de trabalho aumentou treze vezes nos Estados Unidos, dezesseis vezes na Alemanha e oito vezes na Grã-Bretanha. Enquanto outros fatores — como acumulação de capital, educação universal e invenção científica — contribuíram para essa bonança, o maior impulso veio dos avanços na gestão burocrática, incluindo otimização do fluxo de trabalho, planejamento da produção, relatórios de variação, pagamento por desempenho e elaboração de orçamentos.

Embora desumanizante, a burocracia era, como Weber observou, "superior a qualquer outra forma [organizacional] em precisão, estabilidade, força de sua disciplina e confiabilidade" e, portanto, "capaz de atingir o mais alto grau de eficiência".[14] É graças a grandes organizações burocráticas que 1 bilhão de pessoas no planeta hoje possuem um carro, que 4 bilhões de nós possuímos um telefone celular, que quando queremos viajar, existem mais de 100 mil voos à nossa disposição, e quando compramos e vendemos, podemos contar com um sistema financeiro global que processa mais de 1 milhão de transações por minuto. Quaisquer que sejam seus defeitos, a burocracia conquistou seu lugar no topo do panteão das invenções humanas.

No entanto, assim como outros instrumentos de progresso — armas de fogo, combustíveis fósseis, motor de combustão, agricultura em grande escala, antibióticos, plásticos e mídias sociais —, esse triunfo teve um preço. A burocracia multiplicou nosso poder de compra, mas encolheu nossas almas.

A falha não é de nenhum gestor em particular, mas de um regime de gestão que dá poder a poucos às custas de muitos, que valoriza a conformidade em vez da originalidade, que coloca os seres humanos em papéis reduzidos, rouba-lhes a ação e trata-os como meros recursos.

Como todas as tecnologias, a burocracia é um produto de seu tempo. Desde sua invenção no século XIX, muita coisa mudou. Os funcionários de hoje são qualificados, não analfabetos; a vantagem competitiva é o produto da inovação, não da produção em escala; a comunicação é instantânea, em vez de tortuosa; e o ritmo da mudança é hipersônico, não rígido. Porém, os fundamentos da administração permaneceram cimentados na burocracia. Isso tem que mudar.

Nas últimas décadas, vimos inovações revolucionárias em modelos operacionais e modelos de negócios. Ocado, o principal serviço de entrega de alimentos da Grã-Bretanha, tem um armazém no qual dezenas de robôs correm por uma enorme grade de caixas abertas, escolhendo itens e entregando-os a seres humanos que os colocam em sacos plásticos. Isso é extraordinário. YouTube, Netflix e Amazon Prime Video oferecem aos espectadores um menu praticamente ilimitado de opções sob demanda. Para quem se lembra da meia dúzia de canais de televisão terrestre, isso é extraordinário.

Para curar as deficiências que incapacitam nossas organizações, precisamos ser igualmente radicais ao reimaginar o modelo de gestão burocrático.

Construir organizações que são infinitamente maleáveis, absurdamente criativas e cheias de paixão requer abordagens inteiramente novas para mobilizar e coordenar o esforço humano. Devemos tentar imaginar novos modelos de gestão que sejam tão radicalmente diferentes do modelo burocrático quanto o FaceTime difere de uma chamada de telefone fixo, ou quanto o Alipay difere de um maço de notas.

FIGURA 1-2

Burocracia versus Humanocracia

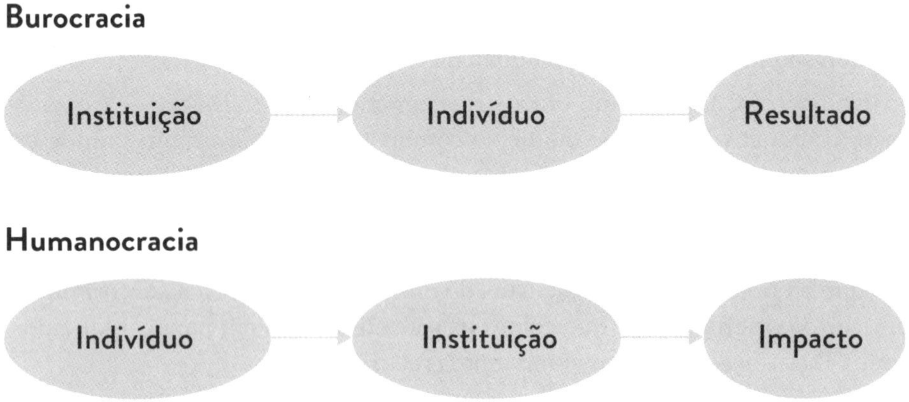

Burocracia

Humanocracia

Precisamos colocar seres humanos, não estruturas, processos ou métodos, no centro de nossas organizações. Em vez de um modelo de gestão que busca maximizar o controle em prol da eficiência organizacional, precisamos de um que busque maximizar a contribuição em prol do impacto. Precisamos substituir a burocracia pela humanocracia. Passaremos grande parte deste livro explorando as diferenças entre esses dois modelos, mas a distinção essencial é a seguinte: em uma burocracia, os seres humanos são instrumentos empregados por uma organização para criar produtos e serviços. Em uma humanocracia, a organização é o instrumento — o veículo que os seres humanos usam para melhorar suas vidas e as vidas daqueles a quem servem. (Veja a Figura 1-2.) A questão central da burocracia é: "Como podemos fazer com que os seres humanos sirvam melhor à organização?" A questão central da humanocracia é: "Que tipo de organização desperta e merece o melhor que os seres humanos podem oferecer?" Como veremos, as implicações dessa mudança de perspectiva são profundas.

Para ir além do modelo antigo, devemos entender as formas precisas pelas quais a burocracia desabilitou nossas organizações. Devemos enfrentar os custos do mal-estar burocrático. Devemos aprender com a vanguarda da gestão — organizações progressivas que demonstraram a viabilidade e o valor das práticas de gestão pós-burocrática. Devemos abraçar novos princípios humanocêntricos e operacionalizá-los em nossas organizações. Devemos nos livrar de mentalidades burocráticas e repensar nossas suposições básicas sobre "liderança" e "gestão de mudanças". Abordaremos tudo isso e muito mais nos capítulos a seguir.

Por enquanto, vamos ser claros em uma coisa: a burocracia precisa morrer. Não podemos mais suportar seus efeitos colaterais perniciosos. Como a humanidade está profundamente enraizada na tecnologia social, será difícil desenraizá-la, mas tudo bem. Você foi colocado nesta terra para fazer algo significativo, até mesmo heroico, e o que poderia ser mais heroico do que criar, finalmente, organizações que são totalmente humanas?

Burocracia no Banco dos Réus

Desmantelar a burocracia é um tremendo desafio. Antes de nos comprometermos, precisamos convencer-nos de que as deficiências organizacionais descritas no Capítulo 1 são, na verdade, culpa da burocracia. Neste capítulo, apresentaremos as razões do impeachment. Como, exatamente, as características arquetípicas da burocracia — direitos de decisão estratificados, limites formalizados para departamentos, funções especializadas e práticas padronizadas — minam a adaptabilidade, a inovação e o engajamento? Por que a burocracia deve ser deposta? Por que vale a pena entrar nessa luta?

Estratificada e Cega

Peça a qualquer pessoa para desenhar um esquema da própria empresa e obterá uma pirâmide simples, com divisões verticais e horizontais. A cadeia de comando fixa é uma das estruturas sociais mais sólidas da humanidade. É simples, escalonável e, aparentemente, atemporal.

É fácil acreditar que a ação humana em larga escala é impossível sem uma estrutura top-down. Unificar o comando garante transparência de direção; linhas nítidas de autoridade minimizam a ambiguidade. Direitos de decisão categorizados alinham poder e competência. Sem a hierarquia formal, surge a anarquia, certo? Bom, talvez não.

Reflita sobre o projeto ATLAS, uma das quatro iniciativas de pesquisa que compõem o Grande Colisor de Hádrons. O ATLAS abrange mais de 3 mil cientistas de 180 instituições e foi lançado em 1992 como uma tentativa de descobrir os segredos mais profundos do Universo. Para isso, a equipe do projeto construiu uma das máquinas mais sofisticadas já feitas — um detector de partículas gigante, com 45 metros de altura, 25 metros de comprimento e mais de 10 milhões de peças que tiveram que ser montadas muito abaixo do nível do solo de uma bucólica vila suíça.

Nos estágios iniciais do projeto, o consórcio ATLAS teve dificuldades para encontrar o desenho organizacional certo. Dada a novidade do empreendimento, o projeto e seu desenvolvimento precisariam ser divididos em subprojetos que poderiam ser executados por pequenas equipes. Por outro lado, todos os subsistemas, e havia centenas deles, tinham que se amalgamar perfeitamente, e aí residia o dilema. Embora as equipes autônomas se sobressaíssem na solução criativa de problemas, elas se opunham a uma administração de alto nível. Uma organização centralizada poderia ser melhor na integração do sistema, mas seria sufocada pelo grande número de problemas inéditos que precisariam ser resolvidos. Uma abordagem top-down também provocaria resistência dos ferozes cientistas independentes, cujo conhecimento era crucial para o sucesso do projeto.

No final, o consórcio optou por uma abordagem bottom-up que dependia da coordenação em pares em vez de um grupo de gerentes de projeto seniores. Cada subsistema tinha seu próprio conselho, que incluía todos os cientistas que trabalhavam naquele aspecto do projeto. As deliberações nesses conselhos eram abertas e cordiais, mas também podiam ser acaloradas. No caso de um impasse, as equipes adversárias debatiam o assunto na frente de colegas que votariam no que consideravam ser a melhor opção. À medida que surgiam problemas entre os sistemas, grupos de trabalho temporários eram convocados para encontrar soluções. Quando, por exemplo, o projeto do ímã de detecção primário acabou exigindo mais espaço do que o inicialmente previsto, reduzindo assim o espaço para outros equipamentos, uma força-tarefa foi reunida para criar uma solução alternativa. Ao longo do projeto, os conselhos dos subsistemas publicavam informações em tempo real sobre seu progresso e os especialistas responsáveis eram incentivados a comentar online. Em nível estratégico, um conselho de colaboração tratava das principais decisões. Cada instituição participante tinha um assento no conselho e era necessária uma maioria de dois terços para dar sinal verde a uma decisão.

Dar vida ao detector ATLAS exigia muita liderança e criatividade, não uma pirâmide. Ninguém dentro do consórcio ATLAS tinha poderes para dar ordens; todos eram colegas e ninguém era chefe. Apesar disso, o detector ATLAS foi concluído no prazo e dentro do orçamento.[1]

Quando uma organização enfrenta um grande número de novos problemas, é provável que uma estrutura top-down crie um gargalo. À medida que as dificuldades aumentam, os problemas se acumulam na porta de líderes seniores, que muitas vezes não têm experiência e perspicácia para tomar decisões inteligentes e rápidas. Com o tempo, o acúmulo cresce e o ritmo de tomada de decisão desacelera. A estratificação é inimiga da velocidade.

A mudança proativa é outra vítima da centralização. Em uma hierarquia formal, o poder de dar início à mudança tende a concentrar-se no topo; os principais pivôs exigem uma aprovação de nível superior. A questão é que, no momento em que um problema é grande o suficiente para atrair a escassa atenção do CEO, a organização já está tentando se recuperar. Os líderes ficam isolados — organizacional, cultural e geograficamente — das margens, e é lá que as novas tendências tomam forma. Esse isolamento é exacerbado por subalternos que aprenderam que não é muito produtivo dar más notícias. O mais perigoso de tudo é que os executivos seniores estão acorrentados a suas próprias crenças ultrapassadas. No entanto, ainda se espera que eles interfiram no futuro. Sem chance.

Considere a experiência da Microsoft. Durante a década de 1980, o modelo de negócios focado em PCs a impulsionou ao estrelato, mas, nas décadas subsequentes, a empresa muitas vezes se viu lutando para acompanhar o mercado. (Veja a Tabela 2-1.)

Como acontece com a maioria dos atrasados, o problema não era falta de experiência. Em diversas corridas, a Microsoft chegou à linha de partida a tempo. Nas profundezas da organização, equipes jovens reuniram recursos e criaram protótipos de ponta. No entanto, poucos desses esforços atraíram a chancela dos níveis mais altos. A maioria definhou, despercebida, nas margens da empresa. Outros foram destruídos por ordens executivas.

A briga pelas buscas na internet era previsível. Somente em 2003, 5 anos após o lançamento do mecanismo de busca homônimo do Google, os executivos da Microsoft reservaram US$100 milhões para desenvolver um serviço concorrente. Chris Payne, o jovem vice-presidente nomeado para liderar o projeto "Underdog", monitorou o Google por anos e tentou várias vezes conseguir uma audiência com Bill Gates, presidente do conselho e arquiteto-chefe de software da Microsoft. Infelizmente, no momento em que Payne conseguiu sua reunião há muito almejada, o Google já havia construído uma liderança insuperável.[2]

TABELA 2-1

Sistema Operacional da Microsoft Imita as Características do Mac

Produtos	Pioneiro		Microsoft	
Interface Gráfica do Usuário	Apple Mac	1984	Windows 2.0[a]	1987
Internet Discada	AOL	1989	MSN	1995
Navegador	Netscape	1994	Internet Explorer	1995
Mecanismo de busca	Google	1998	Bing	2009
Música digital	Apple iPod	2001	Zune	2006
Video online	YouTube	2005	SoapBox	2006
Apps na nuvem	Google Docs	2006	Office 365	2011
Infraestrutura na nuvem	Amazon EC2[b]	2006	Windows Azure	2010
Smartphone	Apple iPhone	2007	Windows Phone	2010

a. Windows 2.0 foi o primeiro sistema operacional a imitar as características do Mac.
b. Precursor da Amazon Web Services.

Em outros casos, os possíveis inovadores foram impedidos pela fixação da Microsoft no Windows. Em 2009, um ano antes do lançamento do iPad da Apple, uma equipe da Microsoft apresentou um protótipo de tablet a Steve Ballmer, que assumiu o lugar de CEO de Gates em 2008. O dispositivo, com o codinome Courier, havia sido anunciado como "uma versão surpreendente do tablet" por um blog respeitado que havia conseguido uma espiada antecipada. Ballmer não ficou muito impressionado. Por que, ele questionou com raiva, a equipe não usou o sistema operacional Windows para o novo dispositivo? Insatisfeito com a resposta, cancelou o projeto.

Em 2014, Satya Nadella sucedeu Ballmer e tornou-se o terceiro CEO da Microsoft. Desde então, a empresa triunfa, com o *total shareholder return* [retorno total ao investidor] de até 450%. Finalmente livre para admitir o que muitos funcionários e observadores já sabiam há muito tempo, Nadella declarou publicamente que um dos maiores erros da Microsoft tinha sido "pensar que o PC seria o centro de tudo para sempre". Agindo com base nessa convicção, Nadella reduziu a influência da divisão do Windows e redirecionou o investimento para o Azure, serviço de armazenamento em nuvem da Microsoft, que está em rápido crescimento. Em 2018, o grupo Windows foi reestruturado e deixou de existir, com sua equipe transferida para as equipes do Azure e do Microsoft Office.[3]

Gates e Ballmer merecem crédito por escolher um líder que desafiaria a sufocante ortodoxia do PC da Microsoft, mas sua visão de mundo desatualizada paralisou a empresa por muito tempo. Eles acreditavam que o caminho para ganhar dinheiro era vender licenças de software, em vez de entregar os softwares como um serviço mensal. Viam os CIOs (diretores de informação de uma empresa), e não as equipes ou os indivíduos, como seus principais clientes. Para eles, um telefone era apenas um telefone, em vez de um computador de bolso. Em 2007, Ballmer declarou que "não há chance de o iPhone obter uma participação significativa no mercado — nenhuma chance". Doze anos depois, Gates admitiu que, se tivesse sido menos cega, a Microsoft poderia ter se antecipado ao Android — uma falha que estimou ter custado à empresa US$400 bilhões em valor de mercado perdido.[4]

Embora seja fácil culpar Gates e Ballmer pelos erros da Microsoft, eles não são os alvos. A verdadeira culpada foi a burocracia. Em uma organização hierárquica, a responsabilidade de definir a estratégia e a direção cabe a um conjunto de executivos seniores. Espera-se que aqueles que estão no topo sejam excepcionalmente perspicazes, curiosos e criativos. Na prática, esse nem sempre é o caso.

Em primeiro lugar, os líderes seniores muitas vezes têm muito de seu patrimônio emocional investido no passado. Atualmente, a idade média de um CEO do S&P 500 é de 58 anos, 3 anos a mais desde 2008. O mandato médio é de 11 anos, o mais longo desde 2002.[5] Embora os líderes veteranos possam ter o benefício da experiência, eles são oprimidos por crenças herdadas. Muitas de suas suposições sobre clientes, tecnologia e ambiente competitivo foram forjadas anos ou décadas antes e refletem um mundo que não existe mais.

Em segundo lugar, posição e humildade são com frequência correlacionadas de forma inversa. Poder, como observou o falecido Karl Deutsch, "é a capacidade de não ter que aprender". Nessa verdade, encontramos a maior ameaça à resiliência organizacional: a relutância ou incapacidade dos líderes seniores de descartar seu próprio capital intelectual em depreciação. Essa falha seria menos perigosa se os subordinados se sentissem capacitados para desafiar o dogma de altos cargos das empresas, mas a maioria dos gestores de nível médio dificilmente se importa com quem os ajuda. Assim, a cegueira, como a autoridade, continua a favorecer quem está mais alto na hierarquia.

A capacidade de renovação de uma organização nunca deveria depender da capacidade de alguns líderes seniores de aprender e desaprender, mas, em uma burocracia, geralmente depende. Os Estados Unidos são um contraexemplo.

A resiliência do país nunca dependeu muito de quem ocupava o Salão Oval. Em vez disso, o dinamismo dos EUA é resultado de princípios consagrados nos documentos de fundação da nação: uma aversão à autocracia, a crença nas ações humanas, a abertura aos imigrantes, o respeito pela diversidade religiosa e étnica, o compromisso com um discurso livre e o entusiasmo para o comércio. O país reinventou-se continuamente porque milhões de seus cidadãos tiveram a liberdade de se reinventar.

Alguém já comentou que os EUA é um país que foi inventado por gênios para ser governado por idiotas — uma observação que às vezes parece assustadoramente próxima da realidade. As burocracias, por outro lado, parecem ter sido projetadas por idiotas para serem governadas por gênios. Seria ótimo se todo CEO tivesse os instintos de inovação de Steve Jobs, as habilidades políticas de Lee Kwan Yew e a inteligência emocional de Madre Teresa, mas a maioria não tem.

Embora meros mortais, os CEOs geralmente são pagos como se fossem oniscientes. Atualmente, a remuneração média de um CEO nas 350 maiores empresas norte-americanas é de US$17,2 milhões por ano, ou 278 vezes o salário de um funcionário típico de linha de frente.[6] Não está claro se esses milhões compram muito em termos de visão. Diversos estudos mostraram que a correlação entre o salário do CEO e o desempenho relativo das ações é insignificante ou ligeiramente negativa.[7] Nenhuma quantia de dinheiro pode transformar um executivo no Homem de Ferro ou na Mulher Maravilha.

Na era da revolução, as quantidades de previsão e engenhosidade necessárias para dirigir uma grande organização excedem as habilidades de qualquer ser humano ou pequena equipe — e a exigência continua crescendo. De forma simples, as estruturas burocráticas exigem mais dos líderes do que eles podem realizar. Como nosso amigo Vineet Nayar, CEO aposentado da HCL

Technologies, gigante de TI da Índia, certa vez nos disse: "A ideia do CEO como capitão do navio é falha." É hora de abolir a busca por líderes sobre-humanos. Não precisamos de líderes extraordinários, mas de organizações que mobilizem e monetizem o gênio cotidiano dos funcionários "comuns".

Em um mundo complexo, as organizações precisam combinar de forma flexível as mentes com os problemas. Ao contrário do poder formal, a sabedoria é parcial; ela aumenta e diminui, e depende do assunto em questão. Assim, em vez de uma única hierarquia fixa, precisamos de uma infinidade de hierarquias dinâmicas em que quem está no comando varia de acordo com o problema que está sendo tratado. Precisamos de organizações nas quais as opiniões de todos sejam contestáveis, nas quais a influência seja sinônimo de correligionarismo e nas quais líderes incompetentes sejam eliminados.

E quanto ao alinhamento — fazer com que todos caminhem na mesma direção? Como você pode ter unidade de propósito sem unidade de comando? Primeiro, o alinhamento é superestimado. Sim, é importante, mas não é a única coisa que importa. Em um mundo repleto de ameaças e oportunidades inesperadas, as organizações precisam experimentar dezenas, se não centenas, de opções estratégicas. Sempre há o risco de desperdiçar esforços em iniciativas tangenciais, mas o risco mais perigoso é a cegueira de poder. Em segundo lugar, como vimos com o projeto ATLAS, os seres humanos são perfeitamente capazes de perseguir um objetivo comum sem um faraó para comandá-los.

Formal e Extenuante

Chega de falar sobre as estruturas verticais. Vamos falar das horizontais? Uma burocracia divide as atividades em unidades operacionais formalmente definidas, cada uma com seus próprios objetivos, equipe e orçamento, nas quais o objetivo da estratificação é a consistência, e o objetivo da formalização é a clareza. Ao delinear precisamente funções e responsabilidades, os indivíduos sabem pelo que são responsáveis, quais decisões podem tomar e quais recursos controlam. É difícil imaginar como uma instituição poderia funcionar sem uma organização formal, mas talvez devêssemos tentar. Apesar de todos os benefícios, as estruturas formais são medíocres, limitadas, herméticas e inflexíveis. Esses custos, como os custos da estratificação, são em grande parte invisíveis, embora cada vez mais inadmissíveis.

MEDÍOCRE. Toda estrutura formal acentua certos objetivos e atenua outros. Uma organização funcional, por exemplo, é muito adequada para construir conhecimento profundo e explorar economias de escala, mas não será tão adequada assim para atender grupos diversificados de clientes. Por outro lado, embora uma organização construída em torno de segmentos de mercado seja mais focada no cliente, ela fragmentará as habilidades funcionais e terá dificuldades para explorar outros tipos de eficiências.

Organizar-se requer escolhas. Embora essas escolhas possam ser corretas na maioria das vezes, elas não o serão em todas as circunstâncias. Ou seja, haverá momentos em uma empresa de produtos globais em que a preferência intrínseca pela consistência a cegará para oportunidades e tendências que não são facilmente vistas do centro. Provavelmente foi o que aconteceu com as principais montadoras de automóveis da Alemanha. Daimler, BMW e Volkswagen concentram suas equipes de engenharia na Europa, enquanto nos Estados Unidos localizam-se apenas as divisões de marketing, o que fez com que demorassem a entender a importância dos esforços da Tesla para reimaginar o carro como uma plataforma de mobilidade à bateria controlada por software.

Ao dar preferência a uma dimensão organizacional em vez de outra, a formalização predefine um balanceamento crítico, seja escala versus agilidade, consistência versus capacidade de reação ou eficiência versus inovação. A formalização é, por definição, medíocre. É por isso que, quando as empresas se reestruturam, muitas vezes trocam um conjunto de problemas por outro.

LIMITADA. Você provavelmente já ouviu um burocrata dizer: "Isso não é responsabilidade minha." Em uma organização altamente formalizada, os indivíduos tendem a ser hiperfocados em seus próprios objetivos, específicos à própria equipe. Todo o resto é distração. Infelizmente, é raro que o futuro se alinhe com o organograma. A limitação não apenas torna as novas oportunidades difíceis de detectar, mas também de obter. Os líderes de equipes muitas vezes sentem que não têm recursos suficientes para cumprir seus próprios compromissos, muito menos os dos outros. Compartilhe recursos e corra o risco de errar seus alvos.

HERMÉTICA. Em uma burocracia, cada novo desafio cria um novo departamento, geralmente conduzido por um diretor de *alguma coisa*. Hoje, não é incomum para uma empresa ter um diretor de compliance, um diretor digital, um diretor de diversidade, um diretor ambiental, um diretor de transformação, entre outros. Cada diretor de cada divisão recém-inventada formará novos comitês, criará novas políticas e exigirá a coleta de novos dados. Haverá mais validações e aprovações, mais disputas por influência e cada vez mais pessoas querendo o controle. O resultado: mais despesas gerais, menos responsabilização e ciclos de decisão cada vez mais longos.

INFLEXÍVEL. As estruturas formais são rígidas e difíceis de mudar. Em uma grande reestruturação, as descrições de cargos, métricas e regras de decisão devem ser reescritas para centenas de novas funções. Os sistemas devem ser totalmente reprojetados e milhares de indivíduos, retreinados. Isso suga uma grande quantidade de energia, muda a atenção para dentro da própria empresa e cria ondas de incerteza e ansiedade. Pior, o prazo de dois a três anos para uma grande reestruturação significa que, quando as mudanças se enraizarem, um conjunto inteiramente novo de desafios estará surgindo no horizonte.

Embora caras e geralmente tardias, reestruturações são amplamente consideradas a única maneira de realinhar uma empresa com seu ambiente. Como afirma um relatório do Boston Consulting Group: "Mudanças rápidas exigem que as empresas se reestruturem mais rápido do que nunca."[8] Boa sorte com isso!

O que é necessário são modelos organizacionais radicalmente novos que minimizem a estrutura formal. Em um mundo de mudanças contínuas, as compensações precisam ser feitas o mais próximo possível das linhas de frente. Os limites devem ser maleáveis. Os recursos, em vez de serem acumulados, devem fluir sem impedimentos em direção a oportunidades promissoras. A coordenação interunidades deve ser produto de comunidades ágeis e auto-organizadas e de transações de mercado, em vez de políticas gerais ou conselhos complicados. Resumindo, precisamos de organizações que, como a biosfera, a internet ou uma cidade dinâmica, sejam mais emergentes do que projetadas.

Especializada e Limitada

O livro *A Riqueza das Nações* de Adam Smith começa com um tributo à especialização: "As maiores melhorias nas capacidades produtivas do trabalho foram os efeitos da divisão do trabalho." Smith relata ter visitado uma fábrica de alfinetes na qual o processo de fabricação foi dividido em dezoito etapas distintas, com cada funcionário responsável por apenas uma ou duas tarefas.

Ao todo, a equipe de dez pessoas produzia 48 mil alfinetes por dia, cerca de quatrocentas vezes o volume alcançado antes da subdivisão do trabalho.

A especialização é o motivo pelo qual um iPhone de última geração custa US$1 mil em vez de US$10 mil. A montagem do dispositivo requer quatrocentos passos, um dos quais envolve a fixação de um alto-falante na caixa com um parafuso.[9] Espera-se que o funcionário responsável por essa tarefa parafuse 1.800 alto-falantes durante um turno de 12 horas.[10] O único requisito do trabalho: destreza.

Por mais diversificados que sejam seus talentos e interesses, a maioria das "estacas" humanas tem pouca chance de modificar os "buracos" burocráticos que preenchem. Vamos dar uma olhada nos resultados de pesquisas paralelas no local de trabalho realizadas na Europa e nos Estados Unidos.[11] (Ver Tabela 2-2.) Como é possível ver, apenas uma minoria de funcionários não supervisores está envolvida na definição de objetivos para seu trabalho e é capaz de pesar as decisões que os afetam, além de serem os únicos a terem algum poder de decisão sobre a escolha de seus colegas. Em outra pesquisa, foi perguntado aos funcionários não pertencentes à classe de gestores da Grã-Bretanha se eles tinham alguma influência nas decisões que alteravam a natureza de seu trabalho. Destes, 86% responderam não ou "muito pouco". Os funcionários podem não ser programados de forma tão rígida quanto os robôs, mas não é por falta de tentativa.

TABELA 2-2

Capacidade de Adequar Suas Funções

	UE		EUA	
	SEMPRE	A MAIORIA DAS VEZES	SEMPRE	A MAIORIA DAS VEZES
Você é consultado antes de decidirem os objetivos da sua função?	16	21	11	21
Você consegue influenciar decisões importantes relacionadas à sua função?	12	23	11	25
Você pode escolher com quais colegas deseja trabalhar?	7	10	6	11

Fonte: Análise dos autores de dados da Pesquisa Europeia sobre Condições Trabalhistas de 2015 (European Foundation for the Improvement of Living and Working Conditions, março de 2018) e a Pesquisa Norte-americana de Condições Trabalhistas, também de 2015 (RAND Corporation, novembro de 2019).

Embora a especialização gere economias, ela restringe a iniciativa e a inovação. Indivíduos em funções excessivamente especializadas têm pouco espaço para improvisar ou agregar mais valor. Não importa quais sejam suas capacidades, eles só podem contribuir com o que foi previsto pela pessoa que criou a função. É como ter um potente canivete suíço e usá-lo apenas como saca-rolhas. Como disse nosso amigo bispo anglicano Drew Williams: "Funções limitadas ditam contribuições limitadas."

Se não está convencido de que a superespecialização gera custos reais, daremos um exemplo. Sediada ao norte de Sacramento, no verdejante Vale de San Joaquin na Califórnia, a Morning Star é a maior e mais lucrativa processadora de tomate dos Estados Unidos. Na alta estação, mil toneladas de tomates são processadas por hora. Este é um negócio complexo e de capital intensivo, no qual dezenas de processos críticos devem ser calibrados com precisão. Apesar disso, Morning Star tem um dos modelos organizacionais mais radicais do planeta. Não há gerentes nem cargos. Em vez disso, espera-se que seus quinhentos "colaboradores" que trabalham em período integral ajam como "profissionais autogerenciados".[12]

Trabalhando em equipes que abrangem mais de vinte unidades de negócios, os colaboradores redigem contratos entre si, listando suas funções individuais. Um colaborador pode ser contratado para descarregar e separar tomates, outro para operar uma caldeira e um terceiro para prestar serviços de contabilidade. Todos os colaboradores respondem aos seus colegas, mas ninguém responde a um chefe. Graças à sua extraordinária eficiência, a Morning Star tirou muitos de seus concorrentes do mercado. A vantagem de custo da empresa é resultado de um ambiente de trabalho que incentiva os membros da equipe a pensar de forma criativa e expansiva sobre suas funções e contribuições.

Paul Green Jr., que foi responsável pelo treinamento e desenvolvimento da empresa antes de iniciar seu doutorado na Harvard Business School, explica: "Acreditamos que você deve fazer algo em que é bom, por isso não tentamos adequar as pessoas a um trabalho. Como colaborador, você tem o direito de se envolver em qualquer lugar em que achar que suas habilidades podem agregar valor. Como resultado, nosso pessoal tende a ter funções mais amplas e complicadas do que é comum em outros lugares."

Chris Rufer, fundador e presidente da Morning Star, segue a seguinte ideia: "Uma filosofia organizacional tem que começar pelas pessoas e pelas condições que permitam que elas sejam mais criativas e apaixonadas por seu trabalho, e o que instiga isso é a liberdade. Todos se saem melhor se forem livres para seguir seu próprio caminho. Com essa liberdade, serão atraídos pelo que *realmente* gostam, em vez de serem empurrados para o que lhes foi imposto. Assim, se sairão melhor, ficarão mais entusiasmados e estimulados a fazer as coisas."

Rufer continua: "Existem muitas nuances pessoais na maneira como as pessoas trabalham juntas, e, quanto mais livres esses indivíduos estiverem para explorar essas nuances e adaptar suas relações em torno de suas competências particulares, melhor essas contribuições se encaixam. Esse é um fluxo espontâneo. As relações podem mudar de forma mais facilmente do que se tentássemos reformulá-las a partir do topo."

Perguntamos a um mecânico de fábrica da Morning Star "O que faz com que os membros da equipe sejam proativos e ofereçam ajuda aos colegas?" A resposta: "Nossa organização é movida por capital de reputação. Quando você tem algo a acrescentar a outra parte da empresa, algum conselho valioso, isso aumenta o seu capital de reputação." Não é de surpreender que, quando os papéis são amplamente definidos e as pessoas percebem impactos positivos em ajudar os outros, a iniciativa floresce.

Não há limite para o número de problemas que podem ser resolvidos de forma rentável em uma empresa. Também não há limite para a engenhosidade dos trabalhadores. Em uma burocracia, porém, a oportunidade de os indivíduos desenvolverem e aplicarem seus dons é limitada. Elimine esse limite e *todo* trabalho se tornará um bom trabalho — cheio de desafios, oportunidades e realizações, e todos os membros da equipe se tornarão parte da economia criativa.

Como a Morning Star, devemos expandir o conteúdo criativo de cada função. Em vez de desqualificar, devemos qualificar. Isso é mais do que uma questão de coletar capacidades latentes, é também uma forma de imbuir dignidade ao trabalho.

Vivemos em uma época de enfraquecimento da fé e de comunidades fragmentadas. Como consequência, o trabalho tornou-se ainda mais crucial para a identidade humana. Embora possamos considerar isso lamentável, não podemos fugir de nossa responsabilidade. Devemos estimular no trabalho as habilidades inatas que cada ser humano tem de resolver problemas e criar funções flexíveis que se expandam à medida que as capacidades humanas aumentem. Devemos nos esforçar para alinhar melhor vocação e hobby. Claro, trabalhos rotineiros ainda precisam ser feitos, e nem toda tarefa é inerentemente edificante, mas devemos encontrar maneiras de combinar talentos e tarefas que não dividam os múltiplos e maravilhosamente únicos aspectos da capacidade humana em grupos inertes e uniformes.

Padronizada e Entorpecida

Em 1911, Frederick Taylor, o santo padroeiro da padronização, publicou sua obra *Princípios de Administração Científica*. Na introdução, ele expôs as circunstâncias para sistematizar o trabalho:

> Podemos ver e sentir o desperdício de coisas materiais. Os movimentos desajeitados, ineficientes ou mal direcionados dos homens, entretanto, não deixam nada visível ou tangível para trás. Para que haja apreciação dessas ações, é necessário um ato de memória, um esforço da imaginação. E, por isso, embora nossa perda diária desse último seja maior do que o desperdício de coisas materiais, uma nos sensibilizou profundamente, enquanto a outra nos comoveu pouco.

Taylor acreditava que, por meio de observação e medição meticulosa, era possível descobrir "a melhor maneira" de realizar qualquer tarefa. Como trabalhava nas primeiras décadas do século XX, o objetivo de Taylor era tornar os seres humanos tão confiáveis e eficientes quanto as máquinas que operavam. Como costumava dizer a seus clientes: "No passado, o homem estava em primeiro lugar; no futuro, a máquina deve estar em primeiro lugar."[13]

A padronização foi um triunfo da engenharia de produção, mas mais ainda da engenharia social. A disseminação do taylorismo em todas as economias industriais do mundo transformou milhões de trabalhadores indisciplinados e ocasionalmente apáticos em funcionários que seguem as regras e horários. Hoje, estamos tão acostumados a pensar em nós mesmos como empregados que temos pouca noção de como essa revolução foi angustiante para fazendeiros, comerciantes e artesãos do século XVIII. Para muitos, a ideia de depender economicamente de um tesoureiro distante era abominável — transformava seres humanos em escravos assalariados. No entanto, para uma multidão de trabalhadores pobres e semianalfabetos, um emprego estável, embora servil, já era um avanço.

O taylorismo também consolidou a distinção entre "trabalhadores" e "gestores". Na administração científica, os trabalhadores não eram mais responsáveis por selecionar ferramentas, elaborar métodos, definir horários ou resolver disputas, pois, na opinião de Taylor, o funcionário médio era muito estúpido para esse tipo de trabalho. Em uma passagem particularmente grotesca, Taylor retratou o típico metalúrgico como "tão estúpido que o termo 'porcentagem' não significa nada para ele".[14] Consequentemente, era necessário não apenas padronizar o trabalho, mas despojá-lo de qualquer coisa que exigisse julgamento. Nesse ponto, Taylor foi inflexível: "É somente por meio da padronização *forçada* de métodos, da adoção *forçada* dos melhores implementos e das melhores condições de trabalho e da cooperação *forçada* que um trabalho mais rápido pode ser garantido."[15] E quem forçaria todos esses aspectos? Os gestores, é claro.

No trabalho padronizado, Taylor criou tanto a função de demanda quanto a descrição da função de uma nova classe de semiczares. Era função do gestor garantir que as regras fossem seguidas; as variações, minimizadas; as cotas, preenchidas; e os preguiçosos, punidos. Assim como acontece hoje. Procure o verbo "gerenciar" em qualquer dicionário de sinônimos e o primeiro sinônimo a aparecer provavelmente será "controlar". Talvez você fique tentado a acreditar que as organizações do século XXI superaram essa obsessão por controle, mas isso não ocorreu.

Perto do fim de sua gestão como coCEO da SAP, Jim Hagemann Snabe descobriu que a gigante de software alemã havia acumulado mais de 50 mil indicadores-chave de desempenho (KPIs), um número que cobria todos os cargos da empresa. Ele ficou horrorizado. "Estávamos tentando administrar a empresa por controle remoto", lembra. "Tínhamos todos aqueles talentos incríveis, mas pedimos que congelassem suas habilidades."[16]

Snabe admitiu sem dificuldade que padrões são importantes, mas há limites para o que pode ser rotinizado. Para definir padrões, o estado final desejado deve ser especificado com antecedência, bem como as etapas necessárias para alcançá-lo. Isso pressupõe que o alvo não seja ambíguo e que seja estável. Pressupõe também que as tarefas para alcançar o objetivo não dependam das condições locais. Por fim, deve haver informações o suficiente sobre as tarefas contíguas para garantir que os padrões não prejudiquem inadvertidamente a busca de outros fins igualmente importantes. A padronização torna-se tóxica quando a arrogância e a fixação pelo controle — patologias que com frequência ocorrem juntas — levam os burocratas a ignorar esses limites.

Por anos, os passageiros dos EUA elogiaram o serviço cortês e a mentalidade "cliente em primeiro lugar" da Southwest Airlines. Não é que os aviões da Southwest sejam mais sofisticados ou voem mais rápido; a diferença é a liberdade que os funcionários têm para encantar os clientes e melhorar os negócios. Essa liberdade manifesta-se de numerosas maneiras: membros da tripulação interpretando de maneira bem-humorada as instruções de segurança obrigatórias da Administração Federal de Aviação, pilotos criando formas criativas de economizar combustível durante o taxiamento ou um comissário de bordo acompanhando os filhos de um soldado até o embarque para que eles possam dar um último abraço em seu pai antes da partida.

Regras, não importa quão envolventes sejam, nunca criarão uma experiência excepcional para o cliente. Colleen Barrett, que em sua carreira de 47 anos na Southwest foi chefe de marketing, de serviço ao consumidor e de pessoal e operações, descreve a abordagem da companhia aérea em relação a regras: "As regras são diretrizes. Não posso me sentar em Dallas, no Texas, e escrever uma regra para cada cenário diferente que um funcionário pode encontrar. É ele quem está lá, lidando com o público. Ele é capaz de julgar, em qualquer situação, quando uma regra deve ser seguida ou quebrada. É capaz de julgar basicamente porque é a coisa certa a fazer na situação que está enfrentando."[17]

Assegurar essa liberdade é um esforço combinado para garantir que cada membro da equipe tenha as informações necessárias para pensar e agir como dono. Na Southwest, os programas de treinamento abrangem a economia do setor, índices financeiros, indicadores de rentabilidade e muito mais. Ao investir no julgamento de seu pessoal, a Southwest cria uma empresa mais inteligente, inovadora e lucrativa.

Do outro lado, está a United Airlines. A United ganhou as manchetes mais de uma vez com histórias de terror de clientes, mas o principal de todos os desastres de relações públicas ocorreu em 9 de abril de 2017, quando o médico de 69 anos David Dao foi retirado à força de um voo com excesso de passageiros com destino a Louisville. Um vídeo da expulsão, mostrando um Dao ensanguentado sendo arrastado pelo corredor, atraiu milhões de visualizações. Em seu pronunciamento formal sobre o incidente, a United concluiu que seus funcionários "não tinham autoridade para agir de forma independente e autorizar números mais altos de vendas ou fornecer outros meios de transporte" e que a companhia aérea falhou ao "fornecer treinamento e competência insuficientes aos funcionários para lidar com uma situação como esta".[18]

No entanto, é difícil se livrar do hábito de controlar. Quando um repórter de TV perguntou o que a United tinha aprendido com o incidente, o CEO Oscar Munoz respondeu: "Não fornecemos aos nossos supervisores, gerentes e funcionários de linha de frente as ferramentas, as políticas e os procedimentos adequados que lhes permitem usar o bom senso."[19] Você percebe a ironia, não é? Bom senso não resulta de ferramentas, políticas e procedimentos, esses são *substitutos* do bom senso. Em nossa experiência, muitos líderes como Munoz ficam assustados com a ideia de que o destino de uma organização depende da capacidade dos membros da equipe de usar seu melhor julgamento. A alternativa, porém, é a idiotice institucionalizada.

Como é que, em suas vidas pessoais, os funcionários podem ser confiáveis para comprar casas e carros, mas no trabalho não podem requisitar uma cadeira de escritório de R$300 sem a aprovação de um gestor? Se pensarmos nisso por um instante, perceberemos como é estúpido. Autonomia correlaciona-se com iniciativa e inovação. Reduza a liberdade de um indivíduo e você diminuirá seu entusiasmo e criatividade.

Infelizmente, a premissa de que os funcionários são incapazes de exercer julgamento tende a provar-se por si só. Em primeiro lugar, empregos desprovidos de trabalhos cognitivos interessantes provavelmente não atrairão pessoas que buscam exercitar habilidades de resolução de problemas. Em segundo lugar, empregos demasiadamente sistematizados dão aos funcionários poucas oportunidades de refutar a hipótese burocrática de que a perspicácia está relacionada à posição. E terceiro, depois de viver por alguns meses sob o domínio de regras, a maioria dos funcionários vai pedir demissão ou desistir mentalmente.

Ao contrário de Taylor, não difamamos a inteligência dos membros da equipe da linha de frente, mas também não lhes damos muito espaço para desenvolver e implantar suas capacidades especiais. Embora poucos admitam, muitos ainda acreditam no conceito burocrático de que os pensadores estão no topo e os executores estão na base. O resultado é um sistema de castas intelectual — uma espécie de apartheid intelectual.

Se isso parece um exagero, considere os dados. Usando uma escala de 0 a 100, a Secretaria de Estatísticas Trabalhistas dos EUA classifica centenas de empregos de acordo com o grau de pensamento original que exigem. O cargo de CEO fica com 72 pontos. Para gerentes de vendas, a pontuação é 66, e para gerentes de RH, 60. Em contrapartida, a originalidade exigida de um representante de atendimento ao cliente é avaliada em 44; de um comissário de bordo, 41; e de um caixa de banco, 31. No geral, 70% dos funcionários norte-americanos ocupam cargos com pontuação abaixo de 50 no índice de originalidade. São mais de 100 milhões de pessoas que provavelmente não exercem sua criatividade no trabalho, o que é um desperdício. (Veja a Figura 2-1.)

Se o objetivo é fornecer experiência excepcional ao cliente, resolver novos problemas ou simplesmente sobreviver em um ambiente caótico, o controle precisa ser baseado menos em regras e mais em princípios, normas e responsabilidade mútua — trata-se menos de dizer às pessoas o que fazer e mais de muni-las para tomar decisões inteligentes. Parafraseando o discurso de aceitação do Nobel do economista austríaco Friedrich Hayek:

Se é esperado que gestores tragam mais benefícios que prejuízos ao melhorar o desempenho organizacional, eles precisam entender que, em um ambiente complexo, não conseguem adquirir conhecimento suficiente para orquestrar os resultados desejados. Em vez disso, devem usar todo o conhecimento que têm, não para moldar os resultados como um artesão molda uma peça de trabalho, mas para cultivar o crescimento proporcionando um ambiente adequado, como um jardineiro faz com as plantas.

É assim que o controle funciona em nossas vidas pessoais. Como você reagiria, por exemplo, se seu cônjuge ou parceiro fizesse um conjunto detalhado de regras para alcançar a felicidade no relacionamento? As normas poderiam incluir:

Nunca deixe suas roupas no chão.

Nunca deixe o assento do vaso sanitário na posição "errada".

Nunca se esqueça de ligar se for se atrasar.

Nunca se gabe de como você é um bom partido.

Nunca torça o nariz quando minha mãe ligar.

Nunca critique meus amigos ou minhas amigas.

Nunca mencione algo que fiz há mais de seis meses.

Nunca presuma que estou "daquele jeito".

Nunca coma comida do meu prato.

Nunca deixe o carro com pouca gasolina.

Nunca me diga para "me acalmar".

Nunca me dê opiniões que não pedi sobre o que estou vestindo.

Nunca aja como se não estivesse bravo quando é óbvio que você está.

Nunca vá dormir sem me perguntar como foi meu dia.

FIGURA 2-1

Empregos nos EUA Baseados na Importância da Originalidade do Desempenho da Função

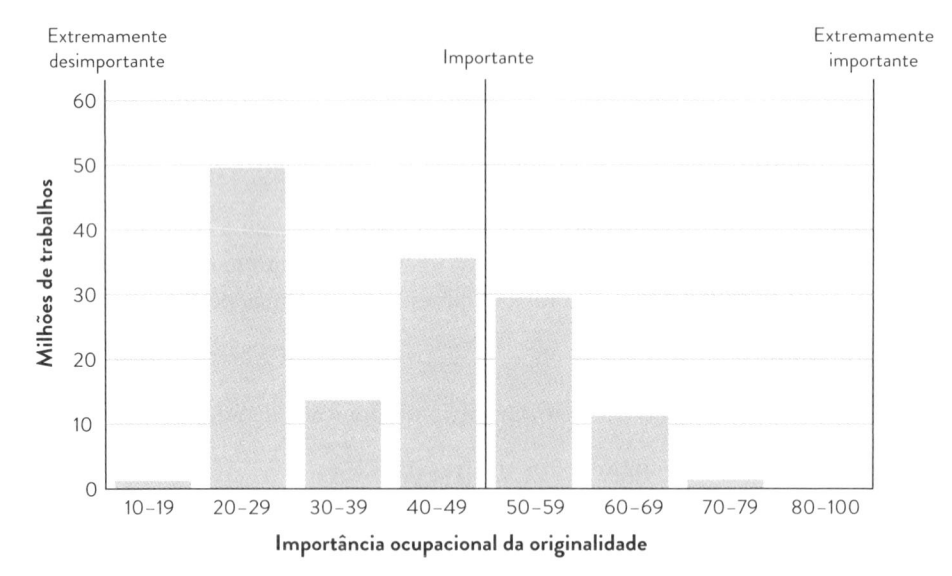

Observação: Os dados da O*NET sobre importância da originalidade para ocupações individuais foram combinados com dados de pesquisa de emprego por ocupação.

Fonte: Análise dos autores com base nos dados de pesquisa de empregos da O*NET e da BLS.

Além de uma longa lista de coisas que não devem ser feitas, também haveria um inventário exaustivo de coisas que devemos fazer, que envolve mandar flores, encontros noturnos, trabalhos domésticos, aniversários, massagens nos pés, elogios, pedidos de desculpas e muito mais. Tentar viver de acordo com todas essas regras seria exaustivo e humilhante. Além disso, seu companheiro nunca saberia se você estava agindo com o coração ou apenas seguindo regras.

Em vez disso, imagine o que aconteceria se um casal se esforçasse para honrar alguns princípios simples, como aqueles encontrados em I Coríntios 13:

O amor é paciente e bondoso.

O amor não é ciumento, nem presunçoso. Não é orgulhoso, nem grosseiro.

Não exige que as coisas sejam à sua maneira.

Não é irritável, nem rancoroso.

O amor nunca desiste, nunca perde a fé,

Sempre tem esperança e sempre se mantém firme.

Viver segundo esses valores seria mais desafiador e mais empoderador do que seguir um conjunto de regras. O objetivo é elevado e desafiador, mas abriria espaço para improvisar e crescer. A padronização define um caminho para um comportamento aceitável, mas também costuma estabelecer um limite. As máquinas só fazem o que lhes é mandado. Nossas empresas nunca serão totalmente competentes até que as livremos da "controlite".

A Maldição da Burocracia

Não é de se admirar que nossas organizações sejam inertes, contingentes e inflexíveis. Como poderiam ser de outra forma quando a burocracia...

Concede crédito excessivo às opiniões de líderes presos a precedentes.

Desencoraja pensamentos rebeldes.

Cria longos lapsos entre razão e reação.

Calcifica estruturas organizacionais.

Cega os líderes com mentalidade de silo para novas oportunidades.

Dificulta trocas.

Prejudica a rápida redistribuição de recursos.

Desencoraja-nos a arriscar.

Politiza a tomada de decisões.

Cria caminhos de aprovação longos e tortuosos.

Desalinha poder e capacidade de liderança.

Limita as oportunidades de contribuição individual.

Compromete a responsabilidade dos trabalhadores de linha de frente.

Desvaloriza sistematicamente a originalidade.

A burocracia é desanimadora e debilitante, mas, ainda assim, persiste. Em vez de construir organizações que se encaixem nos seres humanos, ainda estamos moldando-os para caber na caixinha da burocracia. Se somos cúmplices disso e nos resignamos às inadequações endêmicas de nossas organizações, é porque não conseguimos calcular direito. Como veremos no Capítulo 3, o primeiro passo para derrotar a burocracia é calcular o custo.

− 3 −

Calculando as Custas

A burocracia é como a pornografia: é difícil encontrar alguém que a defenda, mas ela corre solta por aí. Doug McMillon, CEO do Walmart, considera a burocracia uma "vilã". Jamie Dimon, presidente e CEO do JP Morgan Chase, a rotula de "uma doença", enquanto Charles Munger, vice-presidente da Berkshire Hathaway, diz que os tentáculos da burocracia devem ser tratados "como os cânceres com os quais tanto se parece".

Com inimigos como esses, você pensaria que a burocracia estaria fugindo para as montanhas, mas não é o caso. Desde 1983, o número de gestores e administradores na força de trabalho dos EUA mais que dobrou, enquanto a taxa de emprego em todas as outras ocupações aumentou apenas 44%. (Veja a Figura 3-1.)

Isso não deveria acontecer. Em 1988, Peter Drucker previu que, dentro de 20 anos, uma organização média teria reduzido o número de camadas de gerenciamento pela metade e encolhido suas fileiras gerenciais em dois terços. Ele estava errado. A burocracia está com ótima saúde e parece tão intocável como sempre. Para derrotá-la, devemos entender o que a torna tão resistente.

Um Inimigo Formidável

Em primeiro lugar, e isso é óbvio, a burocracia é onipresente. Como você mata algo que está, literalmente, em toda parte? Dada sua onipresença, é fácil presumir que a burocracia está enraizada em leis imutáveis — o equivalente organizacional das leis de movimento planetário de Kepler ou da lei da dinâmica dos fluidos de Bernoulli.

FIGURA 3-1

Crescimento de Postos de Trabalho nos EUA por Categoria de Função (1983 = 100)

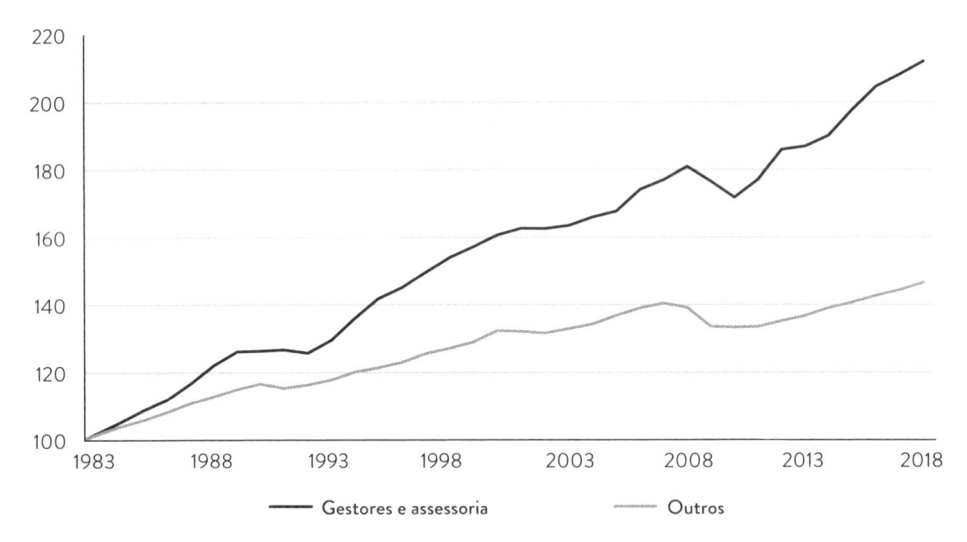

— Gestores e assessoria   ---- Outros

Nota: Dados baseados na Current Population Survey (CPS), que abrange funções de gestão (que excluem supervisores de primeira linha) e todas as funções de negócios e financeiras. Para obter mais detalhes sobre o CPS e as categorias ocupacionais, consulte o Apêndice B.

Fonte: Secretaria de Estatísticas Trabalhistas dos EUA, análise dos autores.

Em segundo lugar, as estruturas e os rituais da burocracia constituem um conjunto de normas sociais que, como todas as normas, são difíceis de desafiar sem parecer um idiota. Se você sugerir abolir as armadilhas da burocracia — as várias camadas de gerenciamento e todas as poderosas equipes de assessoria —, seus colegas zombarão da sua ingenuidade. E depois? Permitir que as pessoas elaborem seus próprios trabalhos, escolham seus colegas e aprovem suas próprias despesas? Bom, na verdade sim, mas, se você falar disso, as pessoas entrarão em parafuso.

As normas burocráticas são poderosas porque são apoiadas por uma confederação global. Cada organização está inserida em uma teia de relações institucionais baseada na crença de que a burocracia é essencial. As firmas de consultoria dizem a seus clientes que uma mudança profunda é impossível sem a aprovação do CEO, reforçando assim a suposição burocrática de que mudança começa pelo topo. As agências governamentais exigem evidências de compliance regulatório e só ficam satisfeitas quando lhes são apresentados mecanismos de controle burocrático — um diretor de compliance, treinamento obrigatório e relatórios abrangentes. Pelo recebimento de mensalidades, as escolas de negócios prometem aos alunos uma ascensão rápida na escala corporativa. A coesão da coalizão burocrática apresenta uma barreira formidável para os renegados aspirantes à gestão. Não se diferem muito de um turista norte-americano que aluga um carro na Grã-Bretanha. Você pode dirigir do lado direito da estrada se quiser, mas os incentivos para isso são inexistentes.

Em terceiro lugar, assim como as usinas nucleares e os foguetes espaciais, as burocracias são sistemas complexos e integrados. Todos os processos estão conectados entre si. Essa falta de modularidade dificulta mudar uma coisa sem mudar tudo. Por onde começar? Esse é o paradoxo da mudança em uma burocracia: o que parece factível não é transformador e o que é transformador não parece factível. O resultado: uma sucessão infinita de ajustes que nunca conseguem tornar a organização fundamentalmente mais capacitada.

Quarto, os burocratas tendem a defender o status quo. A burocracia é um enorme jogo multiplayer no qual milhões de seres humanos competem pelo prêmio: ser promovido. Essas são batalhas de soma zero. Para avançar, você deve dominar a arte de esquivar-se da culpa, defender o território, administrar, acumular recursos, trocar favores, negociar alvos e escapar de investigações. Qualquer pessoa que passou anos aprimorando essas habilidades dificilmente ficará entusiasmada com uma mudança radical nas regras. Pedir a um burocrata experiente para ir de gestor a mentor é como pedir a LeBron James, a estrela do Los Angeles Lakers, que abandone o basquete para jogar vôlei.

Quinto, a burocracia funciona — mais ou menos. Todas essas estruturas e sistemas burocráticos servem a um propósito, por pior que seja. Simplesmente extirpá-los criaria confusão. Imagine, por exemplo, o que aconteceria se uma organização dizimasse as fileiras da gerência média sem primeiro equipar os funcionários com as habilidades, incentivos e informações para serem independentes. A burocracia é um baluarte contra a desordem. Desmonte-a e você corre o risco de anarquia — ou é nisso que a maioria dos líderes acredita.

Por fim, como o Agente Smith em *Matrix Reloaded*, a burocracia replica-se, e como a criatura em *Alien*, é implacável. Sua dinâmica é familiar para qualquer pessoa que já passou por uma grande organização:

- Em uma burocracia, o poder e a remuneração são resultado do número de funcionários e do orçamento. Ninguém jamais reduz o tamanho de seu império voluntariamente.

- As equipes de assessoria existem apenas para editar regras e normas, que raramente têm uma cláusula de caducidade. Como resultado, o gargalo da burocracia fica cada vez mais estreito. Além disso, os provedores de serviços internos não podem ser demitidos por seus supostos clientes.

- Cada novo desafio gera um novo diretor de *alguma coisa* ou uma nova sede, que logo se tornam complementos permanentes.

- Conforme a organização cresce, níveis são adicionados e a proporção de gerentes para membros da equipe de linha de frente aumenta.

- A cada crise, a autoridade move-se para o centro e permanece lá.

- E, à medida que a burocracia se fortalece, aqueles que poderiam resistir a ela enfraquecem.

Entretanto, não vamos fingir que a burocracia avança independentemente da intenção humana. O combustível que alimenta o crescimento da burocracia é a busca pelo poder pessoal. O poder traz vantagens de sobrevivência e estamos preparados para buscá-lo. Ter o poder de comandar sua vida é essencial, mas, como o desejo por comida, álcool ou sexo, a sede de poder pode nos escravizar. É por isso que filósofos e professores de moral costumam nos alertar sobre seus perigos.

A centralização funciona como uma alavanca, pois as pessoas com poder geralmente não desistem dele facilmente e com frequência estão bem posicionadas para receber mais. Em uma pesquisa que realizamos para a *Harvard Business Review,* 63% dos entrevistados listaram a relutância dos líderes em abrir mão do poder como uma barreira significativa para a redução da burocracia. O poder formal é a moeda da burocracia; é o prêmio pelo qual o jogo é disputado. A burocracia inflama nosso desejo natural de poder, às vezes até de forma caricata. Como resultado, ela muitas vezes traz à tona o que há de pior nas pessoas, seja um funcionário na base da pirâmide cumprindo alegremente uma regra insignificante ou um CEO recebendo uma massagem no ego de um subordinado educado. Em outras palavras, a burocracia não é simplesmente um problema organizacional — é um problema humano.

Por todas essas razões, a burocracia provou ser uma adversária implacável. Por gerações, ela rebateu com força todas as tentativas de controlá-la.

Nos anos 1960, dezenas de milhares de gestores de empresas — como IBM, GE e Monsanto — foram enviados para realizar laboratórios de sensibilidade. Com uma metodologia desenvolvida por Kurt Lewin, os mediadores dividiam os participantes em grupos de cinco a dez indivíduos, conhecidos como T-groups. Por meio de dramatização e do feedback dos colegas, os gestores eram desafiados a se tornarem líderes mais autênticos e focados no ser humano. As sessões de grupo, que normalmente duravam vários dias, eram encontros íntimos e carregados de emoção. Muitos participantes acharam a experiência transformadora, entretanto, na maioria dos casos a metamorfose durava pouco. De volta à confusão burocrática, muitos gestores tiveram uma recaída. Como Art Kleiner descreve no livro *The Age of Heretics*, "Gestores intimidadores que aprenderam a ouvir com o coração aberto voltaram aos seus velhos costumes. Gestores que finalmente aprenderam a falar abertamente em reuniões, e a preocupar-se com o futuro da sua empresa como um todo, voltaram a ser burocratas passivo-agressivos".[1] Em outras palavras, embora o treinamento do T-group tenha produzido autoconsciência, ele não muniu os gerentes para o trabalho árduo de reorganizar estruturas e sistemas burocráticos.

À medida que o entusiasmo pelos T-groups diminuía, os líderes progressistas buscaram outras soluções para o problema dos ambientes de trabalho mecânicos e deprimentes. Os sistemas sociotécnicos (STS), desenvolvidos pelo psicólogo britânico Eric Trist, eram possibilidades promissoras, embora tivessem um nome inadequado. O STS era baseado na premissa de que os aspectos técnicos e humanos do trabalho poderiam ser otimizados em conjunto. Alcançar essa fusão exigia que os funcionários fossem organizados em equipes pequenas e independentes.

Nas décadas de 1960 e 1970, empresas diversas, como Procter & Gamble, Shell e Volvo, lançaram iniciativas relacionadas ao STS, mas foram dois gerentes de uma fábrica de rações para cães, Lyman Ketchum e Ed Dulworth, que melhor desenvolveram a ideia. Em 1969, a dupla foi convidada a ajudar seu empregador, a General Foods, a abrir uma fábrica em Topeka, no Kansas. Veteranos em uma empresa parecida em Kankakee, Illinois, eles estavam determinados a construir a nova instalação sobre os fundamentos do STS. Esses fundamentos — que serão familiares a qualquer defensor das práticas de trabalho da "próxima geração" — incluíam:

- Atribuir metas a equipes em vez de a indivíduos.

- Garantir que todas as funções englobem atividades gerenciais e técnicas.

- Dar às equipes responsabilidade pelas decisões de contratação e remuneração.

- Fazer rotatividade de membros da equipe em diferentes funções.

- Integrar funções de suporte às equipes.

- Minimizar diferenciais de status.

- Fornecer acesso transparente a informações financeiras.

Colocar esses preceitos para funcionar exigia paciência e experiência, mas a fábrica de Topeka logo estabeleceu parâmetros em todas as áreas de desempenho.

Embora muito estudado e admirado por outras pessoas, o sistema Topeka nunca foi ampliado para o resto da General Foods. Ao longo dos anos, à medida que a fábrica mudou de mãos (General Foods, H. J. Heinz, Del Monte, um grupo de investimento privado e, atualmente, J. M. Smucker), suas práticas de trabalho distintas foram gradualmente diluídas, apesar de anos de evidências de que seu modelo de gestão com hierarquias reduzidas produzia resultados superiores.

Richard Walton, professor da Harvard Business School e um dos primeiros conselheiros em Topeka, culpou os gestores contraditórios pela recaída:

> O sucesso em Topeka... estava ameaçando outros gestores cujo estilo de liderança foi construído em princípios opostos. Além disso, as demandas por autonomia da gestão da fábrica em certas áreas e seus pedidos de exclusão de outros procedimentos corporativos foram ressentidos por grupos de assessoria. E muitos executivos corporativos simplesmente não entendiam o sistema Topeka.[2]

Como disse um membro da equipe de Topeka em uma entrevista em 1977: "Houve pressões quase desde o início, e não foi porque o sistema não funcionava. A principal razão era o poder."[3]

E quanto a todos aqueles visitantes curiosos que vieram aprender com Topeka? A maioria acabou frustrada. Ao contrário de Ketchum e Dulworth, eles não tiveram o luxo de começar com um investimento em um projeto do zero. Como, eles se perguntaram, liderar uma revolução na gestão quando se está afundado em burocracia até o pescoço?

Desde a morte de Eric Trist, em 1993, outras campanhas para reinventar o local de trabalho vieram à tona com ideias sobre enriquecimento do trabalho, gestão de qualidade total, gestão participativa e equipes de trabalho de alto desempenho. Como o STS, a maioria dessas iniciativas acabou sendo neutralizada, enclausurada ou abortada. E o que dizer dos modismos de hoje — atenção plena, metodologia ágil, startups enxutas e todo o resto? Eles provarão ser igualmente irrelevantes? Sim, a menos que sejamos honestos a respeito de por que a burocracia é tão difícil de derrotar — e então ajustemos nossas táticas de acordo com isso.

Vamos encarar os fatos.

A BUROCRACIA É FAMILIAR. É difícil ter coragem de se opor à burocracia a menos que se acredite que existem alternativas. Devemos pesquisar organizações que desafiaram com sucesso a ortodoxia da gestão.

A BUROCRACIA É COMPLEXA E SISTÊMICA. Tentativas fragmentadas e mornas não resolverão. Precisamos substituir toda a estrutura da burocracia — uma pedra de cada vez.

A BUROCRACIA É MUITO BEM DEFENDIDA. Haverá resistência, então os rebeldes da gestão precisam unir forças. É preciso construir um movimento de base que seja capaz de oprimir ou contornar os defensores do status quo.

A BUROCRACIA SERVE A UM PROPÓSITO, MESMO QUE FRACO. O objetivo é desmantelar cuidadosamente a burocracia, não simplesmente explodi-la. É necessária de uma estratégia de mudança que seja audaciosa e prudente.

A BUROCRACIA SE REPRODUZ. Não haverá vitórias fáceis, os burocratas revidarão. Para perseverar, será preciso um senso de propósito que seja tão inabalável quanto o árduo caminho pela frente.

Alguns acreditam que ferramentas colaborativas, como Slack, Yammer e Microsoft Teams, logo transformarão nossas organizações em redes em vez de hierarquias. Quem precisa de gestores quando as equipes podem coordenar perfeitamente os próprios esforços? No entanto, embora aplicativos de mensagem e softwares colaborativos facilitem a sincronização dos funcionários, essas tecnologias pouco fizeram para reduzir as camadas de gerenciamento, reverter cadeias de comando, cortar custos de compliance ou expandir os direitos de tomada de decisão daqueles que estão na linha de frente. Embora as ferramentas colaborativas possam ser usadas para o desenvolvimento de estratégias de contribuição colaborativa, alocação de capital, seleção de liderança e gerenciamento de mudanças, isso raramente acontece. Até agora, essas ferramentas têm sido usadas principalmente para acelerar projetos. Elas são para as equipes o que o Microsoft Office era para os indivíduos há uma geração.

Em vez de substituir as estruturas hierárquicas, é mais provável que a tecnologia as reforce. A tecnologia digital permite que os trabalhos sejam divididos em segmentos cada vez menores e terceirizados para quem cobrar menos, simplificando cada vez mais o trabalho. A análise em tempo real possibilita avaliar o desempenho do trabalho minuto a minuto — um bálsamo para gestores obcecados por controle. Dois acadêmicos, Brett Frischmann e Evan Selinger, chamam isso de "cartões de ponto alucinados". Eles observam acertadamente que "as inovações técnicas facilitaram cada vez mais para os gestores coletar, processar, avaliar e agir com base em grandes quantidades de informações de maneira rápida e barata".[4] Dado o crescimento implacável da classe burocrática e sua suscetibilidade à "controlite", aonde você esperava que isso levasse?

Não vamos nos enganar. A disseminação da tecnologia digital nos dá mais, e não menos, razões para temer a expansão implacável da burocracia e para combatê-la.

Vencer a burocracia não será fácil, mas há motivos para ter esperança. Os seres humanos têm lutado contra outros problemas bem complexos. Não estamos desamparados, mas o primeiro passo é acordar. Ao longo das décadas passadas, muitos de nós ficamos insensíveis aos custos humanos e econômicos da burocracia. Isso precisa mudar.

A Tese de Acusação

Uma realidade preocupante pode ficar durante anos à nossa espreita sem que percebamos. Somente quando alguém se dá ao trabalho de dimensionar o problema criamos uma noção de seu tamanho e significado.

No final da década de 1990, o Instituto de Medicina dos Estados Unidos conduziu uma meta-análise abrangente sobre segurança do paciente. O relatório resultante, *To Err Is Human* ["Errar É Humano", em tradução livre], publicado em 1999, estimou que cerca de 98 mil vidas estavam sendo perdidas a cada ano em razão de erros médicos. Poucos dias após essa publicação, o então presidente Bill Clinton assinou o *Healthcare Research and Quality Act*, um projeto de lei que aumentava o financiamento de pesquisas orientadas à segurança e exigia um relatório anual sobre o progresso na redução de erros médicos. Desde então, os provedores de saúde dos EUA têm se empenhado em um esforço hercúleo para reduzir mortes e complicações devido a erros evitáveis — com resultados significativos. Entre 2008 e 2014, por exemplo, o número de infecções associadas a cateteres venosos centrais caiu pela metade nos hospitais dos EUA.

A falta de diversidade racial e de gênero na indústria da tecnologia é outro problema antigo que foi trazido à tona pelo aumento da consciência baseada em dados. Em 2008, Mike Swift, repórter do *San Jose Mercury News,* começou a mensurar a diversidade nas quinze maiores empresas do Vale do Silício. A análise de Swift, que mostrou que negros, hispânicos e mulheres perdiam terreno mesmo com o aumento dos níveis das equipes, gerou um raro caso de busca moral entre a elite da tecnologia.[5] O Google, que inicialmente recusou o pedido de Swift por dados, divulgou suas estatísticas de diversidade em 2014. A empresa confessou que apenas 17% de seus funcionários de tecnologia eram mulheres, 2% eram hispânicos e 1%, afro-americanos.[6] A divulgação veio com um pedido de desculpas: "Sempre relutamos em publicar números sobre a diversidade de nossa força de trabalho no Google. Agora percebemos que estávamos errados."[7]

Índice de Massa Burocrática

Para apresentar a tese da acusação contra a burocracia, é preciso mais do que teoria e anedotas. Precisamos de dados robustos sobre a prevalência e os custos da influência burocrática. Para tanto, construímos uma ferramenta simples — o Índice de Massa Burocrática, ou IMB. O índice cobre dez questões em sete categorias sobre a influência burocrática. (Veja o quadro "Pesquisa Índice de Massa Burocrática — Perguntas").

DESPERDÍCIO: Número de camadas organizacionais e tempo gasto em tarefas burocráticas sem valor.

ATRITO: Impedimentos burocráticos à tomada de decisões concisa.

ISOLAMENTO: Porcentagem de tempo gasto em assuntos internos versus externos.

AUTOCRACIA: Limites à autonomia dos funcionários da linha de frente.

SUBMISSÃO: Probabilidade de que ideias não convencionais sejam recebidas com ceticismo ou hostilidade.

INIBIÇÃO: Restrições na experimentação e tomada de risco.

POLITICAGEM: A prevalência de comportamentos políticos e o papel que eles possuem no progresso pessoal.

Para estabelecer uma linha de base intersetorial, conduzimos uma pesquisa online, novamente com a ajuda da *Harvard Business Review*. Mais de 10 mil indivíduos participaram. (Consulte a Tabela 3-1 para obter mais informações sobre os entrevistados.) Eis o que aprendemos:

DESPERDÍCIO.   O entrevistado médio trabalha em uma organização com seis camadas de gestão. Em grandes organizações (aquelas com 5 mil trabalhadores ou mais), os funcionários da linha de frente estão soterrados por oito ou mais camadas. (Veja a Tabela 3-2.)

Além disso, os entrevistados gastam em média 27% de seu tempo em tarefas burocráticas, como escrever relatórios, documentar compliance e interagir com outros membros da equipe. Uma parte significativa desse trabalho é considerada de pouco ou nenhum valor. Por exemplo, apenas um terço dos entrevistados considera o orçamento, a definição de metas e as avaliações de desempenho "muito proveitosos".

ATRITO.   Setenta e nove por cento dos funcionários de grandes organizações afirmam que os processos burocráticos atrapalham "significativamente" ou "substancialmente" a rápida tomada de decisões. A velocidade não é uma marca registrada da burocracia.

ISOLAMENTO.   Os pesquisados gastam 42% de seu tempo em questões internas — resolução de disputas, recursos de contendas, reuniões, negociação de metas e assim por diante. A maioria desses isolados são executivos de grandes empresas, que dedicam quase metade de seu tempo a questões internas. Preocupados como estão, não é de admirar que muitas vezes não consigam identificar tendências emergentes.

Pesquisa Índice de Massa Burocrática — Perguntas

1. Quantos níveis existem em sua organização (desde os funcionários da linha de frente até o CEO, presidente ou diretor administrativo)?

2. Qual porcentagem do seu tempo você gasta em "tarefas burocráticas" (por exemplo, preparar relatórios, colher assinaturas, atender às solicitações da equipe e participar de reuniões de revisão)?

3. Em que intensidade a burocracia desacelera a tomada de decisões e as ações em sua organização?

4. Até que ponto suas interações com seu gestor e outros líderes relacionam-se a questões internas (por exemplo, resolução de disputas, garantia de recursos, obtenção de aprovações)?

5. Quanta autonomia as equipes de linha de frente têm para planejar seu trabalho, resolver problemas e testar novas ideias?

6. Com que frequência os membros da equipe da linha de frente estão envolvidos em planejar e desenvolver iniciativas de mudança?

7. Como as pessoas em sua organização reagem a ideias não convencionais?

8. Em geral, quão fácil é para um funcionário apresentar um novo projeto que requer uma equipe pequena e pouco capital semente?

9. Qual a prevalência dos comportamentos políticos em sua organização?

10. Com que frequência as habilidades políticas, em oposição à competência comprovada, influenciam quem se destaca em sua organização?

AUTOCRACIA.   Mais de dois terços dos não gestores em grandes organizações relatam ter "pouco" controle ou apenas controle "moderado" sobre seus métodos e prioridades de trabalho. Além disso, apenas um quarto dos pesquisados assinala que os funcionários da linha de frente estão "sempre" ou "frequentemente" envolvidos no desenvolvimento de grandes iniciativas de mudança. Essa falta de autonomia prejudica a iniciativa e limita a criatividade.

TABELA 3-1

Pesquisa IMB: Dados Demográficos dos Pesquisados

Tamanho da organização (número de funcionários)	Porcentagem dos entrevistados	Função	Porcentagem dos entrevistados
<100	14,7	CEO/VPS	11,2
100–1.000	29,6	Diretor	24,3
1001–5.000	20,1	Gerente	36,4
>5.000	35,6	Funcionário da linha de frente	28,1
	100		100

TABELA 3-2

Pesquisa IMB: Número de Níveis Organizacionais por Tamanho da Empresa

Tamanho da organização (número de funcionários)	Número médio de níveis
<100	3,5
100–1.000	5,4
1.001–5.000	6,9
>5.000	8,1

SUBMISSÃO. Setenta e cinco por cento dos participantes da pesquisa dizem que novas ideias em suas organizações encontram indiferença, ceticismo ou resistência total — uma descoberta profundamente preocupante, visto que novas ideias são vitais para todas as organizações.

INIBIÇÃO. Igualmente preocupante é a falta de suporte para experimentação. Dos entrevistados que trabalham em empresas com mais de mil funcionários, 95% relataram que "não é fácil" ou "é muito difícil" para um funcionário da linha de frente apresentar uma nova iniciativa. Embora empresas como Amazon e Intuit reconheçam o valor da inovação ascendente, a maioria das organizações não o faz.

FIGURA 3-2

Distribuição de Pontos da Pesquisa IMB

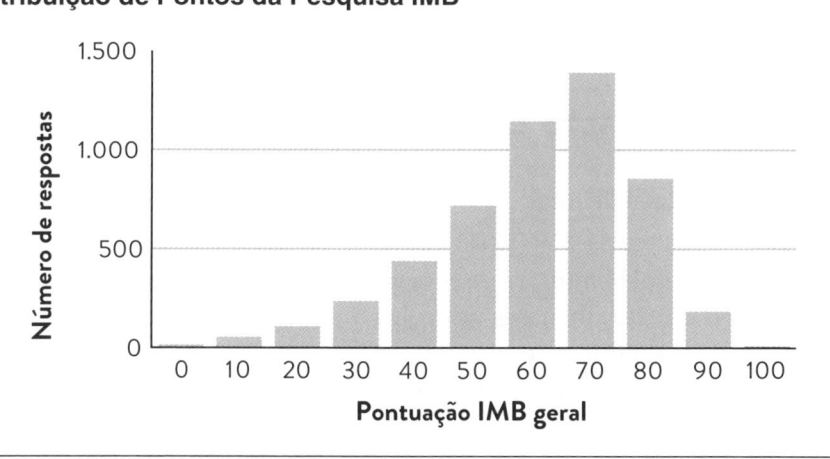

POLITICAGEM. Vinte e dois por cento dos entrevistados acreditam que as habilidades políticas "com frequência" ou "quase sempre" determinam quem sai na frente. Em grandes organizações, o número salta para 75%. Quando solicitados a avaliar a prevalência de comportamentos abertamente políticos, 68% dos entrevistados em grandes empresas afirmam que tal conduta é observada "com frequência". Em uma burocracia, são os melhores lutadores que terminam no topo, em vez dos mais criativos ou competentes.

Pontuamos cada uma das questões do IMB em uma escala de zero a dez, em que zero denota a ausência completa de características burocráticas e dez, um alto grau da influência burocrática. Somando esses resultados, calculamos uma pontuação geral de IMB para cada participante, que varia de zero a cem. A pontuação média em toda a pesquisa foi de 65. (A Figura 3-2 apresenta a distribuição das pontuações de IMB.)

Essa pesquisa simples começa a trazer o foco para os custos da burocracia. Por muito tempo, as grandes organizações os ignoraram, talvez supondo que fossem inevitáveis. No entanto, como já sugerimos, a burocracia *não é* inevitável. Nos capítulos subsequentes, apresentaremos algumas alternativas humanocêntricas incríveis, mas, assim como se costuma dizer sobre o alcoolismo, o primeiro passo é admitir que você tem um problema. Para dimensionar o problema em *sua* organização, peça a seus colegas que respondam à pesquisa de IMB completa, que você encontrará no Apêndice A e online em www.humanocracy.com/BMI [conteúdo em inglês].

O Impacto Econômico da Burocracia

Encontrar a vontade de lutar contra a burocracia exige que confrontemos seu impacto não apenas nas organizações individuais, mas na economia em geral.

Em 2018, havia 146 milhões de funcionários na força de trabalho dos EUA (com exceção de trabalhadores agrícolas, domésticos e autônomos). Destes, 20,5 milhões eram gestores e supervisores. Além disso, havia 6,4 milhões de pessoas trabalhando em funções de suporte administrativo — incluindo recursos humanos, finanças, contabilidade e compliance (mas excluindo TI). No total, então, a classe burocrática compreendia 26,9 milhões de indivíduos, ou 18,4% da força de trabalho dos Estados Unidos. Este grupo pleiteava mais de US$3,2 trilhões em remuneração, ou quase um terço da folha de pagamento total do país. (Consulte o Apêndice B para obter detalhes sobre nossa abordagem para dimensionar a classe burocrática.)

Somado a esse preço está o custo de todas as tarefas de baixo valor criadas para todos os demais. Uma pesquisa de 2014 da Deloitte Economics sobre os custos do trabalho burocrático desnecessário na Austrália descobriu que funcionários não administrativos gastavam em média 6,5 horas por semana, ou 16% do seu tempo, cumprindo as regras e regulamentos internos. Isso está de acordo com os resultados da pesquisa IMB, na qual os entrevistados relataram gastar 27% de seu tempo cumprindo demandas internas *e* externas. Se os dados da Deloitte forem válidos para os Estados Unidos — se os 119 milhões de funcionários não administrativos norte-americanos gastarem em média 16% do seu tempo em tarefas burocráticas internas —, isso equivale a 19 milhões de burocratas em tempo integral. (Veja a Figura 3-3.)

A questão é: quanta burocracia poderia ser eliminada sem sacrificar o desempenho organizacional? A resposta: mais do que você imagina. A experiência de pioneiros pós-burocráticos — como Buurtzorg, Haier, Morning Star, Nucor, Spotify, Svenska Handelsbanken, Vinci, W. L. Gore, entre outros — prova que é possível administrar organizações grandes e complexas com estruturas aplanadíssimas e grupos de assessores reduzidos. Em média, essas organizações têm uma amplitude de controle que é mais do que o dobro da média dos EUA.

Embora a General Electric tenha passado por um período difícil nos últimos anos, sua montadora em Durham, Carolina do Norte, é um exemplo notável de humanocracia. Lá, em uma fábrica ampla e imaculadamente limpa, mais de trezentos técnicos montam os maiores motores a jato do mundo. Os funcionários são organizados em pequenas equipes autogerenciadas com apenas um único líder supervisionando a fábrica. Uma amplitude de controle de 1:300 pode parecer extrema, mas ajudou a GE em Durham a atingir níveis de produtividade que são o dobro de uma fábrica gerenciada de modo convencional.

FIGURA 3-3

Burocratas e Trabalho Burocrático como uma Porcentagem da Força de Trabalho dos EUA

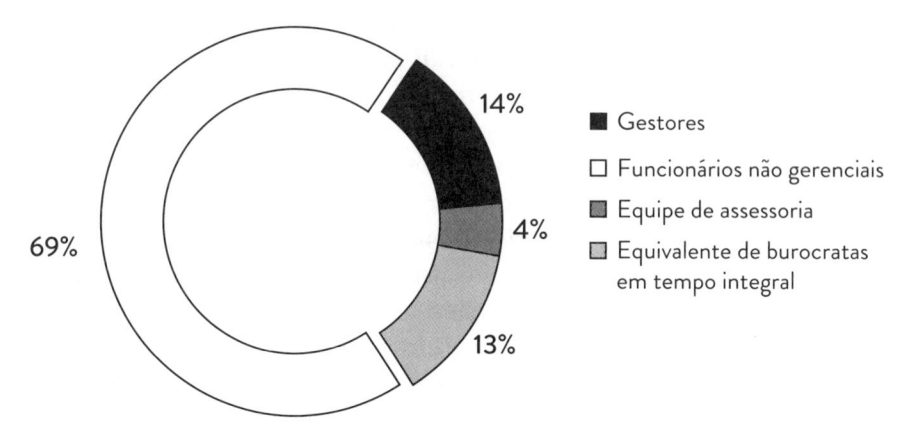

14%
4%
13%
69%

■ Gestores
□ Funcionários não gerenciais
▨ Equipe de assessoria
□ Equivalente de burocratas em tempo integral

Fonte: Secretaria de Estatísticas Trabalhistas dos EUA, Deloitte Economics e estimativas dos autores.

Por enquanto, vamos definir uma meta mais modesta. Suponhamos que se possa reduzir o número de gestores e administradores pela metade — de 26,9 milhões para 13,45 milhões. Isso diminuiria a proporção de burocratas para funcionários de 1:4,3 (146 milhões menos 26,9 milhões, dividido por 26,9 milhões) para 1:10 (146 milhões menos 13,45 milhões, dividido por 13,45 milhões). Também reduziria o valor da folha de pagamento dos burocratas de US$3,2 bilhões pela metade. O trabalho burocrático também poderia ser reduzido em 50%? É muito provável.

Numerosas pesquisas nos dão motivos para questionar o valor de muitos rituais burocráticos. Apesar dos orçamentos de RH atingirem novos patamares (de menos de 1% dos custos operacionais em 1997 para mais de 3% em 2017), a porcentagem de executivos que acham que o RH desempenha um papel estratégico em sua organização está estagnada em 25% desde 1995. Muitos processos de RH, como a avaliação anual de desempenho, são amplamente vistos como ineficazes.[8] O mesmo aplica-se a outros processos. Apenas 11% dos executivos acreditam que o planejamento estratégico cria valor, meros 17% dos gestores consideram o processo orçamentário como eficaz e menos de um terço classifica o processo de alocação de capital de sua empresa como "muito" ou "extremamente" eficaz.[9]

Parece razoável acreditar que metade da carga de compliance em uma organização típica poderia ser eliminada sem desencadear o caos. Isso geraria uma economia anual de 9,5 milhões de trabalhadores por ano e mais de US$580 bilhões em custos de remuneração.

Juntos, o inchaço e o trabalho desnecessário sobrecarregam as organizações norte-americanas com US$2,2 trilhões por ano em pagamentos e custos salariais desnecessários. Além disso, existem custos auxiliares — viagens, treinamento, espaço de escritório, equipamento e suporte de TI — para todos esses burocratas. Vamos supor que essas despesas sejam 20% dos custos de remuneração — isso representa mais US$430 bilhões, para um custo total de cerca de US$2,6 trilhões. Para colocar em contexto, em um período recente de 12 meses, o lucro líquido de *todas* as empresas no índice Russell 3000 (que abrange 98% das ações investíveis nos Estados Unidos) foi um valor comparativamente modesto de US$1,3 trilhão. A implicação é clara: acabar com a burocracia é provavelmente a coisa mais lucrativa que qualquer organização pode fazer — uma conclusão que é reforçada pelo fato de que as organizações pós-burocráticas que apresentaremos nos próximos capítulos são, em média, significativamente mais lucrativas do que as outras.[10]

O Prêmio de US$10 Trilhões

A redução do desperdício burocrático também aumentaria a produtividade. Nos Estados Unidos, o crescimento da produtividade não agrícola foi de apenas 1,3% ao ano em média na última década, e escassos 1,62% desde 1970.[11] É um número péssimo em comparação à taxa média de crescimento de 2,82% registrada entre 1909 e 1969.[12] O declínio do crescimento da produtividade não é exclusivo dos Estados Unidos. Dos 35 países analisados no Compêndio de Indicadores de Produtividade de 2015 da OCDE, 23 não conseguiram igualar o crescimento da produtividade dos EUA entre 1995 e 2015. A maioria dos países que ultrapassaram os Estados Unidos eram economias de desenvolvimento tardio, como Hungria, Polônia e Estônia.[13] No momento da escrita deste livro, a economia dos EUA está crescendo e a produtividade está subindo, mas, no ritmo atual, levaria anos para compensar a desaceleração da produtividade das últimas décadas.

Há uma razão para os economistas serem obcecados pelo crescimento da produtividade. Quando ele estagna, o mesmo ocorre com os padrões de vida. A frustração econômica resultante abre as portas para o populismo, o protecionismo e a divisão social. É por isso que George Osborne, ex-chanceler do Tesouro da Grã-Bretanha, descreveu a retomada do crescimento da produtividade como "o desafio de nosso tempo".[14]

Os tecno-otimistas, como Erik Brynjolfsson, do MIT, acreditam que a seca de produtividade será revertida por uma onda de novas tecnologias. Nessa visão, o mundo está à beira de uma "segunda era das máquinas", alimentada pela internet das coisas, robótica, inteligência artificial e genômica. Será que isso revitalizará o crescimento da produtividade? Talvez, mas apenas se as tecnologias emergentes de hoje tiverem um impacto muito maior do que os avanços dos últimos 40 anos, que incluíram o computador pessoal, GPS, a rede mundial de computadores, o comércio eletrônico, os smartphones e as mídias sociais.

Embora as tecnologias emergentes ainda possam gerar ganhos de produtividade inesperados, acreditamos que derrotar a burocracia oferece um caminho mais promissor e menos especulativo para melhorar os resultados. É mais do que coincidência, acreditamos nós, que a burocracia tenha aumentado enquanto o crescimento da produtividade diminuiu.

Vamos voltar aos nossos cálculos anteriores. Estimamos que haja 13,45 milhões de gestores e o equivalente a 9,5 milhões de funcionários na economia dos EUA que estão produzindo pouco ou nenhum valor econômico. Isso sugere que os Estados Unidos poderiam atingir os níveis atuais de produção econômica com 14% menos pessoas na força de trabalho (22,95 milhões divididos por uma força de trabalho total de 146 milhões de empregados e 16 milhões de trabalhadores autônomos). A excisão do peso morto burocrático aumentaria o PIB dos EUA por pessoa empregada de US\$127 mil (o número de 2018) para US\$148 mil. O objetivo, claro, não é tirar o emprego de 23 milhões de pessoas, mas redirecionar seus talentos para atividades produtivas. Se cada um desses indivíduos contribuísse com US\$148 mil para a economia, em vez de zero, o PIB aumentaria cerca de US\$3,4 trilhões. Esse ganho, se alcançado em aumentos iguais ao longo dos próximos dez anos, acrescentaria quase 1,6% ao crescimento anual da produtividade, o que mais do que dobraria a taxa de 1,3% registrada entre 2007 e 2018. Alcançar ganhos semelhantes em toda a OCDE acrescentaria US\$10 trilhões à produção global. Pelo que sabemos, nenhuma outra proposta de política oferece um dividendo de produtividade nem próximo a essa escala.[15]

No topo desses ganhos de eficiência estariam os grandes, mas difíceis de quantificar, benefícios de uma força de trabalho não mais infantilizada por regras arrogantes e imobilizada por processos fatigantes. Mais liberdade e responsabilidade significariam mais iniciativa, inovação e resiliência, benefícios substanciais. Por exemplo, dentro da indústria farmacêutica, vários líderes respeitados argumentaram que a única maneira de aumentar os rendimentos de P&D e reduzir os custos crescentes da descoberta de medicamentos é realizar o que pode ser chamado de "burocratomia". Roger Perlmutter, o presidente da Merck Research Laboratories, sugeriu que um bom começo seria "remover os cinco principais níveis de gestão, incluindo a mim mesmo".[16]

O Imperativo Moral

A fortaleza burocrática pode parecer inexpugnável, mas, trezentos anos atrás, o mesmo poderia ser dito da autoridade monárquica. Antes do século XVIII, a maioria dos seres humanos era governada por líderes irresponsáveis, cuja única qualificação era sua linhagem real. Dois séculos atrás, a escravidão era vista como um fato inalterável. Algumas pobres almas, ao que parecia, estavam fadadas a ser propriedades. Cem anos atrás, o patriarcado era considerado uma predestinação — pelo menos pelos homens. As mulheres estavam sistematicamente em desvantagem, tanto social quanto economicamente. Hoje, consideramos a autocracia como indefensável, a escravidão como iníqua e o patriarcado como prejudicial. Embora esses males ainda existam, eles têm sido constantemente, e às vezes de forma impressionante, eliminados. No entanto, esses cânceres sociais já foram tão arraigados quanto a burocracia é hoje.

Essas analogias são exageradas? Pode ser. Como podemos comparar a vida de um balconista da Tesco, um técnico da ArcelorMittal ou um representante de serviços do departamento de trânsito dos EUA com a vida de um servo ou um escravizado? Para a maioria dos seres humanos, as condições de trabalho são imensuravelmente melhores do que eram nos séculos anteriores. É verdade. No entanto, intrínseca nesta objeção está a suposição de que em algum ponto devemos aceitar nossos ganhos e submeter-nos ao status quo — mas até que ponto?

Os agricultores de subsistência atraídos para as "fábricas satânicas" da Inglaterra vitoriana eram geralmente mais bem pagos, alimentados e alojados do que aqueles que permaneciam na terra. Apesar disso, lutaram por condições de trabalho mais seguras, pelo fim do trabalho infantil e pelo direito à negociação coletiva. Graças aos seus esforços, temos empregos melhores do que eles. Mas isso é suficiente? Não. Temos a obrigação de fazer jus a essas conquistas. Um salário digno, igualdade de remuneração, respeito pela diversidade, licença parental, horário flexível, planos de saúde— vale a pena lutar por tudo isso, mas deveríamos almejar ainda mais? Acreditamos que sim.

Aristóteles argumentou que um indivíduo não pode alcançar a felicidade sem autonomia. Se acreditamos que uma sociedade justa é aquela em que as pessoas têm a oportunidade e a liberdade de se tornarem sua melhor versão, então não devemos tolerar a tirania branda que milhões de funcionários enfrentam todos os dias no trabalho — o que o historiador Studs Terkel chamou de "uma morte lenta de segunda a sexta".[17]

Em vez de duvidar de nossa capacidade de erradicar a burocracia, devemos absorver a coragem dos patriotas, abolicionistas e sufragistas que defenderam a causa da dignidade humana nos séculos passados. Seus sucessos nos ensinam que um argumento puramente utilitarista não é suficiente para expurgar um sistema social profundamente arraigado que atende aos interesses de poucos, e não de muitos. Embora os dados possam começar a quebrar o gelo, o progresso real só é possível quando os corações começam a derreter.

Considere o caso de Thomas Clarkson, uma das principais figuras do movimento abolicionista britânico. Clarkson passou grande parte da vida reunindo relatos de testemunhas oculares do comércio de escravos. Viajou mais de 56 mil quilômetros a cavalo entrevistando 20 mil marinheiros que haviam trabalhado em navios negreiros. Seus implacáveis ensaios mobilizaram grupos antiescravistas por toda a Grã-Bretanha, porém, Clarkson acreditava que artefatos eram mais persuasivos do que palavras. Quando era convidado a falar, ele exibia grilhões e parafusos de tortura retirados de navios negreiros. Ao lado deles, expunha entalhes delicados e belos tecidos produzidos por artesãos africanos. Essa justaposição chocante de brutalidade e beleza demonstrou seu ponto de vista: os pobres cativos nos navios negreiros não eram menos humanos do que os que estavam sentados naquela audiência. Foi a campanha incansável de Clarkson — junto com a de ativistas como John Newton, o ex-traficante de escravizados que escreveu *Amazing Grace* — que compeliu o jovem parlamentar William Wilberforce a assumir o desafio de erradicar a escravidão em todo o império britânico, um feito realizado em 1833.

Erros são erros, independentemente de suas magnitudes. Se não somos diariamente atingidos pela desumanidade da burocracia, é porque nossa indignação foi entorpecida pelo tempo e pela familiaridade. No entanto, o que Thomas Paine disse sobre a monarquia em 1776 é igualmente verdadeiro para a burocracia hoje: "Um hábito antigo de não conceber algo como errado lhe confere uma aparência de certo."

Ao longo da extensa história do progresso social, o argumento mais poderoso para a mudança tem sido a afirmação de que todo ser humano merece a melhor oportunidade possível para desenvolver, praticar e se beneficiar de seus dons naturais, e que obstáculos desnecessários que criamos são injustos. É por *isso* que nos opomos à burocracia: porque o ser humano merece algo melhor.

Portanto, colete a maior quantidade de dados que puder. Elabore a tese de acusação para extirpar a burocracia da *sua* organização, mas lembre-se de que apenas uma imposição moral profunda e amplamente compartilhada tem o poder de destruir a indiferença, os interesses pessoais e o medo que há tempos guardam a cidadela burocrática.

Parte Dois

Humanocracia em Ação

É Possível Mesmo Livrar-se da Burocracia?

— 4 —

Nucor

Construindo Pessoas, Não Produtos

Sejamos honestos: a maioria de nós hesitaria em navegar com Colombo. "Ei, Cris", perguntaríamos, "existe alguma avaliação no TripAdvisor sobre esse tal Novo Mundo?" Da mesma forma, muitos relutam em embarcar na jornada para a humanocracia. Embora os dados e a coragem moral possam levar seus colegas ao porto, a maioria hesitará em embarcar até que você consiga oferecer um vislumbre do destino. O problema é que conjurar uma imagem plausível de uma organização horizontalizada e totalmente descentralizada não é fácil. Como seres humanos, somos prisioneiros do que é familiar — e há poucas coisas mais familiares do que a burocracia.

Felizmente, o futuro pós-burocrático não é inteiramente terra desconhecida. Algumas organizações de vanguarda estão mapeando seus contornos e há muito o que aprender com seus esforços. Neste capítulo e no seguinte, vamos mergulhar em duas organizações pioneiras que navegaram muito além das margens da ortodoxia burocrática. A Nucor, a siderúrgica mais inovadora e consistentemente lucrativa do mundo, é um estudo de caso do que acontece quando a pirâmide é invertida e as capacidades daqueles que estão na linha de frente são libertadas. A Haier, fabricante de eletrodomésticos com matriz em Qingdao, construiu uma cultura que incentiva todos a pensar e agir como empreendedores. Embora suas abordagens sejam diferentes, as duas empresas derrubaram as crenças canônicas de gerenciamento. E, ao fazer isso, construíram organizações de grande sucesso que nos dão confiança para navegar rumo à humanocracia.

Conheça a Nucor

Você já foi em uma usina siderúrgica? Se a resposta for sim, sabe por que as pessoas nesse espaço são consideradas os verdadeiros trabalhadores braçais. Na fornalha, operadores vestidos com jaquetas resistentes ao calor e protetores faciais manipulam cuidadosamente um caldeirão de doze metros de metal fundido — o que sobrou de algumas centenas de toneladas de sucata ferrosa após um tratamento de 30 minutos com eletrochoques de 175 megawatts. Em um fundidor próximo — uma máquina do tamanho de um ônibus escolar que derrama aço derretido em diferentes moldes —, os membros da equipe olham atentamente para o fluxo laranja brilhante de metal líquido, ajustando e lubrificando periodicamente o bocal para garantir um fluxo estável.

Ao observar os metalúrgicos cuidando dessas máquinas gigantes, talvez a conclusão fosse que esse trabalho requer mais força do que inteligência, e os dados do Bureau of Labor Statistics [Secretaria de Estatísticas Trabalhistas dos EUA] corroboram essa visão. Força física e destreza são consideradas muito mais importantes para metalúrgicos do que habilidades criativas e analíticas. (Veja a Tabela 4-1.) Embora isso possa ser verdade em algumas siderúrgicas, certamente não é o caso da Nucor, a maior empresa do tipo dos Estados Unidos.

Na Nucor, são a experiência e a autonomia dos funcionários da linha de frente que impulsionam o progresso. Considere a equipe que comanda a fornalha nas instalações da Nucor em Blytheville, Arkansas, que produziu as gigantes vigas universais que eram a base do One World Trade Center, em Nova York. Foram os membros da equipe — não um executivo de finanças ou engenheiro — que conduziram uma análise detalhada de custo-benefício e decidiram que era hora de substituir a carcaça envelhecida do forno (a tigela colossal na qual a sucata é transformada em aço fundido). Assim que a decisão foi tomada, foi a equipe — não o departamento de compras — que solicitou os lances dos fornecedores. Não impressionada pelas propostas que recebeu, a equipe decidiu projetar a carcaça por conta própria. Eles escolheram o fabricante e, durante a construção, ofereciam um minucioso feedback a cada etapa. O resultado? Um equipamento altamente eficiente que custou à Nucor US$3 milhões — um décimo do preço das propostas originais.

Foi esse tipo de iniciativa e inovação que tornou a Nucor a líder em aço dos EUA. Em 2018, os 26 mil funcionários da empresa, chamados de companheiros de equipe, exportaram 27,9 milhões de toneladas de aço e geraram US$25 bilhões em vendas. A Nucor também é a siderúrgica mais diversificada da

América do Norte, e fornece vigas, chapas, folhas, vergalhões e grades de aço a uma ampla gama de clientes. As fábricas da Nucor são feitas com sucata de aço e ela é a maior recicladora do hemisfério ocidental.

TABELA 4-1

Importância de Habilidades Específicas em Determinadas Ocupações Metalúrgicas

0 = sem importância, 100 = muito importante

	Operadores de fundição	Operadores de fornalha
Manuseio e movimentação de objetos	86	71
Precisão do controle	63	72
Destreza manual	63	72
Análise de dados e informações	37	36
Desevolvimento de objetivos e estratégias	29	26
Originalidade	25	25
Serviço ao consumidor	19	29
Esquematização e especificação de dispositivos técnicos	16	19
Administração de recursos financeiros	13	16

Fonte: Secretaria de Estatísticas Trabalhistas dos EUA; análise dos autores.

A produção de aço é um negócio complicado quando comparado a outras indústrias. O retorno financeiro é reduzido e falências são comuns. A Nucor, porém, não é uma empresa siderúrgica comum. Desde 1969, ela teve apenas um ano não lucrativo, logo na esteira da crise financeira de 2008, e tem apresentado retornos líderes do setor de forma consistente. A Nucor não apenas supera seus concorrentes em lucratividade e retorno sobre o capital, como também lidera, por uma ampla margem, o crescimento em valor de mercado, lucros, receita e toneladas enviadas por funcionário (veja a Tabela 4-2). A proporção de capital por funcionário da empresa está no mesmo nível da concorrência, mas sua produção per capita é quase 50% superior à média do setor. Esses resultados são o produto de uma cultura fora do comum— que valoriza mais a contribuição do que a posição, e mais a inovação do que o compliance.

TABELA 4-2

Performance da Nucor versus Concorrentes, Médias Correspondentes a Cinco Anos (2014–2018)

Métricas de lucratividade e retorno	Nucor	Grupo de comparação[a]
Retorno sobre o capital	8,3%	5,7%
Margem de lucro (EBIT)	8,4%	5,2%
Retornos totais aos acionistas (Média móvel, retornos no período de 5 anos)	38,7%	1,4%

Métricas de produtividade por funcionário (em milhares)	Nucor	Grupo de comparação[a]
Valor de mercado por funcionário	US$697	US$324
Faturamento por funcionário	US$805	US$663
Receita líquida por funcionário	US$42	US$14
Valor líquido da fábrica, da produção e dos equipamentos por funcionário	US$210	US$233
Toneladas de aço expedidas por funcionário (apenas em 2018)	1,06	0,67

a. Média aritmética ponderada simples, que inclui AK Steel, ArcelorMittal, Commercial Metals Company (CMC), Gerdau, Steel Dynamics e United States Steel. Para as métricas de produtividade dos funcionários, CMC e Gerdau não foram incluídas devido à falta de dados.

Fonte: Capital IQ; World Steel; relatórios das empresas; análise dos autores.

A Nucor produz seu aço em usinas chamadas de *mini-mills*, que normalmente têm metade do tamanho de uma usina de alto-forno integrada.[1] As *mini-mills* são mais flexíveis do que usinas integradas e têm custos de capital mais baixos. Historicamente, as fábricas integradas tinham uma vantagem na produção de aço fino e de alta qualidade. Contudo, nos últimos 30 anos, a inovação implacável da Nucor fez grande parte dessa vantagem desaparecer. Em 1989, a empresa foi pioneira em uma nova tecnologia que permitiu produzir placas que eram quatro vezes mais finas do que o que era possível anteriormente (1,2mm contra 4,8mm). Com folhas mais finas, o tempo necessário para laminar o aço em sua forma final foi reduzido de vários dias para algumas horas. (Foram 8 anos até que os concorrentes da Nucor alcançassem esse avanço.) Em 2002, a Nucor lançou o aço fundido ultrafino, que reduziu a espessura para menos de 1mm. Em comparação a uma usina integrada, o processo de fundição ultrafino consumia 95% menos energia. Na última década, esse avanço, junto com muitos outros, empurrou a participação da Nucor na produção de aço bruto da América do Norte de 16% para quase 25%.[2]

Os funcionários da Nucor, que vivem em comunidades rurais em todo o meio-oeste e sudeste norte-americano, são a alma da empresa e compartilham diretamente de seu sucesso. Desde a Grande Recessão, a companhia aumentou sua folha de pagamento em 30%, enquanto a contratação em todo o setor diminuiu 15%.[3] Não é de surpreender que a rotatividade de funcionários seja significativamente menor do que a média do setor.

A base do desempenho da Nucor é um modelo gerencial *bottom-up* radical que reflete as convicções do ex-presidente e CEO da empresa, Ken Iverson. A crença na capacidade dos seres humanos comuns de fazer coisas extraordinárias era fundamental para a visão de mundo de Iverson. Como explicou em seu livro, *Plain Talk: Lessons from a Business Maverick:*

> A maioria das empresas de hoje foi concebida como organizações de comando e controle. Os fundadores das siderúrgicas integradas, por exemplo, presumiam claramente que a "genialidade" da organização situava-se quase que por completo na gestão... Em contraste, construímos a Nucor partindo do pressuposto de que a "genialidade" em nossa organização seria encontrada entre as pessoas que realizam o trabalho. Desde o princípio, criamos nosso negócio de forma a permitir que os funcionários mostrassem à gestão o caminho para metas que antes pareciam inalcançáveis.[4]

Baseada em Liberdade e Responsabilidade

Como seria de se esperar de uma empresa criada para incentivar a solução criativa de problemas, a Nucor é altamente descentralizada. Em essência, a empresa é uma confederação de 75 divisões que operam de forma independente, mas que competem coletivamente. Uma divisão comum tem US$330 milhões em receitas anuais e opera uma ou duas fábricas. Essas unidades tomam suas próprias decisões sobre aquisições, produtos e pessoal. Cada divisão também é responsável por gerar demanda para seus produtos, conquistando e retendo clientes. Ao contrário de outras empresas siderúrgicas, as fábricas da Nucor não são meros locais de fabricação, mas empreendimentos de ponta a ponta. Dessa forma, cada divisão tem seu próprio P&L ["Profit & Loss Statement" — "Demonstrativo de Lucros e Perdas", em tradução livre], totalmente livre de alocações de custos corporativos.

Graças a essa descentralização, o espírito empreendedor é forte na Nucor. Se participar de uma reunião na fábrica, com certeza ouvirá as equipes discutindo novas oportunidades comerciais. Considere, por exemplo, a experiência da divisão de chapas de aço de Hickman, Arkansas. Durante anos, a maior parte de seu faturamento veio da venda de tubos de aço para empresas de petróleo e gás. Aproveitando o *boom* do fraturamento hidráulico no início da década de 2010, Hickman tornou-se uma das unidades mais lucrativas da Nucor. Contudo, no final de 2014, os preços do petróleo despencaram e, com isso, também a demanda pelos tubos de Hickman. Em questão de semanas, a divisão deixou de estar lotada de serviços e passou a perder dinheiro. Isso desencadeou uma busca urgente por soluções. "Como podemos diversificar nossos produtos e a visibilidade da indústria? O que podemos produzir que seja diferente dos concorrentes e de outras fábricas da Nucor?" Uma pequena equipe formada para resolver a questão espalhou-se para reunir ideias de colegas e clientes. O brainstorming trouxe à tona duas oportunidades promissoras: aço especializado para motores elétricos e aço de alta resistência para peças automotivas. Os membros da equipe não perderam tempo e viajaram pelo mundo para localizar a tecnologia e os equipamentos necessários para fazer os novos produtos. Paralelamente, outros membros da equipe elaboravam uma proposta de expansão da fábrica que custaria US$230 milhões e aumentariam a capacidade em 650 mil toneladas. Mary Emily Slate, que na época era gerente-geral da divisão em Hickman, apresentou a proposta ao grupo executivo da Nucor em fevereiro de 2016 e, em alguns meses, garantiu o financiamento necessário.

Mais tarde, refletindo sobre como sua equipe havia se mobilizado para contornar a situação, Slate disse: "A melhor coisa é que pudemos fazer isso sem que alguém superior dissesse: 'É isto o que vão fazer.' A ideia veio do chão de fábrica, fundamentada em uma avaliação compartilhada do que precisávamos. Somos todos responsáveis pelo desempenho financeiro de nossa fábrica."[5]

Um mantra muito repetido na Nucor é que as decisões devem ser "levadas para a camada mais baixa". Logo, não é nenhuma surpresa que a empresa tenha um centro corporativo diminuto — cerca de cem pessoas ocupando dois andares de um edifício comercial bem comum nos arredores de Charlotte, Carolina do Norte. A matriz atua como o banco corporativo, analisando as principais solicitações de capital e também definindo algumas regras básicas, como níveis salariais básicos e padrões mínimos de desempenho para as divisões.

Ao contrário da maioria das empresas industriais, a Nucor optou por não centralizar funções como P&D, vendas, marketing, estratégia, segurança, engenharia, compliance e compras. Além do CEO, as posições executivas da Nucor incluem apenas um outro chefe funcional, o diretor financeiro. A US Steel, com sede em Pittsburgh, tem pelo menos oito funções centrais — que incluem análise de desempenho, planejamento estratégico, compliance, logística, excelência em manufatura, TI, RH e finanças — que são apoiadas por um grupo de assessores de cerca de mil indivíduos.

A filosofia de gestão enxuta da Nucor também aplica-se ao nível das divisões. A poderosa divisão responsável por vigas de Blytheville, por exemplo, tem apenas sete gestores que trabalham em tempo integral — incluindo o gestor da fábrica. Em toda a empresa, gestores e executivos em tempo integral, uma população que não inclui supervisores de equipe, correspondem a apenas 2% dos empregos — quatro vezes menos do que a porcentagem na economia geral. Como porcentagem do faturamento, as despesas gerais e administrativas da Nucor giram em torno de 3%, cerca de metade das de seus concorrentes.

A Receita Pós-burocrática da Nucor

A fé da Nucor em seu pessoal produziu um modelo de gestão que quebra o molde burocrático de cinco maneiras importantes.

1. Criatividade: Pagar por Pensar de Forma Inovadora

Por meio de seu sistema de compensação, a Nucor concentra a atenção de todos em inovar de forma a maximizar a produtividade e o crescimento de seus ativos. Embora os concorrentes possam presumir que o investimento é a maneira mais rápida de aumentar a produção, a Nucor aposta na imaginação de seu pessoal. Funciona assim:

RECOMPENSAR POR PRODUTIVIDADE.   Na Nucor, o poder aquisitivo de uma equipe está vinculado à sua produtividade. O salário-base dos integrantes de uma equipe de linha de frente é cerca de 75% da média da indústria, mas quando a produção de uma equipe excede um patamar, normalmente 80% da capacidade estimada da fábrica, um programa de bônus entra em ação. O patamar de bônus é fixo e ajustado apenas quando os investimentos de capital aumentam a produção de uma determinada peça de maquinário ou de toda a fábrica. Sabendo disso, os membros da equipe têm um poderoso incentivo para aprimorar seus recursos, pois a única maneira de aumentar seu bônus é produzir mais aço para uma determinada quantidade de capital. Na prática, isso significa usar sua engenhosidade para reduzir custos e acelerar os fluxos de trabalho. Quando uma nova peça de equipamento é instalada, não é incomum que uma equipe supere o seu nível de capacidade em questão de meses.

FIGURA 4-1

O Processo de Fabricação do Aço em uma *Mini-mill*

O aço é produzido por meio de um processo interdependente e contínuo, com equipes integradas trabalhando em busca de uma meta de produção compartilhada.

1. Usando um guincho, a sucata de aço é coletada e carregada à fornalha.	2. A sucata é derretida na fornalha com o auxílio de eletrodos gigantes.	3. O aço derretido é transportado na panela e derramado no fundidor.	4. O aço fundido é esticado e cortado.	5. O produto final é armazenado e eventualmente transportado para fora da usina.

Os bônus são criteriosamente pagos a equipes, não a indivíduos. Uma equipe comum tem de vinte a trinta operadores que trabalham em vários turnos e têm responsabilidade conjunta por um processo específico. As recompensas da equipe incentivam a resolução colaborativa de problemas, o que é essencial em uma indústria de processos em que as tarefas são altamente interdependentes. (Veja a Figura 4-1.) As equipes da fornalha, da fundição e da manutenção, por exemplo, fazem parte de um processo contínuo, portanto, têm uma meta de produção comum. Um membro da equipe de fundição na fábrica de Hickman comentou: "Se um processo der errado, todos os outros também darão. Meu problema é problema de todos, e todos vão se empenhar para resolvê-lo."

Em cada fábrica, as equipes têm acesso a informações em tempo real sobre seu desempenho e, portanto, sobre seu pagamento. A expectativa é que uma equipe com bom desempenho supere a meta e gere um bônus semanal substancial — o que, na maioria das vezes, é exatamente o que acontece. Como é de se esperar, os membros da equipe têm pouca paciência com preguiçosos. Um operador de fornalha na fábrica de Blytheville observou: "A pressão do grupo é um ótimo motivador."

Não é comum para trabalhadores da linha de frente receberem uma remuneração altamente variável, mas o sucesso da Nucor demonstra o valor de oferecer a todos um incentivo para inovar. Depois de inclusos os bônus, os trabalhadores da fábrica da Nucor ganham cerca de 25% a mais do que seus colegas do setor.

O modelo de compensação da Nucor rende também outros benefícios.

RESPONSABILIDADE COMPARTILHADA PELO CRESCIMENTO. Quando a demanda está baixa, os contracheques refletem a capacidade ociosa, então as equipes usam essa redução de demanda para visitar clientes e apresentar novas ideias de produtos. Dentro da fábrica, os membros da equipe testam essas ideias, experimentando mudanças no processo de produção. Quando, por exemplo, a demanda diminuiu na fábrica de chapas da Nucor em Tuscaloosa, Alabama, os funcionários testaram maneiras de produzir chapas blindadas — um produto novo para a fábrica. Uma usina subutilizada também aumenta a pressão sobre os gestores. Os membros da equipe interpelarão seus líderes: "O que você está fazendo para nos ajudar a inovar e encontrar novos clientes?"

Ninguém na Nucor busca uma orientação central. Em vez disso, a estratégia normalmente surge de baixo, à medida que dezenas de equipes e divisões vasculham o horizonte atrás de oportunidades e tomam a iniciativa de atrair clientes, contratar colegas de equipe e experimentar novos produtos e métodos.

MENOS POLITICAGEM.   A equipe de alto escalão da Nucor entende que, quando os executivos têm o poder de deturpar os objetivos, o resultado é favoritismo, enganação e perda de confiança. As metas nítidas e consistentes da Nucor são projetadas para minimizar truques e artimanhas. Metas simples e compreensíveis também reduzem a necessidade de KPIs detalhados para as equipes, que podem levar a uma insuficiência quando os funcionários perseguem metas fragmentadas em vez de se concentrar na saúde do negócio como um todo.

FLEXIBILIDADE FINANCEIRA.   O modelo de compensação baseado em resultado da Nucor permite que a empresa corte rapidamente seus custos de mão de obra quando a demanda diminui. Essa flexibilidade elimina a necessidade de demissões e dá à Nucor uma vantagem inicial na aceleração quando o ciclo de negócios muda.

Em conjunto, os elementos do modelo de compensação da Nucor mandam um recado forte: todos são essenciais para construir um negócio melhor e serão recompensados por isso.

2. Competência: Cultivando Habilidades

Não é por acaso que os funcionários da Nucor são mais qualificados — tanto do ponto de vista técnico quanto do comercial — do que outros funcionários do setor. Os membros da equipe entendem que, para se tornar cada vez mais eficientes e gerar cada vez mais demanda, precisam resolver problemas cada vez mais difíceis — o que, por sua vez, significa ficar cada vez mais esperto, tanto individual quanto coletivamente. Não é surpresa que as condutas de pessoal da Nucor estejam sintonizadas para construir um conhecimento profundo.

CONTRATAÇÃO SELETIVA.   A Nucor contrata pessoas para uma carreira, não para empregos de curto prazo. A expectativa é que os colaboradores desenvolvam suas habilidades ao longo da carreira. Assim, o processo de contratação da empresa visa encontrar pessoas que estão ávidas por aprender. O processo inclui um teste padronizado de duas horas para avaliar as habilidades quantitativas e verbais de resolução de problemas, seguido por uma entrevista comportamental com um psicólogo. A decisão final de contratação é tomada por funcionários que participam de uma entrevista com duração de uma hora. As perguntas normalmente incluem:

- Qual paixão sua ajuda a motivá-lo no trabalho?

- Você já consertou alguma coisa?

- Descreva como você aprende uma nova habilidade — como isso se dá para você?

- Conte-nos sobre uma ocasião em que você cometeu um erro no trabalho. Como contornou a situação?

- Se um colega de trabalho não gostasse de você de jeito nenhum, o que faria?

Como essas perguntas sugerem, o foco está menos nas habilidades específicas (que podem ser aprendidas no trabalho) e mais na desenvoltura e na capacidade de autonomia do candidato. A abordagem altamente seletiva da Nucor também carrega um valor simbólico: os novos contratados entendem que estão ingressando em uma organização exclusiva que define um alto padrão de desempenho e preocupa-se com seus membros.

TREINAMENTO CRUZADO. Em vez de se especializarem em uma única tarefa, os colaboradores da Nucor são treinados em uma variedade de funções. Na divisão de Blytheville, os novos membros da aciaria passam por várias equipes, como a fornalha e o fundidor. Isso lhes oferece uma visão geral de todo o ciclo de produção e aumenta sua capacidade de resolver problemas entre departamentos. Em muitas divisões, os funcionários podem trabalhar em seus dias de folga e serem pagos para aprender uma função diferente. Em um ano típico, mais de 20% dos colaboradores receberão alguma forma de treinamento cruzado; para cargos iniciais, a porcentagem é ainda maior.

A melhor maneira de progredir na carreira na Nucor é passando por diversos departamentos, e até mesmo por fábricas diferentes. É comum encontrar ex-vendedores trabalhando no transporte ou operadores de fornalhas trabalhando na manutenção. Na fábrica de vigas em Blytheville, mais da metade dos funcionários com cinco anos ou mais na empresa fez pelo menos uma rotação entre departamentos. A rotatividade é facilitada pelo mercado de trabalho interno da Nucor, que oferece aos colaboradores uma visão de todas as posições disponíveis na empresa.

Oferecer múltiplas habilidades e funções às pessoas é uma situação de ganho mútuo. Para os indivíduos, a mudança de ritmo, de atividade e de colegas torna o trabalho mais interessante. Em troca, a Nucor obtém uma força de trabalho capaz de resolver problemas complexos e multidisciplinares.

CONSTRUÇÃO DE PERSPICÁCIA EMPRESARIAL. Enquanto a maioria das empresas concentra o treinamento dos operários em tópicos técnicos restritos, a Nucor investe no desenvolvimento das habilidades comerciais dos funcionários, pois acredita que as pessoas precisam entender o negócio se quiserem melhorá-lo. Como parte do treinamento, os colaboradores da Nucor participam de uma partida que dura o dia inteiro de um jogo semelhante ao Banco Imobiliário, chamado "Dollars and Tons" [Dólares e Toneladas, em tradução livre], no qual equipes de cinco pessoas comandam uma divisão fictícia da Nucor. As equipes tomam decisões sobre quanta sucata comprar e a que preço, quantas pessoas contratar e quando investir em novos equipamentos para expandir sua capacidade. No final da simulação, as equipes são avaliadas quanto à lucratividade, o retorno sobre os ativos, a gestão do capital de giro e a solidez do balanço patrimonial — fatores motivadores do desempenho de uma fábrica.

Ao firmar o pensamento empresarial profundamente na organização, a Nucor maximiza a qualidade da tomada de decisões em todos os níveis e reduz a lacuna de status existente entre os funcionários da linha de frente e os gestores com experiência comercial.

ENCORAJAMENTO DE CRESCIMENTO PESSOAL. Muitas empresas tratam os funcionários da linha de frente como recursos dispensáveis, mas isso não acontece na Nucor. Cada membro da equipe tem um plano de desenvolvimento pessoal que define planos de carreira de 5 a 10 anos. Um gestor de departamento comentou: "Estamos sempre tentando encontrar algo em que um colaborador queira melhorar. Alguns querem crescer rápido e outros, não, mas trabalhamos para colocar as pessoas na melhor posição para o sucesso."

3. Colaboração: Construindo Conexões Sociais

Na maioria das organizações, a coordenação entre unidades é tarefa de quem está no comando. Eles são responsáveis por identificar oportunidades para padronizar práticas, compartilhar recursos e buscar novas iniciativas em conjunto. Na Nucor, a coordenação, como tudo o mais, acontece de baixo para cima. Uma densa rede de conexões laterais ajuda a unir divisões distantes com pouco ou nenhum comando vindo de cima.

TROCA DE CONHECIMENTOS. Todos os anos, os membros da equipe da Nucor fazem milhares de viagens para fábricas associadas. Durante essas visitas, os colegas compartilham experiência operacional e resolvem problemas comuns. Quando a divisão de Hickman planejou reduzir a espessura de sua chapa de aço, uma equipe de fundição da fábrica de Ghent, Kentucky, viajou para compartilhar o que havia aprendido quando projetou uma mudança semelhante. A maioria das visitas dura alguns dias, mas, quando o desafio técnico é significativo, a viagem pode se estender por várias semanas.

A Nucor também sedia eventos regulares entre as fábricas. Os gestores de fábrica reúnem-se todos os meses e os gestores de departamento, a cada seis meses. Além disso, há encontros anuais das equipes da linha de frente. Isso representa um investimento substancial em tempo e viagens, mas a Nucor acredita que essa é a melhor maneira de transferir conhecimento e resolver novos problemas. Um membro do departamento de fundição de Hickman descreveu os benefícios: "Você está engajando e investindo nas pessoas, construindo relacionamentos e gerando oportunidades para melhorar. Durante uma visita, as ideias se multiplicam. Quando voltamos, estamos energizados para tentar algo novo. Nunca é questão de saber se vale o tempo. Sempre trazemos algo de volta."

REDES ESPONTÂNEAS. Quando as divisões identificam a necessidade de coordenação contínua, elas reúnem uma equipe. Por exemplo, os gerentes de vendas de treze fábricas de barras de aço desenvolveram uma tabela de preços nacional para fornecer uma oferta consistente para seus maiores clientes. Algumas equipes surgem somente para essa finalidade, enquanto outras são de longa duração. Há uma rede de membros da equipe de linha de frente, por exemplo, que coordena a aquisição de matérias-primas e peças. A maioria das redes começa de modo informal; aquelas que agregam valor tornam-se semipermanentes.

CONJUNTO DE OPORTUNIDADES. As fábricas costumam compartilhar *leads* [clientes em potencial interessados em seus produtos] e colaborar no desenvolvimento de novos negócios. Um dos empreendimentos mais significativos envolveu uma investida coordenada no mercado automotivo. Uma década atrás, a Nucor não tinha a capacidade de produzir o aço flexível de alto padrão que os fabricantes de automóveis usam para peças do motor e estampagem de carroceria. Várias divisões identificaram a indústria automotiva como um segmento atraente, mas, individualmente, elas não tinham as habilidades para chegar muito longe. Reconhecendo isso, elas juntaram forças para encarar esse mercado.

Em cada fábrica, as equipes multifuncionais mapearam as habilidades e as tecnologias que precisariam adquirir. Essas equipes contrataram metalúrgicos e fizeram parcerias com universidades locais para explorar novos métodos de produção. Por meio de reuniões regulares entre equipes e visitas frequentes para balizamento, a iniciativa automotiva tomou forma. A equipe informal resolveu problemas técnicos, desenvolveu estratégias de marketing e dividiu as responsabilidades do produto. Hoje, a Nucor envia mais de 1,5 milhão de toneladas de aço para as montadoras a cada ano — uma prova incrível do poder que vem de baixo!

TRANSPARÊNCIA. A capacidade de colaboração da Nucor baseia-se na transparência. A política da empresa incentiva os colaboradores a "compartilhar tudo". Cada funcionário tem acesso a métricas de desempenho detalhadas, incluindo toneladas produzidas, custo por tonelada, toneladas perdidas devido a defeitos e muito mais. Os dados comerciais são igualmente abertos. Isso inclui lances, pedidos, estoque, remessas, retorno sobre ativos — qualquer coisa que seja potencialmente relevante para o funcionamento do negócio. A maior parte dessas informações está disponível em tempo real, mas, em todas as instalações, os dados de desempenho também são postados semanalmente perto da entrada da fábrica ou no refeitório.

A extravagante transparência da Nucor cria uma competição saudável entre as divisões, levando a disputas amigáveis para ver qual fábrica será a primeira a atingir um objetivo específico em relação à segurança ou à eficiência. Também facilita a identificação de fábricas e práticas que merecem ser destacadas.

4. Compromisso: Criando um Ambiente de Confiança

O comprometimento floresce em um ambiente de confiança. Para dar o melhor de si, os membros da equipe precisam sentir que trabalham em uma organização que valoriza a justiça, a honestidade e a lealdade. Infelizmente, a confiança costuma ser uma mercadoria escassa nas grandes empresas. Em uma pesquisa global da Ernst & Young de 2016, menos da metade dos 10 mil funcionários pesquisados disse ter "grande confiança" em seus colegas ou na empresa em geral.[6]

Em comparação, os funcionários da Nucor referem-se à empresa como uma "comunidade" ou "família". De acordo com John Ferriola, CEO da empresa de 2013 a 2019, "a Nucor não tem uma cadeia de comando; tem uma cadeia de confiança".

Muitas das práticas que descrevemos aumentam a confiança: o processo de compensação garante que os frutos da inovação sejam compartilhados de forma equitativa; o investimento no desenvolvimento pessoal cria lealdade recíproca; e a transparência radical une as pessoas em torno de objetivos comuns. Além disso, existem outros pilares que fortalecem a confiança.

ESTABILIDADE DO EMPREGO. A Nucor nunca demitiu funcionários em suas siderúrgicas, um feito notável em um setor industrial que dispensou 40% de seus funcionários entre 2000 e 2018.[7] A Nucor poderia ter seguido o exemplo, mas isso teria violado a antiga promessa que fez aos seus funcionários: "Faça o seu trabalho bem hoje e garanta-o amanhã." Quando os pedidos despencam, a empresa reduz a semana de trabalho, não a força de trabalho. Isso reduz as chances dos ganhos de bônus semanal, mas, para a maioria dos funcionários, é melhor do que ser dispensado. Nos raros casos em que a Nucor fecha ou reduz a escala de uma fábrica, são oferecidos às pessoas cargos em outras instalações.

Ferriola diz que a empresa poderia ter evitado seu único ano deficitário, 2008, demitindo um pequeno número de pessoas, mas ele e outros executivos sequer consideraram a possibilidade. Foi uma boa decisão. As equipes locais da Nucor tornaram a empresa líder em automação de processos porque ninguém está preocupado em ser substituído por uma máquina inteligente.

POUCOS SÍMBOLOS DE STATUS. Diferentemente de seus concorrentes, nos quais os gestores costumam usar capacetes de cores diferentes (em uma empresa, o capacete do CEO é folheado a ouro), existem poucos símbolos de status na Nucor. Os executivos renunciaram a regalias do tipo que são frequentemente distribuídas em outras grandes empresas. Não há carros da empresa, associações a clubes de campo ou viagens pessoais em aeronaves corporativas.

Alguns benefícios da Nucor, como o esquema de participação nos lucros, o programa de bolsa de estudos, o plano de compra de ações por funcionários e o programa de prêmios por serviço, não são concedidos para executivos seniores. Com poucos diferenciadores de status, a comunicação tende a ser transparente e direta. Na Nucor, os executivos não estão em pedestais.

RESPONSABILIDADE REVERSA Embora a Nucor tenha uma hierarquia formal, há um compromisso de reverter a responsabilidade raramente visto em grandes empresas. Isso reflete a crença de Iverson de que o poder deve fluir de baixo para cima, não no sentido contrário: "A autoridade de um gestor vem dos funcionários. Vimos gestores falharem em conduzir as pessoas de maneira eficaz às metas ambiciosas que estabelecemos na Nucor. Quando isso acontece, dizemos que 'os funcionários demitiram o gestor'. É semelhante a quando um time de futebol perde a fé no técnico. Quem você vai despedir, o técnico ou toda a equipe?"[8]

Os membros da equipe estão diretamente envolvidos na seleção de supervisores e gestores. Também existe um processo formal para fornecer feedback ascendente. Um supervisor em Hickman disse: "Se você obtém uma pontuação ruim na pesquisa, já era." Os gestores da matriz fazem visitas frequentes às fábricas e sediam encontros locais. Durante esses jantares, os colaboradores podem levantar qualquer questão que venha à mente. Um gestor de fábrica comentou: "Esses jantares não terminam até que os colaboradores estejam prontos para encerrar a noite. Muitas vezes sinto que estou sendo interrogado e não consigo evitar as perguntas deles."

LUCRO PARA TODOS. O plano de participação nos lucros da Nucor é outro mecanismo para construir comprometimento. A cada ano, a empresa contribui para o plano com pelo menos 10% de seus ganhos brutos. Em 2018, ela contribuiu com US$308 milhões, o que resultou em cerca de US$12 mil por funcionário. Os colaboradores recebem uma pequena parcela em dinheiro e o restante vai para uma conta de aposentadoria, que, para muitos funcionários, constitui o maior ativo financeiro.

5. Coragem: A Confiança para Agir

Quando comparadas às concorrentes, as equipes de produção da Nucor são absurdamente mais capacitadas. Os turnos das equipes são controlados por um supervisor que é mais coach do que chefe, mas são os membros da equipe de linha de frente que assumem a liderança na definição de metas de produção, na alocação de tarefas, no cumprimento dos padrões de segurança e na qualidade e solução dos problemas da produção. O impacto financeiro dessas decisões pode chegar a dezenas ou até centenas de milhares de dólares.

Além de controlar o processo de produção, as equipes também são responsáveis pelo(a):

PLANEJAMENTO DE PESSOAL E SUPORTE AOS COLEGAS.   As equipes de produção gerenciam o comparecimento e o planejamento de turnos. Quando, por exemplo, as equipes na divisão de Blytheville decidiram mudar os turnos de 8 horas/cinco dias por semana para 12 horas/quatro dias por semanas, não pediram permissão à gerência.[9] Os companheiros de equipe também são os primeiros a intervir quando os colegas apresentam um desempenho inferior. Eles se esforçam para identificar o problema existente e normalmente resolvem as coisas sem a ajuda de um supervisor.

A equipe assume a liderança no desenvolvimento profissional. Os companheiros dão feedback uns aos outros por meio de uma pesquisa anual que enfoca desempenho, segurança, confiabilidade e habilidades de liderança. Embora o processo de avaliação em grupo não tenha uma influência direta sobre a remuneração, ele dá a cada funcionário uma noção clara de sua posição dentro da equipe e orienta decisões sobre rotatividade, promoção e atribuições especiais. Ser responsável perante os colegas inspira as pessoas a darem o seu melhor. Assim como contou um colaborador da fornalha de Blytheville: "Todo dia é uma entrevista."

GASTO DE CAPITAL.   As equipes de produção da Nucor têm um grau de autonomia financeira sem precedentes na indústria do aço. Os membros da equipe emitem regularmente ordens de compra em torno de dezenas de milhares de dólares sem consultar o gestor da fábrica. Antes de fazer o pedido, eles consultarão os colegas, mas o objetivo é obter informações, e não aprovação.

IMPLANTAÇÃO DE NOVAS TECNOLOGIAS.   As equipes da Nucor estão constantemente em busca de tecnologias que deem à empresa uma vantagem competitiva. Aqui, como em outros setores, os operadores da linha de frente estão profundamente envolvidos no processo de tomada de decisão.

A expansão de US$230 milhões na divisão de Hickman, mencionada anteriormente, tinha como objetivo oferecer à usina acesso a máquinas de laminação capazes de alternar entre especificações de produtos diferentes em minutos, em vez de horas. A equipe do projeto, liderada por Jay Wheeler, um ex-engenheiro de manutenção, incluía operários e gestores. Depois de visitar fornecedores de equipamentos na Europa e na Ásia, eles chegaram a Viena para uma reunião com um fornecedor local, na qual os engenheiros do fornecedor sondaram os membros da equipe da Nucor para entender melhor suas necessidades e restrições. Wheeler lembra que os engenheiros austríacos ficaram confusos quando suas perguntas foram respondidas não pelos gestores da Nucor, mas pelos membros da equipe da linha de frente.

A lógica de confiar nos operários para fornecer e implantar tecnologia parece óbvia para as pessoas da Nucor. Afinal, são as pessoas da linha de frente que têm a melhor perspectiva sobre o que precisam para ter êxito.

INTERAÇÃO COM CLIENTES. Em grandes empresas industriais, é raro que os funcionários da linha de frente interajam diretamente com os clientes, a menos que estejam em uma função de vendas ou suporte técnico. Não é assim na Nucor. Do operador do guindaste ao motorista da empilhadeira, todos conhecem o cliente. As equipes de produção fazem visitas regulares aos clientes, conhecidas como reuniões "cara a cara". Uma equipe da usina siderúrgica, por exemplo, passará um dia em uma fábrica automotiva conversando com as equipes de manufatura que transformam chapas de aço em peças automotivas. Os visitantes farão perguntas aos seus anfitriões: Como a máquina maneja o nosso aço? Como os resultados se comparam aos produtos de nossos concorrentes? Onde podemos melhorar? Essas conversas geram uma profusão de ideias e criam relacionamentos pessoais que garantem que problemas futuros sejam resolvidos de forma rápida.

EXPERIMENTAÇÃO CONSTANTE. Na Nucor, os colaboradores são incentivados e têm liberdade para experimentar novas técnicas de produção. O resultado: uma empresa na qual *todos* inovam. Por exemplo, um funcionário do departamento de fundição de Blytheville trabalhou por vários anos para redesenhar a panela — o recipiente gigante que alimenta o fundidor com aço derretido. Por meio de uma série de experimentos, ele reformulou o forro do caldeirão usando materiais mais resistentes à decomposição. O novo design dobrou a confiabilidade da panela e reduziu o tempo de inatividade e as despesas de manutenção. Experimentos como esse acontecem em toda a empresa e são essenciais para a vantagem competitiva da Nucor.

Embora seja considerada por muitos uma das siderúrgicas mais inovadoras do mundo, a Nucor não tem uma função central de P&D, nem se gaba em razão de um diretor de tecnologia. No entanto, como nota Ferriola, "Não está certo dizer que a Nucor não tem um departamento de P&D. Nós temos um com 26 mil pessoas".

O empoderamento traz um grau de risco pessoal — o que acontece se você errar? Em uma cultura de adoração às regras, pode ser que não valha a pena correr esse risco, mas, na Nucor, a tolerância para falhas "inteligentes" é alta. Ferriola argumenta: "Encorajamos nosso pessoal a não temer o fracasso. Você não consegue estender os limites de seu conhecimento, sua imaginação ou suas habilidades se tiver medo de falhar. É muito comum ouvir um gestor ou supervisor treinar um novo funcionário dizendo algo como: 'Se você não falhar, não superará os limites de suas habilidades.'"

O Espírito da Humanocracia

O modelo de gestão da Nucor foi construído para maximizar a criatividade, a competência, a colaboração, o compromisso e a coragem. Não por coincidência, esses são os atributos e comportamentos humanos mais cruciais para produzir resultados extraordinários. Fiel ao espírito da humanocracia, o modelo da Nucor não diz respeito a forçar os funcionários a *fazer* mais, mas a dar-lhes a oportunidade de *ser* mais — mais do que trabalhadores, mais do que subordinados, mais do que meros operários, mais do que funcionários. Os membros da equipe de linha de frente da Nucor são especialistas, inovadores, ousados e proprietários. A Nucor prova inequivocamente que *todo* trabalho pode ser um bom trabalho, seja qual for o setor.

No Capítulo 2, expomos os fundamentos da burocracia: estratificação, padronização, especialização e formalização. O modelo da Nucor desafia a ortodoxia de gestão em cada uma dessas áreas.

ESTRATIFICAÇÃO. A Nucor tem uma hierarquia formal, mas a empresa é muito menos estratificada — menos níveis, menos gestores e uma menor estrutura *top-down* — do que a maioria das organizações com o mesmo porte. A empresa distribui o trabalho de gerenciamento aos membros da equipe da linha de frente, dando-lhes amplos direitos de decisão e uma voz significativa na escolha de seus próprios líderes. Na Nucor, não há sistema de castas, nenhuma distinção entre idealizadores e executores.

PADRONIZAÇÃO. A padronização forçada impede a inovação e transforma os funcionários em robôs. É por isso que a Nucor resiste à tentação de ditar normas de funcionamento baseadas em estruturas *top-down*. Cada fábrica é livre para desenvolver seus próprios procedimentos e protocolos. Não há tentativas de impor uniformidade apenas por razões de ordem, e não há políticas rígidas criadas para tornar a empresa mais homogênea e, portanto, mais facilmente gerenciada do topo. Em vez disso, dados de desempenho transparentes e uma paixão compartilhada por melhorar cada vez mais facilitam a disseminação de práticas inovadoras. Na Nucor, os processos de produção convergem naturalmente quando fazem sentido, mas não quando não fazem.

FORMALIZAÇÃO. Toda organização precisa de uma certa estrutura — limites que delineiam equipes, funções e unidades operacionais. No entanto, apesar de ter quase cem divisões, a Nucor não é fragmentada. Em vez de usar grupos corporativos de funcionários — planejamento, marketing, vendas e P&D — para colher sinergias, a empresa depende de conexões sociais. Assim como ocorre com a padronização, a coordenação acontece organicamente, quando as equipes identificam um interesse comum. A coordenação é o produto da colaboração, não da centralização.

ESPECIALIZAÇÃO. Os membros da equipe da Nucor são excepcionalmente qualificados, mas também são polivalentes. Objetivos compartilhados, treinamento cruzado e funções flexíveis os ajudam a enfrentar problemas que superam limites e que geram grandes ganhos de produtividade. Não existem "compartimentos" na Nucor e, portanto, não existem limites criados sobre onde e como os membros da equipe podem contribuir.

No final, não há um sistema ou prática únicos que expliquem o sucesso da Nucor, mas, se está procurando uma lição geral, aqui está: o que quer que sua organização faça ou venda, seu verdadeiro negócio é o desenvolvimento dos seres humanos. Como se costuma dizer na Nucor: "Não fabricamos aço, construímos pessoas."

— 5 —

Haier

Todos São Empreendedores

Nos últimos anos, as startups reinventaram quase todas as indústrias do planeta, muitas vezes às custas de incubadoras.[1] Para revidar, consultores aconselham seus maiores clientes a realizar novos empreendimentos com aceleradoras com propósitos específicos. O problema é que uma aceleradora, por mais bem-sucedida que seja, provavelmente não gerará retornos suficientes para compensar as fortunas gastas por empresas já consolidadas que perderam seu encanto. O que raramente ocorre aos consultores ou aos seus clientes é que é possível transformar toda a empresa em uma plataforma empreendedora. Para aqueles emaranhados em dogmas burocráticos, parece inconcebível que uma grande empresa possa se comportar como um conjunto de startups. Isso porque nunca estiveram dentro da Haier, a maior fabricante de eletrodomésticos do mundo.

Conheça a Haier

Sediada em Qingdao, na China, a Haier compete com nomes conhecidos, como Whirlpool, LG e Electrolux. Atualmente, tem cerca de 84 mil funcionários, incluindo 28 mil fora da China. Muitos desses funcionários internacionais ingressaram por meio de aquisição de outras empresas. O maior negócio até o momento foi a aquisição da divisão de eletrodomésticos da GE, em 2016.

Com receitas de mais de US$38 bilhões anuais, a Haier domina. Durante a última década, o lucro bruto no negócio de eletrodomésticos dessa organização cresceu 22% ao ano, enquanto as receitas aumentaram 20% ao ano. A empresa também criou mais de US$2 bilhões em valor de mercado com novos empreendimentos. Esses feitos são incomparáveis aos de qualquer um dos concorrentes nacionais ou globais.[2]

O seu sucesso é o resultado de uma reformulação radical do modelo tradicional de gerenciamento. Realizada por Zhang Ruimin, o rebelde presidente e CEO da Haier, a reforma concentrou-se em três objetivos:

1. Transformar todos os funcionários em empreendedores

2. Criar "distância zero" entre funcionários e clientes

3. Tornar a empresa um exemplo absoluto em ecossistema centrado na web em constante expansão

A abreviatura da Haier para esses objetivos é *rendanheyi*, uma mistura de caracteres chineses que denota uma forte relação entre o valor criado para os clientes e o valor recebido pelos funcionários. O modelo *rendanheyi* afasta-se das normas burocráticas de sete maneiras fundamentais.

1. De Negócios Monolíticos a Microempresas

As grandes corporações geralmente consistem em alguns negócios dominantes, cada um com suas próprias ortodoxias sobre estratégia, clientes e tecnologia. Essas entidades monolíticas e suas monoculturas tornam a empresa vulnerável a concorrentes não convencionais e a impede de enxergar oportunidades inovadoras. Para evitar esses riscos, a Haier dividiu-se em mais de 4 mil microempresas (ou MEs), cada uma com dez a quinze funcionários.

Existem três variedades de microempresas na Haier. Primeiro, existem cerca de duzentas MEs "transformadoras", que têm suas raízes no legado de fabricação de eletrodomésticos da empresa. Essas unidades voltadas para as necessidades dos clientes são encarregadas de reinventar-se para o mundo conectado de hoje. A Zhisheng, que fabrica refrigeradores para jovens clientes urbanos, é um exemplo disso.

Em segundo lugar, vêm as mais de cinquenta MEs "incubadoras". Elas são novas startups locais, como a ThunderRobot, uma unidade que fabrica computadores gamers super-rápidos, e a Xinchu, que criou um refrigerador inteligente que conecta usuários a serviços de terceiros, como entrega de alimentos frescos.

Por fim, existem cerca de 3.800 MEs "nós", ou microempresas conectoras, que vendem componentes e serviços, como design, fabricação e suporte de RH, para as MEs da Haier que têm clientes como foco. Outras MEs conectoras, espalhadas pela China, tratam de vendas e marketing.

As microempresas são essenciais para o objetivo de Zhang de construir a primeira empresa do mundo para a era da internet. Isso envolve mais do que desenvolver produtos habilitados para a web; significa criar um modelo organizacional que imite a arquitetura da internet. Embora incrivelmente diversa, a web se mantém por meio de padrões técnicos comuns que permitem a navegação no ciberespaço e possibilitam que os sites troquem recursos comuns, como dados. A estruturação da Haier baseia-se nesse modelo. As MEs são livres para se organizar e evoluir com pouco controle central, mas compartilham uma abordagem comum para definição de metas, contratação interna e coordenação entre unidades.

2. De Objetivos Complementares a Alvos Principais

Ousadia é a marca registrada de toda startup de sucesso. Em uma empresa empreendedora, a ambição supera os recursos e a inovação é a única maneira de preencher essa lacuna. Em empresas estabelecidas, por outro lado, há pouco esforço, apenas o suficiente para fazer um pouco melhor do que no ano anterior e acompanhar o ritmo de suas competidoras.

Na Haier, toda microempresa busca metas ambiciosas de crescimento e transformação conhecidas como "alvos principais". Em vez de tomar o desempenho do ano anterior como ponto de partida, os objetivos de crescimento são definidos "de fora para dentro". Uma unidade de pesquisa dedicada apenas a isso coleta estatísticas de cada produto sobre as taxas de crescimento do mercado em todo o mundo e usa esses dados para estabelecer as metas de crescimento da ME. No mercado chinês, essas metas são derivadas de uma avaliação altamente detalhista e ascendente do tamanho e do crescimento esperado de segmentos específicos de clientes e categorias de produtos em milhares de territórios.

Espera-se que uma ME transformadora aumente o faturamento e o lucro de quatro a dez vezes mais rápido do que a média do setor, com a meta exata, dependendo da posição competitiva da ME. Em categorias de produtos ou locais que a Haier não domina, o objetivo é mais elevado, uma vez que a ME tem bastante espaço para aumentar a participação no mercado. Em áreas nas quais a Haier lidera, a meta é mais modesta, mas ainda baseada no mercado.

O alvo principal de uma microempresa também inclui um componente de transformação. Espera-se que cada ME voltada para as necessidades do cliente se esforce para se tornar um "ecossistema" empresarial. A primeira etapa é a personalização em massa. A Haier investiu muito em produção avançada e a maioria das fábricas agora consegue fabricar produtos sob encomenda. A próxima etapa é transformar clientes em usuários, oferecendo serviços que gerem um fluxo de faturamento constante. Uma ME que vende bombas de calor industriais, por exemplo, pode decidir oferecer a seus clientes um serviço de monitoramento em tempo real que os ajuda a maximizar a eficiência energética de seus edifícios.

O objetivo final é construir uma plataforma que conecte usuários a provedores de serviços terceirizados. Um bom exemplo é a Community Laundry, uma empresa que instala e mantém mais de 40 mil máquinas de lavar conectadas à internet em mil campi universitários chineses. Ao desenvolver um popular aplicativo de smartphone que permite aos estudantes agendar e pagar para usar a lavanderia dos dormitórios, a equipe da ME ofereceu a fornecedores externos acesso aos mais de 10 milhões de usuários do aplicativo. Hoje, a plataforma da Community Laundry hospeda dezenas de outros negócios, como entrega de comida e móveis para dormitórios, e fica com uma parcela do faturamento que eles geram. A equipe da ME está agora expandindo este modelo para hotéis econômicos e inspirou outras microempresas da Haier no Japão e na Índia.

O foco na construção de plataformas reflete a crença da Haier de que a única maneira de equiparar-se às avaliações por múltiplos de empresas de internet bem-sucedidas é aumentar de forma constante sua base de usuários enquanto reduz os custos marginais. O objetivo: empresas com baixo investimento de capital em que os custos variáveis são próximos de zero.

A Haier monitora a transformação de cada ME com uma declaração de "valor agregado mútuo" que traz métricas detalhadas, como a extensão do envolvimento do usuário no desenvolvimento do produto, o grau em que os produtos Haier oferecem valor exclusivo para o cliente e a porcentagem dos lucros derivados do faturamento do ecossistema.

Microempresas conectoras também têm objetivos principais atrelados a benchmarks externos. Uma ME de fabricação, por exemplo, pode ser responsável por reduzir custos e o tempo de entrega, melhorar a qualidade e automatizar ainda mais seus locais de produção.

Na maioria das organizações, velhos hábitos são desafiados apenas quando um negócio se vê sem saída. A mudança é reativa, não proativa. Na Haier, os principais objetivos obrigam as MEs a reexaminar continuamente suas premissas principais. Assim como em uma startup, todos sabem que mais do mesmo não resultará em nada.

3. De Controles Internos a Contratos Internos

Em uma startup, todos se reportam ao cliente. A maioria dos funcionários tem participação financeira no negócio e entende que a única maneira de criar valor é fazer coisas incríveis para os clientes. Por outro lado, em grandes organizações, os funcionários costumam ficar isolados das forças do mercado. Eles trabalham em departamentos como RH, P&D, fabricação, finanças, TI e setor jurídico, que são, em essência, controles internos. Por mais ineptos ou ineficientes que esses provedores possam ser, eles não podem ser demitidos. Os relacionamentos internos são regidos por atribuições, preços de transferência, alocações de despesas e relações hierárquicas, e não por contratos negociados de forma livre. O resultado: mediocridade, inflexibilidade e ineficiência.

Como era de se esperar, isso é diferente na Haier. Cada ME é livre para contratar, ou não, outras MEs. Uma microempresa comum tem contratos com uma dúzia ou mais MEs, e, se acreditar que suas necessidades poderiam ser melhor atendidas por um fornecedor externo, ela pode cancelar esses contratos. Sejam internos ou externos, os acordos são negociados praticamente sem interferência de executivos seniores.

Cada equipe das MEs analisa seus objetivos de desempenho e se faz a pergunta: "De que tipo de suporte de design, tecnologia, produção e marketing precisamos para cumprir nossas metas?" Em seguida, solicita lances às MEs conectoras. Uma solicitação de serviço normalmente atrai duas ou três propostas. As discussões seguintes oferecem uma oportunidade para as partes desafiarem as práticas existentes e debaterem novas abordagens. As MEs específicas de marketing e vendas, por exemplo, podem contestar os outros nós de fabricação sobre como resolverão os problemas de qualidade dos produtos enviados para sua região.

Embora esse processo possa parecer complexo, ele é facilitado por "predefinições", regras definidas anteriormente sobre padrões mínimos de desempenho e divisões da margem de lucro que reduzem o atrito durante as negociações. Após a negociação, um aplicativo para celular oferece uma visão em tempo real de como cada ME está saindo-se em relação a seus objetivos. Os termos podem ser renegociados ao longo de um ano se as circunstâncias mudarem — daí a preferência da Haier pelo termo "acordo" em vez de "contrato". Um líder de uma das MEs relatou que havia substituído uma dúzia de conectoras nos dezoito meses anteriores. As empresas conectoras que não forem capazes de oferecer serviços competitivos podem e devem sair do mercado. Uma parte substancial do faturamento de um nó depende do sucesso de seus clientes MEs.

Em 2019, a Haier começou a facilitar acordos diretos entre MEs de fornecimento, como distribuição e fabricação. O objetivo dessa mudança era tornar as empresas de fornecimento ainda mais responsáveis perante os clientes finais. Os resultados iniciais foram motivadores: em uma região, o tempo de espera para substituir as peças defeituosas de um refrigerador caiu de cinco dias para 24 horas.

Quando uma ME voltada às necessidades dos consumidores falha em cumprir suas metas principais, as empresas conectoras levam um golpe, já que todo acordo interno tem uma cláusula que vincula a compensação das conectoras ao desempenho da ME voltada para o cliente. Desta forma, a remuneração de todos os funcionários está vinculada aos resultados do mercado. Não é um grande exagero quando Zhang afirma que "Na Haier, não pagamos mais nossos funcionários. Eles são pagos pelos clientes". Ou, como outro líder sênior nos disse, "todo funcionário da Haier é um capitalista".

O modelo de remuneração da Haier tem três benefícios. Primeiro, incentiva a excelência. As MEs conectoras que não prestam um serviço de alto nível perdem seus clientes internos. Em segundo lugar, ele une todos em torno do objetivo de criar excelentes experiências para o cliente. Quando uma ME para usuários está com problemas para atingir seus objetivos, representantes de todas as suas MEs fornecedoras reúnem-se rapidamente para resolver o problema. Terceiro, esse modelo maximiza a flexibilidade: as MEs voltadas para as necessidades dos clientes são livres para reconfigurar sua rede de fornecedores internos e externos à medida que surgem novas oportunidades.

4. Da Coordenação *Top-down* à Coordenação Voluntária

Neste momento, você deve estar se perguntando como uma empresa com quase 4 mil unidades independentes sincroniza investimentos em tecnologia e instalações. Como ela consegue se coordenar sem atropelar a autonomia de suas microempresas?

Em uma startup, a coordenação acontece espontaneamente. Quando há um problema, as pessoas se juntam e o discutem. À medida que a empresa cresce e as unidades operacionais tornam-se mais isoladas, fica mais difícil gerenciar o conjunto cada vez maior de interdependências. A solução comum é dar aos grupos centrais da equipe a responsabilidade de coordenar a estratégia e o investimento em áreas funcionais, como marketing, fabricação, compras e logística. Inevitavelmente, isso leva a uma maior centralização, maiores custos indiretos e menor capacidade de resposta.

A abordagem de Haier é diferente. Ao buscar economias de escala e de escopo, ela enfatiza a colaboração em vez da obstinação. Cada ME é membro de uma plataforma, e é função do proprietário da plataforma identificar oportunidades para coordenação entre MEs. Algumas plataformas reúnem MEs que operam em categorias de produtos semelhantes, como lavagem, refrigeração ou produtos audiovisuais, enquanto outras concentram-se em competências compartilhadas, como marketing digital e personalização em massa. Uma plataforma comum abrange mais de cinquenta MEs. (Para um exemplo, veja a Figura 5-1.)

As responsabilidades do proprietário da plataforma incluem:

- Minimizar sobreposições nos portfólios de produtos das MEs.

- Identificar oportunidades para as MEs utilizarem componentes comuns.

- Coordenar grandes investimentos em tecnologia e instalações.

- Coordenar a interação das MEs com parceiros de negócios externos.

- Auxiliar a disseminação de melhores práticas.

- Coordenar o contato com outras plataformas por setor.

Por via de regra, ninguém se reporta ao proprietário da plataforma, ele mesmo não tem um grupo de assessores. Então, como o proprietário exerce influência? Principalmente reunindo equipes de MEs e ajudando-as a construir estratégias em áreas de interesse comum, como se atualizar a respeito da internet das coisas ou criar produtos que se comuniquem entre si. O trabalho do proprietário é facilitar, não forçar, a coordenação. Wu Yong, ex-proprietário de uma plataforma de refrigeradores, diz: "Meu trabalho é abrir canais e criar incentivos para as equipes das MEs colaborarem. É diferente da antiga estrutura baseada em pirâmide, na qual eu dava ordens."

Um exemplo de coordenação aconteceu quando da substituição de refrigeradores com gelo para modelos frost-free, que exigiu uma atualização cara das instalações de produção. Como proprietário da plataforma, Wu Yong trabalhou com MEs para usuários e de fabricação no desenvolvimento de uma estratégia conjunta para fazer as mudanças necessárias. Refletindo sobre a iniciativa, Wu Yong declarou: "Eu ajudei a facilitar, mas as equipes da microempresa planejaram e executaram o trabalho juntas."

FIGURA 5-1

A Plataforma de Refrigeração da Haier

A Haier é composta de milhares de microempresas (MEs) que são agrupadas em plataformas. Veja abaixo um mapa de uma plataforma de refrigeração.

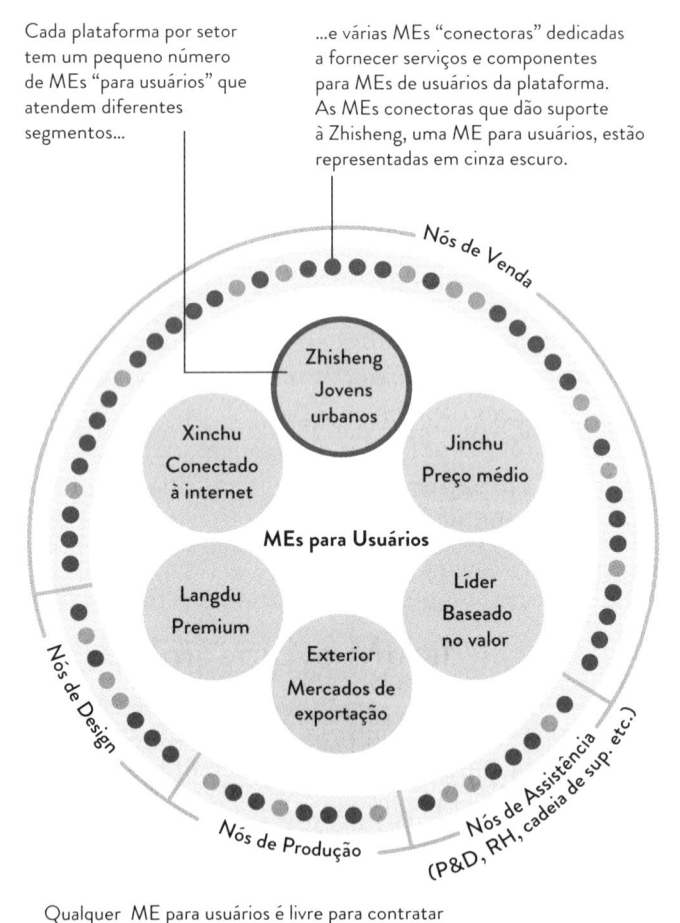

Cada plataforma por setor tem um pequeno número de MEs "para usuários" que atendem diferentes segmentos...

...e várias MEs "conectoras" dedicadas a fornecer serviços e componentes para MEs de usuários da plataforma. As MEs conectoras que dão suporte à Zhisheng, uma ME para usuários, estão representadas em cinza escuro.

Nós de Venda

Zhisheng
Jovens urbanos

Xinchu
Conectado à internet

Jinchu
Preço médio

MEs para Usuários

Langdu
Premium

Exterior
Mercados de exportação

Líder
Baseado no valor

Nós de Design

Nós de Produção

Nós de Assistência
(P&D, RH, cadeia de sup. etc.)

Qualquer ME para usuários é livre para contratar e demitir MEs conectoras como achar melhor — ou para procurar outros fornecedores se acreditar que um provedor externo pode atender melhor às suas necessidades.

Espera-se que os líderes das plataformas façam-nas crescer desenvolvendo novas MEs. Em 2014, motivado pelo objetivo da Haier de se tornar a líder mundial em dispositivos inteligentes, Wu Yong financiou uma startup de refrigeradores conectados à rede, a Xinchu, mencionada anteriormente. Além de desenvolver o produto em si, a Xinchu foi encarregada de desenvolver um ecossistema que permitiria aos usuários comprar alimentos frescos de uma rede de parceiros e providenciar a entrega dentro de uma janela de trinta minutos. Na Haier, os proprietários de plataformas são tanto empreendedores quanto conectores.

O trabalho do proprietário da plataforma recebe o suporte de MEs de integração, que são encontradas em todas as plataformas por setor. Essas unidades ajudam as MEs a importar tecnologia de outras partes da Haier e a identificar parceiros internos para coinvestir em novas iniciativas. Assim como os proprietários da plataforma, MEs de integração incentivam a colaboração, em vez de impor submissão.

As MEs também contam com a expertise de plataformas focadas em competências. Duas das mais importantes são fabricação inteligente e marketing, cada uma delas com menos de cem funcionários. A maior ME dentro da plataforma de fabricação fornece suporte técnico para personalização em massa. Outra ME, de engenharia inteligente, implanta ferramentas de produção avançadas para a empresa.

A principal função da plataforma de marketing é fornecer às MEs informações sobre clientes. Embora todas as MEs para usuários coletem grandes quantidades de informações por meio de seus próprios canais de mídia social, a ME relativa a Big Data da plataforma de marketing integra informações do site corporativo da Haier e de outras fontes dentro e fora da empresa. A intenção é descobrir ideias entre empresas e construir modelos preditivos que ajudem as MEs a responder às necessidades emergentes dos clientes. Um exemplo: alertar as MEs na plataforma de lavagem que um cliente comprou uma geladeira e um forno e talvez esteja no meio de uma reforma que exigirá também novos equipamentos de lavanderia.

Embora as plataformas de marketing e fabricação definam padrões — para o visual de marcas e software de automação de fábrica, por exemplo —, elas emitem poucas ordens. E, como outras unidades da Haier, têm interesse financeiro no sucesso de seus clientes internos.

A última gota de graxa na engrenagem da colaboração interna é a responsabilidade compartilhada da Haier em relação aos clientes. Quando, por exemplo, várias MEs souberam que os produtos inteligentes da Haier não se conectavam, elas se juntaram e fizeram um grande acordo segundo o qual a Xinchu forneceria uma plataforma de tecnologia comum para os dispositivos em rede da empresa, enquanto outras MEs contribuiriam para pesquisas sobre clientes e tecnologias de suporte. Este agrupamento informal foi um dos primeiros exemplos do que Haier agora chama de "microcomunidade do ecossistema". A comunidade "Internet of Food" [Internet da Comida] da empresa, por exemplo, inclui microempresas de várias plataformas de produtos, incluindo refrigeração, cozinha e pequenos eletrodomésticos. Externamente, abrange milhões de usuários e centenas de parceiros, incluindo sites de compras online e fornecedores de alimentos orgânicos.

Na maioria das empresas, coordenação significa centralização, mas não na Haier. Zhang acredita que o engajamento é melhor quando feito por aqueles que estão mais próximos do cliente, por MEs que são livres para escolher quando trabalhar em colaboração e quando agir sozinhas.

5. De "Não Inventado Aqui" à Inovação Aberta

As startups tendem a ser acessíveis. Eles envolvem os usuários desde o início e, muitas vezes, em todo o processo de desenvolvimento. O objetivo é criar um círculo virtuoso no qual uma base de clientes em expansão produza uma torrente de insights que podem ser aproveitados para melhorar a oferta e atrair ainda mais clientes. Em uma startup, os clientes são cocriadores.

Com recursos limitados, as startups também precisam ser criativas para alavancar recursos externos. Em vez de crescer internamente, eles compram serviços essenciais de provedores de nuvem e geralmente contam com o Google e o Facebook para o marketing. Sempre que possível, alugam em vez de comprar.

Em comparação, as burocracias são sistemas fechados. Elas fazem uma distinção nítida entre internos e externos, valorizam o sigilo e geralmente relutam em recorrer a parceiros externos para tarefas essenciais. O problema com um sistema fechado é que ele não se adapta — ele definha. Reconhecendo isso, a Haier se vê não como uma empresa, mas como um hub em uma rede muito maior. As implicações dessa visão são imensas.

Primeiro, cada novo produto ou serviço na Haier é desenvolvido abertamente. Quando a empresa decidiu criar um novo ar-condicionado doméstico, usou o Baidu, um site de mídia social, para perguntar aos consumidores sobre suas necessidades e preferências. Surgiram mais de 30 milhões de respostas. Lei Yongfeng, o líder do projeto, convidou mais de 700 mil usuários a aprofundarem-se e compartilharem suas ideias sobre os pontos fracos e o potencial dos recursos do produto. Inesperadamente, a principal preocupação era o perigo de contrair legionelose. Minimizar o risco de contração dessa doença tornou-se uma prioridade fundamental e levou a mudanças radicais na hélice do ventilador.

Em segundo lugar, a Haier montou uma rede de 400 mil "solucionadores" — especialistas do mundo todo que cobrem mais de mil domínios técnicos. Mais de duzentos problemas são postados todo ano em uma plataforma voltada aos clientes, a Haier Open Partnership Ecosystem (HOPE). A equipe de Lei, por exemplo, pediu ajuda dos solucionadores para projetar as hélices do seu novo ar-condicionado. Em uma semana, o desafio atraiu várias propostas. O projeto vencedor, que imitava um motor a reação, veio de pesquisadores do Centro de Pesquisa e Desenvolvimento em Aerodinâmica da China. Ao todo, 33 instituições contribuíram para o desenvolvimento do ar-condicionado. Quando foi lançado, no final de 2013, o ar-condicionado Tianzun foi um sucesso instantâneo.

Em projetos colaborativos como o Tianzun, a Haier criou um "pool de patentes", no qual parceiros da empresa compartilham invenções confidencialmente — com a compreensão de que serão recompensados se sua tecnologia for usada no produto final. Os fornecedores que contribuem para o processo de design inicial também recebem consideração preferencial quando se trata da seleção do fornecedor.

Ao colocar o desenvolvimento de produtos online, a Haier reduziu o tempo entre a concepção e a chegada ao mercado em até 70%. Nós de fabricação e design, MEs para usuários, clientes em potencial e parceiros de negócios trabalham em paralelo ao longo do processo, começando com as discussões iniciais sobre as necessidades do cliente.

Uma terceira característica do compromisso da Haier com a transparência é o uso de crowdsourcing para custear o desenvolvimento. Em parte, isso é uma resposta à política de "financiamento zero" da empresa, segundo a qual novas propostas não recebem financiamento significativo até que sejam validadas pelos usuários. O Air Cube, por exemplo, uma combinação inovadora de umidificador e purificador de ar, teve mais de 800 mil comentários de consumidores durante seu desenvolvimento. Assim que o protótipo ficou pronto, ele foi disponibilizado em um popular site de financiamento coletivo no qual mais de 7.500 pessoas optaram por comprar o modelo em pré-produção. O feedback desses clientes ajudou a Haier a refinar ainda mais o Air Cube antes de seu lançamento oficial.

"O limite da empresa não é importante. Se você pode ajudar a criar valor para os usuários, não deveria importar se é funcionário ou não." É assim que Tan Lixia, diretor financeiro da Haier, resume a mentalidade da empresa em relação à inovação aberta.

6. Da Fobia de Inovação à Ousadia Interna

Ao contrário das startups, as burocracias são intrinsecamente conservadoras. Como Laurence J. Peter, autor de *O Princípio de Peter,* disse, ironicamente: "A

O Nascimento de uma Microempresa

Em maio de 2013, Lu Kailin e mais dois colegas da Haier decidiram construir um notebook poderoso que se destacasse na área de jogos. Os três haviam se formado recentemente na faculdade, onde passavam grande parte do tempo livre jogando no computador com amigos. Fascinados por videogames, eles perguntaram-se como poderiam transformar sua paixão em um negócio. As vantagens pareciam enormes. Receitas crescentes e a tecnologia cada vez mais barata alimentavam a demanda por jogos online. Por outro lado, o trio sentiu que a maioria dos notebooks no mercado não era adequada para as demandas de jogos pesados.

O primeiro passo da equipe foi se debruçar sobre mais de 30 mil análises online de PCs gamers. Jogadores sérios, como eles, ficavam frustrados com a falta de potência, qualidade irregular da tela e design sem graça dos notebooks para negócios oferecidos pela Haier e por seus concorrentes. Lu e seus companheiros separaram treze pontos problemáticos para o cliente e escreveram uma mensagem para Zhou Zhaolin, chefe da plataforma que incluía o braço de notebooks da Haier, implorando por uma reunião. Zhou ficou cético no início: "Esses três jovens trouxeram para meu escritório um notebook bem pesado de 15 polegadas — normalmente vendemos máquinas de 11 ou 13 polegadas que são altamente portáteis. Meu primeiro instinto foi cortar o projeto." Mas então Zhou percebeu que esse não era o caminho. "Ao tomar decisões", ele conta, "temos que permitir que usuários e empreendedores falem, não gestores". Zhou deu à equipe uma quantia modesta de capital semente (RMB1,8 milhão, cerca de US$270 mil), com o acordo de que o financiamento adicional da Haier dependeria de um teste de mercado bem-sucedido. Com essa infusão de capital, a equipe decidiu projetar e fabricar o primeiro notebook gamer da burocracia defende o status quo muito depois de o quo ter perdido seu status." Para combater essa tendência, a Haier transformou a empresa inteira em uma fábrica de startups. Suas cinquenta e poucas MEs incubadoras representam atualmente mais de 10% da capitalização de mercado da Haier. Eles vão desde a Hairyongi, uma fintech que securitiza empréstimos para pequenas empresas, até a Express Cabinets, uma rede de armazenamento que permite que os fazendeiros entreguem seus produtos diretamente aos consumidores em cerca de 10 mil comunidades. (Para saber mais sobre como a Haier constrói novos negócios, leia o box "O nascimento de uma Microempresa".)

Haier. Muito do trabalho inicial de design e produção do ThunderRobot foi conduzido com a ajuda de parceiros externos, como a Quanta Computers, um fabricante taiwanês que produz computadores para Dell, Hewlett-Packard e outros. Em dezembro de 2013, apenas sete meses após o lançamento da empreitada, a equipe estava pronta para apresentar seu primeiro produto. Lançado no JD.com, um site de comércio eletrônico chinês, o primeiro lote de quinhentos notebooks com cores vivas e estilo ousado esgotou em menos de um minuto. Algumas semanas depois, um segundo lote de 3 mil unidades acabou em vinte minutos.

Incentivada por esse sucesso inicial, a equipe passou o primeiro trimestre de 2014 elaborando um plano de negócios detalhado e, em abril, recebeu RMB1,2 milhão adicional da Haier. Paralelamente, a equipe fundadora investiu RMB400 mil de seu próprio dinheiro em uma participação de 20%. Rodadas de financiamento adicionais incluíram várias firmas de capital de risco. Em setembro de 2017, a ThunderRobot foi listada no mercado NEEQ da China com uma avaliação de IPO de RMB1,2 bilhão (cerca de US$180 milhões). Desde então, a empresa quase dobrou sua capitalização de mercado e espera listar em breve suas ações em uma das principais bolsas de valores da China.

Com uma equipe de 110 pessoas, a ThunderRobot é a fornecedora líder de notebooks gamers na China e fez incursões significativas em outros mercados asiáticos. Assim como sua matriz corporativa, a ThunderRobot está criando suas próprias MEs incubadoras, que incluem uma empresa de streaming de jogos (o site recebe 3 milhões de visitas por dia), uma plataforma que organiza times e torneios de e-sports e investimentos em tecnologia de realidade virtual e outros periféricos para jogos.

Existem três maneiras de iniciar um novo negócio na Haier. No primeiro caso, também o mais comum, um empreendedor interno publica uma ideia online e convida outras pessoas para ajudar a concretizar o novo modelo de negócios. Foi assim que Zhang Yi, um então gerente de field service, lançou a ideia da Express Cabinets. No segundo caso, um líder de plataforma pode solicitar propostas sobre uma oportunidade em potencial disponível. No terceiro, a Haier realiza roadshows mensais por toda a China, nos quais possíveis empreendedores podem apresentar suas ideias para líderes e membros da plataforma de inovação e investimento da Haier.

Cada ME incubadora é uma entidade legal separada, financiada em parte pela equipe fundadora. A Haier reconhece que os líderes internos podem não estar em posição para julgar os méritos de uma nova ideia, então geralmente exige que a equipe de uma startup obtenha capital de risco externo antes de contribuir com recursos internos. Recentemente, nove entre quatorze novas MEs receberam investimento externo antes de obter dinheiro da Haier. Apesar disso, a Haier geralmente acaba tendo participação majoritária nas startups, pois normalmente garante a opção de comprar seus parceiros de risco usando uma fórmula de avaliação predefinida.

Como outras unidades da Haier, as MEs incubadoras contratam outras MEs para desenvolvimento, distribuição e suporte administrativo. Os acordos de plena concorrência permitem que as MEs novatas alavanquem o tamanho e o poder de barganha da Haier, evitando o risco de intromissão burocrática.

A Haier entende que a única maneira de encontrar a próxima oportunidade de 1 bilhão de dólares é lançar uma série de startups e oferecer a cada uma a liberdade de perseguir seu sonho. Como um dos parceiros de capital de risco da empresa explicou, "Microempresas são como uma unidade de reconhecimento — elas examinam o campo de batalha e identificam as oportunidades mais promissoras. É como um dispositivo de pesquisa gigante".

7. De Funcionários a Proprietários

Em uma startup, os funcionários pensam e agem como proprietários, porque a maioria deles de fato é. Os membros da equipe têm um alto grau de autonomia e ninguém em quem jogar a culpa se as coisas derem errado. É a combinação de excelência e autonomia que oferece às startups sua vantagem. Não é de surpreender que a Haier busque aproveitar essas vantagens em seu próprio modelo de gestão.

Na Haier, as MEs operam como unidades de negócios independentes e suas liberdades são formalmente preservadas em três direitos:

- **ESTRATÉGIA:** O direito de decidir quais oportunidades explorar, definir prioridades e formar parcerias internas e externas.

- **PESSOAL:** O direito de tomar decisões de contratação, alinhar pessoas às suas funções e definir as relações de trabalho.

- **DISTRIBUIÇÃO:** O direito de definir pagamentos e distribuir bônus.

Esses direitos vêm com um grau proporcional de responsabilidade. As metas principais são divididas em metas semanais, mensais e trimestrais específicas para cada função. Isso torna mais fácil ver quem está atuando e quem não está. Como acontece na maioria das startups, os salários-base são baixos. Oportunidades de remuneração adicional estão vinculadas a três patamares de desempenho:

- **VALOR DE BASE.** Quando as vendas e os ganhos trimestrais de uma ME excedem a meta básica, os membros das equipes ganham um bônus proporcional a quanto excederam o objetivo.

- **MECANISMO DE AJUSTE DE VALOR (VAM).** Se a ME atinge o ponto intermediário entre o valor basal trimestral e sua meta principal, conhecida como meta VAM, o bônus da equipe é dobrado. Nesse ponto, os funcionários também têm a opção de investir seu próprio dinheiro, normalmente RMB15 mil (cerca de US$2.200), em uma conta especial de investimento. Se a equipe atingir a meta VAM no trimestre subsequente, esse investimento produzirá um dividendo de 100%.

- **META VAM ANUAL.** Quando uma equipe de uma ME supera sua meta VAM por quatro trimestres consecutivos, ela se torna elegível para participação nos lucros. Vinte por cento dos lucros líquidos da ME, além da meta VAM, são distribuídos para a equipe, embora 30% desse valor seja reservado para financiar os bônus no ano seguinte. À medida que uma ME aproxima-se de sua meta principal, a participação nos lucros aumenta proporcionalmente, às vezes ultrapassando 40%.

Essa combinação de bônus, dividendos e participação nos lucros dá aos funcionários a oportunidade de multiplicar sua remuneração base em várias vezes. Com tanto em jogo, não é de se surpreender que os membros da equipe de uma ME tenham pouca tolerância a líderes incompetentes. Se uma ME deixar de atingir suas metas básicas por três meses consecutivos, uma eleição para líder é realizada automaticamente. Se a ME está cumprindo suas metas de valor de base, mas falhando em atingir suas metas VAM, uma votação de dois terços dos membros da ME pode destituir o líder existente.

Novos líderes são escolhidos de forma competitiva. Normalmente, três ou quatro candidatos apresentam seus planos para a equipe da ME. Por vezes, a equipe rejeita toda a lista de candidatos e o processo de busca vai para o segundo turno.

Líderes com baixo desempenho também ficam vulneráveis a uma posse hostil. Qualquer pessoa na Haier que acredita que poderia gerenciar melhor uma ME em dificuldades pode fazer uma proposta para a equipe. Como os dados de desempenho de todas as MEs são transparentes em toda a empresa, é fácil detectar oportunidades de posse. Se o plano de um intruso for convincente, uma mudança de liderança ocorrerá. Em princípio, não é diferente do que acontece quando uma empresa de baixo desempenho é adquirida por um rival ou uma empresa de capital privado, mas, ao contrário da Haier, a maioria das empresas não tem um mercado interno para controle.

O Caminho para o Rendanheyi

Diferentemente do Alibaba ou da Tencent, a Haier não é uma das estrelas da nova economia da China. Trinta anos atrás, a companhia estava em dificuldades: era uma empresa com propriedade coletiva que fabricava produtos de qualidade duvidosa. Hoje, é um estudo de caso sobre o que pode ser alcançado quando uma empresa estabelecida arranca pela raiz as estruturas autoritárias da burocracia e os processos sufocados por regras. Quem poderia imaginar que seria possível administrar uma empresa global em expansão com apenas duas camadas de gerenciamento entre os funcionários da linha de frente e o CEO?

A Haier pode ser a empresa de seu porte com a administração mais radical, mas suas práticas revolucionárias não a tornam invencível. Como toda empresa, ela é vulnerável às forças geopolíticas e às fraquezas humanas que podem colocar qualquer empresa em risco. No entanto, seu sucesso sugere que não devemos mais confundir a ideia de empreendedorismo com a noção de uma parte específica do mapa — seja o Vale do Silício ou uma empresa incubadora criada para esse fim. Nem devemos presumir que o empreendedorismo é um domínio exclusivo de organizações pequenas e púberes. A inspiração para o empreendedorismo não deveria ser mais notável em uma gigante multinacional do que em uma garagem em Palo Alto.

No entanto, como Zhang lhe dirá, o caminho da burocracia para a humanocracia é traiçoeiro e pedregoso. Levou uma década até o *rendanheyi* ser implementado. A empresa começou a testar o conceito de pequenas equipes empreendedoras de vendas e marketing em 2010. Um ano depois, introduziu equipes independentes em unidades de produto. Esses primeiros testes foram muito instrutivos. No início, a contratação interna mostrou-se problemática. As negociações eram longas e conflituosas, pois cada unidade buscava maximizar seu próprio sucesso. A solução? Foi criada uma cláusula que vinculava a compensação aos resultados do mercado. Isso reduziu o atrito e aumentou o alinhamento, transformando um jogo de soma zero em uma busca para criar valor para os clientes.

Nem todas as mudanças foram fáceis. Na transição para o *rendanheyi*, mais de 10 mil gestores de nível médio foram realocados ou demitidos. No entanto, ao mesmo tempo, a Haier capacitou milhares de novos líderes de MEs e gerou dezenas de milhares de novos empregos em seu ecossistema em rápida expansão.

Zhang sempre lembra seus colegas de que é impossível projetar um sistema complexo de cima para baixo. Ele tem que surgir por meio de um processo iterativo de experimentação e aprendizagem. Quando questionado sobre como a Haier pode acelerar sua transformação, Zhang tem uma resposta simples: faça mais testes e repita os mais bem-sucedidos rapidamente.

Zhang sabe que, até evoluir para algo holístico e durável, esses testes devem ser guiados por princípios firmes. O livro de sabedoria chinês de quase 3 mil anos, o *I Ching*, oferece um guia. Zhang diz:

> De acordo com este livro, o nível mais alto de atividade humana deve ser como "uma hoste de dragões sem líder". Na cultura chinesa, o dragão é o animal mais poderoso. Hoje, toda microempresa é uma espécie de dragão, muito capaz e competente. Contudo, elas não têm um líder; iniciam seus próprios negócios no mercado sem a orientação de uma liderança. Esse é o nível mais alto de governança humana.

Zhang encontra outro guia nos escritos de Immanuel Kant, o filósofo alemão do século XIX cujo "imperativo categórico" afirma que nunca devemos considerar os seres humanos como meras ferramentas. Em um encontro há muito tempo com os autores, Zhang repetiu essa crença ao expor suas aspirações para a Haier: "Queremos incentivar os funcionários a tornarem-se empreendedores porque as pessoas não são um meio para um fim, mas um fim em si mesmas. Nosso objetivo é permitir que todos se tornem seus próprios CEOs." Você não encontrará muitos CEOs cuja filosofia organizacional dê preeminência à dignidade humana e à determinação, mas se quiser construir uma humanocracia, essa é a única perspectiva que deve considerar.

Parte Três

Os Princípios da Humanocracia

Qual o DNA das Organizações Humanocêntricas?

— 6 —

Princípios Acima de Práticas

Insurgentes positivos, como a Nucor e a Haier, desafiam a suposição de que a burocracia é indispensável para empresas humanas de grande escala, embora nenhuma delas afirme ser um espécime perfeitamente desenvolvido de humanocracia. Além disso, elas seriam as primeiras a dizer que nem todos os seus sistemas e processos são exportáveis. O que torna essas empresas valiosas como modelos não são suas práticas únicas, mas os sistemas de crenças distintos que deram origem a essas práticas. Tirar lições dessas e de outras empresas de vanguarda é um pouco como tentar aprender com Tiger Woods. O desafio não é tanto imitar a mecânica de seus movimentos de golfe, que são exclusivamente adaptados para o seu físico e estão em constante evolução, mas aprender algo sobre as reservas de energia e a determinação que o ajudaram a ganhar quinze grandes torneios de golfe.

Ao fazer uma análise estratégica de outras organizações, tendemos a perguntar o que elas fazem de diferente. No entanto, quando estamos tentando entender uma empresa que é diferente em quase *todos* os aspectos, precisamos perguntar como ela *pensa* de forma diferente.

Que crenças ou princípios levaram Ken Iverson a construir uma empresa que concede aos membros da equipe liberdade sem precedentes para aprender e crescer? Por que Zhang Ruimin engajou-se em uma tarefa aparentemente impossível de transformar uma empresa de manufatura bem estabelecida em um local de evolução empresarial? Ser pioneiro não é fácil; não existem mapas. A única coisa para orientá-lo é sua visão de mundo sobre pessoas, organizações e sucesso.

A visão de mundo de Zhang está centrada no poder da agência humana. Como Chris Rufer, da Morning Star, ele acredita que a melhor organização é aquela que dá aos seres humanos a máxima liberdade para sobressaírem-se. A visão de mundo de Iverson girava em torno da ideia do gênio do dia a dia. Ele acreditava que são os funcionários, e não os gestores, que impulsionam o negócio. Se você acredita nisso de coração e alma, então não reclame da burocracia, mas tente eliminá-la.

A dimensão com que alguém considera um problema como importante, ou mesmo reconhece sua existência, depende de sua visão de mundo — de suas crenças paradigmáticas. Se, por exemplo, você acredita que os seres humanos têm a responsabilidade sagrada de serem bons protetores do meio ambiente, é provável que leve a ameaça das mudanças climáticas muito a sério. Se, em vez disso, você vê a terra como um reservatório de recursos a serem explorados para ganhos em curto prazo, o ambientalismo fará pouco sentido para você. O mesmo ocorre com a humanocracia. Se sua visão de mundo valoriza a liberdade humana e o crescimento, você considerará a desumanidade da burocracia intolerável e se sentirá compelido a fazer algo a respeito. Se, por outro lado, você considera os seres humanos como fatores de produção, dará justificativas para a burocracia e se contentará com pequenas reformas.

Sua visão de mundo importa — e muito. Porém, via de regra, a maioria de nós passa muito mais tempo pensando em práticas do que em princípios. Isso, mais do que qualquer coisa, explica por que estamos presos.

Você não consegue resolver um problema tão novo, como construir organizações que são totalmente humanas, com princípios fossilizados. No século XVIII, a encantadora ideia de "soberania popular" inspirou filósofos políticos a desafiar as normas do poder monárquico. Com grande imaginação e esforço, eles criaram no lugar uma nova matriz de princípios pró-democracia que incluíam:

- Eleições populares

- Sufrágio universal

- Igualdade perante a lei

- Separação dos poderes

- Judiciário independente

- Liberdade de imprensa

- Liberdade religiosa

Da mesma forma, em sua busca para mapear o mundo subatômico, físicos como Niels Bohr e Werner Heisenberg foram forçados a abandonar as certezas confortáveis da física newtoniana e desvendar um conjunto inteiramente novo de princípios — como dualidade onda-partícula, sobreposição, indeterminação e não localidade. Assim nasceu a mecânica quântica.

A obsessão do gerencialismo por processos é compreensível. Processos corporativos, como planejamentos, orçamentos e avaliações de desempenho são essenciais para determinar quais ideias prevalecem, quais projetos serão financiados e como as recompensas serão distribuídas. No entanto, se o objetivo é construir uma humanocracia, o foco nos processos é insuficiente. Processos individuais, como a abordagem da Haier para definir "metas principais", muitas vezes são específicos ao contexto. O que funciona em uma organização pode não funcionar em outra. Além disso, cada processo faz parte de um todo maior. Colocar um único processo de vanguarda em um modelo de gestão convencional geralmente é uma ação infrutífera — como vestir a camisa nº 7 de Cristiano Ronaldo na esperança de se tornar uma lenda do futebol.

Pense novamente a respeito dos princípios de autogovernança. Embora os sistemas políticos em democracias maduras diferenciem-se em suas particularidades (a Grã-Bretanha, ao contrário dos Estados Unidos, não tem uma constituição escrita), eles baseiam-se no mesmo *corpus* de princípios pró-democráticos. A força de uma democracia não depende de nenhuma estrutura ou processo específico. Um ditador pode realizar eleições, mas, se ele sabotar as urnas e perseguir a oposição, os resultados não serão democráticos.

Considere o diagrama:

Paradigma

↓

Problema

↓

Princípios

↓

Processos

↓

Práticas

↓

Performance

Em qualquer campo estabelecido do esforço humano — como política, física ou gerenciamento — é possível encontrar um alto grau de congruência, tanto para cima, quanto para baixo, nesta hierarquia. Dentro da devida comunidade profissional, haverá uma visão de mundo compartilhada, um amplo acordo sobre os principais problemas a serem resolvidos e uma fidelidade a um conjunto comum de princípios orientadores. Com o tempo, à medida que esses princípios forem operacionalizados, um conjunto de processos e práticas de apoio surgirá. Eles, por sua vez, determinarão o desempenho do sistema.

Na profissão de gestão, a hierarquia provavelmente será assim:

Paradigma
No trabalho, seres humanos são fatores de produção,
encarregados da produção de bens e serviços.

↓

Problema
Nos negócios, o principal desafio é maximizar a eficiência operacional,
reduzindo variações e cortando desperdícios.

↓

Princípios
A eficiência organizacional é maximizada por meio da estratificação,
da especialização, da formalização e da padronização.

↓

Processos
Na busca por eficiência, os processos essenciais incluem
definição de metas, alocação de recursos, design de trabalho, recrutamento,
avaliação de desempenho e remuneração.

↓

Práticas
As práticas de gerenciamento de rotina do trabalho incluem
estabelecimento de metas, definição de KPIs, atribuição de tarefas,
acompanhamento do progresso, garantia de compliance e avaliação de desempenho.

↓

Performance
Se aplicados de forma diligente, esses processos e práticas
maximizarão o alinhamento e o controle e, portanto, a lucratividade.

À medida que um sistema amadurece — como a gestão burocrática tem feito nos últimos 10 anos —, fica cada vez mais difícil obter ganhos de desempenho. Nos séculos XIX e XX, as disciplinas da burocracia produziram avanços impressionantes na eficiência do trabalho e do capital, mas, nas últimas décadas, o crescimento da produtividade diminuiu. A rica emenda de ineficiências operacionais que pode ser tratada pela burocracia está amplamente gasta. A questão é esta: com o tempo, o desempenho de um sistema torna-se menos limitado por processos e práticas do que por paradigmas e princípios.

Como pesquisadores e consultores, demoramos muitos anos para entender essa verdade simples. Ao longo das décadas, passamos muito tempo ajudando grandes organizações a inovar. Em um projeto típico, passamos semanas alinhando os financiadores necessários, codesenhando a iniciativa e recrutando uma equipe de projeto. Depois disso, realizamos semanas de treinamento, brainstorming e coaching, e depois, meses construindo e testando novos conceitos de negócios. Quando finalmente uma série de novos produtos chega ao mercado, há um aumento na receita. Mas, quando retornamos alguns anos depois, invariavelmente descobrimos que a fonte de inovação secou. Os burocratas estão de volta ao controle e o crescimento da receita estagnou.

Já que assistimos a esse filme repetidas vezes, percebemos, enfim, que estávamos trabalhando para alcançar uma categoria de resultados — inovação com regras falhas — que era constitucionalmente incompatível com o desenho básico do sistema. Estávamos, para fazer uma analogia, tentando ensinar um cachorro a andar sobre as patas traseiras. Chamávamos a atenção de Rex, segurávamos uma guloseima acima de sua cabeça e sorríamos enquanto ele dava alguns passos trêmulos. Depois, acariciávamos sua cabeça, dizendo: "Bom menino". No entanto, ao nos afastar, Rex logo voltaria a andar normalmente. Em vez de dizer "Uau, legal! Vou tentar de novo", ele apenas fica ali, incomodado, pensando: "Mas o que foi isso? Esse idiota não sabe que sou um quadrúpede?"

Para serem mais inovadoras, adaptáveis e inspiradoras, nossas organizações precisam de um novo DNA. Elas precisam ser reconstruídas com base em princípios humanocêntricos. Ajustes nos sistemas e processos existentes — um pouquinho de treinamento em mindfulness, um monte de equipes ágeis, uma pitada de transformação digital ou uma nova camada de análise — nunca produzirão melhorias não lineares na eficácia organizacional. Para que isso aconteça, temos que voltar aos primeiros princípios.

Como um sistema totalmente integrado, a burocracia foi projetada para produzir exatamente o que produz: compliance, disciplina e previsibilidade. É uma máquina de salsichas que produz — adivinha o quê — salsichas! Talvez ela possa ser atualizada para fazer salsichas mais gordurosas ou veganas, ou mais salsichas por hora, mas nunca vai produzir nada *além* de salsichas até voltarmos ao projeto inicial.

Se vamos construir organizações que sejam tão capazes quanto as pessoas dentro delas, precisamos começar de novo. Precisamos de um novo paradigma organizacional — um em que os seres humanos não sejam mais vistos como "recursos" ou "capital". Devemos também reformular a problemática — o objetivo é maximizar a contribuição, não o compliance. E precisamos incorporar novos princípios humanocêntricos em cada estrutura, sistema, processo e prática. Se levarmos a sério a criação de organizações que sejam adequadas para os seres humanos e para o futuro, nada menos que isso servirá.

Então, vamos prosseguir. Nos próximos sete capítulos, exploraremos os princípios fundamentais da humanocracia. Colhidos na vanguarda do gerenciamento, eles compreendem um conjunto abrangente e generalizável de diretrizes para a construção de uma organização pós-burocrática. Juntos, eles formam o genoma da humanocracia.

O Poder do Sentimento de Dono

Em que tipo de organização as pessoas estão mais inclinadas a dar o seu me-lhor — a se esforçar, assumir riscos e desafiar o pensamento convencional? Em que tipo de organização as pessoas sentem-se mais conectadas ao cliente, mais responsáveis e mais comprometidas? Segundo nossa experiência, a res-posta é em uma startup.

Em uma startup de sucesso…

Os funcionários são unidos pela paixão por construir novas possibilidades.

As equipes são pequenas, as funções não são muito bem definidas e as políticas são flexíveis.

Existem poucos níveis e pouca pressão por conformidade.

Metas ambiciosas e prazos apertados desafiam todos a fazer mais com menos.

A necessidade de escalonar rapidamente cria um anseio por alavancar recursos externos.

Existem poucas formalidades e o método preferido de comunicação é uma reunião com todos.

A iniciativa é valorizada e os indivíduos são incentivados a assumir riscos prudentes.

Em outras palavras, uma startup é ousada, simples, enxuta, aberta, horizontal e livre. Não são as palavras que você usaria para descrever o típico efetivo canhestro de uma empresa.

Não é à toa que são os insurgentes que mudam o mundo. Como escreveu o falecido historiador de Harvard, Arthur Cole: "Estudar o empreendedor é estudar a figura central da história econômica."[1] A Revolução Industrial foi impulsionada pela energia empreendedora. No século XIX, com o avanço das liberdades políticas e econômicas, milhões de seres humanos foram finalmente libertados para fazer de si tudo o que suas paixões e energia permitissem. Dessas categorias vieram empresários como Josiah Wedgwood, Richard Arkwright, William Lever, John Cadbury, John Wilkinson e Matthew Boulton — indivíduos de extraordinária imaginação e coragem que se propuseram a satisfazer a demanda mundial por utensílios domésticos, tecidos, sabonetes, chocolate, ferro e potência locomotiva.

O empreendedorismo, ou o que o economista ganhador do Prêmio Nobel Edmund Phelps chama de "inovação de base", é tão fundamental para o dinamismo econômico hoje quanto era no século XIX.[2] Os empreendedores revelam o valor das novas tecnologias, estimulam a competição, satisfazem necessidades não atendidas e criam novos empregos.

O empreendedorismo é igualmente essencial para a prosperidade humana. Phelps está certo quando argumenta que estamos mais vivos quando temos "a experiência de estímulo mental, o desafio de novos problemas para resolver [...] e a emoção de aventurar-se no desconhecido".[3]

Quando o empreendedorismo é sufocado por políticas burocráticas ou estatistas, as economias e os seres humanos sofrem. Isso, Phelps argumenta, foi precisamente o que aconteceu nos últimos 70 anos, quando corporações gigantes passaram a dominar o cenário econômico. Ele observa que, no passado, quando as economias eram povoadas por pequenas empresas,

> Mesmo se o funcionário com salário mais baixo tivesse uma ideia para fazer algo novo ou diferente, poderia esperar uma chance de conseguir a atenção de alguém perto do topo, ou do próprio topo. Logo, os funcionários da empresa estavam atentos às novas ideias que passavam por suas cabeças e, por esse motivo, tinham maior probabilidade de ter novas ideias. Não existe essa perspectiva em empresas gigantescas excessivamente recheadas de hierarquias gerenciais.[4]

Nesse ponto, Phelps reflete que Cole, ao escrever cinquenta anos antes, alertou seus leitores de que o empreendedorismo corria cada vez mais o risco do "apodrecimento árido" burocrático.[5] As burocracias não são administradas por inventores, mas por contadores; não por construtores, mas por gestores. Em uma grande empresa, apenas uma fração dos funcionários são membros ativos do que Phelps sugestivamente chama de "imaginário".

Portanto, é preocupante que o empreendedorismo esteja em declínio. Nas últimas quatro décadas, a porcentagem de empresas na economia dos Estados Unidos com menos de um ano caiu quase pela metade — de pouco menos de 15% de todas as empresas para apenas 8%. Ao mesmo tempo, as grandes empresas se tornaram ainda maiores. Décadas de consolidação, junto com a dinâmica vitoriosa de toda a tecnologia digital, nos deixaram com uma economia dominada por oligopólios poderosos e politicamente conectados.

Os resultados, observa Chris Hughes, cofundador do Facebook, são "o declínio no empreendedorismo, o crescimento estagnado da produtividade, preços mais altos e menos opções para os consumidores".[6] Uma fiscalização da lei antitruste mais rígida é, sem dúvida, parte da resposta, mas também devemos trabalhar para infundir em todas as empresas o espírito do empreendedorismo.

Funcionários versus Empreendedores

Qual porcentagem do quadro de funcionários de sua organização concordaria com as seguintes afirmações:

Meu trabalho é minha paixão.

Posso tomar decisões de negócios significativas.

Sinto-me diretamente responsável pelos clientes.

Intuitivamente, penso de forma enxuta.

Minha equipe é pequena e superflexível.

O sucesso deste negócio depende crucialmente de mim.

Avalio o progresso em dias e semanas, não em meses e trimestres.

Todos os dias tenho a chance de resolver problemas novos e interessantes.

Tenho uma participação financeira significativa no sucesso deste negócio.

Dez por cento? Quinze? Um? Esses são os tipos de comentários que você esperaria de um proprietário de pequena empresa, mas raramente são ouvidos em grandes organizações.

O paradoxo é que, de certa forma, as grandes empresas estão bem equipadas para serem pontos-chave do empreendedorismo. Elas têm recursos financeiros abundantes, milhares de funcionários talentosos, terabytes de dados de clientes e marcas poderosas. O que falta, porém, são funcionários que se sintam como donos.

Atualmente, 42 milhões de norte-americanos trabalham em empresas com 5 mil ou mais funcionários. Apostamos que, entre esses 42 milhões, estão dezenas de milhares de almas com mentalidade empreendedora que, por qualquer motivo, não tiveram a oportunidade de ir à luta por conta própria. Ao contrário de Larry Page e Sergei Brin, cofundadores do Google, ou Evan Spiegel, fundador do Snap, eles não estudaram em Stanford e conectaram-se à rede da universidade. Ao contrário de Mark Zuckerberg, eles não conheceram um colega de classe endinheirado em Harvard, Eduardo Saverin, que estava disposto a investir milhares de dólares em um negócio de receita zero. Portanto, suas ideias permanecem não testadas e suas paixões empresariais, não correspondidas.

Seria de se imaginar que os CEOs reconheceriam que a melhor maneira de lutar contra um batalhão de disruptores ávidos é construir um exército de empresários dentro da empresa. Hoje, ninguém se surpreende quando um garoto de 20 e poucos anos lança uma startup. Valentin Stalf tinha apenas 27 anos quando fundou o N26, o banco digital de crescimento mais rápido da Europa. Ainda assim, poucos CEOs parecem acreditar que existem fedelhos inspirados em sua organização que poderiam realizar um feito semelhante. Portanto, embora as empresas gastem milhões de dólares em "desenvolvimento de liderança", elas não investem quase nada para apoiar o empreendedorismo que vem de baixo para cima. Isso tem que mudar. Estimular a resolução de problemas e as energias empreendedoras de cada membro da equipe é essencial para a construção de uma humanocracia.

A base do empreendedorismo é o sentimento de dono. O professor de direito de Yale, Henry Hansman, argumenta que todo proprietário de empresa tem dois direitos formais: "o direito de controlar a empresa e o direito de apropriar-se dos lucros residuais da empresa" — em outras palavras, a liberdade de tomar decisões e de aproveitar-se de vantagens.[7] Na maioria das organizações, os membros da equipe têm pouco desses dois. Não é de se admirar que a maioria prefira trabalhar por conta própria. Em um estudo recente, 62% dos norte-americanos disseram sonhar em abrir seu próprio negócio. A porcentagem da geração millennial foi ainda maior, 77%.[8] O maior motivo para tentar a sorte no mundo empresarial: a capacidade de "controlar meu próprio destino".

Nenhum desses aspirantes a empresários é ingênuo. Eles entendem que, como proprietários, teriam que dedicar à própria empresa mais horas do que agora, sem garantia de sucesso. No entanto, 61% dos millennials, muitos dos quais entraram no mercado de trabalho após a Grande Recessão, acreditam que há mais segurança profissional em ter seu próprio negócio do que em trabalhar para outra pessoa, e eles têm razões para acreditar nisso. Eles têm familiares que foram vítimas de redução de custo e pessoal e amigos que estão lutando para escapar de empregos terceirizados ou temporários. Mesmo em uma economia forte, sabem que é difícil construir uma carreira quando a maioria dos empregadores prefere contratar prestadores de serviço do que funcionários em tempo integral.

Autonomia e Vantagens

Embora empregadores mais hábeis com a imagem frequentemente falem sobre construir a "marca do funcionário" ou "aprimorar a proposição de valor aos colaboradores", poucas empresas estabelecidas oferecem aos recrutados o que eles mais desejam: autonomia e vantagens.

Mais de cem estudos exploraram o impacto da autonomia e da participação nos lucros no desempenho da empresa, e a maioria encontrou uma correlação positiva.[9] Os pesquisadores holandeses Dirk von Dierendonck e Inge Nuijten conduziram um estudo particularmente revelador.[10] Eles começaram construindo um modelo de oito fatores de liderança servil. Os comportamentos críticos incluíam:

EMPODERAMENTO: Aumentar a autonomia de tomada de decisão dos subordinados.

RESPONSABILIZAÇÃO: Responsabilizar os indivíduos pelas consequências de suas decisões.

ABNEGAÇÃO: Dar prioridade às necessidades dos outros.

HUMILDADE: Reconhecer abertamente as próprias limitações e erros.

AUTENTICIDADE: Relacionar-se honesta e abertamente com os outros.

CORAGEM: Desafiar as normas institucionais a fim de apoiar os outros.

PERDÃO: Demonstrar empatia e disposição para perdoar.

ADMINISTRAÇÃO: Assumir a responsabilidade pelo sucesso e pela integridade da instituição como um todo.

Em seguida, os pesquisadores pediram a mais de 1.500 funcionários na Holanda e no Reino Unido para avaliar seus gestores segundo esses atributos e conferir a si uma pontuação em vários fatores relacionados ao trabalho. Como podemos ver na Tabela 7-1, dos oito comportamentos de liderança, o empoderamento foi o que mais se correlacionou com o engajamento do funcionário, a satisfação no trabalho e o compromisso organizacional, enquanto a responsabilização foi o fator que mais impactou o desempenho no trabalho.

TABELA 7-1

Correlação entre Atributos de Liderança e Fatores Trabalhistas (Coeficiente de Determinação)

Comportamento de líder	Engajamento	Satisfação no trabalho	Compromisso organizacional	Desempenho no trabalho
Empoderamento	**0,43**	**0,62**	**0,62**	.21
Responsabilização	0,41	0,33	0,14	**.32**
Abnegação	0,18	0,32	0,54	.16
Humildade	0,33	0,48	0,54	.09
Autenticidade	0,29	0,35	0,36	.08
Coragem	0,32	0,31	0,39	.07
Perdão	0,08	0,20	0,36	.14
Administração	-	-	0,60	.17

Em outra pesquisa, Joseph Blasi, Richard Freeman e Douglas Kruse exploraram a relação entre autonomia, vantagens e rotatividade de funcionários.[11] Analisando a Figura 7-1, você notará que as diferenças entre vantagens e autonomia, consideradas individualmente, têm pouco impacto nas taxas de atrito. No entanto, combinadas, elas reduzem a rotatividade em mais da metade. Essa interação não deve surpreender. Pedir a alguém que assuma mais responsabilidades sem lhe oferecer também mais vantagens provavelmente será considerado injusto. Por outro lado, oferecer a alguém a oportunidade de um pagamento maior e, ao mesmo tempo, negar-lhe o direito de tomar as decisões necessárias produzirá frustração e ressentimento. É a *combinação* de autonomia e vantagens que alimenta o fervor empreendedor.

FIGURA 7-1

Impacto da Vantagem Financeira e da Autonomia na Taxa de Retenção de Funcionários (Taxas Anuais de Demissão Voluntária)

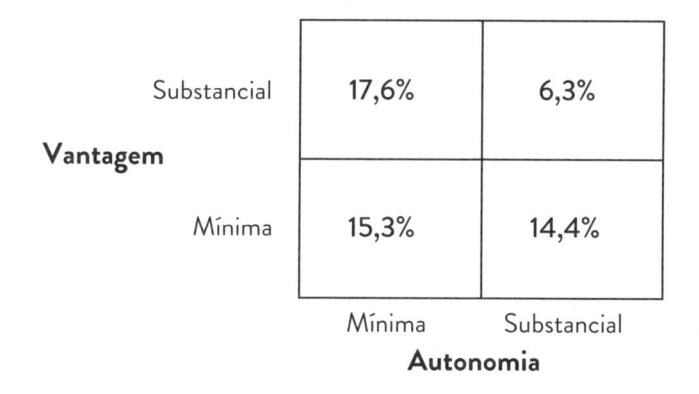

Diante disso, é lamentável que a maioria dos funcionários esteja presa a escalas salariais rígidas que oferecem pouco incentivo aos funcionários para fazer mais do que o necessário. Considere:

- A Pesquisa Europeia de Condições de Trabalho de 2015 descobriu que apenas 14% dos funcionários não administrativos eram elegíveis para bônus com base no desempenho individual ou de equipe. A cifra de uma pesquisa norte-americana paralela era ligeiramente mais alta, 15%, mas apenas 4% dos funcionários da linha de frente eram elegíveis para recompensas relacionadas à produtividade.

- Dados compilados pela consultoria Great Places to Work revelaram que apenas uma em cada cinco das empresas analisadas pagou bônus em dinheiro, com o pagamento médio de apenas 4,7% do salário dos funcionários.[12]

- Bônus não baseados na produção, que incluem esquemas de participação nos lucros, representaram apenas 2,1% dos custos totais de remuneração dos funcionários dos EUA no segundo trimestre de 2019.[13] No setor privado dos EUA, menos de um em cada seis funcionários da linha de frente recebe participação nos lucros. O número na Europa é de 10%.[14]

É obviamente imbecil privar os funcionários de autonomia e vantagens, mas essa é a norma. Mas, qual o motivo? A explicação mais plausível é que os líderes seniores acreditam que o pessoal da linha de frente tem pouco a contribuir. Em sua opinião, os funcionários são recursos de commodities fazendo trabalho de commodity — eles são apenas "corpos" que não podem ser melhorados. Um ex-sócio gestor da McKinsey & Company expressou essa opinião quando aconselhou os executivos a concentrarem sua atenção nos "2% [dos funcionários] que realmente gerarão resultados". "É uma proporção muito pequena de pessoas", ele argumentou, "que gera muito valor". Quando pressionado, ele admitiu que sua afirmação "não apresentava nenhum estudo ou analítica de regressão por trás".[15] Era, em outras palavras, uma suposição não testada ou, para ser mais preciso, um preconceito.

Esse tipo de desdém pelo funcionário médio reflete a arrogância dos aristocratas do século XVIII — e tem o mesmo efeito sufocante sobre a criatividade e a iniciativa. Escassez de liberdade e de vantagens gera escassez de comprometimento e desempenho.

Donos por Todos os Lados

Para aqueles que duvidam que é possível criar uma cultura de dono de cima para baixo, considere novamente a Haier e a Nucor.

Haier

Como vimos no Capítulo 5, a Haier tem milhares de empreendedores internos. Todos os que trabalham para um dos 4 mil microempreendimentos da empresa têm vantagens substanciais. Embora o salário-base seja modesto, muitas vezes não muito acima do salário-mínimo, as equipes que atingem suas "metas principais" podem multiplicar seus salários de cinco a dez vezes. As equipes de linha de frente também têm a liberdade de administrar seus negócios da maneira que acharem melhor — elas têm autonomia para definir a direção, desenvolver produtos, definir funções, contratar colegas e distribuir recompensas. O resultado: uma empresa repleta de energia empreendedora que supera de forma consistente suas concorrentes, tanto nacionais quanto internacionais.

Nucor

A Nucor também colhe os frutos do sentimento de dono. A empresa produz mais toneladas de aço por funcionário do que qualquer uma de suas rivais tradicionais, e seu lucro per capita é três vezes maior do que o de seus concorrentes. O sistema de bônus da Nucor incentiva os membros da equipe a buscarem incansavelmente novas maneiras de melhorar a produtividade, uma busca que é estimulada pela liberdade de experimentar novos produtos e métodos de trabalho. A Nucor considera sua força de trabalho um poço infinito de engenhosidade — e a chance de ganhar recompensas extraordinárias no setor é a bomba que traz essa criatividade à tona.

Ao se recusar a tratar os funcionários como commodities, a Nucor simplificou seu negócio. Do outro lado do Atlântico, um dos principais bancos suecos e um conglomerado com sede em Paris construiu culturas de dono igualmente poderosas.

Svenska Handelsbanken

Com sede em Estocolmo, os 10 mil funcionários do Handelsbanken operam mais de 840 agências. Embora o banco atue em 25 países, ele considera Suécia, Dinamarca, Finlândia, Noruega, Grã-Bretanha e Holanda como seus mercados domésticos. Quando analisado pelo retorno sobre o patrimônio líquido, o Handelsbanken superou seus concorrentes europeus em 43 dos últimos 47 anos.

Ao contrário de seus concorrentes, o Handelsbanken considera cada agência um negócio independente. Cada filial é operacionalmente independente e tem seu próprio demonstrativo de lucros e perdas. Existem poucas alocações de custos corporativos e quase nenhuma ordem vinda do topo da hierarquia. Anders Bouvin, ex-CEO, explica: "Se realmente acredita que a satisfação do cliente é a principal razão para alcançar resultados superiores, você deve eliminar qualquer tipo de mecanismo guia que possa obrigar um de seus funcionários a fazer algo que não é de interesse dos clientes."[16]

As equipes das agências — normalmente de oito a dez indivíduos — são responsáveis por tomar decisões de crédito, definir preços de empréstimos e depósitos, comunicar-se com os clientes e definir a posição dos funcionários.

Na opinião de Bouvin, o principal argumento para o modelo "fundamentalmente humanístico" do banco é a sua melhor tomada de decisões: "Ter tanta fé nas pessoas leva a altos níveis de motivação e a decisões de melhor qualidade em relação a quando há um comando tradicional e um modelo de controle, em que o pessoal da matriz toma decisões longe de onde o cliente está."[17]

Como a Nucor, o Handelsbanken compartilha as recompensas de seu sucesso com aqueles que estão na linha de frente. Em qualquer ano em que o retorno sobre o patrimônio líquido do banco exceda a média de seus competidores, um terço da diferença é depositado em uma fundação que investe em nome dos funcionários, principalmente em ações do Handelsbanken. Os rendimentos são distribuídos igualmente entre todos os funcionários, independentemente de sua posição. A contribuição em 2018 foi de US$90 milhões, ou aproximadamente US$7.500 por funcionário — uma soma significativa para um membro da equipe de linha de frente. Os saques podem ser feitos quando o funcionário completar 60 anos. A participação para um associado antigo pode ser de mais de US$1 milhão.

Assim como acontece em outras empresas de vanguarda, a combinação de autonomia e vantagens mantém baixa a rotatividade de funcionários. Os proprietários, via de regra, participam pelos benefícios em longo prazo.

Vinci

A gigante francesa de construção e concessão que vale US$45 bilhões, Vinci SA, é outro ótimo exemplo de distribuição do sentimento de dono. Empregando 221 mil pessoas em mais de cem países, a Vinci atua em rodovias com pedágio, aeroportos, ferrovias de alta velocidade e instalações esportivas. Seu negócio de construção assume centenas de milhares de projetos a cada ano. Uma das construções mais desafiadoras era uma estrutura em forma de cúpula de 36 mil toneladas projetada para enterrar os restos radioativos do reator nuclear número 4 de Chernobyl.

Na última década, o preço das ações da Vinci cresceu duas vezes mais rápido que de seus concorrentes europeus. O sucesso da empresa reflete, em parte, o dinamismo de seu portfólio de negócios. A receita da Vinci Energies, grupo responsável por projetos de energia e comunicação, aumentou de US$5 bilhões em 2008 para US$14 bilhões em 2018. As concessões de aeroportos aumentaram de US$430 milhões em 2013 para US$2 bilhões no final de 2018. Muito desse crescimento veio de fora do mercado doméstico da Vinci.

O CEO da Vinci, Xavier Huillard, atribui o crescimento da empresa ao seu modelo único de gestão, projetado para minimizar a burocracia e maximizar o empreendedorismo. Como Zhang Ruimin, da Haier, Huillard acredita que a melhor maneira de criar um sentimento de dono é manter as unidades pequenas. A Vinci está dividida em 3 mil unidades de negócios compactas, dois terços das quais têm menos de cem funcionários. O compromisso com a divisão é tão forte que com frequência os negócios são divididos em dois conforme crescem.

A média da microempresa é de pouco mais de quarenta membros na equipe e receita de US$8 milhões. Esse enxame de unidades hiperespecializadas — uma empresa com sede em Nantes, por exemplo, produz equipamentos industriais para fabricantes de rações — maximiza a cobertura de mercado e o foco operacional. A Vinci entende que, para ficar maior no exterior, uma empresa muitas vezes deve ficar menor em seu interior.

Para capturar sinergias, negócios individuais são agrupados em divisões e essas divisões, em grupos. Esses agrupamentos adicionais são responsáveis por encontrar e explorar oportunidades entre unidades. Muitas divisões, por exemplo, estão colaborando atualmente para desenvolver novas tecnologias de sensores para monitoramento remoto.

O modelo de gestão da Vinci reconhece a inseparabilidade entre autonomia e responsabilização. Cada unidade tem seu próprio demonstrativo de lucros e perdas e é responsável por desenvolver seu plano de negócios e adquirir os recursos necessários para sua execução. Como Huillard observa: "Autoridade e responsabilidade necessariamente andam de mãos dadas. Não se pode dar responsabilidade a alguém sem ter-lhe concedido a autoridade necessária. Quando ocorre uma disfunção em uma unidade, é sempre por causa de uma separação entre as duas coisas."[18]

Uma vantagem de uma organização dividida e autônoma é que ela multiplica as oportunidades de liderança e impacto. Huillard argumenta: "Não é incomum confiarmos uma unidade de negócios que fatura 10 milhões de euros a um funcionário com menos de 30 anos."

O espírito bucaneiro da Vinci é ilustrado por sua entrada no ramo de aeroportos. Uma década atrás, a empresa estava prestes a vender dois aeroportos cambojanos que havia adquirido como parte de um negócio maior. Nicolas Notebaert, então diretor de desenvolvimento de negócios na França, achava que os aeroportos poderiam ser a plataforma de lançamento para um novo negócio. Depois de fazer um bom lobby para manter os aeroportos, ele se mudou para a Ásia para administrá-los. O experimento validou a oportunidade e hoje a Vinci emprega 14.500 funcionários em aeroportos que atendem 240 milhões de passageiros por ano. Huillard observa que, como CEO, "Meu único mérito foi ter fornecido a Nicolas as condições que o ajudaram a demonstrar seu entusiasmo. Em outras palavras, eu o deixei seguir seus instintos". Na Vinci, jovens líderes ambiciosos podem ser empreendedores sem ter que começar em uma garagem.

A Vinci incentiva o sentimento de dono nos funcionários com um plano de remuneração que desconta ações em 5% e iguala as compras de ações dos funcionários em até US$4 mil por ano, ou 10% do salário médio. Mais de 62% dos funcionários participam do plano — três vezes a média das grandes empresas europeias. Tal como acontece com o Handelsbanken, a prosperidade pessoal está intimamente ligada ao crescimento contínuo da empresa.

Os funcionários que pensam e agem como donos não precisam de muita supervisão. Assim, apenas 250 funcionários trabalham na sede da Vinci em Paris — cerca de 0,1% do número total de funcionários. Huillard diz: "É inútil ter exércitos de supervisores que apenas atrapalham."

Cada uma dessas empresas — Nucor, Haier, Handelsbanken e Vinci — construiu uma organização que é, em sua essência, uma aliança de proprietários. Ao longo das décadas, cada empresa demonstrou de forma conclusiva que essa mentalidade de dono distribuída…

- Reduz a rotatividade e cria uma força de trabalho mais inteligente e experiente.
- Libera reservas de esforço discricionário.
- Aumenta os incentivos para inovar.
- Cria mais coesão e companheirismo.
- Fortalece a conexão com os clientes.
- Produz decisões mais rápidas e melhor esclarecidas.

- Leva a uma organização mais nivelada e enxuta.

- Rende retornos acima da média.

Pense novamente nos 77% dos millennials que sonham em ter o próprio negócio. Por que eles não deveriam ser capazes de fazer isso dentro de uma grande organização? As duas barreiras mencionadas com mais frequência para iniciar um negócio — acesso ao capital e falta de experiência — são problemas que grandes empresas conseguem resolver. O Handelsbanken abriu cem agências no Reino Unido em apenas três anos. Nenhuma startup independente e física poderia ter alcançado esse ritmo. As grandes empresas também possuem vastos reservatórios de conhecimento. Muitas vezes, são necessários anos, e muitos erros, para que um pequeno empresário desenvolva um julgamento financeiro sólido. Uma empresa estabelecida, por outro lado, pode melhorar rapidamente as habilidades dos funcionários — assim como a Nucor faz com seu jogo "Dólares e Toneladas". Os funcionários não devem ter que escolher entre a liberdade de administrar seus próprios negócios e a capacidade de alavancar os recursos de uma grande empresa — e, se trabalharem para a Nucor, a Haier, o Handelsbanken ou a Vinci, não precisam.

Para Começar

Então, como aumentar o sentimento de dono na sua organização? Eis aqui algumas sugestões:

1. Comece redistribuindo uma parte da sua própria autoridade. Afaste-se das decisões críticas e deixe sua equipe decidir. (Falaremos mais sobre isso no Capítulo 15.)

2. Se sua empresa não tiver um plano de participação nos lucros, crie um e certifique-se de que esteja disponível para todos os funcionários. Em um ano bom, a participação nos lucros deve aumentar a remuneração média em 10% ou mais.

3. Sempre que possível, divida unidades grandes em unidades pequenas. Em geral, mantenha as unidades operacionais com menos de cinquenta pessoas.

4. Ofereça a cada unidade um demonstrativo de lucros e perdas completo. Minimize as alocações de despesas corporativas indiretas e evite criar metas em torno de KPIs detalhados.

5. Expanda as prerrogativas de tomada de decisão das equipes operacionais da linha de frente. Dê-lhes responsabilidade pelas decisões sobre estratégia, operações e pessoas da unidade.

6. Reverta as políticas herdadas que limitam a liberdade das unidades da linha de frente. Dê às empresas o direito de negociar o preço dos serviços centralizados fornecidos, mas revogue-o se a equipe achar que não está fazendo um bom negócio.

7. Assim que cada unidade tiver um demonstrativo de lucros e perdas verdadeiro, aumente significativamente a proporção da remuneração individual ou da equipe atuante. Certifique-se de que o desempenho acima da média traga recompensas acima da média.

Houve um tempo em que a ideia de "funcionário" era novidade. No século XIX, os Estados Unidos eram uma "república de trabalhadores autônomos", como Roy Jacques tão apropriadamente disse.[19] Aqueles que trabalhavam para outra pessoa — em um galpão para transformar peles em couro, em um pátio de uma ferraria ou em um depósito geral — sonhavam em encarar o mundo por conta própria, e muitos o fizeram. Só podemos imaginar a angústia que teriam sentido se soubessem que sua progênie, dois séculos depois, estaria trabalhando como mercenária.

Não podemos voltar ao século XIX, mas toda organização pode se tornar uma associação de proprietários e, assim, estimular o orgulho, a paixão, a proficiência e o desempenho, que são as marcas da humanocracia.

– 8 –

O Poder dos Mercados

Você provavelmente não gostaria de viver em uma economia planejada de forma centralizada, na qual uma autoridade distante decide o que deve ser produzido e em que quantidades. Você não gostaria que os preços fossem definidos por decreto ou de ser forçado a comprar de monopólios estatais. Você prefere escolha à obsessão.

Com o tempo, o controle centralizado cria distorções profundas — crescimento setorial desequilibrado (normalmente favorecendo indústrias de capital intensivo), empresas estatais inchadas, falta ou excesso crônicos de capacidade e desperdício desmedido. As empresas estatais chinesas, por exemplo, geram cerca de 20% da produção da China, mas respondem por mais de três quartos de todos os empréstimos corporativos.[1] Além disso, o retorno sobre os ativos do setor estatal é apenas um quinto do que as empresas privadas chinesas alcançam.[2]

As decisões de investimento são mais inteligentes quando são orientadas por uma lógica comercial, em vez de uma lógica política. As empresas são mais eficientes quando não são sustentadas por subsídios estatais, e os consumidores conseguem um negócio melhor quando os mercados estão abertos a todos os interessados. Estas são as generosidades do princípio da mão invisível do mercado, de Adam Smith.

Embora a maioria dos CEOs reconheça as virtudes do livre mercado, as empresas que eles dirigem são tipicamente estruturadas como economias de comando. Como na ex-União Soviética, o poder de decisão é altamente concentrado no topo. Mudar isso é essencial para tornar nossas organizações mais resilientes, inovadoras e humanas. Para ver como isso pode ser feito, precisamos entender as condições sob as quais os mercados superam as hierarquias e, em seguida, tentar imaginar como essas vantagens podem ser replicadas em nossas organizações.

Inteligência Coletiva

Você compraria uma ação se um único indivíduo — o diretor financeiro da empresa, por exemplo — tivesse definido o preço? Provavelmente não. Você sabe que a opinião de uma pessoa não é um guia confiável para o valor de um ativo — seja uma ação, uma pintura ou um carro antigo. Antes de gastar seu dinheiro, você deve ter certeza de que está pagando um preço justo, ou seja, com base no mercado.

Os mercados agregam uma vasta gama de informações em uma única estimativa de valor. O preço de uma ação do Google, por exemplo, reflete tudo o que os investidores sabem atualmente sobre os fatores que podem afetar a lucratividade futura da empresa.

Se você não confiaria em um pequeno grupo de especialistas para determinar o preço de uma ação, por que confiaria em um pequeno grupo de executivos para avaliar uma grande oportunidade estratégica — seja ela uma aquisição, uma ampliação da linha de produtos ou uma nova tecnologia? Nenhuma mente, ou pequeno grupo de mentes, pode abranger toda a gama de informações que são relevantes para uma decisão estratégica significativa. É preocupante, então, que as estruturas burocráticas de autoridade sejam excessivamente mais importantes.

Com muita frequência, as opiniões de alguns executivos seniores recebem um prêmio de credibilidade imenso e injustificado. Em uma burocracia, quanto maior a decisão, menor o número de pessoas que podem desafiar aquele que tomará a decisão. Isso é idiotice.

Os custos da autoridade incontestável podem ser substanciais. Durante seu mandato como CEO da Intel, Paul Otellini rejeitou a oportunidade de construir chips para o iPhone original. Ao justificar sua decisão uma década depois, Otellini disse que o iPhone acabou sendo "cem vezes mais bem-sucedido do que se pensava".[3] Sério? Mais bem-sucedido do que *qualquer* pessoa esperava? Se você pegar o dispositivo eletrônico mais onipresente do mundo, o telefone celular, e torná-lo muito melhor, por que *não* esperaria um gol de placa? Podemos até imaginar quantos jovens engenheiros da Intel foram consultados antes de Otellini tomar essa fatídica decisão.

A ironia é que a Intel foi objeto de um dos experimentos mais antigos a respeito das vantagens da inteligência coletiva.[4] Ao longo de 8 anos, professores da Caltech compararam projeções de venda feitas por especialistas em previsões da Intel com estimativas do senso comum selecionadas a partir de um recorte de funcionários. Todo mês, solicitavam aos membros do grupo previsões da receita da linha de produtos para os próximos quatro trimestres. Os participantes usavam uma moeda virtual chamada "francos" para comprar bilhetes vinculados a uma faixa específica de resultados da receita. Um bilhete, por exemplo, poderia abranger uma faixa de receita de US$15 milhões a US$15,2 milhões para uma família de produtos em particular, enquanto outro abrangeria de US$15,2 milhões a US$15,4 milhões em vendas esperadas. Cada bilhete tinha o mesmo preço. Os participantes podiam comprar vários bilhetes para uma faixa de receita ou distribuir suas apostas entre várias faixas. Via de regra, o mercado ficava aberto apenas uma hora por mês. Isso reduzia a capacidade dos participantes de consultarem o conhecimento de seus colegas.

Quando os números reais de vendas chegavam, todos que compraram um bilhete premiado recebiam um pagamento. Entre 2006 e 2013, a Intel realizou 959 experimentos de previsão e, em quase dois terços dos casos, os grupos venceram os especialistas.

Recentemente, as pesquisas de opinião demonstraram seu valor em prever eleições, avanços científicos, a disseminação de doenças infecciosas, vendas de ingressos de cinema e a reprodutibilidade de estudos acadêmicos.[5] Por exemplo, os pesquisadores descobriram que as previsões das eleições presidenciais dos EUA feitas pelo Iowa Electronic Markets superaram os pesquisadores profissionais em 74% das vezes.[6] Outra pesquisa mostrou que as pesquisas de opinião superam os especialistas mesmo quando são pequenas, ou seja, quando há dezenas, em vez de centenas ou milhares de participantes.[7]

Tudo isso sugere que as organizações provavelmente assumem um "imposto de ignorância" quando os líderes seniores deixam de consultar o público antes de tomar decisões importantes. Consideremos a Cisco. Em outubro de 2010, a fabricante de San Jose, na Califórnia, que produz equipamentos de rede, lançou o Umi, um dispositivo de uso pessoal de US$600 projetado para transformar uma televisão de alta definição em um terminal de videoconferência — desde que você pagasse à Cisco US$25 por mês e tivesse amigos e familiares que também fossem assinantes. Apesar de um lançamento global com a apresentadora Oprah Winfrey, o Umi sobreviveu apenas 18 meses antes de ser retirado do mercado. Mesmo antes do fadado produto chegar às prateleiras das lojas, a revista *Fortune* o considerou "a resposta a uma pergunta que ninguém fez".[8] Se os líderes da Cisco tivessem realizado uma pesquisa no mercado interno sobre as perspectivas do Umi, provavelmente a empresa teria evitado um constrangimento caro.

A inteligência coletiva pode ser um ativo inestimável na avaliação dos potenciais retornos do lançamento de um novo produto, de uma mudança de preço, de uma grande reorganização ou de uma nova campanha de marketing. Construir um mercado interno de opinião dá trabalho, mas é mais barato do que um grande erro empresarial.

Agilidade de Alocação

Nos últimos 50 anos, a Bolsa de Valores de Nova York, como um todo, superou o desempenho de cada uma de suas empresas constituintes. Em outras palavras, milhões de investidores comuns tomaram decisões de investimento mais inteligentes do que todos aqueles CEOs bem pagos. Por quê? Porque os mercados são melhores do que as hierarquias no que diz respeito à alocação de recursos.

Em um mercado, as decisões de financiamento são distribuídas, objetivas e dinâmicas. Os investidores são livres para colocar o próprio dinheiro onde quiserem, tendem a ser indiferentes quanto à venda de títulos de baixo desempenho e podem realizar transações com pouco atrito. Em uma burocracia, em contraste, as principais decisões de financiamento são tomadas por um pequeno número de executivos seniores no que normalmente é uma disputa orçamentária altamente politizada. Os pesquisadores identificaram um grupo de anomalias que corrompem esse processo e levam a decisões de alocação inadequadas.[9] As mais prejudiciais são...

DEFENDER O QUE É SEU. Os líderes tendem a ser territorialistas quanto aos recursos que controlam e costumam relutar em compartilhar dinheiro e talento com outras unidades, mesmo quando os retornos podem ser maiores.[10]

O RICO FICAR MAIS RICO. As maiores unidades de uma empresa de multinegócios tendem a obter mais do que sua cota justa de capital, não porque oferecem melhores retornos, mas porque seus líderes têm mais influência política.[11]

MUITO DINHEIRO EM MAUS INVESTIMENTOS. Os executivos tendem a investir demais em negócios em dificuldade, na esperança de recuperá-los. Pesquisas mostram que, na maioria dos casos, os retornos teriam sido maiores se o dinheiro tivesse sido investido em unidades menos problemáticas.[12]

COMPARTILHAR O SOFRIMENTO. Quando o dinheiro está curto, os executivos tendem a cortar gastos em toda a empresa, em vez de proteger as áreas de alta prioridade.[13]

O SEGREDO É TER CONTATOS. Os líderes seniores que têm um bom networking interno geralmente ganham mais recursos do que líderes com poucos bons contatos, independentemente dos méritos de cada negócio específico.[14]

O LAR É ONDE O CORAÇÃO ESTÁ. Os executivos seniores têm menor probabilidade de desinvestir ou afastar-se de um negócio em que trabalharam anteriormente em sua carreira.[15]

FAZER BONITO. Na competição por fundos, os líderes das unidades de negócios têm um incentivo para inflar os méritos de suas propostas de investimento. Essas distorções costumam ser difíceis de serem percebidas pelos executivos de nível corporativo.[16]

MAIS DO MESMO. As decisões de financiamento com frequência são tomadas com base no orçamento do ano anterior. Cada negócio ou linha de produto obtém praticamente o mesmo que no ano anterior, com mais ou menos alguns pontos percentuais.[17]

Sobre este último ponto, um estudo da McKinsey & Company com 1600 empresas norte-americanas descobriu que, em um período de 15 anos, a correlação ano a ano no financiamento recebido por unidades de negócios individuais foi de 0,92.[18]

Por todas essas razões, as decisões de investimento interno tendem a ser altamente distorcidas por vieses individuais e jogos políticos. O resultado líquido: muitas alocações inertes e uma propensão a investir demais "no que é" em vez de "no que poderia ser". Não é à toa que as startups costumam chegar primeiro ao futuro.

Nas últimas décadas, nenhum lugar no mundo criou mais riqueza per capita do que a faixa de terra de 16km que vai de São Francisco a San Jose. Entre 2010 e 2019, US$350 bilhões em capital de risco foram investidos em startups na área da baía de São Francisco.[19] Atualmente, metade dos 122 unicórnios dos EUA — empresas privadas de capital de risco que valem pelo menos US$1 bilhão — encontram-se no norte da Califórnia.

Não existe CEO da Vale do Silício, S.A. Não há uma autoridade central que decide quanto investir em inteligência artificial, serviços em nuvem, farmacogenômica, realidade virtual, fintechs ou cibersegurança. Em vez disso, milhares de investidores-anjo e capitalistas de risco competem para criar valor na interseção de três mercados — o mercado de novas ideias de negócios, de talentos renomados e de capital com tolerância ao risco, mercados que são promissores e frenéticos. Parece que todos no Vale do Silício estão perseguindo o próximo negócio, procurando a próxima rodada de financiamento ou tentando assinar com o próximo Google ou Airbnb. Os recursos transformam-se no que parece ter maior probabilidade de gerar valor. Em grandes organizações, por outro lado, os recursos são indolentes. Eles não se movem até que algum vice-presidente executivo ordene que o façam — o que geralmente acontece tarde demais.

Em uma burocracia, há apenas um lugar para vender uma ideia — no topo da cadeia de comando. Qualquer ideia que não esteja em sincronia com as prioridades de curto prazo ou com o dogma executivo é cortada. No Vale do Silício, ocorre o contrário: não é incomum que um empresário seja rejeitado uma dúzia de vezes antes de encontrar um patrocinador disposto, porém, na maioria das organizações, um único *nananinanão* é suficiente para matar uma nova ideia.

Entretanto, não tem que ser assim. Veja o caso da IBM. Recentemente, a empresa de serviços de TI de 109 anos tem trabalhado para internalizar os princípios do Vale do Silício, abrindo seu processo de alocação de recursos. Depois de vários experimentos de pequena escala, a empresa lançou sua primeira plataforma de financiamento para toda a empresa, o ifundIT, em 2013. Françoise LeGoues, então chefe do laboratório do CIO da IBM, explicou o objetivo: "Como podemos garantir que todas as grandes ideias tenham a chance de serem vistas e ouvidas?"[20] Cada um dos 20 mil funcionários de TI da empresa recebeu até US$2 mil para investir. Assim que uma proposta de investimento atraía US$25 mil em financiamento por seus colegas, ela avançava como um projeto oficialmente aprovado. No primeiro ano, mais de mil funcionários de trinta países participaram.

Uma ideia lucrativa, enviada pelo engenheiro de software Ryan Hutton, foi o Tap-o-Meter, uma ferramenta online projetada para fornecer, aos desenvolvedores internos, dados em tempo real sobre como seus aplicativos estavam sendo usados em toda a empresa. Graças ao ifundIT, o projeto passou da ideia à aprovação em um mês — um ritmo acelerado para os padrões da maioria das grandes empresas. Hutton, que se juntou à IBM após a faculdade, e tinha apenas 24 anos quando seu aplicativo foi lançado, estava compreensivelmente eufórico: "É ótimo ver resultados tão rápidos e é incrível gerar esse tipo de impacto tão cedo na minha carreira."[21]

Uma aposta mais ambiciosa de financiamento coletivo foi lançada em 2016, quando a IBM convidou 275 mil funcionários a enviar ideias a fim de explorar o trabalho pioneiro da empresa na área de inteligência artificial. Batizado de "Cognitive Build", o projeto começou com uma rodada de brainstorming que gerou 8.361 ideias.[22] Desse conjunto, 3.924 colaboradores enviaram suas ideias para uma revisão técnica, e 2.603 ideias foram selecionadas. Todos os funcionários receberam US$2 mil em moeda virtual e foram incentivados a investir nas ideias que considerassem mais promissoras. No total, mais de 225 mil funcionários participaram, investindo US$291 milhões em dinheiro falso. Baseando-se fortemente nas escolhas do público, os revisores internos reduziram o grupo a cinquenta finalistas. Depois de uma apresentação final para um painel de clientes e executivos, três vencedores do grande prêmio foram anunciados, um dos quais era uma solução de aconselhamento em saúde mental baseada em texto. Os semifinalistas e finalistas receberam prêmios monetários substanciais e várias das ideias mais bem avaliadas receberam luz verde para desenvolvimento posterior.

Na ausência de um mercado de ideias expansivo, muitas das soluções mais promissoras do Cognitive Build nunca teriam surgido, muito menos sido financiadas. Os mercados, por sua própria existência, estimulam os vendedores e atraem compradores.

O Cognitive Build também desencadeou um enorme volume de esforço voluntário conforme os investidores aceitaram ajudar as equipes a desenvolver suas ideias. Sem o mercado, a maior parte desse esforço discricionário teria permanecido oculta.

Talvez o mais importante seja que o mercado interno da IBM deu a chance de ideias não convencionais se desenvolverem e atraírem seguidores antes de enfrentar uma análise executiva. Os colaboradores receberam uma enxurrada de feedbacks e, em muitos casos, conseguiram ativar uma rede de defensores internos. Ao garantir que ninguém pudesse matar uma ideia sozinho, o processo evitou as limitações usuais de alocação de recursos estilo soviéticas, vindas do topo.

Acreditamos que toda empresa precisa construir um exército de investidores-anjo. Os benefícios — mais ideias, mais paixão, menos pontos cegos e desenvolvimento mais rápido — são essenciais para construir uma vantagem evolutiva. E, de uma perspectiva humana, nenhuma alma criativa deve ser prejudicada por um processo de alocação de recursos que dê mais peso às conexões políticas do que à qualidade de uma ideia.

Coordenação Dinâmica

Os mercados são capazes de extraordinárias realizações de coordenação. Imagine que você mora em Londres e está montando um cardápio para um jantar. Quando acessa a internet para fazer compras, tudo aparece magicamente: carne da Escócia, aspargos da França, batatas de Jersey, manteiga da Dinamarca, morangos de Kent, um incrível queijo brie da França, um chocolate único da Guatemala, um vinho da Nova Zelândia e café do Quênia. Duas horas depois de fazer seu pedido, tudo está na sua porta.

Essa magia é facilitada por uma rede global de contratos que desafia a compreensão. De alguma forma, dezenas de fazendeiros, empacotadores, despachantes, atacadistas e varejistas conspiraram para ajudá-lo a preparar uma grande façanha culinária. Esse é o milagre do mercado.

Custa dinheiro redigir e cumprir contratos, mas a administração baseada em mercado costuma ser mais eficiente e flexível do que as alternativas burocráticas — diretivas vindas de cima, funcionários intrometidos e excesso de comitês.

Considerando a superioridade dos mercados em atividades de sincronização, por que as hierarquias existem? A resposta da maioria dos economistas é que as hierarquias surgem quando o custo da administração baseada em mercado por meio de contratos excede o custo da administração burocrática por meio de decretos administrativos. A contratação torna-se cara quando as habilidades e os recursos a serem adquiridos são difíceis de avaliar, são escassos (ou seja, colocam o comprador como refém) ou precisam ser integrados a outras atividades de maneiras complexas que não podem ser especificadas com antecedência. É difícil imaginar, por exemplo, como a Apple poderia ter criado o iPhone — uma dedicação de vários anos que fundiu uma gama impressionante de habilidades e tecnologias — por meio de um conjunto de contratantes independentes.

Economistas como Roland Coase e Oliver Williamson estavam certos em argumentar que, às vezes, é mais eficiente para as empresas "internalizar" as atividades do que as adquirir por meio de contratos independentes. Eles estavam errados, porém, ao supor que, uma vez internalizadas, essas atividades não poderiam ser administradas por meio de mecanismos parecidos com os mercadológicos. Os economistas dividem o mundo em mercados e empresas. Em geral, os mercados são descentralizados e as empresas, não.

No entanto, como a Haier nitidamente demonstra, híbridos são possíveis. As microempresas da Haier estão unidas por uma rede de contratos que geram vantagens de coordenação típicas de uma organização hierárquica, ao mesmo tempo em que oferecem as bênçãos do mercado — liberdade, responsabilidade para com os clientes e incentivos para inovação. A Haier é melhor descrita não como uma pirâmide de relações de poder, mas como um ecossistema de contratos fraternos.

Isso também vale para a Morning Star, a processadora de tomate apresentada no Capítulo 2. Apesar de administrar um negócio complexo e verticalmente integrado, a Morning Star não tem gestores. Em vez disso, a coreografia necessária para transformar tomates frescos em produtos para venda é o resultado da contratação interna.

Todos os anos, cada um dos quinhentos funcionários de tempo integral da Morning Star negocia um contrato de desempenho pessoal com seus colegas de equipe. A "Carta dos Colaboradores" (*Colleague Letter of Understanding* — CLOU) é um catálogo detalhado de responsabilidades e métricas. A CLOU para alguém que trabalha em um armazém incluirá funções como aquisição de materiais de embalagem, carregamento de caminhões e vagões, manutenção e conserto de empilhadeiras, avaliação de nova tecnologia do armazém, desenvolvimento de propostas de capital para novos equipamentos e treinamento de colegas. As métricas de desempenho cobrirão o tempo médio necessário para carregar um caminhão, a porcentagem de cargas enviadas no prazo, o número de reclamações recebidas de clientes e os custos de armazenamento por tonelada enviada. Todos os acordos CLOU são arquivados online e podem ser vistos por qualquer membro da equipe.

Dos oito a dez signatários de um acordo CLOU comum, cerca de metade virá da equipe direta do funcionário, enquanto os outros vêm de colegas de áreas adjacentes. De forma criteriosa, cada membro da equipe tem a liberdade de escolher as partes do contrato. Se dois membros da equipe não concordarem com os termos de uma CLOU, eles podem solicitar que um colega imparcial sirva como mediador. Se isso falhar, a disputa vai para um painel de colegas que resolve a questão por meio de arbitragem vinculativa. No final do ano, os conselhos eleitos localmente analisam o desempenho dos membros da equipe em relação às suas CLOUs e distribuem os bônus adequadamente.

Do lado de fora, pode parecer que negociar e fazer cumprir uma ampla rede de contratos seria problemático e demorado, mas isso não acontece, por diversas razões. Em primeiro lugar, todos os parceiros estão comprometidos com o mesmo objetivo: garantir que a Morning Star continue sendo a principal processadora de tomates do mundo. Os membros da equipe sabem que sua remuneração acima da média só é possível enquanto a Morning Star superar seus concorrentes. Essa consciência pressiona os padrões de desempenho e cria intolerância aos pesos mortos. Em segundo lugar, como a Morning Star é um ótimo lugar para trabalhar, os colegas tendem a ficar por muito tempo. Como membro da equipe, você sabe que, se tirar vantagem de um colega ou não cumprir uma promessa, haverá prejuízos para você. Isso incentiva os companheiros a pensar em relacionamentos em vez de transações. As negociações CLOU são difíceis, mas amigáveis, sem nenhum pensamento de soma zero que frequentemente aflige a contratação externa. Terceiro, uma vez que cada CLOU está aberta à inspeção e tem vários signatários, há pouco risco de um membro da equipe ou unidade explorar relações pessoais para negociar uma CLOU excepcionalmente vantajosa. Em quarto lugar, como a maioria do pessoal da Morning Star está no mercado de tomate há anos, eles estão em posição de avaliar as habilidades e contribuições de seus colegas. Quinto, como todos na Morning Star têm acesso a todos os dados financeiros da empresa, não há assimetrias de informações que possam dar a uma parte vantagem sobre outra. Por fim, como as funções e responsabilidades são razoavelmente estáveis, nem todos os elementos de todas as CLOU precisam ser renegociados a cada ano.

Em suma, o mercado interno da Morning Star funciona porque é socialmente compacto. As partes contratantes são unidas por aspirações comuns, papéis que se cruzam, informações abertas e disponíveis e contexto industrial compartilhado. Essas conexões reduzem a ambiguidade, a incerteza e o oportunismo que aumentam os custos de transação nos casos em que compradores e vendedores estão socialmente distantes.

Como a Haier e a Morning Star demonstram, você não precisa de um grupo de gestores para coordenar indivíduos e equipes. Se fosse organizada de forma convencional, uma empresa do tamanho da Morning Star teria quatro níveis de gerenciamento (assumindo uma amplitude de controle de 1:10); em vez disso, tem dois — Chris Rufer, o presidente, e todos os outros. Haier tem apenas quatro níveis. Esse é o dividendo de eficiência de mercados internos que funcionam bem.

Disciplina Competitiva

Em uma economia de mercado, os clientes são soberanos. Uma empresa que perde a chance de reinventar seu modelo de negócios, atualizar seus produtos ou oferecer aos clientes um negócio melhor logo se verá em desvantagem. Foi o que aconteceu com a Gillette, uma divisão da Procter & Gamble, quando permitiu que novos concorrentes, como a Harry's, assumissem a liderança na venda online de lâminas de barbear de preço médio. A participação de mercado da Gillette nos EUA encolheu de 71% para 59% antes que o líder do mercado diminuísse seus preços e lançasse seu próprio serviço de assinatura.[23]

Os CEOs afirmam ser fãs da concorrência, mesmo quando são maltratados pelos clientes. Por que, então, eles toleram monopólios dentro de suas próprias organizações? Departamentos internos como RH, planejamento, compras, manufatura, marketing, finanças, TI e jurídico geralmente são fornecedores individuais. Mesmo quando os componentes desses departamentos são terceirizados, os clientes internos são forçados a fazer negócios com um único fornecedor aprovado pela matriz.

Com raras exceções, aqueles que trabalham em departamentos internos não são expostos às forças do mercado. Embora os funcionários possam ser individualmente competentes e compassivos, coletivamente são o equivalente corporativo do Estado administrativo. Eles exercem um imenso poder, mas estão sujeitos a poucos controles e contrapesos.

O argumento a favor de funções executadas de forma central é que elas garantem consistência, promovem as melhores práticas e mitigam riscos. O problema é que poucos líderes param para se perguntar se esses benefícios poderiam ser adquiridos de forma mais barata ou com menos efeitos colaterais.

Pergunte ao chefe de uma unidade operacional sobre as desvantagens dos monopólios internos e você ouvirá um monte. Algumas reclamações comuns são...

Pode levar meses ou anos para o departamento de TI entregar atualizações essenciais do sistema.

As regras excessivamente complicadas de compras dificultam a contratação de novos fornecedores.

Políticas inflexíveis de RH dificultam recompensar e reter os melhores talentos.

Advogados cuidadosos em demasia parecem adorar criar obstáculos.

Os executivos em finanças são obcecados pelas despesas e parecem não ter ideia do que realmente impulsiona o valor do cliente.

Os planos produzidos na maratona de orçamento anual são esquecidos assim que escritos.

Os funcionários parecem mais interessados em riscar coisas de suas próprias listas do que em resolver os problemas da empresa.

Essas não são meras queixas, mas evidências de uma desconexão fundamental na motivação. Funcionários em atribuições de marketing sabem que, se não atenderem às necessidades do usuário, serão demitidos por seus clientes. Os funcionários corporativos, por outro lado, só podem ser demitidos por seus superiores, então é aí que reside sua lealdade. Os administradores internos sofrem pouca ou nenhuma penalidade quando aumentam os custos, oferecem serviços abaixo do padrão ou insistem, a qualquer custo, em compliance.

Se você acha que estamos exagerando, reflita sobre sua própria experiência. Em média, quando você é forçado a interagir com a equipe central, é como se eles estivessem fazendo algo *por* você ou *para* você? Apostamos que é a última opção. É assim que você se sente quando lida com um monopólio — seja o seu provedor de TV a cabo, o fisco, o departamento de trânsito ou o setor de RH da sua empresa.

Há alguns anos, a *Harvard Business Review* declarou na capa que "é hora de explodir o RH e construir algo novo". Ainda assim, nas duas reportagens, uma de um professor da Wharton School da Universidade da Pensilvânia e o outro de uma equipe de consultores experientes, as palavras "cliente" ou "usuário" nunca apareceram — nem mesmo uma vez.[24] Consideramos essa omissão notável, evidência do quanto os profissionais de RH consideram seu monopólio garantido.

O que você pode fazer para colocar alguma pressão competitiva nas unidades de serviço interno? Comece investigando os custos que são alocados à sua unidade para serviços corporativos. Peça a seus colegas do departamento de finanças para desmembrar essas alocações em seus elementos constituintes. Quanto você paga por RH, TI, serviços jurídicos, entre outros? Em seguida, peça a cada repartição para preparar um documento que detalhe como ela agregará valor à sua unidade no próximo ano e como isso se contrapõe aos custos alocados. Em seguida, tente comparar esses custos com as alternativas de mercado. Por fim, volte às repartições internas e desafie-as a atender aos padrões de referência externos caso estejam aquém de serviços ou custos. Se deseja ser tratado como um cliente por grupos de funcionários internos, comece a agir como um.

A lógica para derrubar monopólios internos é incontestável: uma empresa não pode esperar vencer em mercados hipercompetitivos se as unidades operacionais forem forçadas a comprar serviços não competitivos de fornecedores internos. A Haier entende isso, e essa é a razão pela qual transformou seus departamentos centrais em microempresas e as fez competir com fornecedores externos.

Em um open market, as unidades internas devem ter uma vantagem no fornecimento de serviços. Presume-se que elas entendam o negócio melhor do que pessoas de fora e tenham uma posição privilegiada em relação aos compradores internos. Considerando essas vantagens, se as funções internas deixarem de oferecer serviços competitivos, devem fechar as portas. Como acontece na Haier, cada grupo interno de funcionários deve ter um P&L genuíno e ser responsável pela própria manutenção.

Inteligência coletiva, agilidade de alocação, coordenação dinâmica e disciplina competitiva — essas são as bênçãos do mercado e são tão essenciais para a resiliência organizacional quanto para a vitalidade de uma economia inteira.

Para Começar

Nem toda relação em uma organização pode ser mediada por um mercado, mas muitas podem e devem ser. Portanto, o que é necessário para incorporar os princípios de mercado em *sua* organização? Aqui estão algumas etapas essenciais:

1. Desafie os líderes a reconhecer publicamente os limites da tomada de decisão centralizada e vinda do topo em um mundo complexo e incerto.

2. Teste os méritos das principais iniciativas estratégicas com uma pesquisa interna de opinião de mercado. Veja como as pessoas classificam os projetos concorrentes ou como avaliam a probabilidade de uma nova iniciativa importante atingir seus objetivos.

3. Esteja alerta para os fatores que distorcem a alocação de recursos e desafie os tomadores de decisões a seguir medidas positivas para eliminar essas distorções.

4. Certifique-se de que os inovadores internos tenham acesso a várias fontes de financiamento e envolva todos na tomada de decisões de financiamento.

5. Sempre que possível, use contratos independentes para direcionar o fluxo interno de bens e serviços. Evite ordens, alocações de despesas gerais e preços de transferência determinados de maneira centralizada.

6. Divida as funções administrativas em unidades menores e faça-as competir com fornecedores externos.

7. Com o tempo, expanda lentamente a jurisdição dos funcionários. Deixe-os definir os valores da empresa, classificar a capacidade de promoção de líderes seniores, sugerir aquisições, identificar rituais burocráticos de baixo valor e muito mais.

Embora os mercados não possam funcionar na ausência de estruturas regulatórias adequadas e estejam propensos a surtos ocasionais de exaltação e descontentamento, eles são incomparáveis em sua capacidade de aproveitar a sabedoria e a iniciativa humanas. Eles libertam a criatividade humana do peso do controle que vem do topo e, portanto, são essenciais para a construção de uma humanocracia.

— 9 —

O Poder da Meritocracia

O triunfo da meritocracia como um ideal social foi um momento decisivo na história humana. Antes do Iluminismo, a maioria das sociedades era meticulosamente estratificada — quer fosse a hierarquia de rei, duque, conde, visconde e barão da Inglaterra ou a ordem imperial dos imperadores, *heshuo qinwang, duoluo junwang, duoluo beile* e *gushan beizi*, da China. Nesses regimes, a maioria dos seres humanos — camponeses, servos e escravos — tinha poucas esperanças de melhorar sua posição social.

Filósofos como John Locke, Montesquieu e Jean-Jacques Rousseau questionaram a ideia de uma elite não eleita. Às vésperas da Revolução Americana de 1776, Thomas Paine corajosamente proclamou que "de mais valor é um homem honesto para a sociedade e aos olhos de Deus do que todos os rufiões coroados que já viveram". Na opinião de Paine, o poder era um dom do povo, e não o direito divino do monarca.

Estamos agora tão distantes do final do século XVIII que quase não percebemos a fantástica inovação dessa inversão de poder. Poucos hoje questionariam a moralidade ou a utilidade da meritocracia. Em vez disso, o debate trata de como tornar nossas sociedades ainda mais meritocráticas. Preconceito e pobreza ainda impedem milhões de indivíduos de atingirem seu potencial, mas, ao contrário de nossos antepassados pré-iluministas, vemos isso como uma terrível falha, e não como ação do destino.

Mesmo quando trabalhamos pela igualdade de oportunidades, reconhecemos o valor indiscutível da meritocracia. Ficamos gratos pelo licenciamento de médicos depender de provas, e não do status socioeconômico dos estudantes de Medicina. Celebramos as conquistas atléticas porque sabemos que os vencedores não compraram seu lugar no pódio. Confiamos nas descobertas da ciência porque os estudos estão sujeitos à revisão por outros pesquisadores. Aceitamos o fato de que ninguém precisa ser estrela de Hollywood para ganhar 1 milhão de visualizações no YouTube.

A meritocracia aumenta a recompensa pelo talento, garantindo que os indivíduos sejam livres para contribuir e ter sucesso, seja qual for sua posição social ou suas conexões pessoais. Diante disso, é preocupante que a burocracia — a estrutura social mais onipresente do mundo — corroa sistematicamente a meritocracia. Em nossa pesquisa com a *Harvard Business Review*, 76% dos entrevistados de grandes empresas disseram que comportamentos políticos influenciam muito quem se destaca em sua organização. Não era para ser assim. A burocracia foi projetada para superar o nepotismo, a veneração aos mais antigos e a consciência de classe, fatores que prejudicavam as organizações pré-industriais. Um dos grandes avanços no design organizacional ocorreu no início do século XIX, quando o exército prussiano, após ser derrotado por Napoleão, adotou um processo de seleção competitivo para candidatos a oficiais. Anteriormente, os comandantes militares vinham da nobreza, mas os títulos, e isso não é nenhuma surpresa, não eram uma boa representação do espírito militar.

Em teoria, uma burocracia é uma classificação por mérito em que aqueles com capacidades excepcionais são promovidos, em vez dos menos talentosos. Na prática, é raro que as organizações cheguem minimamente perto de atingir esse ideal.

Neste capítulo, revisaremos as maneiras pelas quais a burocracia ameaça a meritocracia e sugeriremos algumas soluções.

Competência Exagerada

Como seres humanos, tendemos a superestimar nossas habilidades e subestimar nossas falhas. Em uma pesquisa, 84% dos gestores intermediários e 97% dos executivos afirmaram estar entre os 10% de desempenho superior em sua organização.[1] É tão comum superestimar as próprias habilidades que isso tem um nome: superioridade ilusória. Um metaestudo famoso descobriu que a correlação entre a autoavaliação e o desempenho real era de apenas 0,29 e, no caso do desempenho gerencial, irrisórios 0,04.[2]

Embora a inclinação à autovalorização seja universal, ela é particularmente acentuada no topo. Eis aqui o porquê.

Primeiro, pessoas altamente confiantes tendem a ter uma vantagem na competição pelo poder. Pesquisas mostram que, ao julgar a competência dos outros, somos fortemente influenciados pela empáfia. Quanto mais confiante alguém parece, mais provável é que acreditemos que essa pessoa seja genuinamente capaz, seja isso verdade ou não. A competência genuína costuma ser difícil de ponderar, então, em vez disso, avaliamos a autoconfiança de um indivíduo. O professor Cameron Anderson conduziu seis estudos junto a seus colegas da Universidade da Califórnia sobre excesso de confiança e status social. A pesquisa confirmou fortemente a máxima de que "indivíduos excessivamente confiantes são percebidos como mais competentes pelos outros".[3] A implicação: muitas vezes, são as pessoas mais confiantes, não as mais competentes, que chegam ao topo. Dito de forma mais direta, a lacuna entre a autopercepção e a realidade tende a ser maior quando o ar é mais rarefeito. Caso tenha restado alguma dúvida: é realmente possível fazer a jornada até o topo à base de papo furado.

Em segundo lugar, em uma hierarquia formal, as relações de poder são altamente assimétricas. Os gestores têm muito mais controle sobre seus subordinados do que o oposto. Isso torna arriscado questionar a competência de um superior. Espete um alfinete no ego inflado do seu chefe e sua carreira é que vai estourar. Diferenças de poder incentivam a aquiescência, algo que os líderes muitas vezes confundem com concordância. É melhor acreditar que várias cabeças acenando significam concordância do que alimentar a hipótese de que os subordinados querem apenas garantir seu emprego. Na presença de pessoas poderosas, fatos desconfortáveis são ignorados, opiniões contrárias não são expressas e dúvidas sobre a competência executiva são levantadas apenas em sussurros pelos corredores.

Há uma terceira razão pela qual a hierarquia difunde suposições não realistas sobre a competência executiva. Entre aqueles que concordam com uma visão top-down de autoridade, há uma crença comum de que as "grandes" questões são exclusividade dos "grandes" líderes. Embora seja verdade que os líderes seniores são essencialmente responsáveis pela estratégia, isso não quer dizer que eles sejam os melhores para criá-la. Há, sim, muita sabedoria e experiência dentro da equipe executiva — e muitas vezes elas não são suficientes. Ainda assim, os líderes seniores costumam relutar em utilizar estratégias de crowdsourcing. Afinal, como poderiam justificar seus generosos salários se não são eles que planejam o futuro e tomam as grandes decisões?

Este é o problema com a hierarquia formal: espera-se que os líderes tomem decisões importantíssimas exatamente sobre o tipo de questões complexas e ambíguas que excedem os limites cognitivos de qualquer pequeno grupo de indivíduos. Como discutimos no Capítulo 2, a hierarquia exige muito de poucos. Infelizmente, os executivos costumam acreditar que estão à altura da tarefa.

Veja o caso de Jeff Immelt, presidente e CEO da General Electric entre 2001 e 2017. Algumas das decisões de Immelt, como vender a divisão de plásticos da GE, foram amplamente elogiadas. Infelizmente, essas ações não foram suficientes para compensar uma profusão de decisões questionáveis — como aumentar o capital da GE pouco antes da crise financeira, pagar a mais pela companhia de energia francesa Alstom e gastar US$93 bilhões em recompras de ações quando a empresa estava afundada em dívidas. Durante o mandato de Immelt, as ações da GE subiram meros 27%, em comparação aos 183% da Dow Jones Industrial Average. Nas interações externas, Immelt parecia inteligente, encantador e ávido por conhecimento, mas internamente era muitas vezes tratado como um vidente infalível. Como um ex-funcionário da GE disse ao redator da *Fortune,* Geoff Colvin: "Quando o cara do topo é o cara mais inteligente do mundo, existe um verdadeiro problema."[4] Immelt nunca afirmou ser onisciente, mas as estruturas de poder burocráticas invariavelmente colocam o CEO na posição de super-herói — um mito que muitas vezes é perpetuado de boa vontade por funcionários reverentes, jornalistas fascinados e consultores bajuladores.

A questão é que premissas de competência executiva exagerada são próprias da burocracia — um fato que prejudica a qualidade das decisões e, com o tempo, corrói a confiança dos funcionários em seus líderes.

Competência Comprometida

Por mais que tenhamos dificuldades em ser objetivos a respeito de nossas próprias capacidades, somos ainda piores quando se trata de julgar as capacidades dos outros. Pesquisas mostram que nossas avaliações geralmente dizem mais sobre nós do que sobre aqueles que estamos avaliando. Mais uma vez, esse fenômeno tem seu próprio nome — viés idiossincrático do avaliador. Três fatores, em particular, sabotam nossa capacidade de avaliar outras pessoas de forma confiável.

Primeiro, alguns de nós são rígidos, enquanto outros são sempre generosos. Em três estudos realizados entre 1998 e 2010, foi solicitado a gestores, funcionários e subordinados que classificassem o desempenho de seus colegas. Em média, mais de 60% da variação nas classificações podem ser atribuídos ao estilo de classificação dos avaliadores.[5] Essas diferenças tornam as avaliações individuais altamente não confiáveis.

Outra distorção vem do fato de que tendemos a dar uma nota mais alta àqueles que são mais parecidos conosco. Por mais que desejemos o contrário, tendemos a dividir o mundo entre "nós" e "eles" — nativo versus imigrante, conservador versus liberal, religioso versus ateísta e belo versus comum. Os psicólogos chamam isso de "viés de grupo". Apesar de nosso interesse pela diversidade, os preconceitos dentro do grupo estão profundamente enraizados e são observados mesmo em crianças pré-verbais. Em um estudo, bebês de 11 meses tiveram a chance de escolher entre dois lanches, biscoitos doces ou cereal e, em seguida, lhes foram apresentados dois fantoches, um dos quais expressou preferência pelo lanche favorito da criança, e o outro optou pela segunda opção. Por uma margem de quatro para um, os bebês optaram por brincar com o fantoche que compartilhava sua preferência culinária.[6]

Como adultos alertas, estamos mais conscientes de nossos preconceitos, mas ainda é difícil separar a questão de "quem é competente?" da pergunta "quem me faz sentir confortável?" Em seu livro, *Manotopia*, Emily Chang observa que, embora os bancos de Wall Street empreguem aproximadamente o mesmo número de homens e mulheres, as mulheres detêm apenas 25% dos empregos na indústria da tecnologia.[7] Pior, as mulheres atraem míseros 2% do financiamento de risco. Enquanto a maioria dos líderes de tecnologia afirma apostar totalmente na meritocracia, as evidências sugerem que a excelência conta mais para aqueles que já passaram no teste de "broderagem". Esse tipo de viés de grupo insidioso gera o que o pioneiro do software Mitch Kapor chama de "mirror-tocracy" ["espelhotocracia", em tradução livre].[8]

Há outra peculiaridade cognitiva que leva a erros de julgamento — o efeito halo, ou efeito chifre. Como seres humanos, temos a tendência de julgar os outros precipitadamente, muitas vezes com base nas primeiras impressões. Essas opiniões iniciais são resistentes a mudanças, mesmo diante de novos dados. O pesquisador David Schoorman descobriu que o maior fator de impacto na avaliação de desempenho de um funcionário era se ele ou ela havia sido contratado pela pessoa que fazia a avaliação.[9] Graças ao efeito halo, um representante favorecido pode ter um mau desempenho por meses ou anos antes de ser demitido.

Os efeitos negativos desses vieses são exacerbados pelo fato de que os julgamentos a respeito da competência de um indivíduo muitas vezes dependem das opiniões de um único avaliador — o chefe do funcionário. Em uma pesquisa conduzida pelo consultor John Gardner, mais de trezentos executivos foram questionados sobre a prevalência de favoritismo nas decisões quanto a promoções.[10] Para os fins do estudo, favoritismo foi definido como "tratamento preferencial baseado em fatores não relacionados às habilidades de uma pessoa, como histórico, ideologia ou instintos". O estudo de Gardner revelou:

- 75% dos executivos testemunharam favoritismo nas decisões de contratação.

- 94% acreditavam que as políticas destinadas a evitar o favoritismo eram ineficazes.

- 83% disseram que o favoritismo produzia más decisões sobre promoções.

Simplificando, os "dados" usados nas decisões de contratação e promoção estão repletos de parcialidade — e todos sabem disso. Em um estudo conduzido pelo Conselho Executivo Corporativo (*Corporate Executive Board* — CEB), 77% dos executivos de RH admitiram que os métodos típicos de avaliação não medem com precisão as capacidades e contribuições dos funcionários. Um estudo separado do CEB encontrou correlação zero, o mínimo de correlação que é possível encontrar, entre as classificações de desempenho individuais e os resultados de negócios reais.[11]

Embora muitos profissionais de RH reconheçam a necessidade de revisar o gerenciamento de desempenho, os ajustes mais comuns — abandonar classificações forçadas, tornar o processo online e criar oportunidades mais frequentes de avaliação — pouco contribuem para conter o viés sistemático.

Competência Inflada

Dentre o conjunto de habilidades que são essenciais para o sucesso de uma organização, a burocracia coloca uma acima de todas as outras: perícia administrativa. O que distingue os gestores dos não gestores não é a criatividade, a perspectiva ou a perícia técnica, mas o domínio dos segredos da gestão — desenvolver planos, construir orçamentos, distribuir tarefas, preparar relatórios.

Reconhecidamente, há um determinado número de tarefas administrativas que precisam ser desempenhadas em qualquer organização, mas, em geral, esse trabalho é tangencial à criação de vantagem competitiva. Não é a competência administrativa que gera uma patente, cria um novo produto ou reimagina um modelo de negócios. Não estamos dizendo que o trabalho gerencial não é importante, ele é de vital importância, e, quando mal feito, pode colocar uma empresa em risco. Na maior parte dos casos, porém, é improvável que a competência administrativa coloque uma empresa acima de suas concorrentes. Essa competência é para as organizações o que respirar, comer e dormir são para os seres humanos — necessárias, mas não diferenciais.

Houve um tempo, várias gerações atrás, em que a habilidade administrativa era rara, mas, como discutiremos no Capítulo 16, esse não é mais o caso. No entanto, nos Estados Unidos, gestores e administradores retêm 30% de todos os salários e remunerações, apesar de representarem apenas 18% da força de trabalho.

Em uma burocracia, a remuneração correlaciona-se com o cargo. Em uma empresa da *Fortune 500*, um vice-presidente executivo pode ganhar US$5 milhões por ano, enquanto um vice-presidente, dois degraus abaixo, ganha, comparativamente, míseros US$500 mil. Em teoria, esse múltiplo reflete diferenças na dificuldade e impacto do trabalho executado. Na prática, essas diferenças costumam ser mais imaginárias do que reais. Embora um vice-presidente executivo (VPE) provavelmente supervisione uma organização maior do que um VP dois níveis abaixo, isso por si só não torna o trabalho do VPE mais difícil. Hipoteticamente, do ponto de vista intelectual, não é óbvio que o trabalho de supervisionar mil funcionários espalhados por dezenas de equipes de vendas regionais seja mais desgastante do que liderar uma equipe de desenvolvimento de produto de cem pessoas. Via de regra, os VPEs não resolvem equações diferenciais parciais enquanto seus subordinados lutam com uma divisão extensa — e, ainda assim, eles com frequência são pagos como se resolvessem.

Você pode argumentar que é provável que as decisões de um VPE sejam mais importantes do que as de um modesto VP, mas mesmo se esse for o caso, um enorme diferencial de salário seria justificado apenas se o executivo sênior fosse comprovadamente mais inteligente do que seus subordinados. Infelizmente, há poucas evidências de que a sabedoria se correlaciona com a posição. Na verdade, um crescente número de pesquisas sugere o oposto — que o poder advindo do cargo *aumenta* as chances de decisões estúpidas. Dacher Keltner, professor de psicologia na Universidade da Califórnia em Berkeley, passou mais de duas décadas estudando os efeitos do poder. A conclusão: "O poder torna os indivíduos mais impulsivos [e] menos cientes dos riscos."[12] Em outras palavras, embora as decisões de um VPE possam ser mais influentes do que aquelas tomadas por gestores de um nível inferior, eles não têm mais probabilidade de estarem certos, e, quando estão errados, estão *muito* errados. É por isso que argumentamos no capítulo anterior que, sempre que possível, grandes decisões devem ser avaliadas por todos.

Em suma, o motivo para administradores desfrutarem de uma parcela desproporcional de poder e emolumentos financeiros não é porque seu trabalho cria uma quantidade desproporcional de valor, ou seja, mais desafiador ou superlucrativo, mas porque as burocracias tendem a supervalorizar a competência administrativa e pagar gestores com base no tamanho de seu orçamento ou número de funcionários, em vez de baseado no valor líquido que eles agregam à empresa.

Repetimos: não precisa ser assim. Organizações de vanguarda, como Haier, Nucor, Vinci, W. L. Gore e outras, distribuem uma parte substancial do trabalho administrativo aos funcionários da linha de frente. Você deve lembrar-se de que a Haier dispensou 10 mil funcionários da gestão intermediária quando mudou para seu modelo de microempresas — uma mudança que melhorou, e não prejudicou, sua eficácia organizacional.

Anteriormente, mencionamos a fábrica de motores a jato da GE em Durham, Carolina do Norte, observando que a instalação empregava trezentos técnicos e apenas um único administrador sênior — o gerente da fábrica. Na hora em que os turnos se coincidem, as equipes se amontoam em salas de conferências para revisar os planos de produção, resolver problemas da cadeia de suprimentos, ajustar as atribuições de trabalho, revisar os dados de produtividade e resolver os problemas de RH — tudo sem a supervisão de nenhum gestor formalmente nomeado.

Por mais difícil que seja admitir, em uma meritocracia, a administração é uma habilidade dentre muitas, em vez de uma habilidade que rege todas as outras.

Competência Tóxica

No Capítulo 3, descrevemos a burocracia como um imenso jogo multiplayer em que os funcionários competem pelo prêmio da promoção. Nesses torneios, há um único vencedor — um concorrente solitário que é promovido para se tornar gestor, chefe de departamento ou VP. O ideal é que a promoção comprove as habilidades superiores de liderança ou o conhecimento técnico de um indivíduo. Na prática, a promoção geralmente recompensa aqueles que dominam as artes das trevas do combate burocrático: reserva de talentos, fuga de decisões difíceis, desvio da culpa, neutralização de rivais e bajulação do chefe.

Em uma burocracia, megawatts de energia emocional são desperdiçados em batalhas mesquinhas, os dados são transformados em armas contra adversários, o coleguismo é dilacerado pelas competições por promoção de soma zero e as decisões são corrompidas por interesses próprios, engenhosamente ocultados. Como observamos antes, e o faremos novamente, a burocracia não traz o melhor das pessoas, nem leva as melhores de forma confiável para o topo.

Para mudar tudo isso, para substituir a burocracia pela meritocracia, quatro coisas precisam ser feitas: descontaminar os julgamentos acerca do mérito, alinhar melhor a sabedoria e a autoridade, combinar a remuneração com a contribuição e construir hierarquias naturais e dinâmicas. Vamos analisar uma de cada vez.

Descontaminar Julgamentos Acerca do Mérito

Apesar da batalha para contratar mais mulheres e minorias, o Google está comprometido há tempos com a ideia de meritocracia. A empresa não eliminou as estruturas de avaliações tradicionais, mas se esforça para reduzir a parcialidade gerencial, e isso começa pelo processo de contratação. Candidatos externos aos cargos de líder de equipe ou superiores são entrevistados por pelo menos quatro pessoas: o gestor que busca preencher a vaga, um parceiro desse gestor, um representante de um departamento diferente e um ou dois subordinados diretos. Cada entrevista contribui igualmente para a classificação de um candidato. Aqueles que passam nessas entrevistas pessoais são avaliados posteriormente por grupos de contratação no departamento referente à vaga e no departamento de liderança sênior.

As promoções são feitas por grupos de unidades cruzadas que confiam intensamente no feedback de colegas e subordinados. Em uma tentativa de garantir objetividade, as qualificações de cada candidato são comparadas com os perfis daqueles que foram recentemente promovidos para funções semelhantes em toda a empresa.

As avaliações de desempenho também têm uma fundamentação ampla. Todos os anos, os funcionários avaliam o trabalho uns dos outros em uma pesquisa online. Posteriormente, grupos de cinco a dez líderes seniores reúnem-se para comparar a distribuição de classificações dentro das equipes e entre elas. Esse processo reduz a pressão que os gestores podem sentir para inflar as pontuações de suas equipes e revela idiossincrasias em como as equipes são avaliadas.

Ao reduzir a influência de gestores individuais na contratação, na promoção e nas avaliações de desempenho, o Google minimiza a parcialidade e o favoritismo, deixando claro que a competência conta para mais do que apenas astúcia. Laszlo Block, ex-chefe de administração de pessoal do Google, argumenta que essa abordagem "envia um importante sinal aos candidatos de que o Google não é uma empresa que valoriza demais a hierarquia, e também ajuda a evitar o nepotismo".[13] Como funcionário do Google, você sabe que sua carreira não está nas mãos de seu chefe. Em vez de perder tempo puxando o saco dos outros, você pode se concentrar em fazer um ótimo trabalho.

A Bridgewater Associates, com sede em Connecticut, o maior fundo de cobertura do mundo, adotou uma abordagem ainda mais radical para construir uma organização meritocrática. Com US$160 bilhões de ativos administrados, os 1.500 membros da equipe da empresa são responsáveis por produzir retornos superiores apostando em macrotendências, como inflação, taxas de câmbio e crescimento de PIB. O principal fundo da Bridgewater, o Pure Alpha, gerou US$45 bilhões em retornos para os investidores entre 1991 e 2015 — um recorde do setor.[14]

Ray Dalio, filho de um músico de jazz, fundou a Bridgewater em seu apartamento de dois quartos em Nova York, em 1975. Em seu livro, *Princípios*, Dalio escreve que a empresa opera como "uma meritocracia de ideias, não uma autocracia na qual eu lidero e outros seguem, e não uma democracia em que o voto de todos é igual, mas uma meritocracia que incentiva divergências reflexivas e explora e pesa as opiniões das pessoas na proporção de seus méritos".[15]

Para operacionalizar a percepção de meritocracia, a Bridgewater desenvolveu o "Dot Collector" [Acumulador de Pontos, em tradução livre] — um aplicativo de feedback em tempo real que oferece aos funcionários a oportunidade de avaliar uns aos outros em uma escala de um a dez em mais de cem atributos, como "aprende com os erros", "identifica as raízes dos problemas", "pensa estrategicamente", "demonstra potência intelectual", "exercita a criatividade", "soluciona problemas meticulosamente" e "formula mudanças de forma proativa".

Os membros da equipe são incentivados a usar o aplicativo ao longo do dia enquanto interagem uns com os outros. Espera-se que um jovem associado de 24 anos que participa de uma reunião de investimento com Dalio seja tão honesto na avaliação do fundador da empresa quanto na avaliação dos líderes seniores. (Vinte por cento dos pontos que Dalio recebe são classificações de quatro pontos ou menos, o que é considerado feedback negativo.) Ao longo de um ano, um associado comum acumulará mais de 2 mil pontos — ou cerca de oito por dia.[16] Líderes seniores muitas vezes acumulam mais do que essa quantidade.

Ao abrir o aplicativo, o funcionário verá a própria classificação média em dez áreas gerais, como "pensamento prático", "habilidades de gerenciamento" e "determinação." Ao clicar duas vezes em uma categoria, o aplicativo revelará as avaliações recebidas nas subcategorias. Cada avaliação é exibida como um ponto codificado por cor ao longo de uma linha do tempo (os pontos verdes correspondem às avaliações de sete ou mais e os vermelhos, às avaliações de cinco ou menos.) Ao clicar em um ponto, é possível ver quem fez a avaliação e quando. Existe também a possibilidade acessar as classificações de todos os outros.

Não é de surpreender que os perfis no aplicativo sejam muito bem analisados ao tomar decisões de pessoal. Um exemplo disso foi a decisão de promover ou não um chefe de departamento temporário a um cargo de tempo integral. Enquanto o candidato estava convencido de que tinha as habilidades certas, outros estavam menos seguros. Em vez de o CEO julgar a questão, as partes interessadas reuniram-se em uma sala de conferências e jogaram as pontuações do candidato em uma tela. Dalio relata a experiência: "Avaliamos tudo juntos. Em seguida, pedimos ao funcionário que olhasse o conjunto de evidências e refletisse sobre o que ele faria se estivesse em uma posição de decidir se ele se contrataria para o trabalho. Quando foi capaz de olhar objetivamente para as evidências, ele concordou em seguir em frente e tentar outra função na Bridgewater mais adequada aos seus pontos fortes."[17]

Talvez a ideia de um processo de revisão "sempre ativo" e hipertransparente faça seu estômago revirar, mas o Dot Collector não é tão radical ou exclusivo como parece. A maioria dos professores universitários é avaliada por seus alunos no final de cada semestre. Um feedback detalhado é realizado online e pode ser facilmente visualizado por outros alunos e professores. Embora desconcertante para alguns, esse tipo de revisão aberta realizada por colegas é um parâmetro de competência muito melhor do que uma revisão anual de desempenho realizada de cima para baixo. A abordagem da Bridgewater destaca a competência, melhora o ajuste entre aptidão e responsabilidade, incentiva os líderes a serem honestos sobre seus limites e cria incentivos para o crescimento pessoal. Acima de tudo, reduz o risco de parcialidade. Isso torna o Dot Collector uma ferramenta essencial para criar uma avaliação honesta das capacidades individuais.

Alinhar Sabedoria e Autoridade

Em um mundo perfeito, influência se correlacionaria com competência, e não com o poder hierárquico, e dependeria do assunto em questão. Aqui, mais uma vez, um processo como o Dot Collector da Bridgewater paga dividendos. Dados transparentes e variados sobre competência são uma ferramenta poderosa para determinar como avaliar pontos de vista concorrentes em uma decisão específica.

Considere o debate dentro da equipe de investimento da Bridgewater no auge da crise da dívida europeia, em 2012. Alguns esperavam que o Banco Central Europeu (BCE) abrisse precedente e comprasse grandes porções da dívida governamental de países como Itália, Irlanda e Espanha. Outros achavam que o BCE se alinharia à Alemanha, que se opunha a um resgate. Horas de debate trouxeram à tona argumentos convincentes de ambos os lados, e uma pesquisa indicou um potencial impasse. Como etapa final, foi atribuída uma pontuação de credibilidade à opinião de cada membro da equipe, com base em suas classificações relevantes no Dot Collector. Logo ficou claro que aqueles que tinham mais credibilidade achavam que o BCE imprimiria dinheiro para comprar dívida do governo. Esse julgamento tornou-se o consenso da equipe de investimento e provou-se correto alguns dias depois, quando Mario Draghi, presidente do BCE, anunciou que o banco faria "o que fosse necessário" para salvar o euro.[18]

É assim que a maioria das decisões são tomadas agora na Bridgewater, na qual a influência não é produto do mandato ou do título, mas da "credibilidade" atestada por um colega. Na opinião de Dalio, a tomada de decisão baseada na credibilidade…

> Elimina o que eu acredito ser uma das maiores tragédias da humanidade, ou seja, quando pessoas sustentam, de forma arrogante e ingênua, opiniões que estão erradas e tomam atitudes em relação a elas, sem testá-las. A tomada de decisão coletiva, quando bem-feita, é muito melhor do que a tomada de decisão individual. É o ingrediente secreto por trás do nosso sucesso. É por isso que ganhamos mais dinheiro para nossos

clientes do que qualquer outro fundo de cobertura existente e saímos no lucro em 23 dos últimos 26 anos.[19]

Dalio afirma que, em seus 45 anos na Bridgewater, nunca tomou uma decisão contrária ao conselho de seus colegas, porque "fazer isso seria arrogante e iria contra o espírito da meritocracia de ideias". Para Dalio, o risco de voltar à autoridade hierárquica é que ele "perderia tanto as melhores ideias quanto os melhores pensadores, e [...] ficaria preso a bajuladores ou a submissos que guardam suas desaprovações e ressentimentos para si mesmos".[20]

É difícil argumentar contra a crença de Dalio de que "o poder deve estar no raciocínio, não na posição do indivíduo". Seja qual for a abordagem, há uma necessidade urgente de processos de decisão que melhor alinhem experiência e autoridade.

Combinar Remuneração com Contribuição

Se a sabedoria não se correlaciona com a posição, a remuneração também não deveria. O Google entende isso. A gama de recompensas para os funcionários da empresa que trabalham no mesmo nível muitas vezes varia em mais de 300%.[21] Existem rumores de que alguns engenheiros particularmente competentes recebem pagamentos multimilionários, com base em sua capacidade de melhorar a velocidade e a eficácia dos algoritmos do Google.[22] Da forma que o então presidente do Google, Eric Schmidt, escreveu com Jonathan Rosenberg em *Como o Google Funciona*: "O mais importante no Século da Internet é a excelência do produto, portanto, grandes recompensas devem ser dadas a pessoas que estão perto de ótimos produtos e inovações. Pague incrivelmente bem a pessoas incrivelmente boas, independentemente de seu título ou mandato."[23]

A remuneração na W. L. Gore, a criadora do GoreTex e de mais de mil outros produtos de alta tecnologia, também é desassociada da posição hierárquica. Uma vez por ano, a empresa solicita a cada associado que escreva uma lista com cinco a vinte colegas que tenha contato com seu trabalho. Essas nomeações são usadas, então, em um processo de classificação baseado em comparações de funcionários. A título de exemplo, suponha que Tom e Rebecca listem Jennifer como uma avaliadora em potencial. Nesse caso, um algoritmo identificará a correspondência e será solicitado a Jennifer indicar qual de seus associados, Tom ou Rebecca, contribuiu mais para o sucesso da Gore no ano anterior. (A contribuição é definida como a extensão e a natureza do impacto de uma pessoa nos resultados de negócios.) Dezenas de milhares dessas comparações são coletados em toda a empresa e agregadas para criar uma classificação de contribuição para cada associado. Uma vez que as classificações estão definidas, os comitês de contribuição locais revisam os resultados e, quando apropriado, ajustam as classificações. Por exemplo, se uma associada recebeu, de quem teve os melhores desempenhos, classificações substancialmente mais altas do que sua classificação geral, sua posição pode ser impulsionada para cima. Cada comitê local inclui um "campeão de equidade" que é responsável por alertar o comitê sobre possíveis parcialidades.

Munidos das classificações, os comitês revisam os dados de remuneração. O objetivo é garantir que a remuneração de um indivíduo reflita a classificação advinda dos colegas e permaneça em sincronia com a remuneração dos colegas com classificações semelhantes. Se o aumento salarial médio em um determinado ano for de 4%, um sócio com uma classificação elevada poderia obter um aumento de 15%, enquanto um associado com uma classificação inferior não receberia nenhum aumento. Os comitês de compensação global e regional se concentram em funções específicas, como engenharia, produção e finanças, e revisam os resultados para garantir que sejam devidamente calibrados em toda a empresa e também em relação a parâmetros externos.

O sistema de remuneração baseado na avaliação de colegas da Gore leva todos a pensar sobre como podem agregar mais valor. O sistema também incentiva a colaboração. Na Gore, os funcionários entendem que se reportam a seus colegas, não a um chefe, e, portanto, estão mais inclinados a fazer mais por aqueles.

Embora as abordagens sejam radicalmente diferentes, tanto o Google quanto a Gore trabalham muito para garantir que a remuneração reflita a contribuição, não a classificação. Eles querem que a energia de cada funcionário seja investida na construção de um negócio melhor, em vez de em uma competição para ganhar uma promoção.

Construir Hierarquias Naturais e Dinâmicas

A ideia de meritocracia não nega o valor da hierarquia. Conforme observado anteriormente, dependendo do assunto, alguns indivíduos *merecem* ter mais autoridade do que outros. Nem todos são igualmente competentes e/ou críveis. O problema da burocracia não é a hierarquia em si, mas o domínio de uma única hierarquia *formal*. Na pirâmide tradicional, o poder é investido em posições — é binário e alocado de cima para baixo. Isso cria patologias perigosas.

PRIMEIRO, A AUTORIDADE HIERÁRQUICA É PERIGOSAMENTE EXPAN-SÍVEL. Em uma hierarquia formal, os executivos seniores têm amplos direitos de decisão. Um VP, por exemplo, dá a última palavra em *todas* as questões de sua competência. Isso leva ao caso comum, embora negativo, em que um executivo sênior, promovido de uma função específica, repentinamente decide que é qualificado para opinar sobre questões nas quais tem pouca ou nenhuma experiência relevante. Um caso clássico é o de um profissional executivo de finanças que, tendo sido recentemente nomeado CEO, agora acredita ser um perspicaz julgador de design de produtos.

Particularmente nos níveis seniores, o poder advindo da posição tende a ser mais amplo do que as habilidades da pessoa na função. Isso não seria um problema se todo líder fosse um modelo de humildade, mas a burocracia trabalha contra isso. Como um líder sênior, espera-se que você seja um sábio — é assim que você valida seu badalado status organizacional. O resultado pode ser uma tentação irresistível de intrometer-se em questões das quais você não está apto a tratar.

SEGUNDO, O PODER HIERÁRQUICO TENDE A SER PRETO OU BRAN-CO. Ou você é vice-presidente, chefe de departamento ou supervisor, ou não é. Isso significa que um gestor desastrado retém toda a autoridade até o momento em que é demitido ou rebaixado. Retirar alguém de uma função é prática e emocionalmente difícil, a evidência de incompetência deve ser convincente antes que tal passo seja dado. Como resultado, com frequência há longos atrasos no realinhamento de competência e autoridade, o que enfraquece a motivação e degrada o desempenho.

POR FIM, HIERARQUIAS FORMAIS DÃO AOS SUBORDINADOS POU-CA OU NENHUMA VOZ NA ESCOLHA DE LÍDERES. Em uma burocracia, o poder de um gestor não depende do consentimento dos geridos. Vamos comparar isso com as redes sociais, nas quais o poder vem de baixo. Se você é um YouTuber com milhões de seguidores — como o perito em videogames DanTDM, o ativista LGBTQ Tyler Oakley ou o revisor de brinquedos de 7 anos Ryan —, não é porque alguém o nomeou vice-presidente. Em vez disso, as pessoas optaram por segui-lo porque acharam seu trabalho valioso ou divertido.

A maioria de nós segue muitas pessoas online. Quando alguém fica sem graça, levamos nossa atenção para outro lugar. Para nós, parece que o poder nas organizações deveria ser igualmente disperso e mutável. Uma organização precisa de múltiplas hierarquias correspondentes à gama de problemas e questões que ela enfrenta. Além disso, o poder deve ser fluido — indo em direção àqueles que estão agregando valor e para longe daqueles que não estão.

É assim que o poder funciona na Morning Star, a processadora de tomate que não tem gestores. Peça a um grupo de associados da Morning Star para nomear seus colegas mais valiosos e ouvirá os mesmos nomes surgindo repetidamente. Há poucas dúvidas sobre quem é indispensável e quem não é. A organização da Morning Star não é plana — alguns associados agregam mais valor e recebem mais do que outros — mas a autoridade é resultado da perícia, e não do poder hierárquico, e varia de assunto para assunto.

Em uma meritocracia, as hierarquias são naturais em vez de arbitrárias. O poder é dinâmico. A autoridade diminui e flui dependendo do histórico de um indivíduo. Anteriormente, descrevemos o modelo de remuneração baseado em avaliação de colegas da Gore. Como é de se esperar, a Gore dá grande crédito à soberania dos seguidores. Não é possível encontrar um organograma ou uma hierarquia formal na Gore. Em vez disso, a empresa se descreve como uma rede. Os 11 mil funcionários da Gore são organizados em pequenas equipes. Cada equipe tem um líder, que provavelmente será membro de uma equipe maior de um sistema de convergência. A divisão de materiais médicos de 1 bilhão de dólares da Gore, por exemplo, tem uma equipe global de vendas e marketing cujos membros chefiam equipes regionais. A Gore evita títulos e, embora às vezes seja possível ver a palavra "líder" no cartão de visitas de alguém, você terá dificuldade em encontrar um VP, VPS ou VPE.

De maneira significativa, os líderes da Gore trabalham para satisfazer os liderados. Os membros da equipe têm a maior participação na seleção de líderes, e seu apoio é essencial para a eficácia contínua de um líder. Como todas as outras pessoas, os líderes são classificados a cada ano por seus colegas — principalmente por aqueles para quem trabalham. Embora os líderes em geral se classifiquem no quartil superior, um determinado líder pode não ser o indivíduo com classificação mais alta ou o mais bem pago da equipe. No entanto, os líderes que caem na classificação sabem que correm o risco de serem substituídos. Não é nenhuma surpresa que eles estejam muito atentos à qualidade da sua "rede de seguidores".

Um dos princípios fundamentais da Gore é que "o comprometimento é voluntário". Ninguém tem o poder de dar ordens. Se quer que as pessoas o sigam, você deve dar a elas uma razão para fazer isso. São a persuasão, os dados e a competência que vencem — não a força bruta. Como um associado nos disse: "Se convocar uma reunião e ninguém aparecer, provavelmente você não é um líder, porque por aqui ninguém precisa ir às reuniões."

Todos na Gore têm uma participação financeira na empresa e, para a maioria dos associados, isso constitui seu maior ativo financeiro. Diante disso, há pouca tolerância para líderes medíocres. Se você tiver um baixo desempenho, seus seguidores encontrarão alguém melhor para liderá-los.

O mesmo se aplica à Haier. Como observamos no Capítulo 5, o fracasso de uma microempresa em cumprir suas metas básicas por três meses consecutivos leva a uma nova seleção automática da liderança e, a qualquer momento, um voto de não confiança de dois terços dos membros de uma equipe forçará um líder a sair. Em ambos os casos, cabe à equipe escolher um novo líder.

Este processo ocorreu recentemente com uma ME no ramo das máquinas de lavar. Depois de eliminar seu líder, a ME anunciou uma nova eleição. Entre os candidatos estavam três associados da equipe da ME. Assim que a lista de candidatos foi concluída, os membros restantes da equipe reuniram-se em uma sala de conferências. Um por um, os candidatos chegaram e apresentaram seu plano. A cada um foi perguntado: "Qual é a sua visão?", "O que torna seu plano melhor?", "Por que devemos acreditar que seus objetivos são alcançáveis?" e "Como as coisas mudarão sob sua liderança?" Após as apresentações, os membros da ME trocaram impressões sobre o que ouviram. Por fim, com todos os candidatos de volta à sala, a votação foi realizada levantando as mãos.

Para Começar

Seja a Morning Star, a Gore, a Haier ou a Bridgewater, a questão é a mesma: você não pode construir uma meritocracia sólida até que a hierarquia formal dê lugar a hierarquias naturais, que são menos autoritárias e rígidas.

Aqui está uma pequena lista com passos para construir uma meritocracia genuína em sua organização:

1. Para começar, peça a seus colegas para avaliar sua competência em uma variedade de categorias, bem como seu valor agregado. Compartilhe suas avaliações com os membros da sua rede e peça

conselhos sobre como você pode melhorar. Convide outras pessoas para seguir seu exemplo.

2. De modo mais geral, certifique-se de que as classificações de competência e desempenho sejam baseadas em pesquisas com colegas, com pelo menos cinco avaliadores para cada indivíduo. Torne essas classificações transparentes para todos.

3. Dê peso significativo às avaliações dos colegas em todas as decisões de contratação e promoção.

4. Sempre que possível, separe a remuneração da posição e vincule-a mais estreitamente às classificações.

5. Redesenhe os processos de decisão para dar maior peso à voz daqueles com competência relevante comprovada por colegas. Reduza a influência do poder hierárquico na tomada de decisão.

6. Dê às equipes o direito de "demitir" líderes incompetentes ou tirânicos.

7. Por fim, crie mais oportunidades para os indivíduos se tornarem meritórios. Faça a rotação dos membros da equipe entre funções, desafie as pessoas com atribuições extensas, abra o treinamento de gestão para os membros da equipe de linha de frente e reserve um tempo para orientar outras pessoas.

O objetivo da humanocracia é criar um ambiente em que *todos* sejam inspirados a dar o seu melhor. Isso não acontecerá enquanto uma parte significativa dos indivíduos em uma organização acreditar que apenas os prepotentes progridem, que suas próprias capacidades e contribuições são frequentemente mal avaliadas, que os executivos recebem uma cota excessiva de benefícios e que não vale a pena seguir muitos de seus líderes. O antídoto para essas realidades venenosas é a meritocracia — um princípio central para o trabalho de criação de organizações humanocêntricas.

O Poder da Comunidade

Pense em uma ocasião na qual você realizou algo proveitoso com as pessoas que gosta, na qual se sentiu inspirado e apoiado, quando deu o melhor de si e se sentiu profundamente apreciado, quando as recompensas emocionais superaram de longe qualquer recompensa monetária. Talvez você tenha sido voluntário em um abrigo para sem-teto, tenha ajudado na escola de seu filho, tenha organizado uma arrecadação de fundos para um candidato político ou trabalhado com uma ótima equipe para lançar um novo produto. Qualquer que tenha sido a experiência, você provavelmente sentiu que fazia parte de algo que não era apenas uma equipe, mas parecia uma autêntica comunidade.

Como seres humanos, somos programados para viver em comunidade. Embora os primatas e outros animais formem grupos, nenhuma outra espécie demonstra o tipo de colaboração intencional e íntima que é fundamental para a vida humana. Alguns pesquisadores já argumentaram que o pensamento consciente, o traço distintivo dos seres humanos, emergiu principalmente como uma ferramenta para a interação social.[1] Nossos cérebros, ao que parece, são programados para a comunidade.

Abraham Maslow classificou a necessidade de pertencer logo acima das necessidades de alimentação e segurança, e inúmeros estudos confirmaram a ligação entre conexão social e bem-estar. Uma meta-análise de 2015 descobriu que a solidão é tão perigosa para a saúde quanto a obesidade, a inatividade, o fumo, o consumo excessivo de álcool ou doenças cardíacas. No geral, aqueles com relacionamentos sociais fortes têm metade do risco de morte prematura do que aqueles com conexões insatisfatórias.[2]

Em nosso mundo ocupadíssimo e digitalmente mediado, o tipo de conexão humana que nos alegra — aquelas que são estáveis, frequentes e atenciosas — está ficando mais difícil de encontrar. Essa é uma questão não apenas para a nossa saúde emocional, mas também para a nossa capacidade de resolver os mais diversos problemas. Quando o filósofo francês Alexis de Tocqueville visitou os Estados Unidos no início dos anos 1800, ficou surpreso ao descobrir que os catalisadores do progresso social não eram nem aristocratas, nem burocratas, mas as associações voluntárias de pessoas comuns:

> Norte-americanos de todas as idades, de todas as condições, e de todas as mentalidades se unem constantemente. [Eles] usam associações para fazer festas, fundar seminários, construir pousadas, levantar igrejas, distribuir livros, enviar missionários aos antípodas; desta maneira, criam hospitais, prisões, escolas. Em todos os lugares que você vir o governo da França e um grande lorde na Inglaterra à frente de um novo empreendimento, pode ter certeza de que identificará uma associação correspondente nos Estados Unidos. Muitas vezes admirei a destreza infinita com a qual os norte-americanos conseguiram atingir um objetivo comum a partir dos esforços de muitos homens, e de forma livre.[3]

Um dos atos essenciais de comunidade na fronteira norte-americana era a construção de celeiros. Quando novos colonos se juntavam a uma comunidade rural, os vizinhos muitas vezes uniam-se para construir um celeiro para eles. Este tipo de construção reforçava as normas de reciprocidade e aumentava a coesão social. Tudo isso rendia lucros posteriormente, quando uma comunidade era confrontada com uma crise que exigia uma resposta coordenada. Hoje, as empresas e o governo absorveram muitas das funções da comunidade. Apesar disso, as comunidades continuam indispensáveis para o bem-estar individual e para a realização coletiva. Para destacar essa situação, vejamos brevemente dois exemplos de comunidade em ação.

Alcoólicos Anônimos

A cada semana, cerca de 2 milhões de pessoas em todo o mundo reúnem-se em pequenos grupos para encorajar umas às outras em sua sobriedade. Como membros dos Alcoólicos Anônimos, eles formam uma vasta rede de comunidades com a mesma finalidade. Existe apenas um critério para entrar: o desejo de parar de beber. Cada reunião do AA — em uma igreja, um centro comunitário ou um auditório público — é auto-organizada e autossustentável. Voluntários arrumam salas de reunião, providenciam café, arrecadam doações, distribuem bibliografia e compilam listas de telefones. Em cada reunião, existem "padrinhos" — participantes regulares que estão ávidos por oferecer tempo e conselhos para aqueles que são novos no processo de recuperação.

A eficácia do AA resulta das relações que se estabelecem durante as reuniões. Dependentes alcoólicos que se assumem nesta condição encorajam uns aos outros e servem como lastro emocional nos mares tempestuosos da recuperação.[4] O modelo do AA contrasta fortemente com as estruturas credenciadas e hierárquicas dos programas de tratamento formal. No AA, não há certificação, supervisão ou monitoramento. Terapeutas e médicos não têm permissão para participar das reuniões do AA, a menos que também tenham problemas com bebidas. No entanto, apesar da falta de profissionais, essas comunidades, que dispõem de doze passos para a recuperação, ajudaram inúmeras pessoas a superar o vício.[5]

Igualmente notável é o fato de que o AA presta seus serviços sem nenhuma organização formal. Cento e dezoito mil grupos de AA operam de forma autônoma. As linhas de orientação, conhecidas como as "Doze Tradições" — como o princípio de que todo grupo de AA deve ser autossuficiente e não profissional —, oferecem uma estrutura, mas não há regras formais. Grupos são estabelecidos sempre que dois ou três alcoólatras decidem criar um. Os grupos em locais próximos podem optar por compartilhar recursos, como um espaço para reuniões ou uma linha de ajuda por telefone, mas a coordenação é sempre voluntária. Apesar do alcance global do AA, sua organização central compreende menos de noventa pessoas. Essas pessoas são responsáveis pela distribuição de materiais do AA e pela realização de uma reunião anual para coordenadores locais.

Como o antigo editor do *American Journal of Public Health* observou em um artigo que resumia os primeiros 75 anos do AA: "Do que parece ser anarquia — tradições em vez de regras, autonomia e independência locais máximas e ausência de níveis centralizados ou em camadas de autoridade — emerge consistência e estabilidade."[6] Esse é o poder da comunidade.

Lutando Juntos

Aqui vai uma pergunta difícil: o que você faria para obter melhorias radicais na qualidade da educação pública? Ao longo de muitas décadas, esse foi um dos problemas mais árduos que educadores, pais e cidadãos enfrentaram. Apesar dos inúmeros esforços de reestruturação, o desempenho das escolas secundárias públicas dos Estados Unidos está em grande declínio. Antes classificado em primeiro lugar nos índices de graduação, os EUA agora estão em 18º lugar entre 24 países industrializados.[7]

As causas desse declínio são tão variadas e complexas que é tentador considerar o problema intratável. Nenhuma solução única — quocientes mais baixos entre alunos e professores, aumento nos salários de educadores, maior envolvimento dos pais ou reforma curricular — provou ser capaz de mudar as coisas. Ainda assim, em 2006, uma janela de progresso real abriu-se quando a KnowledgeWorks, um *think tank* com foco na educação, lançou a "StrivePartnership" em Cincinnati, Ohio. O que tornou esse esforço inédito foi o tamanho e o escopo da comunidade que se uniu para resolver o problema do fraco desempenho acadêmico. Mais de trezentas instituições participaram, incluindo distritos escolares, fundações privadas, agências municipais, empregadores da área, universidades locais e dezenas de grupos interessados.

Reconhecendo a natureza sistêmica do problema, os membros da comunidade Strive se propuseram a melhorar a educação "do berço à carreira". Para garantir a coesão, os parceiros adotaram um conjunto único de objetivos gerais. Quinze subcomunidades, consideradas Redes de Sucesso do Aluno, auto-organizaram-se para enfocar questões específicas, como educação infantil e tutoria. Cada uma das redes concordou com métricas comuns para avaliar o progresso e comprometeu-se a embasar-se criteriosamente em evidências baseadas na recomendação e na avaliação de ações. Muitos também optaram por usar metodologias comuns de resolução de problemas, como Seis Sigma. Isso ajudou a forjar uma linguagem comum e um entendimento compartilhado das causas básicas.

Os membros da rede reuniam-se pessoalmente durante duas horas a cada duas semanas para refinar metas, elaborar planos e calibrar o progresso. Entre as reuniões, as conversas avançavam em plataformas sociais, como o Google Groups. Conforme as redes se tornaram mais consistentes, preocupações menores ficaram em segundo plano. Por exemplo, quando os dados mostraram que as pré-escolas privadas costumavam preparar melhor as crianças para o jardim de infância do que as públicas, o sistema escolar da cidade redirecionou recursos para programas privados.[8]

As Redes de Sucesso com frequência geravam redes subsidiárias dentro das instituições participantes. Muitas escolas locais estabeleceram salas para discussão de dados com gráficos de desempenho colados nas paredes. Os professores reuniam-se a cada duas semanas para revisar dados sobre desempenho acadêmico, absenteísmo e problemas comportamentais. Monitorando cuidadosamente essas tendências, os professores tornaram-se melhores em conectar alunos problemáticos à ajuda externa e identificar o tipo de intervenção que poderia fazer a maior diferença.[9]

Quatro anos depois de seu lançamento em Cincinnati, a StrivePartnership produziu ganhos em 34 das 53 principais áreas de desempenho. O preparo para o jardim de infância melhorou 9%, as habilidades matemáticas da quarta série aumentaram 14% e as taxas de conclusão do Ensino Médio subiram 11%.[10] Esses resultados atraíram atenção nacional e hoje existem setenta comunidades com este programa nos Estados Unidos.

O desafio da ampliação forçou a coordenação da Strive a articular sua "Teoria da Ação" — os principais passos necessários para construir comunidades fortes e focadas em problemas:

1. Esclarecer resultados compartilhados e mensuráveis importantes para os parceiros da comunidade.

2. Identificar os públicos que precisam estar envolvidos no trabalho para alcançar o resultado.

3. Determinar as habilidades que diferentes parceiros precisam para agir de maneira eficaz.

4. Projetar equipes de líderes e profissionais e apoiá-los no aprendizado contínuo e experimental.

Por mais diferentes que sejam, o AA e a Strive estão comprometidos com resolver problemas complexos e não rotineiros. Todo alcoólatra em recuperação é um conjunto único de predisposições, traumas e características, e precisa ser apoiado de forma única na recuperação. Cada escola com baixo desempenho enfrenta uma combinação única de circunstâncias — demográficas, culturais, pedagógicas e institucionais —, e deve desenvolver um conjunto de respostas igualmente distinto. Em ambos os casos, o sucesso depende da improvisação local. É por isso que essas organizações são comunidades, não hierarquias. Elas são impulsionadas pela unificação, pela abnegação, pela determinação e pela responsabilidade, não por algum decreto executivo.

As burocracias são excelentes em solucionar problemas rotineiros — como processar milhões de transações de cartão de crédito ou produzir um zilhão de chips de computador. Elas também são boas na integração de diversos esforços, desde que as tarefas de coordenação possam ser claramente especificadas com antecedência. As burocracias sofrem, porém, quando confrontadas com novos problemas que exigem padrões de colaboração novos e espontâneos. Como o fundador da Strive, Jeff Edmondson, corretamente observa: "Em condições de complexidade, soluções predeterminadas não podem ser avaliadas e nem implementadas de forma confiável."[11]

Os mercados são igualmente impotentes para resolver problemas avançados. Eles podem revelar preferências, como estabelecer quantas pessoas estão dispostas a gastar US$55 mil para comprar um Tesla Model 3, mas não podem resolver novos problemas, como projetar um carro que se dirige sozinho. Isso requer uma comunidade, não apenas uma pilha de contratos.

Para resolver problemas sem precedentes, os indivíduos têm que superar obstáculos imprevistos e estender as fronteiras do conhecimento humano. Isso é mais bem realizado por uma comunidade — compatriotas próximos que confiam uns nos outros, não se importam com posição hierárquica e com regras mesquinhas e são mutuamente responsáveis e unidos por um objetivo comum. Essa é a realidade que se vivencia em uma startup, em um time de futebol vencedor ou em um pelotão de US Navy Seals.

O terreno rico e úmido da comunidade produz uma colheita de compromisso, capacidade e criatividade que não pode ser extraída do solo ressecado da burocracia. É por isso que "comunidades orientadas ao desempenho" são a espinha dorsal de uma humanocracia.

Antes de prosseguir, vamos definir o que queremos dizer com "comunidade". Uma comunidade é mais do que um grupo de trabalho — um conjunto de indivíduos subordinados ao mesmo chefe ou que realizam trabalhos semelhantes. Em vez disso, é uma rede de relações de confiança entre pessoas que abrem novos caminhos e compartilham a paixão por fazer a diferença.

Embora uma comunidade compartilhe algumas características com equipes ágeis, como metas claras e um grau de autonomia, existem diferenças importantes. A equipe ágil prototípica é um pequeno grupo de programadores com a tarefa de desenvolver um software específico. Na maioria das vezes, as equipes ágeis operam de forma independente. Onde existem interdependências, elas tendem a ser incorporadas a padrões técnicos que especificam como vários bits de software se conectam. Interconexões mais complexas são tratadas em encontros periódicos de líderes de equipe. Apesar de todas as vantagens, equipes ágeis são limitadas em sua capacidade de resolver problemas amplos e complicados que não podem ser facilmente particionados. Quando as interdependências são variadas, multidisciplinares e difíceis de se especificar com antecedência, uma comunidade é necessária.

"OK", você diz, "mas é possível construir um senso de comunidade abrangente em uma grande organização comercial?" Felizmente, a resposta é sim.

Southwest Airlines: Comunidade em Escala

Com mais de 58 mil funcionários, a Southwest Airlines tem sido lucrativa por 46 anos consecutivos. Entre 1990 e 2018, a empresa gerou metade da receita líquida das companhias aéreas dos Estados Unidos, ao mesmo tempo que respondia por apenas 6% do faturamento do setor.[12] Ela não é apenas a companhia aérea mais lucrativa dos Estados Unidos, mas também a maior transportadora aérea doméstica em número de passageiros. Em média, mais de 400 mil passageiros voam todos os dias com a Southwest. De acordo com um site do setor, a Southwest comanda uma participação média de mercado de 65% em suas cem rotas mais movimentadas.[13] Mais importante, a companhia aérea vence com folga todas as suas principais concorrentes em faturamento por funcionário, assentos oferecidos por milha por funcionário e outros índices de eficiência. (Veja a Tabela 10-1.)

A vantagem de custo da Southwest se deve em parte à sua preferência por aeroportos de baixo custo e de segunda linha, como Chicago Midway e Baltimore-Washington International. A economia também vem do foco cirúrgico na simplicidade. A Southwest opera um único tipo de aeronave, o Boeing 737, e não oferece assentos marcados. No entanto, a maior vantagem da companhia aérea não é seu modelo de negócios, mas seu modelo de pessoal. Como disse Herb Kelleher, o fundador amante de uísque e cigarros da Southwest: "A essência do nosso sucesso é a coisa mais difícil para uma concorrente imitar. Elas podem comprar todas as coisas físicas, mas não conseguem comprar dedicação, devoção, lealdade — a sensação de estar participando de uma batalha."[14]

TABELA 10-1

Dados Selecionados de Performance para as Maiores Companhias Aéreas dos EUA (Médias de 2014–2018)

	Passageiros/ funcionário	Funcionários/ aeronave	Horas de voo/ funcionário	Assentos oferecidos por milha/ funcionário (milhares)	Faturamento/ funcionário (em milhares de US$)
Southwest	2.978	74	53,1	2.901	370
Delta	1.697	104	36,0	2.691	341
American	1.437	106	34,6	2.429	296
United	1.180	122	32,3	2.648	310

Fonte: Projeção de Dados de Companhias Aéreas do MIT Global Airline Industry Program; análise dos autores.

Dedicação, devoção e lealdade — essas são as marcas da comunidade genuína e as coisas que distinguem a Southwest de suas concorrentes. Embora 83% dos funcionários da Southwest sejam sindicalizados, a empresa nunca experienciou uma greve — uma exceção notável às relações trabalhistas antagônicas que caracterizam o setor de aviação civil. A empresa também tem as maiores taxas de retenção de funcionários do setor.

Não é possível ganhar dinheiro com os aviões parados no chão, então as companhias aéreas trabalham duro para minimizar o tempo em solo. Embora pareça uma tarefa simples, fazer com que um avião a jato seja descarregado, reabastecido e volte ao ar é um teste rigoroso de resolução de problemas em tempo real.

O equipamento de solo deve ser posicionado previamente antes que uma aeronave em chegada comece a taxiar. A ponte de embarque deve ser conectada, e deve-se oferecer assistência aos passageiros que desembarcarem. Há carga para descarregar, tanques de lixos para esvaziar e tanques de água para encher. A aeronave deve ser limpa e reabastecida de alimentos e combustível. Pode haver um assento com defeito para consertar ou um instrumento da cabine que precisa ser substituído. Os passageiros devem ser embarcados e verificações de segurança, realizadas. Fatores de peso e equilíbrio devem ser calculados e a papelada de partida, preenchida. A bordo, há que se garantir que uma montanha de bagagem de mão está segura enquanto as malas despachadas são carregadas abaixo. Ao todo, o tempo em solo envolve mais de uma centena de tarefas distintas distribuídas por uma dúzia de equipes ou mais, incluindo agentes de atendimento ao cliente, pessoal de portão, agentes de rampa, carregadores de bagagem, tripulação de manutenção, fornecedores, abastecedores, pilotos, comissários de bordo e outros.

Em quase todos esses momentos haverá problemas — equipamento com defeito, passageiros com necessidades excessivas, falhas de computador, mudanças de portão de última hora, tripulação atrasada, mau tempo e erros involuntários. A capacidade e a disposição da equipe escalada de se agrupar e resolver esses problemas faz a diferença entre um voo que parte no horário e um que não parte. Na Southwest, há um forte senso de responsabilidade coletiva para que se obtenham resoluções rápidas. Um voo atrasado é visto como uma falha de equipe, seja qual for a causa. Portanto, não é incomum ver um piloto recolhendo lixo ou um mecânico habilidoso carregando malas. Em momentos difíceis, silos e títulos organizacionais desaparecem. Todos trabalham ombro a ombro para colocar o avião de volta no ar. Embora os funcionários da Southwest tenham papéis claramente diferenciados, cada descrição de função inclui o preceito implícito de fazer, nas palavras de um gerente de rampa, "tudo o que se precisa fazer para melhorar a operação geral".

O tempo médio em solo da Southwest, 35 minutos, é o melhor do setor — uma realização notável, dado que as equipes de embarque da Southwest têm metade do tamanho das destacadas por outras companhias aéreas.[15] Um Boeing 737 da SouthWest tem em média 53 horas de voo por funcionário por ano, 50% a mais do que a concorrente mais próxima da companhia aérea. Em outras companhias, funções de trabalho restritas, comunicação deficiente, diferenças de status e falta de espírito de equipe frustram o tipo de espírito de comunidade que sustenta a coordenação dinâmica em tempo real da Southwest.

Apesar de seu zelo em manter os custos baixos, a Southwest goza de uma posição elevada entre os viajantes. Isso também é produto do caráter comunitário da empresa. Para Kelleher, que faleceu em 2019, o segredo para construir um grande negócio era "tratar seu pessoal como uma família e liderar com amor".[16] A lógica é simples: quando os funcionários se sentem valorizados e respeitados, os clientes também sentem. É por isso que os funcionários sempre vêm em primeiro lugar na Southwest. Dependendo da função, os salários na empresa excedem os padrões do setor em 16 a 31%. Notavelmente, esse prêmio não se estende aos gestores, para quem a compensação média fica atrás dos índices do setor em cerca de um terço. A Southwest também tem um programa generoso de participação nos lucros. Recentemente, o programa pagou US$544 milhões, ou cerca de 11% da remuneração base de cada funcionário. Como Kelleher disse certa vez a um grupo de funcionários: "Queremos reduzir todos os nossos custos, exceto nossos salários, benefícios e participação nos lucros. Esta é a forma de competir da Southwest, ao contrário de outras que reduzem seus salários e benefícios."

Muitas coisas envolvem a construção de uma organização que é primeiro uma comunidade, depois uma empresa. Na Southwest, os fundamentos incluem...

1. Uma Missão com a qual Vale a Pena se Importar

O que une uma comunidade é um senso de propósito — como ficar sóbrio ou ajudar alunos do Ensino Médio a ir para a faculdade. Desde a sua fundação, a missão da Southwest tem sido tornar as viagens aéreas acessíveis e divertidas para todos. Em 1971, quando a companhia lançou seu voo inaugural, as viagens aéreas eram um luxo. Kelleher e seus colegas estavam determinados a mudar isso "democratizando os céus". Enfrentando concorrentes difíceis e um ambiente regulatório hostil, a Southwest perseguiu obstinadamente seu sonho de dar a todos "a liberdade de voar". Como Roy Spence, um confidente de longa data de Kelleher, certa vez observou: "As estratégias de negócios mudam, mas o propósito não. Todos na Southwest lutam pela liberdade."[17]

Novos funcionários da Southwest são levados para a sede da empresa em Dallas para uma sessão de orientação conhecida como "Embarque Agora". Os funcionários recebem conselhos práticos sobre como viver os valores de "espírito guerreiro", "diversão e amor" e "coração de servo" da companhia aérea. Veteranos da empresa compartilham a história da origem da companhia aérea, enfatizando a paixão inabalável da Southwest por dar a todos a oportunidade de voar. Cheryl Hughey, uma consultora interna de cultura, diz: "Ensinamos a nosso pessoal de onde viemos e o que defendemos, porque é isso que as famílias fazem. Os membros das famílias compartilham suas histórias uns com os outros."[18]

Quase todas as empresas têm uma declaração de missão, mas a maioria não tem funcionários que acreditam que estão *cumprindo* uma. Mais de 50 anos após a fundação da companhia aérea, a liberdade de voar ainda é o coração da comunidade corporativa da Southwest.

2. Comunicação Aberta, Dados Transparentes

Uma comunidade é formada por relações sinceras, e estas são baseadas na comunicação. Conversas diretas podem ser difíceis em qualquer circunstância, mas são particularmente desafiadoras em configurações hierárquicas. Em uma burocracia, os gestores severos muitas vezes impedem as pessoas de fazer perguntas ou admitir erros. Silos organizacionais funcionais reprimem informações, segmentações sabotam o trabalho em equipe e uma atmosfera de desconfiança desencoraja as pessoas a compartilhar informações.

Essas patologias prejudicam a coordenação. O tempo do avião em terra requer comunicação em tempo real e de alta-fidelidade entre dezenas de pessoas. Quando alguém demora a compartilhar um problema ou a pedir ajuda, um pequeno atraso pode se transformar em um grande problema. É por isso que a Southwest incentiva a comunicação honesta e proativa. Como disse um piloto da companhia: "É uma questão de trabalharmos juntos, sem apontar o dedo."[19]

A comunicação aberta também requer livros abertos. Na Southwest, as informações financeiras são compartilhadas a cada trimestre no LuvLines, um boletim informativo interno. Atenção particular é dada a quatro "números mágicos": lucro líquido, margem, custos de assentos oferecidos por milha e retorno sobre o capital. Os funcionários podem ver como a companhia aérea está se saindo em relação às suas "metas de prosperidade" e calcular as implicações para sua remuneração. Eles saberiam, por exemplo, que, se a companhia aérea não melhorar seu desempenho em uma variável específica, a participação nos lucros será reduzida em US$850 por US$25 mil de remuneração.[20] O fato de todos na Southwest falarem a mesma linguagem financeira acrescenta incomensuravelmente à qualidade da comunicação e ao espírito de colaboração.

Muitas empresas preferem o sigilo. O padrão da Southwest é a abertura. Um pôster pendurado em um escritório da Southwest em Phoenix explica claramente: "Se você tem conhecimento, deixe que outras pessoas se alimentem dele."[21]

3. Sentir-se Seguro para Ser Você Mesmo

Quando fazemos parte de uma comunidade, nos sentimos seguros e capazes de sermos nós mesmos. Isso abre a porta para aprendizado e melhoria.

Também dá às pessoas confiança para assumir riscos, o que é essencial para a inovação.

Ao contrário de muitos CEOs de grandes empresas, Herb Kelleher nunca foi muito sério. Ele usava camisas havaianas com flores berrantes em reuniões de negócios, mostrava a língua para fingir raiva, aparecia em festas da empresa usando fantasias extravagantes e deleitava seus colegas com anedotas autodepreciativas. Kelleher certa vez resolveu uma disputa legal com uma competição de queda de braço, fechando a sede da empresa para que os funcionários pudessem assistir ao espetáculo em um ringue de boxe mal-acabado.[22] Por ser assim, rebelde e livre, Kelleher deu a todos na Southwest permissão para serem igualmente autênticos. Ele declarou: "Damos às pessoas a oportunidade de serem revolucionárias. Você não precisa se encaixar em um molde restritivo no trabalho — pode se divertir. As pessoas reagem a isso."[23]

Se você se sentir seguro o suficiente para ser maluco, também se sentirá seguro para levantar a mão quando fizer algo errado. O perdão, assim como a diversão, faz parte da cultura da Southwest. Colleen Barrett, cuja longa carreira na Southwest culminou em um mandato de 7 anos como presidente e diretora de operações, explica:

> É preciso perdoar. Somos muito tolerantes e compassivos quando as pessoas cometem erros honestos. É preciso muito cuidado a respeito de como abordar esse erro, como chamar a atenção da pessoa e corrigi-la, se for o caso, e também de como aconselhá-la.[24]

Por fim, incentivar os funcionários a serem eles mesmos aprimora a experiência do cliente. Cada passageiro da Southwest tem uma história que envolve um agente de portão em uma fantasia maluca, uma instrução de segurança entregue em rap ou um jogo bobo a bordo.

É tentador acreditar que uma cultura de alto desempenho deve ser rígida, crítica e implacável, mas a Southwest prova o contrário. Autenticidade, diversão, perdão — essas são as coisas que fazem uma comunidade valer a pena.

4. O Direito de Autodeterminação

Os proprietários do século XIX dos Estados Unidos não precisaram perguntar a ninguém se estava tudo bem em construir um celeiro, pintá-lo de vermelho ou colocar um telhado de zinco nele. Logo, as comunidades mais eficazes são autogerenciadas, e atualmente isso também é verdade. Durante sua gestão como diretora de operações da Southwest, Barrett disse aos funcionários: "Você tem o poder de tomar decisões em nome do cliente e ignorar e renunciar à política e aos procedimentos, desde que, ao fazê-lo, não esteja fazendo nada ilegal, imoral ou antiético."[25]

As equipes da linha de frente da Southwest sabem que têm a liberdade de fazer o que for preciso para atender aos clientes. É essa liberdade, e não um conjunto de protocolos, que permite que os funcionários da Southwest criem momentos memoráveis para seus clientes — como ajudar um casal a organizar um casamento no ar, cuidar do cachorro de um passageiro apressado que esqueceu a caixa de transporte de animais ou convidar para sua casa uma paciente com câncer que realizaria tratamento em uma cidade desconhecida e não tinha ninguém para recebê-la.[26]

A responsabilidade compartilhada e a liberdade de fazer escolhas unem uma comunidade. Essa verdade simples está na base da cultura da Southwest e também é uma marca registrada da Nucor. Como disse Ken Iverson, CEO pioneiro da Nucor, "Permitimos que nossos funcionários definam suas próprias funções enquanto procuram maneiras de otimizar sua produtividade".[27] É por meio de conversas constantes sobre objetivos e tarefas que personalidades e pontos de vista são revelados, esperanças e medos, expressados, e laços de amizade, construídos. É por isso que não existe uma comunidade de pessoas que apenas respondem a ordens.

5. Responsabilidade entre Colegas

Na Southwest, os membros da equipe são responsáveis primeiro por seus clientes e colegas, e apenas depois por seus supervisores. Como observou um gerente de estação: "Todos nós temos sucesso e falhamos juntos."[28] Ecoando esse sentimento, um agente de portão comentou: "Você sempre pode contar com qualquer pessoa."

Via de regra, a responsabilidade entre colegas produz níveis mais altos de colaboração e compromisso do que a responsabilidade entre subordinado e gestor. Um piloto que ingressou na Southwest vindo de outra companhia aérea expressou surpresa com a produtividade de seus colegas: "Nunca vi tantas pessoas trabalharem tanto para fazer alguma coisa."[29] Outro membro da equipe comentou: "Aqui há um único objetivo: atendimento ao cliente com 100% de qualidade. É possível perceber isso apenas caminhando pelo terminal. Há um desejo de fazer parte da equipe." Em uma comunidade orientada para o desempenho, há pouca tolerância para ociosos. No entanto, a pressão para se destacar é qualitativamente diferente quando reflete as aspirações compartilhadas dos colegas, em vez das advertências de um chefe autoritário.

A Southwest sabe que não se pode esperar que os funcionários prestem contas uns aos outros se a empresa não prestar contas a eles. Embora o ramo de linhas aéreas seja altamente rotativo, a Southwest nunca usou o downsizing para aumentar os lucros. Como Kelleher sempre lembrava a seus colegas: "Nada mata a cultura de uma empresa como demissões."

6. Respeito Mútuo

Como seres humanos, estamos inclinados a classificar uns aos outros — pela riqueza, educação, competência, aparência física, senso de moda, destreza atlética ou número de curtidas nas redes sociais. Às vezes, essas classificações são úteis, mas com frequência refletem apenas o egoísmo. Para nos sentirmos melhor sobre nós mesmos, diminuímos os outros. Desnecessário dizer que esse tipo de julgamento é tóxico para o espírito da colaboração.

Em uma comunidade, os diferenciadores de status são silenciados. Todos sentem que são importantes. Isso não acontece por acaso, pois a comunidade reflete uma escolha consciente de tratar todos como iguais e de celebrar sua contribuição.

Ao longo dos anos, a Southwest trabalhou arduamente para garantir que cada associado se sentisse valorizado e que cada função fosse vista como igualmente crucial para oferecer um ótimo serviço ao cliente. Para que tudo fique bem claro, a companhia incentiva os funcionários a seguirem uns aos outros no trabalho. Um piloto, por exemplo, pode carregar bagagem para entender melhor o trabalho dos carregadores.

Na maioria das companhias aéreas, há uma hierarquia clara, com mecânicos altamente qualificados no topo e limpadores de cabine na base, mas isso não acontece na Southwest. "Eu nunca trabalharia na [companhia aérea concorrente]", afirmou um agente de portão da Southwest. "A animosidade lá é tremenda. Aqui é muito legal. Não importa se você tem um diploma universitário ou se formou no supletivo. Não há status aqui, apenas uma boa ética de trabalho." Um agente de atendimento ao cliente concordou: "Ninguém desvaloriza ninguém. O carregador de bagagens é tão crucial quanto o piloto."

A Southwest entende que o respeito mútuo impulsiona o desempenho. Embora os mercados recompensem algumas habilidades mais do que outras, é perigoso quando o respeito dado aos colegas é indexado pelo valor do seu pagamento. Kelleher foi notoriamente inflexível neste ponto: "Cargos e títulos não significam absolutamente nada", disse ele. "Eles são apenas adornos, não representam o conteúdo de ninguém. Cada pessoa e cada trabalho vale tanto quanto qualquer outra pessoa e qualquer outro trabalho."[30] Para Kelleher, a Southwest era um mosaico de capacidades, não uma pirâmide de poder.

7. Noção de Família

A família é a comunidade mais íntima que a maioria de nós vivencia, seguida de perto pelo companheirismo que temos com amigos próximos. O que distingue essas relações é o amor — a sensação de que você tem um valor inerente, de que é conhecido e amado apesar de suas falhas. O amor é alimento para a alma, mas a maioria de nós não recebe muito dele no trabalho. Na pesquisa State of the American Workplace, da Gallup, que entrevistou mais de 195 mil funcionários, apenas dois em cada dez entrevistados disseram ter um amigo próximo no trabalho.[31]

Pergunte a qualquer pessoa na Southwest: "O que torna sua companhia aérea diferente?" e provavelmente ouvirá a palavra "família". Desde sua fundação, a Southwest tem trabalhado incansavelmente para construir fortes laços de afeto entre sua força de trabalho. Não é por acaso que o código das ações da empresa é LUV [trocadilho para a palavra "amor", em inglês].

Lembra da admoestação de Kelleher para "tratar seu pessoal como uma família e liderar com amor"? Isso soaria irremediavelmente piegas se não fosse apoiado por um esforço consistente para abraçar as virtudes da generosidade, da bondade e da inclusão. Na Southwest, isso começa com o recrutamento, que envolve muito mais do que entrevistas formais. Como Luke Stone, gerente sênior de pessoal, nos disse:

> Levamos em consideração a forma como nossos candidatos interagem com nosso pessoal ao longo de todo o processo, já que todos têm voz na decisão final. A partir do momento em que os contatamos, como eles tratam nossos funcionários da linha de frente quando viajam para uma entrevista? Como tratam nossos funcionários que agendam suas viagens e entrevistas? Como interagem com todos na sala de entrevista — não apenas com o líder de nível sênior? Queremos que os funcionários sejam eles mesmos no trabalho — assim como são em casa —, portanto, nosso processo de entrevista tem tudo a ver com as interações que eles têm com todos.[32]

Empatia — a capacidade de compreender e responder aos sentimentos dos outros — é a essência do amor. A Southwest sabe que é mais fácil ensinar a ser comissário de bordo do que a ser empático.

O valor que a Southwest atribui ao amor é capturado na frase "coração de servo". Cada membro da equipe é incentivado a "seguir a Regra de Ouro", "tratar os outros com respeito" e "abraçar nossa Família Southwest".

Em 1990, Barrett estabeleceu o "Comitê de Cultura Geral da Empresa" e encarregou-o de cultivar os valores únicos da companhia. Hoje, o Comitê de Cultura engloba aproximadamente 240 pessoas provenientes de toda Southwest. Ao longo de um mandato de três anos, os membros atuam como defensores da cultura em suas localidades e reúnem-se em uma conferência anual para compartilhar as melhores práticas.

Ao longo do ano, há inúmeras recompensas, tanto locais quanto corporativas, para funcionários que foram reconhecidos por seus colegas por viverem os valores da empresa. Além disso, há uma lista sempre atualizada de eventos organizados para fomentar o espírito do trabalho. Durante o "Dia do Hokey", por exemplo, os membros do Comitê de Cultura surpreendem os novos tripulantes com guloseimas e uma marmita. Os membros do comitê ajudam a organizar a aeronave com seus "hokeys" — pequenas vassouras de carpete — enquanto os membros da tripulação fazem uma pausa. Um participante do Dia do Hokey disse: "O que torna nossa empresa um sucesso é que funcionários valorizam funcionários."[33]

Em nenhum lugar isso é mais evidente do que nas convenções de funcionários da Southwest. Realizadas anualmente em três ou quatro cidades pelos Estados Unidos, esses eventos atraem milhares de membros da equipe, muitos dos quais comparecem com a família ou amigos. Os funcionários visitam estandes montados por equipes de toda a empresa, recebem atualizações da equipe executiva, comemoram marcos e festejam com seus companheiros.

Em uma burocracia, as relações são definidas principalmente por funções e diferenciais de poder. Em uma comunidade, elas são definidas por laços de compaixão e companheirismo. Essa distinção entre amor e poder intrigou Hans Morgenthau, um dos principais pensadores da política global do século XX. Suas opiniões, publicadas em um ensaio de 1962, foram perfeitamente resumidas décadas mais tarde por dois acadêmicos norte-americanos, Roy Baumeister e Mark Leary:

A principal diferença entre amor e poder é que o amor aspira a uma dissolução mútua das fronteiras pessoais, levando a uma fusão igualitária em um novo todo, ao passo que o poder busca uma superação unilateral das fronteiras, pela qual a vontade da pessoa mais poderosa se torna a vontade de ambos.[34]

A busca pelo poder é incompatível com a busca por uma relação autêntica. É por isso que a Southwest dá tanta importância à "liderança servidora". Ao contrário da maioria dos CEOs, Kelleher não tinha medo de usar a palavra com A. "Uma empresa", ele explicou, "é mais forte se estiver conectada pelo amor, em vez de pelo medo". Para ele, cada membro da equipe era da família. Resultado: uma cultura cheia de amor. Um supervisor de atendimento ao cliente em Phoenix resumiu muito bem: "O mais interessante é que todos se importam. Agora eu sei por que todo mundo sorri por aqui."[35]

Sem supervisão, as comunidades podem tornar-se isoladas e excludentes. Kelleher sempre foi rápido em acabar com o tribalismo. Certa vez, ele contou a história de um funcionário que iniciou uma conversa dizendo: "No meu departamento..." Herb intrometeu-se e disse: "Ah, você não faz mais parte da Southwest Airlines? Desculpe-me, não sabia que havia se desmembrado. Já notificamos isso à SEC? [*Securities and Exchange Commission* — Comissão de Valores Mobiliários dos Estados Unidos, equivalente à CVM brasileira]"[36] Ou seja: tudo o que a Southwest faz visa criar não apenas comunidades locais, mas uma "comunidade de comunidades" que abranja toda a empresa.

Direcionado à Comunidade

A maioria de nós tem dois "eus" distintos. Existe o eu profissional, que aparece no trabalho todos os dias, e o eu privado, que se mostra na companhia de familiares e amigos. O eu profissional é rígido, atento e emocionalmente cauteloso. Nossos colegas têm apenas vislumbres de nosso eu interior. Eles geralmente não têm ciência de nossos hobbies, dinâmica familiar, problemas de saúde, feridas emocionais e sonhos. Dizemos a nós mesmos, ou ouvimos de outras pessoas, que essas coisas não são relevantes no trabalho. Isso, claro, é mentira pura.

Se você está passando por um divórcio, tem um filho sofrendo com vícios, perdeu um dos pais recentemente, vai passar por uma cirurgia ou se encontra no meio de alguma outra crise na vida, precisa de pessoas com quem conversar — pessoas que se importem. Se não houver tal pessoa no trabalho, se você for obrigado a passar um período de oito ou dez horas por vários dias sozinho com suas ansiedades e medos, então você, seus colegas e sua empresa serão prejudicados. Lembra-se da descoberta da Gallup de que apenas dois em cada dez funcionários dizem ter um melhor amigo no trabalho? Com base nessa pesquisa, a Gallup estima que, se esse número fosse triplicado, para seis em dez, a empresa média aumentaria sua lucratividade em 12%.[37] De fato, quando pensamos a respeito, isso faz sentido. Dificilmente podemos esperar que os funcionários se envolvam no trabalho se não estiverem envolvidos uns com os outros.

Você ouve muito falatório sobre o equilíbrio entre a vida profissional e a vida pessoal, mas muito pouco sobre a integração alma/trabalho. O trabalho não deve ignorar o pessoal nem subjugá-lo. Em vez disso, deve reconhecê-lo e integrá-lo. Em uma comunidade orientada para o desempenho, o profissional e o pessoal não estão desconectados, nem fundidos, mas sim entrelaçados. No trabalho, como na vida, passamos a maior parte do tempo simplesmente fazendo as coisas, mas, quando for importante, precisamos saber que podemos contar com as pessoas ao nosso redor. Precisamos de mais do que meros colegas de trabalho; precisamos de defensores, aliados e companheiros — amigos de trabalho que sejam solidários e leais.

Como observamos anteriormente, a Southwest e a Nucor têm culturas notavelmente semelhantes. Onde a Nucor afirma "construir pessoas, não fabricar aço", a Southwest se descreve como uma "empresa de pessoas, não de aviões".[38] Ambas as empresas passaram décadas incorporando o espírito da comunidade em suas contratações, treinamentos e processos. E, por décadas, ambas as empresas superaram facilmente suas rivais. Coincidência? Dificilmente.

Para Começar

O que é possível fazer para fortalecer os laços da comunidade em sua organização? A seguir, você encontra sete sugestões baseadas no que aprendemos com a Nucor e com a Southwest:

1. Reformule a declaração de missão para sua unidade ou, se possível, para toda a organização, de uma forma que a faça ressoar emocionalmente para cada membro da equipe e dê às pessoas uma causa em comum.

2. Faça o que puder para oferecer aos membros da equipe as habilidades e informações de que precisam para colaborar e exercer seu julgamento coletivo. Ajude-os a se tornarem menos dependentes de seus gestores.

3. Em encontros interpessoais, procure oportunidades de revelar algo sobre si mesmo e incentive os outros a fazerem o mesmo. Tenha compaixão por aqueles que estão sofrendo com problemas fora do trabalho.

4. Peça à sua equipe para identificar áreas em que uma maior autonomia os ajudaria a oferecer uma melhor experiência ao cliente ou a melhorar as operações e, a seguir, expanda cuidadosamente suas prerrogativas de tomada de decisão.

5. Institua metas e recompensas em equipe como uma forma de incentivar a responsabilidade mútua.

6. Cultive o respeito mútuo criando oportunidades para que os indivíduos acompanhem outras funções e esforce-se para reduzir as distinções de posição e hierarquia sempre que possível.

7. Contrate por afinidade, siga a regra de ouro e celebre atos de bondade.

Em tudo isso, tenha uma visão de longo prazo — comunidades fortes não são construídas em um mês, ou mesmo em um ano.

Você saberá que está sendo bem-sucedido quando as pessoas em sua equipe, em sua unidade ou em toda a empresa puderem dizer, como John Ferriola da Nucor: "Somos mais uma família do que uma empresa."[39]

— *11* —

O Poder da Abertura

Instituições e sociedades prosperam quando são abertas e estagnam quando não são. A resiliência de cidades como Nova York e Londres é resultado da abertura e da diversidade. Os residentes dos cinco distritos de Nova York falam oitocentos idiomas diferentes, tornando-a a cidade mais linguisticamente diversificada do mundo.[1] Do outro lado do Atlântico, 30% dos residentes de Londres têm passaporte não britânico.[2]

Em uma cidade vibrante, encontra-se uma infinidade de diferenças a respeito de como as pessoas pensam, se vestem, cultuam, trabalham, amam e se divertem. Essa diversidade cria um imenso espaço combinatório — um número quase ilimitado de oportunidades para misturar ideias, talentos e recursos de novas maneiras.

Abertura também é o segredo da resiliência das principais universidades do mundo. Oxford, Cambridge, Sorbonne e a Universidade de Bolonha atraem estudiosos há mais de oitocentos anos. Assim como as cidades, as grandes universidades se beneficiam dos efeitos de feedback positivo. Imagine que você é um jovem físico brilhante que sonha em ganhar um Prêmio Nobel. Onde deseja fazer sua pesquisa de pós-doutorado? Provavelmente em uma universidade que já tem um punhado de ganhadores do Prêmio Nobel. Pessoas inteligentes atraem pessoas inteligentes — é por isso que as universidades de elite tendem a permanecer assim.

Não é de surpreender que cidades e universidades sejam fontes de inovação. Juntas, São Francisco, San José, Nova York e Londres responderam por quase 13 mil operações de capital de risco entre 2015 e 2017, um quarto do total global.[3] Entre 2013 e 2017, as universidades dos EUA reivindicaram mais de 33 mil patentes e geraram mais de 48 mil startups.[4]

O Fascínio da Inovação Aberta

Nos últimos anos, empresas ansiosas por colher os frutos da abertura lançaram uma série de iniciativas de inovação aberta. O crowdsourcing tem sido uma das variantes mais populares. Um exemplo é o caso do Zillow, o serviço de listagem de imóveis online, que ofereceu um prêmio de US$1 milhão por um algoritmo para melhorar sua capacidade de estimar os valores das propriedades. A competição atraiu 38 mil inscrições de 91 países, e a equipe vencedora incluiu inovadores do Canadá, do Marrocos e dos Estados Unidos.

Empresas também convocaram os clientes. A Lego, fabricante de brinquedos dinamarquesa, apoia a cocriação por meio de um site no qual fãs fervorosos podem enviar ideias para produtos futuros. As propostas que atraem mais de 10 mil apoios são revisadas por especialistas da Lego e aquelas que vão para a produção, como o carro DeLorean de *De Volta para o Futuro*, geram royalties de 1% para o criador. Em operação há mais de uma década, o Lego Ideas já recebeu mais de 26 mil inscrições.

As incubadoras são outra estratégia de inovação aberta. Com frequência localizadas em importantes polos de criatividade, como o Vale do Silício, Berlim e Tel Aviv, as incubadoras apoiadas por empresas oferecem espaço, ferramentas e orientação para startups em troca de capital. Airbus, Coca-Cola, Johnson & Johnson, Mastercard e Walmart são apenas algumas das gigantes que estabeleceram novas incubadoras de negócios.

No entanto, apesar de sua popularidade, há poucas evidências de que a inovação aberta tenha tornado as grandes empresas mais inventivas ou adaptáveis. Na prática, o crowdsourcing externo e a cocriação geralmente rendem apenas ganhos marginais. O torneio de inovação do Zillow, por exemplo, produziu uma escassa melhoria de 13% na precisão do algoritmo "Zestimate" da empresa — o suficiente talvez para justificar o prêmio de US$1 milhão, mas dificilmente será um divisor de águas. O impacto do Lego Ideas foi igualmente modesto. No curso de 10 anos, apenas 23 kits propostos por clientes chegaram ao mercado — uma pequena fração dos 7 mil produtos de origem interna que foram lançados no mesmo período.

Podemos esperar mais das incubadoras, já que a maioria é projetada para apoiar uma inovação radical. A incubadora do Walmart em Nova Jersey, a Store No. 8, foi criada em 2017 com o objetivo de desenvolver recursos que "transformem o futuro do varejo".[5] Essa é uma meta ousada, mas as chances de alcançá-la são poucas. A falha não é do Walmart, mas das limitações inerentes às unidades de risco específicas. A maioria das incubadoras está localizada longe da sede. Em teoria, isso ajuda a isolá-las do pensamento corporativo obsoleto, mas também dificulta alavancar as habilidades da empresa-mãe — um problema que se torna ainda mais agudo quando a incubadora é composta de novatas que não têm redes internas fortes. Na prática, apesar de instalar as incubadoras no Vale do Silício ou em Shoreditch, o centro de startups de Londres, tornar a contratação de novos talentos mais fácil, isso não oferece muita proteção contra a interferência de executivos. Em nossa experiência, os financiadores corporativos muitas vezes sobrecarregam as incubadoras com expectativas, políticas e processos inadequados para a tarefa arriscada e difícil de criar um negócio. Além disso, é improvável que uma única incubadora, com uma equipe relativamente pequena, trabalhe em mais do que algumas ideias ao mesmo tempo. Isso limita a chance de tropeçar no próximo grande sucesso. Por todas essas razões, as incubadoras raramente têm um efeito catalítico no destino das empresas-mães.

Henry Chesbrough, cujo livro *Inovação Aberta,* de 2003, trouxe visibilidade a essa ideia, observa que os programas de inovação aberta normalmente perdem força quando um CEO motivador parte para outra, um fato que sugere que essas iniciativas muitas vezes não produzem o tipo de resultados que garantiriam sua institucionalização.[6] Karim Lakhani, pesquisador do Laboratório de Inovação Científica de Harvard, concorda: "Os processos de inovação aberta prometem aumentar a produção criativa, mas ouvimos pouco sobre lançamentos bem-sucedidos de novas tecnologias, produtos ou serviços decorrentes dessas abordagens."[7]

A ironia, claro, é que as grandes organizações *são* abertas. Os funcionários interagem com milhares ou milhões de clientes todos os dias. Executivos e gestores conversam constantemente com fornecedores, consultores, reguladores e outras partes interessadas. Por que, então, a inovação aberta não fez uma diferença maior? Por que uma empresa padrão não é tão resiliente e inovadora quanto uma cidade ou uma universidade? Porque, para sermos francos, elas costumam ser administradas por pessoas cujas mentes estão hermeticamente fechadas a ideias não convencionais.

Mentes Fechadas

Como Thomas Kuhn argumentou há mais de meio século, somos prisioneiros de nossos paradigmas. Mesmo os cientistas, um grupo cujos membros professam em alto e bom tom sua fidelidade à investigação aberta, muitas vezes relutam em descartar teorias familiares diante de novas evidências. Como Kuhn observou, "Todas as descobertas significativas são novas formas de pensar".

Existem várias razões pelas quais ficamos presos em nossas opiniões, mas a negação está no topo da lista. Como seres humanos, tendemos a desconsiderar fatos desconfortáveis. Em 2016, por exemplo, um executivo sênior da Comcast, emissora e operadora de TV a cabo dos Estados Unidos, disse em uma conferência que sua empresa não precisava temer as novas mídias. O YouTube, afirmou ele, era "basicamente insignificante", e a programação da Netflix não era "consistente o suficiente para nos afetar de maneira significativa".[8] Essa afirmação foi feita apesar de ambos os serviços de streaming estarem crescendo a taxas quase exponenciais.

Em segundo lugar, mesmo quando não estamos em negação, muitas vezes ficamos alheios aos dados que não se enquadram em nossas categorias mentais existentes. Antes do trabalho inovador de C. K. Prahalad na "base da pirâmide", a maioria das empresas ignorava os 3,5 bilhões de seres humanos que vivem com menos de US$5,50 por dia.[9]

Por fim, a maioria de nós é consumida pela urgência. Concentrados, percorremos caminhos traçados de rituais e rotinas. Há um mundo de maravilhas ao nosso redor, mas com frequência confundimos o limite do nosso caminho com o horizonte.

Em outras palavras, há uma razão para lembrarmos uns aos outros de "manter a mente aberta". Sabemos que a negação, o pensamento conservador e os afazeres reduzem nossa visão periférica. Por várias razões, a burocracia torna isso pior: estruturas de poder top-down penalizam pensamentos heréticos; as pressões operacionais de curto prazo deixam pouco tempo para descobertas; os silos organizacionais restringem a aprendizagem limítrofe; a obsessão pelo alinhamento trunca a busca por novas oportunidades; e a preferência pelo sigilo controla informações valiosas. O resultado líquido: a burocracia induz à cegueira.

A inovação aberta é uma ideia excelente. Abra as janelas e as portas. Arranque o telhado. Mas não espere um grande florescimento da imaginação, ou o renascimento da organização, até que você e seus colegas abram suas mentes para um mundo de possibilidades quase ilimitadas.

Mentes Abertas

Por que algumas pessoas enxergam possibilidades novas e espetaculares onde outras enxergam apenas os tons acinzentados da familiaridade? Será que algumas mentes são dotadas de um gene de criatividade único? Talvez, mas, na maioria dos casos, a iluminação é menos o produto de um cérebro notável e mais o resultado de experiências marcantes.

Considere o que Steve Jobs disse em 2005 sobre sua odisseia pessoal:

> Como eu havia desistido [da faculdade] e não precisava assistir a aulas normais, decidi fazer uma aula de caligrafia. Aprendi sobre fontes com serifa e sem serifa, sobre como variar a quantidade de espaço entre diferentes combinações de letras, sobre o que torna uma tipografia excelente. Era lindo, único e artisticamente delicado de uma forma que a ciência não consegue capturar, e eu achei fascinante. Nada disso tinha sequer esperança de ser aplicado na minha vida. Mas, dez anos depois, quando estávamos projetando o primeiro computador Macintosh, eu revivi tudo.[10]

Quem imaginaria que uma experiência inesperada em uma aula de caligrafia poderia mudar a forma como os seres humanos interagem com os computadores? Mas é assim que a inovação funciona. As epifanias não podem ser programadas com antecedência. Um relâmpago não cai com hora marcada. Você pode, entretanto, construir um para-raios. Se tem a intenção de abrir sua mente para novas possibilidades, pode aumentar drasticamente as chances de um clarão de criatividade.

Ao longo de anos de pesquisa com alguns dos inovadores mais famosos do mundo, aprendemos que quatro hábitos perceptivos são particularmente poderosos para que novas oportunidades promissoras surjam.

Hábito nº 1: Desafie Hipóteses Não Comprovadas

Vamos voltar ao estudo clássico de Kuhn sobre inovação científica. Ao rever décadas de progresso científico, ele concluiu que:

> Indivíduos que inovam criando um novo paradigma são quase sempre muito jovens... ou muito novos na área cujo paradigma eles mudam. Estes são indivíduos que, por estarem pouco comprometidos com a prática anterior de regras tradicionais da ciência comum, são particularmente propensos a ver que essas regras não definem mais um jogo viável e concebem outro conjunto que pode substituí-las.[11]

Talvez você não seja mais jovem, mas ainda pode cultivar o que o sacerdote budista Shunryū Suzuki celebremente chamou de "mente de principiante".[12] Suzuki, que morreu em 1971, não poderia ter previsto a Innocentive, a plataforma de crowdsourcing na qual as empresas apresentam problemas para um grupo de mais de 390 mil "solucionadores", mas um estudo de 166 concursos da Innocentive confirmou sua tese: a maioria dos solucionadores bem-sucedidos veio de áreas que não estavam diretamente conectadas ao problema em questão.[13] Ao aplicarem o conhecimento de outros domínios, esses pensadores laterais tiveram sucesso onde especialistas falharam.

Crenças convencionais produzem resultados convencionais. É por isso que recém-chegados têm a vantagem da inovação — seu pensamento não é limitado por anos de experiência no setor. Porém, existe um perigo: a sabedoria convencional geralmente está certa. No setor de aviação, seria burrice contestar a suposição de que "a segurança é uma prioridade" ou que "as pessoas querem chegar a tempo em seu destino". No entanto, foi incrível quando a Southwest contrapôs o pressuposto de que tarifas competitivas significam um serviço péssimo e impessoal.

O desafio, portanto, é separar as leis da física da mão de ferro dos dogmas. É uma linha tênue. Como começar?

Primeiro, identifique as semelhanças. Com o tempo, as estratégias daqueles no comando tendem a convergir. Um exercício útil é sobrepor os modelos de negócios de empresas do mesmo setor e, em seguida, procurar áreas de sobreposição. Sempre que você vir concorrentes fazendo a mesma coisa, pergunte-se: "Qual é a suposição compartilhada por trás desta política ou prática?" E depois: "O que aconteceria se desafiássemos essa crença?" Durante séculos, os donos de pousadas presumiram que era preciso deter quartos para oferecer uma cama para os hóspedes durante a noite. O Airbnb inverteu essa crença e agora tem mais de 6 milhões de anúncios em todo o mundo.

Em segundo lugar, foque o que não mudou. Que aspectos de sua estratégia permaneceram estagnados por anos ou décadas? Com o tempo, práticas herdadas, assim como tinta na parede, passam despercebidas. O que você tem que fazer é questionar se essas práticas comuns ainda fazem sentido. Por exemplo, embora tenha sofrido muita resistência das montadoras tradicionais, a Tesla desafiou a antiga prática de vender carros por meio de revendedores independentes. As lojas elegantes da empresa, muitas vezes localizadas em estabelecimentos comerciais de luxo, oferecem aos clientes um processo de compra sem complicações. A Tesla entende que as melhores ortodoxias a serem desafiadas são aquelas que arruínam a experiência do cliente.

Terceiro, volte-se para os extremos. Escolha algum parâmetro de desempenho — preço, escolha, disponibilidade, velocidade — e pergunte o que aconteceria se quiséssemos que aquilo ficasse dez vezes melhor. Cinquenta anos atrás, um médico aposentado, Dr. Govindappa Venkataswamy, iniciou uma grande busca para erradicar a cegueira desnecessária na Índia. Milhões de seus compatriotas tinham catarata, mas não podiam pagar por uma cirurgia corretiva. Como, perguntou-se o Dr. V., ele poderia reduzir o custo da cirurgia em 90% ou mais? Como forma de inspiração, ele voltou-se para a indústria de fast food. "Se o McDonald's pode vender milhões de hambúrgueres", pensou ele, "por que não podemos vender milhões de cirurgias de restauração de visão?"[14] Hoje, a rede de hospitais especializados do Dr. V., a Aravind Eye Care System, realiza meio milhão de cirurgias de catarata anualmente. Cada cirurgião realiza 2 mil cirurgias por ano, contra uma média de 125 cirurgias realizadas por seus colegas norte-americanos. Essas e outras economias reduziram o preço por cirurgia a cerca de 5% do que é comum em economias avançadas — e ainda assim a Aravind tem taxas de complicações que são geralmente menores do que as encontradas no Ocidente.

Durante grande parte da vida, você simplesmente segue o conhecimento tradicional — e não há vergonha nisso. Porém, de vez em quando, precisa parar e examinar suas crenças. Desenvolva o hábito de tratar toda suposição como uma hipótese que está sempre aberta à refutação.

Hábito nº 2: Fique Alerta às Mudanças

Ter uma mente aberta significa estar aberto às mudanças. Inovadores bem-sucedidos prestam atenção às coisas que aparecem no horizonte — tendências emergentes que parecem cheias de potencial revolucionário.

As grandes empresas muitas vezes parecem não ter muita curiosidade com as novas tendências. Por que foi a Lululemon, por exemplo — e não a Nike ou a Under Armour —, que capitalizou a paixão crescente das mulheres por exercícios em geral e por yoga, em particular? O pensamento ortodoxo foi parcialmente culpado. As empresas tradicionais de roupas esportivas não consideravam o yoga um esporte, já que não existem times profissionais nem endosso de famosos. No entanto, se um esporte é algo que exige destreza atlética, o yoga definitivamente se qualifica como um. (Se tiver dúvidas, abra seu navegador e pesquise "postura do corvo lateral".)

A Nike e outras marcas também não perceberam duas tendências. A primeira era o grande número de mulheres ocupadas que levavam o condicionamento físico a sério e que queriam roupas que caíssem bem e que pudessem usar não apenas na academia. A segunda foi uma mudança na definição de fitness. Ser saudável não era mais apenas perder alguns quilos, mas alcançar um melhor equilíbrio mente-corpo — daí o slogan onipresente de Lululemon: "Sua visão da vida é um reflexo direto de quanto você gosta de si mesma." No momento em que escrevemos isso, a Lululemon tem um valor de mercado de US$29 bilhões. Para a Nike e suas concorrentes, esse é o preço pago pela cegueira.

Então, como abrir sua mente para o futuro?

Primeiro, dê a si mesmo a chance de ser surpreendido. Isso significa frequentar novos lugares e conversar com pessoas com quem você normalmente não interagiria. Significa expandir suas fontes de notícias e seguir pessoas online que trabalham em áreas que são novas para você. Como observou o romancista William Gibson: "O futuro já está aqui — apenas não está distribuído de maneira uniforme." Em outras palavras, você pode não ser capaz de ver o futuro de onde está agora, mas, se procurá-lo, o encontrará.

Se deseja vislumbrar o futuro digital, por exemplo, é melhor visitar a China do que o Vale do Silício. A China atualmente é responsável por mais de 55% das vendas de e-commerce mundiais, ostenta os maiores sistemas de pagamentos digitais do mundo, é líder na Internet das Coisas e já apresenta um superavit comercial em serviços digitais.[15]

Pare um momento para refletir. O que *você* viu ultimamente que é novo, surpreendente e está ganhando cada vez mais velocidade?

Talvez seja...

A crescente preferência por "assinar" em vez de "possuir".

O uso crescente de realidade aumentada (AR) para unir os mundos digital e físico.

A mudança no varejo de transações para experiências.

A crescente preferência por marcas locais.

A expansão do uso da tecnologia blockchain.

O pensamento político de centro europeu e norte-americano cada vez menor.

Os efeitos negativos da tecnologia digital na saúde mental.

A confiança cada vez menor em grandes instituições.

Ou talvez algo totalmente diferente.

Depois de mirar em uma tendência intrigante, pergunte-se: aonde isso leva? Qual é a cadeia de consequências? Isso gerará uma contra tendência? Não é suficiente apenas detectar uma tendência, é preciso antecipar as repercussões.

Hábito n° 3: Ressignifique Competências e Recursos

Ter uma mente aberta significa repensar a identidade de sua organização. É provável que você esteja acostumado a definir seu negócio pelo que ele produz ou vende, mas, para ver novas oportunidades, é necessário olhar mais a fundo. Você precisa perguntar: "Quais são as habilidades, ou 'competências essenciais' que sustentam nosso sucesso?" E depois, "Como podemos usar essas habilidades para criar novos produtos e serviços?"

A Time Out, respeitada editora de guias de entretenimento de cidades, é um ótimo exemplo de inovação baseada em competências. Suas revistas são lidas por 7,4 milhões de pessoas a cada mês, e mais de 217 milhões acessam as recomendações online da empresa. Como muitas editoras, a Time Out tem sofrido para sobreviver apenas com a receita de publicidade. Um dos principais ativos da Time Out é sua dedicada rede de experts em cultura. Estabelecida em mais de quarenta cidades, essa rede é especialista em encontrar os melhores restaurantes, clubes e eventos. Há alguns anos, a equipe de Lisboa da Time Out criou uma nova maneira engenhosa de explorar o talento da empresa para a curadoria cultural.

Em vez de apenas relatar os melhores novos locais para comer e beber, os membros da equipe se perguntaram como poderiam tornar mais fácil para os visitantes e habitantes locais desfrutarem do melhor cardápio que a cidade tinha a oferecer. A resposta: convidando os melhores restaurantes, bares e vendedores de comida de Lisboa para criarem tendas em um local único e divertido de visitar. Esse era o sonho e, em menos de um ano, passou do conceito à realidade. O Time Out Market em Lisboa cobre quase 7 mil m² e ostenta 24 restaurantes, três chefs com estrelas Michelin, oito quiosques de comida, oito bares, quatro lojas de alimentos e uma boate. Além disso, há uma escola de culinária, espaços de coworking e uma casa de shows com novecentos lugares. A Time Out fica com 30% da receita e se encarrega das vendas de refrigerantes e bebidas alcoólicas. O Time Out Market atraiu 3,9 milhões de visitantes em 2018, tornando-se a segunda atração mais visitada de Lisboa. Não surpreendentemente, o conceito agora está sendo implementado em outras cidades, incluindo Chicago, Miami, Boston, Nova York e Montreal.

Avalie sua organização. Existe alguma competência ou ativo que também poderia ser ressignificado? Você não saberá até verificar.

Hábito nº 4: Descubra as Necessidades Não Atendidas

Às vezes você precisa abrir seu coração para abrir sua mente. É necessário chegar perto o suficiente dos clientes para sentir o que eles sentem. Só então você verá oportunidades de transformar a experiência do cliente de forma a estimular o espírito humano.

Burocracias valorizam o pensamento em vez do sentimento. É por isso que a maioria das empresas é incrivelmente ruim em ler as emoções dos clientes. Todos os dias elas irritam seus clientes de inúmeras maneiras. Você sabe do que estamos falando se já ficou na espera de uma chamada para falar com um atendente do SAC. O que torna o tempo de espera ainda mais intolerável é a tagarelice inútil que você tem de suportar — que parece ter sido planejada unicamente para aumentar a produção de cortisol.

Felizmente, há exemplos de empresas que entendem isso — que melhoram em vez de piorarem a experiência do cliente, e o fazem de maneira lucrativa. Quando criou seu serviço de assinatura Prime, que oferece entrega ilimitada em dois dias para todos os pedidos, a Amazon dispensou seus clientes da necessidade de pensar nos custos de envio toda vez que fossem comprar. Reduzir o atrito na experiência do cliente também é o objetivo do Amazon Go, as lojas físicas que a Amazon está lançando atualmente que acabam com o processo de filas e caixas — basta digitalizar o aplicativo Amazon Go ao entrar na loja, pegar o que precisa e ir embora.

A inovação que agrada ao cliente não precisa ser de alta tecnologia, nem mesmo cara. Você já experienciou o pequeno pesadelo de deixar seu celular em um banheiro público? Se não, sorte a sua, mas acontece com mais frequência do que você imagina. Uma empresa japonesa que gerencia postos de serviços em autoestradas descobriu que seus funcionários gastavam até 30 horas por mês tentando encontrar o celular de clientes. Sua solução criativa? Uma trava na porta da cabine do banheiro que, quando fechada, é grande o suficiente para conter um smartphone ou um chaveiro — um simples truque que torna praticamente impossível esquecer suas coisas lá. Como Steve Jobs disse uma vez: "As coisas não precisam mudar o mundo para serem importantes."

O segredo é entrar em sintonia com os estados emocionais que são produzidos, ou não, em cada estágio da jornada do cliente. É necessário buscar as pistas emocionais — sobrancelhas franzidas, lábios comprimidos, olhar confuso, mandíbula cerrada — e depois perguntar: "O que está gerando essa emoção? Como decepcionamos essa pessoa?"

O futuro não é um leão na savana. Ele não avança furtivamente pela grama alta e de repente salta sobre sua presa — embora, para os desatentos, possa parecer assim. O futuro geralmente pode ser visto, ou imaginado, com muita antecedência. Com treinamento e prática, qualquer pessoa pode aprender a abrir sua mente para novas possibilidades, embora poucas organizações tenham ajudado seus funcionários a dominar essas habilidades; poucas investiram no capital criativo dos membros da equipe. Essa é uma falha gigantesca, mas não impossível de remediar. O ponto de partida é reconhecer que todos, qualquer que seja sua função ou título, merecem a oportunidade de cultivar seus dons criativos.

Estratégia Fechada

Não é suficiente ter uma organização repleta de ideias novas. É igualmente importante haver um processo que una todos esses insights em uma estratégia coerente. Alguns especialistas querem que você acredite que, em um mundo de mudanças aceleradas, a estratégia não importa mais, mas eles estão errados.

Nos capítulos anteriores, argumentamos que as organizações precisam se tornar menos monolíticas e mais dinâmicas. Isso significa dividir grandes unidades em negócios menores e independentes e capacitar aqueles que estão na linha de frente para tomar decisões inteligentes e rápidas. Porém, embora ser ágil seja essencial, é igualmente importante saber para onde se está indo.

Para ter alguma chance de competir com uma massa de startups, as grandes empresas precisam aproveitar as vantagens de escala e escopo. Isso geralmente requer uma ação conjunta em várias unidades operacionais. Pode ser difícil abrir um novo mercado, mas quando as equipes colaboram, elas têm a possibilidade de compartilhar ideias e investimentos e, assim, aumentar as chances de sucesso. A campanha com várias fábricas da Nucor para expandir sua divisão de automotivos é um exemplo. Da mesma forma, ao compartilhar habilidades e ativos, as unidades operacionais podem obter vantagens de custo. Essa foi a lógica por trás da iniciativa da Haier em toda a empresa para desenvolver a COSMOPlat, sua plataforma imbatível de Internet das Coisas. O objetivo dessas estratégias de suporte não é restringir a inovação da linha de frente, mas ajudar os empreendedores internos a escalonar de maneira mais rápida.

Da mesma forma, ainda há uma necessidade de estabilidade direcional — para metas que se estendem além do próximo período de planejamento. Fazer crescer um novo negócio ou desenvolver uma nova competência leva tempo. Mais de uma década atrás, a Apple se comprometeu a se tornar uma designer de chips de alta qualidade. Ao desenvolver chips de computador proprietários, a empresa esperava diferenciar ainda mais seu portfólio de produtos em expansão. Nos últimos 12 anos, a Apple fez uma série de aquisições com o objetivo de aumentar sua experiência em chips de baixo consumo. Ela também contratou dezenas de designers superqualificados e deu a eles os recursos necessários para se destacarem. Esse esforço gerou grandes dividendos. Um processador recente da Apple, o A12X Bionic, usado no iPad Pro, conta com mais poder de processamento do que a maioria dos notebooks. Hoje, chips proprietários aparecem em todos os produtos de hardware da Apple e são essenciais para oferecer benefícios ao cliente, como login com reconhecimento facial e vida útil prolongada da bateria. Se a divisão de design de chips da Apple fosse uma empresa autônoma, estaria em quarto lugar do mundo.[16] Esse é o poder da persistência.

A consistência é importante, mas a criatividade também. A coisa mais importante sobre uma estratégia é como ela se difere de todas as outras. A questão é que, se sua organização não tem um ponto de vista *único* sobre o futuro, então ela não tem uma estratégia.

Vivemos em tempos turbulentos, mas não vivemos em uma era pós-estratégia. Qualquer organização que deseje permanecer relevante precisa de um ponto de vista sobre o futuro que garanta consistência, estimule a criatividade e inspire coragem. Claro, uma estratégia deve ser robusta o suficiente para sobreviver ao inesperado, mas, sem visão de futuro, uma organização não tem direção.

Uma das perguntas mais importantes que qualquer equipe sênior pode fazer a si mesma é: "Nos próximos anos, como nossa organização vai se reinventar e, junto com ela, reinventar o mundo?" Como exercício, cada executivo deve escrever sua resposta na forma de algumas declarações "de/para". A equipe principal deve então se perguntar:

Existe um consenso sobre as principais prioridades? Temos um ponto de vista compartilhado?

Nossos objetivos surpreenderiam as concorrentes? São diferenciados?

A estratégia implica uma extensão significativa? Estamos sendo ambiciosos o suficiente?

Descobrimos que a resposta a essas perguntas geralmente é não. A suposta estratégia é confusa, decepcionante e acanhada.

Em uma pesquisa de 2018 da PwC, apenas 37% dos 6 mil executivos entrevistados disseram que sua empresa tinha uma estratégia bem definida. Setenta e três por cento duvidavam que a estratégia de sua empresa fosse inovadora e apenas 13% sentiam que sua organização tinha um roteiro para desenvolver competências para o futuro.[17] Nada disso surpreende. Na maioria das empresas, o processo de planejamento é elitista, estereotipado e exagerado. É um ritual de uma estratégia top-down focada no orçamento que aproveita apenas uma minúscula fração da imaginação coletiva da organização — em outras palavras, quase o oposto de uma busca participativa e empolgante para descobrir novas oportunidades. Até que isso mude, as empresas continuarão conjecturando sobre o futuro.

Estratégia Aberta

Pergunte a uma CEO: "Quem é responsável por definir a estratégia?" e ela provavelmente responderá: "Sou eu" ou "O comitê executivo". Isso é um problema. Como argumentamos nos capítulos anteriores, os executivos seniores costumam relutar em se desfazer de velhas certezas e estão em uma posição ruim para ver o futuro. Contudo, mesmo que a equipe principal fosse composta apenas de profetas brilhantes, a soma de sua criatividade seria insuficiente para o trabalho em questão.

Como ideias de negócios inovadoras são raras, a probabilidade de surgir uma estratégia revolucionária depende da capacidade de uma organização de gerar muitas opções estratégicas. O problema com um processo top-down é que não há cérebros suficientes no topo para fazer isso. O que é necessário é uma abordagem que gere milhares, não dezenas, de novas ideias e use a sabedoria coletiva para extrair delas uma estratégia inovadora.

As empresas são acertadamente obcecadas pela eficiência operacional, mas e quanto à eficiência estratégica? Como você saberia se sua organização estaria obtendo o maior retorno possível sobre seus recursos? Como saberia se seus ativos e recursos foram implantados mediante as melhores oportunidades viáveis? Não é possível saber — a menos que sua organização tivesse explorado uma vasta gama de opções potenciais antes de decidir onde apostar.

Na formulação de estratégias, é preciso divergir — muito — antes de convergir. Isso requer um processo que incentive o pensamento radical e inclua novas vozes. A formulação de estratégias deve ser uma conversa com toda a empresa, aberta a funcionários, clientes e parceiros externos.

Contudo, o objetivo não é simplesmente gerar uma quantidade enorme de ideias. Como argumentamos, a coerência também é importante. Ao examinar todas essas opções, você precisa perguntar: "Quais são os temas? Onde podemos reter as vantagens de escala e escopo? Quais são as oportunidades que podem remodelar nossa própria identidade? Qual é a aspiração fundamental que abrange nossos sonhos mais ousados?"

Um processo de estratégia aberta é mais confuso e demorado do que a alternativa top-down, mas os benefícios valem o esforço. Em nossa experiência, os benefícios incluem:

IDEIAS MAIS RADICAIS E AMBICIOSAS. As chances de conceber uma estratégia inovadora aumentam quando a discussão de estratégia abrange um grupo grande e heterogêneo de participantes. Novas vozes são necessárias para descobrir novas opções.

COMPROMETIMENTO INTENSIFICADO. Os indivíduos se sentem muito mais comprometidos com uma estratégia se tiverem contribuído para criá-la. Um processo participativo produz uma estratégia que pertence a todos, não apenas ao CEO ou à diretoria.

MAIOR CREDIBILIDADE. Para a maioria dos funcionários, a formulação de estratégias é uma caixa-preta. Ocasionalmente, ela apresenta uma nova prioridade, mas por que *essa*? Que outras opções foram consideradas? Quais critérios conduziram à decisão final? A maioria dos funcionários não tem ideia, mas, se você quiser que as pessoas confiem em uma estratégia, precisam saber como ela foi construída.

MAIS DETALHAMENTO. Estratégias top-down são inerentemente abstratas. Quando um CEO diz: "Temos uma grande oportunidade no setor de saúde", o que isso significa? Como essa oportunidade é viável? Por outro lado, quando um processo de estratégia aberta produz cinquenta ou cem ideias relacionadas ao setor de saúde, você pode ter certeza de que a estratégia resultante será detalhada. Leia o que vem depois do título e encontrará especificidades, não generalidades.

IMPLEMENTAÇÃO MAIS RÁPIDA. Quando a estratégia é feita em segredo, pode levar meses ou anos para que os funcionários compreendam totalmente o novo plano — presumindo que haja algo para compreender. Em um processo aberto, as pessoas veem a estratégia tomando forma em tempo real. No momento em que se consolida, elas estão preparadas e prontas para agir.

MENOS INÉRCIA. À medida que uma empresa cresce e a burocracia se multiplica, os líderes começam a jogar na defensiva. Seu lema é: não estrague o sucesso. O resultado é a inércia, e a única maneira de escapar dela é criar um grupo de apoiadores para o futuro que seja maior e mais poderoso do que os apoiadores do status quo. Um processo de estratégia aberta oferece aos revolucionários mais voz e pode ser fundamental para se libertar da armadilha do acanhamento.

Estratégia Aberta na Prática

Se você ainda não se convenceu das vantagens desta abordagem, considere os pequenos exemplos a seguir de estratégia aberta em ação.

3M: Aberta aos Clientes

Não há muitas empresas que existem há mais de 115 anos, e menos ainda que seguem prosperando. Isso faz com que a 3M se destaque. Com um catálogo que inclui mais de 50 mil produtos, ela é, talvez, a empresa mais consistentemente inovadora do mundo. Os consumidores conhecem a 3M por produtos básicos, como fita adesiva e Post-it, mas 85% de sua receita anual de US$32 bilhões vem de produtos industriais, como circuitos flexíveis, lonas reflexivas, tecidos médicos e uma infinidade de películas, adesivos e lixas.

Em um ano normal, quase um terço das vendas da 3M é gerado por produtos que não existiam cinco anos antes. Muitas das inovações podem ser atribuídas à abordagem sistemática da empresa para envolver os clientes na busca de novas oportunidades. A 3M pensa em si mesma menos como um conjunto de setores e mais como um portfólio de competências. Entre as 46 tecnologias principais da empresa estão a detecção microbiana, o processamento a vapor, a microreplicação, a nanotecnologia e a cerâmica. Inovação na 3M significa encontrar novas maneiras de aplicar esses recursos aos problemas do cliente.

Boa parte dessa alquimia acontece em um dos noventa laboratórios e centros técnicos da 3M. Essas instalações recebem mais de 100 mil visitas de clientes anualmente. Uma visita comum começa com uma apresentação da empresa visitante, seguida por uma série de perguntas abertas dos especialistas em tecnologia e indústria da 3M. O objetivo é descobrir as necessidades reais do cliente. Em seguida, acontece uma visita ao showroom "World of Innovation" [Mundo de Inovação], que destaca as 46 plataformas de tecnologia da 3M. Tudo isso é seguido por um brainstorming focado em combinar competências e problemas. Uma dessas sessões com a Visteon, uma fornecedora automotiva, gerou a ideia de usar películas para dar às peças internas de plástico um aspecto personalizado. Outro avanço envolveu o uso de Thinsulate da 3M para tornar isolamentos acústicos leves.

Por meio de milhares de conversas abertas todos os anos, a 3M dá a seus clientes a oportunidade de cocriar sua estratégia. A pergunta mais recorrente é: "O que devemos fazer que ainda não pensamos?"

Cisco: Aberta ao Empreendedorismo

A Cisco, sediada em San José, conta há muito tempo com o ecossistema empreendedor da Bay Area para perceber e aproveitar oportunidades emergentes. Ao longo dos anos, ela adquiriu mais de duzentas empresas jovens e seu braço de capital de risco corporativo está entre os mais ativos no Vale do Silício. Mais recentemente, a Cisco voltou-se para a inovação aberta como forma de explorar o talento empresarial. Guido Jouret, um ex-executivo que liderou os esforços iniciais de inovação aberta da Cisco, explica a lógica: "Acreditamos que, ao nos abrirmos para um mundo mais amplo, poderíamos colher ideias que até agora haviam escapado à nossa atenção e, no processo, nos libertar dos métodos centrados apenas na empresa que focam tecnologias, mercados e nós mesmos."[18]

Ao contrário da maioria das outras empresas, os esforços para inovação aberta da Cisco não se concentram em resolver problemas técnicos limitados, mas, em vez disso, abastecem seu processo de estratégia corporativa. A Cisco lançou seu desafio inaugural, o I-Prize, em 2007, com o objetivo de descobrir qual seria o próximo negócio de US$1 bilhão da empresa. O I-Prize gerou 1.200 ideias de mais de 2.500 inovadores em 104 países. A equipe vencedora recebeu US$250 mil por uma proposta focada em redes elétricas inteligentes.

Em 2016, a Cisco lançou seu Grande Desafio de Inovação, um concurso que visava explorar oportunidades para a Internet das Coisas. O torneio de seis meses ofereceu US$250 mil em prêmios em dinheiro e atraiu 5.713 submissões de mais de 170 países. Um júri de mais de cem especialistas da indústria ajudou a restringir os concorrentes e um painel de luminares escolheu os três vencedores. As equipes mais bem avaliadas foram convidadas a produzir protótipos de suas ideias em um dos Centros de Inovação da Cisco e a fazer uma sugestão de investimento para a equipe de financiamento de risco da empresa.

Desde 2017, a Cisco realiza anualmente o Global Problem Solver Challenge focado no uso de tecnologia digital para enfrentar problemas sociais persistentes. Em 2018, a ideia mais bem avaliada foi um monitor pré-natal portátil de batimentos cardíacos. Proposto por uma startup de Mumbai, o dispositivo de baixo custo é projetado para ser usado em áreas rurais para detectar gestações de alto risco. O concurso anual contribui diretamente com uma das estratégias principais da Cisco — aproveitar a Internet das Coisas para impactar positivamente 1 bilhão de pessoas até 2025.[19]

Por meio de suas várias iniciativas de inovação aberta, a Cisco testa e desenvolve constantemente sua estratégia. Jouret diz: "Nós aprendemos como as pessoas em todo o mundo pensam a respeito da Cisco e os mercados que devemos buscar. Como qualquer outra empresa, temos a tendência de ver o mundo de uma determinada maneira — deveríamos estar neste ramo, mas não naquele. Muitos dos participantes têm uma visão muito mais ampla do que a Cisco poderia fazer."[20]

Adidas América do Norte: Aberta aos Funcionários

Com mais de US$23 bilhões em receita anual, a Adidas é uma das principais marcas esportivas do mundo. Embora a empresa seja há muito tempo uma força motriz do futebol europeu, muitas vezes enfrenta dificuldades nos Estados Unidos. Em 2014, determinada a mudar isso, a Adidas nomeou Mark King presidente de sua divisão na América do Norte. King, que liderou uma revolução bem-sucedida na TaylorMade, fabricante de equipamentos de golfe, foi encarregado de revigorar a marca e colocar a Adidas América do Norte de volta nos trilhos.

Ao chegar em Portland, no Oregon, a central da empresa nos Estados Unidos, King encontrou uma equipe capaz, mas desanimada. O negócio havia perdido recentemente seu segundo lugar para a Under Armour e estava indo em direção ao segundo ano consecutivo de queda nas vendas. Ela estava perdendo espaço nas prateleiras e suas margens estavam muito atrás da Nike, sua rival na cidade. Localizada a nove fusos horários de distância da sede corporativa, a equipe dos EUA sabia que precisava melhorar seu aproveitamento da cultura esportiva distinta norte-americana.

O primeiro desafio de King foi convencer a diretoria a aumentar o investimento na América do Norte. Em troca de um aumento no financiamento, King se comprometeu a fazer da Adidas a marca esportiva com o maior crescimento nos Estados Unidos — uma promessa que parecia ultrajante para aqueles acostumados com o eterno baixo desempenho da unidade. King conseguiu seu investimento e, em uma decisão prática e simbólica, a Adidas transferiu seu chefe de design global para Portland.

Ao avaliar as operações nos Estados Unidos, King descobriu muita criatividade reprimida. Ele avaliou que em algum lugar nas mentes dos 3.500 funcionários assalariados na América do Norte havia matéria-prima para um renascimento. A questão era como aumentar a qualidade do pensamento criativo, fazer novas ideias virem à tona e construir uma estratégia de crescimento — e fazer isso em questão de meses, não anos. A resposta veio na forma da Adidas Innovation Academy, uma iniciativa de dez semanas que ensinou os funcionários a pensar como inovadores e os convidou para ajudar a moldar a estratégia da empresa. No evento inicial, transmitido aos funcionários em toda a América do Norte, King foi direto: sem novas ideias, será impossível promover o crescimento. "Esta", disse King, "é sua chance de cocriar o futuro de nosso negócio".

No centro do treinamento estava um módulo de quatro semanas que apresentou aos funcionários os hábitos inovadores que descrevemos anteriormente. A cada semana, os participantes eram desafiados a apresentar novas ideias e publicá-las em uma plataforma compartilhada. Ao todo, os funcionários geraram mais de 10 mil insights, alguns dos quais desafiaram diretamente a estratégia existente. Será que era realmente verdade, por exemplo, que o único caminho para o sucesso era competir de frente com a Nike e a Under Armour? Outros insights destacaram tendências que ainda não estavam no radar da empresa, como o rápido crescimento dos e-sports, competições de videogames em equipes que às vezes aconteciam em frente aos espectadores.

Nas quatro semanas seguintes, os funcionários foram desafiados a transformar seus insights em ideias de negócios. Uma das ideias destacava a dificuldade que os varejistas tinham em interagir com as equipes de silos organizacionais da empresa. A inovação proposta: construir uma interface mais simples e consistente com varejistas offline e online.

No espaço de um mês, os participantes geraram quase mil ideias de negócios, e cada uma das quais foi avaliada por seu impacto potencial e viabilidade. Tal como aconteceu com os insights, os funcionários rotularam suas ideias para torná-las consultáveis e reduzir a possibilidade de duplicação.

Embora o processo de idealização não tenha restringido o tipo de ideias que poderiam ser apresentadas, a maioria acabou direcionando-se para uma dúzia ou mais de temas estratégicos, como maior participação feminina e reinventar o relacionamento com os varejistas. Dentro desses agrupamentos, as ideias individuais eram frequentemente complementares e, em conjunto, ajudavam a validar uma oportunidade mais ampla.

No final de 2015, todos os inscritos na iniciativa foram convidados a ajudar a peneirar as diversas ideias promissoras. Este processo destacou nove propostas que foram posteriormente avaliadas em um painel de avaliações estilo "shark tank". O atual presidente norte-americano, Zion Armstrong, relembra o evento: "Dar às pessoas a chance de apresentar suas ideias foi muito inspirador. Eu estava no fundo da sala, emocionado. Ao considerar uma conversa aberta, estávamos dizendo: 'Vamos ouvir e investir em você. Você pode fazer a diferença.'"[21] No final do evento, várias das propostas foram levadas para desenvolvimento.

Mark King deixou o cargo em julho de 2018. Durante os quatro anos de seu mandato, as vendas na América do Norte cresceram quase 50% e a margem operacional triplicou. King e Armstrong creditam muito desse desempenho à criatividade recém-liberada de seus colegas. Embora a participação na Adidas Innovation Academy tenha sido inteiramente voluntária, mais de 2 mil funcionários participaram, e mil ganharam certificados de inovadores. Essa iniciativa não abriu apenas novos horizontes, mas também a cultura. Avaliando esse esforço inigualável, King observou: "Isso realmente estimulou uma cultura de curiosidade e nos levou a pensar e a desafiar mais. É possível conseguir obediência com uma estrutura top-down, mas não é possível obter dedicação nesse mesmo sistema."[22]

Embora esses exemplos de estratégia aberta sejam louváveis, não são suficientes. Acreditamos que toda organização deve abrir sua discussão acerca de estratégia para todos os interessados. Não há falta de pensamento original no mundo, mas a maioria das empresas não o aproveita. Nenhuma delas publicou uma lista online de habilidades e recursos e perguntou ao mundo: "O que *você* faria com nossa capacidade?" Nenhuma delas construiu uma plataforma sempre disponível na qual qualquer pessoa — clientes, fornecedores, parceiros, empresários, especialistas do setor, inventores amadores — pode postar suas ideias. Nenhuma delas desenvolveu soluções inteligentes para proteger a propriedade intelectual e recompensar os colaboradores por seu trabalho. Nenhuma delas convidou inovadores externos para trabalhar com equipes internas. Nenhuma delas pensou em como construir um ímã gigante que atrai os pensadores e realizadores mais inovadores do mundo.

Parece fantasiosa demais para você a ideia de construir uma plataforma sempre disponível para uma discussão aberta e em tempo real acerca de estratégia? Se sim, pense no extraordinário esforço que a Apple fez para estimular sua vasta comunidade de desenvolvedores. Qualquer pessoa que queira construir um aplicativo tem acesso a uma plataforma de desenvolvimento especializada, dezenas de programas de treinamento, uma série de ferramentas de desenvolvimento, mentores e eventos globais. A recompensa para a Apple? Mais de 2 milhões de aplicativos em execução no iOS. A recompensa para os inovadores? Mais de US$100 bilhões em remuneração pagos pela Apple. Se uma organização consegue construir uma rede global de desenvolvedores, por que não conseguiria criar uma rede global de descoberta de oportunidades? Algumas empresas, como a Haier, com sua plataforma Haier Open Ecosystem, estão caminhando nessa direção, mas ninguém entrou de cabeça nisso ainda — essa é a oportunidade para *sua* empresa.

Para Começar

Então, como aproveitar as vantagens da abertura? Como passar de algumas iniciativas desconexas de inovação aberta para uma organização que é aberta no que mais importa — em como considera e planeja seu futuro?

1. Enfrente o medo. Na maioria das organizações, existem penalidades por discordar de seu chefe. O resultado é uma câmara de eco. Você precisa tornar o clima seguro para discordâncias. Isso significa aproveitar todas as oportunidades para perguntar: "O que está prendendo o meu pensamento?", "Que outras opções são possíveis?", "O que você faria de diferente?"

2. Invista no desenvolvimento de habilidades criativas. As empresas muitas vezes ficam frustradas quando pedem ideias aos funcionários ou clientes. Muito do que volta é desinteressante ou impraticável. Para melhorar a relação sinal-ruído, é preciso treinar as pessoas para pensar de forma diferente, como a Adidas fez na Innovation Academy.

3. Realize o processo de estratégia de maneiras simples e de baixo custo. Se a ideia de uma *hackathon* de estratégia de alta performance parece intimidadora, comece aos poucos. Certifique-se de que cada reunião relacionada ao futuro da empresa inclua um número enorme de jovens, novatos e pessoas que já tenham trabalhado em outras indústrias. Em uma empresa que conhecemos, os gestores apresentam seus planos a centenas de jovens funcionários que tuítam críticas e sugestões ao vivo. Ou seja, existem muitas maneiras de atrair novas pessoas para a conversa a respeito de estratégia.

4. Torne a abertura coletiva. O poder da estratégia aberta não é apenas o número de ideias geradas, mas a mágica que acontece quando ideias se encontram e pessoas curiosas interagem. Em uma plataforma de estratégia online, isso significa tornar mais fácil para

os inovadores encontrarem colegas que estejam trabalhando em ideias semelhantes e depois colaborarem, se assim o desejarem.

5. Ligue as ideias à ação. A maioria das organizações tem algum tipo de caixa de sugestões online, mas os envios geralmente viram fumaça. Os funcionários querem saber: "Quem vai revisar minha ideia? Quando? Segundo quais critérios? Se tiver algum mérito, como ela captará recursos? Terei tempo para trabalhar nisso?" Se as respostas a essas perguntas não forem claras, muitos colaboradores desistirão.

6. Faça colaboradores externos sentirem-se como internos. Seja qual for a sua função, você pode criar sua própria rede aberta de descobertas. Convide clientes, fornecedores e especialistas do setor e converse sobre o futuro. Considere isso uma demonstração ao vivo do que acontece quando você considera novas vozes e faz novas perguntas.

7. Pare de buscar estratégias no CEO. Essa é difícil. Os executivos seniores precisam renunciar ao conceito de que são estrategistas prescientes, e todos os outros precisam parar de fingir que eles são. Só então uma organização levará a sério a estratégia aberta.

Toda organização deve ser aberta por definição. A grande divisória entre colaboradores internos e externos deve desaparecer, e a crença de que a estratégia começa no topo deve ser banida para sempre. Só então a organização terá a chance de se tornar tão resiliente quanto uma grande cidade ou uma universidade famosa.

— 12 —

O Poder da Experimentação

Você, caro leitor, é o produto de 4 bilhões de anos de experimentação. Ao longo das eras, a reprodução sexual, a mutação genética e a deriva genética (migração populacional) revisaram repetidamente a linguagem da vida, e a seleção natural — competição por recursos e parceiros — garantiu que a melhor prosa fosse reimpressa e compartilhada com a próxima geração. Como qualquer outro ser humano, você é um laboratório evolucionário. Seu genoma contém cerca de 150 mutações que não foram herdadas de seus pais.

Sua vida também é um laboratório. Quando criança, você experimentou diferentes comportamentos para ver qual chamava a atenção de seus pais e, depois, qual fazia você se dar bem na escola. Você experimentou penteados e roupas. Talvez tenha havido um momento em que namorou de forma experimental. Na faculdade, você pode ter testado diferentes cursos antes de decidir sua graduação. Mais tarde, experimentou diferentes empregos, hobbies, libações, amigos, pontos de vista políticos e até religiões. E você ainda está testando coisas novas — porque parar de experimentar é parar de crescer.

O que acontece com você também acontece com as instituições. O ritmo em que qualquer organização evolui é determinado em grande parte pelo número de experimentos que ela realiza. Apesar disso, a maioria dos empregadores oferece pouco incentivo aos funcionários que desejam "aprender fazendo".

A Aversão Burocrática à Experimentação

Normalmente, a capacidade de projetar e executar testes é domínio de um pequeno grupo de especialistas em P&D ou desenvolvimento de produtos. Mesmo nessas funções, qualquer coisa além de um teste A/B limitado geralmente requer a aprovação da gerência. Em nossa pesquisa com 10 mil leitores da *Harvard Business Review,* 61% dos entrevistados de grandes empresas disseram que é "muito difícil" para os funcionários da linha de frente tentar algo novo. Corroborando esse resultado, a pesquisa Great Jobs de 2019 da Gallup revelou que, nos Estados Unidos, apenas 9% dos funcionários não gerenciais concordam fortemente que são livres para assumir riscos em nome de melhorar produtos e serviços ou soluções.[1] Os gestores também se sentem presos. Na pesquisa anual de longa data do Boston Consulting Group com gestores seniores, uma "cultura de aversão ao risco" e "tempos de desenvolvimento excessivamente longos" são classificados de maneira consistente como as maiores barreiras à inovação.[2]

Burocracias são criadas para fabricar produtos com a máxima confiabilidade, e não apenas protótipos funcionais. Em uma burocracia, os desvios da prática padrão devem ser eliminados, não celebrados. Peça a um burocrata para fazer um experimento e as mãos dele começarão a suar. Um experimento é uma aposta arriscada no desconhecido, como pisar em uma casca de banana. Que recompensa existe em executar algo que tem mais probabilidade de falhar do que de dar certo? Paralisia coletiva é melhor do que humilhação pessoal.

A aversão ao risco é agravada por análises de investimento que eliminam projetos de alto risco — em que alto risco significa qualquer coisa que não tenha 90% de probabilidade de dar retorno positivo. Embora esse tipo de prudência possa fazer sentido para um grande projeto de capital, não faz sentido para um experimento que é apenas um esboço. A matemática é tão simples que chega a ser embaraçosa. O risco negativo de um projeto de US$100 milhões com 10% de chance de fracasso é de US$10 milhões. O risco de um experimento de US$5 mil com 90% de chance de fracasso é de US$4.500. No entanto, apesar das somas triviais envolvidas, não encontramos muitas organizações nas quais é possível obter financiamento para um experimento com uma chance de sucesso pequena. É uma loucura que, na maioria das organizações, um CEO tenha mais facilidade para obter um projeto de milhões de dólares por meio do conselho do que um operador de linha de frente para obter alguns milhares de dólares para realizar um experimento.

Estranhamente, o desejo de evitar riscos muitas vezes os amplia. Injetar dinheiro em grandes projetos que apresentam vantagens modestas é muito mais perigoso do que fomentar várias ideias em estágio inicial que estão mais na média. Em uma era de agitação, o incrementalismo é a aposta mais arriscada de todas. O que é necessário é uma mudança radical em como pensamos a respeito de experimentação. O objetivo não é simplesmente reduzir a incerteza em torno de novos produtos ou colocá-los no mercado mais rapidamente, mas construir uma organização na qual todos trabalhem para estender os limites do que é possível. É assim que uma organização garante segurança contra a irrelevância.

Uma Vantagem Evolutiva

Em 1956, o pioneiro da cibernética, o britânico Ross Ashby, formulou a "lei da variedade requerida", um axioma que se tornaria uma das ideias iniciais na teoria geral dos sistemas. A lei estabelece que, para que um sistema permaneça viável, ele deve ser capaz de gerar uma gama de respostas tão diversas quanto os desafios que seu ambiente apresenta. Como Ashby disse, "Apenas a variedade pode absorver a variedade". Reformulando em nossas próprias palavras, apenas um ritmo implacável de experimentação pode proteger uma organização de um ritmo implacável de mudança

Todo outono, milhares de bolotas caem de um carvalho, mas apenas um punhado delas acaba germinando. Na reprodução sexual, milhões de espermatozoides não conseguirão encontrar o óvulo. A inovação é igualmente um jogo de números.

Uma empresa de capital de risco revisará milhares de planos de negócios e entrevistará centenas de possíveis empreendedores antes de investir em alguma startup. Mesmo assim, a maioria dos novatos quebrará. Um estudo com 1.098 startups que obtiveram sua primeira rodada de financiamento entre 2008 e 2010 revelou que 70% haviam fechado as portas ou mal conseguiam se sustentar em 2017. Apenas uma empresa em vinte foi adquirida ou abriu o capital com uma avaliação de US$100 milhões ou mais, e apenas cinco empresas, ou menos da metade de 1%, alcançaram uma avaliação de mais de US$1 bilhão.[3]

Os investidores de risco entendem que você tem que beijar muitos sapos para encontrar seu príncipe ou princesa. Embora a maioria de suas apostas não dê retornos, em algum momento eles tropeçarão no próximo Square ou no Airbnb. Logo, embora o retorno modal em um fundo de investimento de risco provavelmente seja zero, o retorno médio pode ser extremamente positivo. Ainda assim, em nossa experiência, poucas empresas apreciam a distinção entre projeto de risco e portfólio de risco. Cada experiência potencial é avaliada por seus próprios méritos e espera-se que ultrapasse um alto padrão de viabilidade. Isso praticamente garante que a empresa nunca investirá no tipo de ideia maluca que pode realmente gerar um retorno mil vezes maior.

Aprender a aceitar o fracasso é um problema não apenas para os burocratas, mas também para todos os membros da equipe. É desanimador quando uma ideia não dá certo, mas aqui também é necessário adotar uma abordagem de gestão de portfólio. Considere a experiência de Matt Diffee, cartunista cujo trabalho aparece com frequência na *New Yorker*. A cada semana, o editor de quadrinhos da revista recebe cerca de mil inscrições de freelancers como Diffee, cada um com permissão para enviar até dez esboços. Para aumentar as chances de ser selecionado, Diffee geralmente cria 150 conceitos antes de escolher alguns para enviar. O segredo do sucesso, como qualquer profissional criativo lhe dirá, é ser prolífico.

A liberdade mais importante que uma organização pode conceder a seus funcionários é a liberdade de falhar. Você deve se lembrar da nossa história sobre um membro da equipe de linha de frente na fábrica da Nucor em Blytheville que passou vários anos experimentando novos materiais para uma panela siderúrgica gigante e, finalmente, alcançou uma melhoria de duas vezes em custo e durabilidade. Seus experimentos por vezes levaram a becos sem saída, mas graças a uma cultura que honra o poder de aprender experimentando, ele perseverou.

O Ethos da Experimentação

Poucas organizações abraçaram a experimentação com tanto entusiasmo quanto a Amazon, indiscutivelmente a empresa mais inovadora do mundo. Seus avanços incluem a Amazon Marketplace, a plataforma da empresa para vendedores terceirizados; o Kindle, o e-reader mais popular do mundo; a Amazon Web Services, líder em computação em nuvem; a Alexa, assistente de voz da Amazon; e a Amazon Go, um mercado experimental sem filas no caixa. Por trás dessas inovações marcantes estão centenas de descobertas menos perceptíveis — como "embalagens livres de frustração", uma iniciativa projetada para reduzir o excesso de embalagens que, até agora, eliminou 215 mil toneladas de embalagens e economizou 360 milhões em caixas para remessa.

O crescimento implacável da Amazon não é produto de algumas iniciativas top-down criadas de maneira brilhante, mas de uma cultura que incentiva uma implacável experimentação bottom-up. "Nosso sucesso", conta Jeff Bezos, "é uma função de quantos experimentos fazemos por ano, por mês, por semana, por dia".[4] Bezos também lembra a seus colegas com frequência que, se você sabe com antecedência que algo vai funcionar, não é um experimento.

Um dos experimentos mais notáveis da Amazon foi a tentativa inicial do funcionário Greg Linden de criar um mecanismo de recomendação de e-commerce. Pouco depois de ingressar na empresa em 1997, Linden se perguntou se seria possível convencer os clientes a fazer o tipo de compra por impulso que os supermercados incentivam quando colocam doces e outros itens pequenos perto dos caixas. Linden avaliou que a Amazon poderia usar seu vasto acervo de dados para oferecer a cada cliente uma variedade de itens personalizados de acordo com suas preferências. Ele logo criou uma página que incluía um conjunto de recomendações personalizadas. Os colegas de Linden em geral estavam entusiasmados com a ideia, mas um vice-presidente influente se opôs. Temendo que o recurso proposto complicasse o processo de checkout, ele ordenou que Linden arquivasse o plano. Normalmente, a história termina aí, mas Linden sabia que a tomada de decisões na Amazon era mais sobre dados do que sobre opiniões, então ele continuou. Quando o teste foi lançado, os resultados foram imediatamente positivos. Os clientes adoraram as sugestões personalizadas e o aumento da receita foi substancial. Hoje, cerca de 35% das vendas de varejo da Amazon são geradas por recomendações do site. A descoberta de Linden rendeu a ele o reverenciado prêmio "Just Do It" da empresa — um tênis Nike usado presenteado por Bezos.

A experiência ensinou a Linden uma lição crucial. Como ele escreveria mais tarde, "Todos devem ser capazes de experimentar, aprender e iterar. Posição, obediência e tradição não devem ter nenhum poder. Para que a inovação evolua, a determinação deve ser a regra".[5] Você consegue imaginar seu CEO apoiando essa proposta? Se não, há poucas chances de sua organização vencer a corrida até o futuro.

A experimentação requer paciência, uma virtude visivelmente ausente na maioria das burocracias. A culpa geralmente é da falta de ambição. Na ausência de uma aspiração nobre, as equipes de projetos podem ser tentadas a desistir quando os primeiros experimentos não dão resultados. A Apple levou quatro anos e incontáveis experimentos para aperfeiçoar a tecnologia por trás da tela sensível ao toque do iPhone. Os engenheiros da empresa insistiram porque viram uma oportunidade de redefinir a forma como os seres humanos interagiam com a tecnologia. Da mesma forma, a Waymo, subsidiária da Alphabet, está sendo encorajada em sua busca para desenvolver veículos autônomos há dez anos com a promessa de um transporte mais seguro e eficiente. A questão é que, quando você acredita que está em uma jornada épica, experimentos fracassados não destroem seu ânimo.

Intuit: Criando uma Cultura de Experimentação

Talvez nenhuma empresa tenha trabalhado mais para criar uma cultura de experimentação do que a Intuit, empresa de software financeiro que atende 50 milhões de clientes em todo o mundo. Lançado em 1983, o primeiro produto da Intuit foi o Quicken, um programa de contabilidade para pequenas empresas que era embalado em disquetes de 5,25 polegadas. Hoje, a Intuit oferece um conjunto de produtos com acesso pela nuvem que cobrem declaração de impostos (TurboTax e ProConnect), contabilidade (QuickBooks) e gerenciamento móvel de dinheiro (por meio do aplicativo Mint). Ela também ganha dinheiro com a comercialização de capital de terceiros para sua base de usuários em constante expansão. Nos últimos dez anos, as vendas da Intuit dobraram para US$7 bilhões, e o preço de suas ações cresceu quase duas vezes mais rápido que o índice de software S&P 500.

O compromisso da Intuit com a experimentação é um legado de seu fundador, Scott Cook. Antes de iniciar a empresa, Cook trabalhou na Procter & Gamble. Frustrado com o que percebeu ser uma cultura de aversão ao risco, Cook supôs que abrir sua própria empresa seria uma experiência libertadora.

No entanto, à medida que a Intuit crescia, Cook percebeu que sua empresa era igualmente vulnerável ao torpor burocrático. A empresa contratou dezenas de gerentes com habilidades analíticas afiadas, mas poucos tinham vontade de se arriscar. Cada opinião da gerência era apoiada por uma apresentação de cinquenta slides. No meio de mais uma sessão de planejamento entediante, Cook explodiu. Não haveria mais "decisão burocrática", declarou. "Chega de decisão por PowerPoint, persuasão, posição ou poder." Dali em diante, seria "decisão por experimentação".[6] Cook disse a seus colegas para colocarem a mão na massa, descobrir necessidades não atendidas, desenvolver hipóteses sobre como atendê-las, construir protótipos e testá-los com clientes reais. Aliás, Cook acrescentou, daquele momento em diante, esperava que todos na empresa operassem dessa forma.

O NASCIMENTO DO SNAPTAX. A maioria dos membros da equipe, como Carol Howe, gerente de produto do TurboTax, foi estimulada pelo recém-descoberto entusiasmo da Intuit pela experimentação. Howe ficou impressionada com a forma como o iPhone simplificava uma miríade de tarefas, e se perguntou se um smartphone poderia simplificar as declarações de impostos — uma experiência tão sem atrito quanto queimadura por fricção. E se os clientes pudessem usar seus smartphones para ajudar a preparar seus formulários fiscais? Assim, Howe e alguns colegas logo conversaram com clientes. O que eles achavam das ferramentas de PC vigentes da Intuit? Como usavam seus smartphones? Eles conseguiam imaginar pagar seus impostos por meio de um dispositivo móvel? Os clientes jovens, em particular, ficaram entusiasmados com a ideia.

A próxima etapa era montar um modelo que esboçasse como o aplicativo funcionaria. Munido deste protótipo de baixa fidelidade, Howe e sua equipe se espalharam para obter mais feedback. Seis semanas depois, eles estavam com o primeiro rascunho do aplicativo. Os próximos dois meses envolveram sprints de teste semanais, revisão, brainstorming, codificação e novos testes. A ideia original era que os clientes transferissem dados de seus smartphones para um computador antes de enviar seus formulários fiscais pela internet. Howe lembra que à medida que a equipe "testava mais e mais, nossos olhos se abriam. Os clientes estavam perguntando 'por que tenho que voltar para meu computador?'"[7] No início de 2010, menos de seis meses após o início do projeto, a Intuit lançou o SnapTax para os contribuintes da Califórnia. Um ano depois, o aplicativo foi lançado para o país inteiro. Nas primeiras semanas, o SnapTax foi baixado mais de 350 mil vezes e ultrapassou o Angry Birds como o aplicativo número um na iTunes Store.[8]

O SnapTax foi uma vitória rápida para a Intuit. Em outros casos, o projeto experimental demorou mais. Durante anos, a Intuit sonhou em conquistar uma fatia do negócio de preparação profissional de impostos. Em abril de 2012, Brian Croft, gerente de produto de nível intermediário, apresentou a ideia de uma plataforma online que conectaria clientes da Intuit com preparadores fiscais independentes. Após receber luz verde, a pequena equipe de Croft criou um vídeo curto para dar vida à ideia. Quando o clipe foi exibido para 250 clientes em potencial, uma terceira parte expressou interesse no serviço. Confiantes de que estavam no caminho certo, a equipe construiu uma versão beta, batizada de "PersonalPro", e começou a testá-la com um pequeno grupo de preparadores e clientes. Os resultados foram promissores, e um teste maior, envolvendo 200 contadores e 2 mil clientes, foi lançado no início de 2013.[9]

No início de 2014, após várias rodadas de desenvolvimento, o conceito do produto estava pronto para um teste mais sério. A implementação, restrita à área metropolitana de Dallas, apresentou dois resultados surpreendentes. Primeiro, quase um terço dos clientes que se inscreveram era proprietário de pequenas empresas; eles também foram o grupo mais satisfeito com o novo serviço. Em segundo lugar, em vários casos, os consumidores disseram que preferiam obter aconselhamento em tempo real sobre seus próprios processos em vez de terceirizar toda a tarefa para um contador.[10] Em resposta, a Intuit dividiu o PersonalPro em duas ofertas. A primeira foi disposta como plataforma de *matchmaking* para pequenas empresas e contadores. A segunda, TurboTax Live, oferecia aconselhamento em tempo real para consumidores que declaravam seus próprios impostos. Ambos os serviços têm destaque nas ofertas atuais da Intuit e corroboram com a estratégia abrangente da empresa de criar um ecossistema que conecta clientes e parceiros

Tornando a Experimentação Dominante

Como Iverson na Nucor e Zhang na Haier, o objetivo final de Cook era inspirar entusiasmo empreendedor em sua empresa. "Espera-se que cada funcionário", disse ele, "pense como empreendedor, e é trabalho de todos criar, inventar e procurar maneiras novas e melhores de aprimorar a vida de nossos clientes". Tais exortações, Cook sabia, não mudariam muita coisa. Para sustentar sua retórica, ele desafiou os colegas a criar uma "série de sistemas e uma cultura" que "tornariam mais fácil, rápido e barato para todos realizarem um experimento".[11] Cook argumentou que iniciativas como SnapTax e TurboTax Live devem ser a norma, não a exceção. A empresa inteira precisava ser um laboratório.

O desafio de Cook inspirou todos por anos a tornar a experimentação uma habilidade de toda a empresa. Hoje, a Intuit a estimula de cinco maneiras principais.

EQUIPES EXPERIMENTAIS.   A Intuit reúne pequenas "equipes de descoberta", como as que estão por trás do SnapTax e do PersonalPro, em torno de ideias promissoras. Uma equipe comum inclui indivíduos dos departamentos de engenharia, gerenciamento de produto e design — o que Cook chama de "um hacker, um incansável e um sonhador".[12] Uma vez formadas, essas equipes operam fora da cadeia de comando e desfrutam de um alto nível de autonomia. Para garantir que não se atolem na burocracia, as equipes são reunidas com patrocinadores executivos. A equipe do SnapTax, por exemplo, recebeu mentoria do vice-presidente de gerenciamento de produto da TurboTax, do vice-presidente de engenharia da Intuit e de Scott Cook. Os patrocinadores se reúnem com as equipes uma vez por semana para oferecer treinamento, remover gargalos e ajudar a obter recursos. Suporte adicional vem dos Catalisadores de Inovação da Intuit — um grupo de duzentos "faixas pretas" em experimentação que dedicam 10% de seu tempo ajudando colegas a identificar as necessidades do cliente, projetar experimentos e construir protótipos.

TREINAMENTO PARA INOVAÇÃO.   Projetar experimentos exige habilidade e, na Intuit, todo funcionário tem a chance de se tornar um profissional. O currículo de inovação da empresa, Design for Delight (D4D), é um curso de uma semana que desenvolve habilidades em três áreas: empatia com o cliente, desenvolvimento de ideias e prototipagem rápida. Espera-se que os novos contratados concluam o curso nos primeiros três meses. O treinamento adicional é oferecido por meio do "Lean StartIn", um workshop de uma semana em que uma equipe usa a metodologia D4D para abordar os pontos problemáticos do cliente. Ao longo de cinco dias, o grupo desenvolve de três a quatro protótipos e executa vários testes.[13] Mais de 2 mil funcionários participaram de um Lean StartIn desde o lançamento do programa, em 2012.

HORA DA EXPERIMENTAÇÃO.   A Intuit também apoia a experimentação no "tempo ocioso". Todos os associados são incentivados a gastar 10% do seu tempo trabalhando em um projeto de interesse pessoal. Os funcionários podem consolidar esse tempo em blocos e são encorajados a reunir-se com os colegas para resolver problemas complexos. Por exemplo, a equipe responsável pelos Quick Books economizou seu tempo ao longo de vários meses para que pudesse dedicar uma semana inteira ao brainstorming de novos recursos do produto. Durante a semana, a equipe criou um protótipo para uma versão móvel de seu produto exclusivo.[14] Jeff Zias, um líder de inovação da Intuit, calcula que, na última década, o tempo ocioso gerou quinhentos projetos distintos que, por fim, entregaram produtos ou serviços para empresas internas e clientes externos.

FINANCIAMENTO ESPECÍFICO. Os inovadores da Intuit têm múltiplas fontes de capital experimental. Cada departamento tem um orçamento de experimentação para melhorar os produtos atuais. Os aspirantes a experimentadores também podem competir por fundos em desafios de inovação periódicos e hackathons. Por último, os inovadores podem buscar o apoio do Fundo CEO, um orçamento discricionário que Cook estabeleceu para garantir que ideias diferentes não fiquem sem recursos. Normalmente, os investimentos são pequenos — dezenas de milhares de dólares ao longo de dois a três meses — mas podem variar mais quando uma ideia precisa de mais elaboração. A PersonalPro, por exemplo, recebeu milhões de dólares ao longo de três anos.[15] Espera-se que negócios existentes utilizem o Fundo CEO para ideias que beneficiarão seus clientes.

HABILITANDO DEPARTAMENTOS. Os departamentos de suporte são responsáveis por permitir a experimentação. Em 2012, o departamento de TI da Intuit reduziu o tempo necessário para configurar um teste online de dois meses para duas horas. No ano seguinte, o departamento jurídico publicou diretrizes sobre como executar um experimento sem a necessidade de uma aprovação legal. Espera-se também que os membros da equipe testem seus próprios serviços. Há alguns anos, um gerente de projeto de RH fez o protótipo de um programa que colocava candidatos em um projeto ativo da Intuit antes da decisão final de contratação. Os resultados foram tão impressionantes que agora esta é uma parte fundamental do processo de recrutamento da empresa.[16]

A experimentação não é apenas para gigantes do e-commerce e empresas de software. Os funcionários da Toyota contribuem com mais de 1 milhão de sugestões de melhoria todos os anos. A maioria dessas sugestões é mais do que meras ideias; são relatórios de experiências que já produziram resultados. Estimamos o impacto econômico em centenas de milhões de dólares por ano em aumento de produtividade.

A Amazon, a Intuit e a Toyota mostram o que é possível quando você enxerga toda a empresa como um laboratório. De cima para baixo, o ethos é "demonstre, não apenas diga". Construir uma maquete, esboçar algo em um guardanapo, fazer um storyboard, gravar um vídeo. Essas empresas sabem que o simples ato de transformar um conceito em algo tangível muitas vezes revela falhas ocultas e oportunidades de tornar a ideia melhor. Em uma humanocracia, todos precisam ser criadores, arregaçar as mangas, sujar as mãos e construir algo.

Embora a mera extravagância da experimentação — pense em todas aquelas bolotas desperdiçadas! — possa irritar a mente burocrática, é a única maneira de chegar primeiro no futuro.

Para Começar

Se está pronto para transformar *sua* organização em um centro de pesquisas, leia a seguir uma lista de tarefas iniciais.

1. Crie um compromisso compartilhado para aumentar o número de experimentos que sua organização executa a cada ano em dez ou cem vezes. Defina metas provisórias para o número de experimentos que devem ser executados por cada equipe, departamento e unidade de negócios. Ter como meta um experimento anual por funcionário é um bom ponto de partida.

2. Equipe todos com as habilidades necessárias para projetar e executar seus próprios experimentos. Há muitos cursos disponíveis sobre design thinking e prototipagem rápida que você pode compartilhar com os colegas.

3. Incentive as pessoas a construir experimentos em vez de elaborar planos mirabolantes, e faça disso um pré-requisito para obter financiamento inicial. Se alguém não se importa o suficiente com uma ideia para construir algo, não invista.

4. Remova as barreiras que dificultam o financiamento e o lançamento de experimentos pelos membros da equipe. Começando com sua própria equipe, crie um pequeno orçamento para experimentação. Incentive aqueles que trabalham para você a reservar algumas horas por semana para o tempo ocioso.

5. Exija que todos os grupos de funcionários relatem mensalmente como estão apoiando os experimentos locais e o que estão fazendo para tornar mais fácil para as equipes da linha de frente experimentarem coisas novas.

6. Corte as consequências pessoais de experimentos que dão errado. Lembre às pessoas de que a maioria dos experimentos falhará. Certifique-se de que os membros da equipe recebam crédito por realizar experiências, seja qual for o resultado.

7. Mantenha líderes de todos os níveis responsáveis por orientar os experimentos. Peça aos funcionários para avaliarem seus gestores sobre em que medida eles criam um ambiente propício para decisões de risco e experimentação.

A natureza é eternamente inquieta. Ela não fica inerte, não espera por uma catástrofe, não pede permissão, não planeja — apenas experimenta coisas. Isso também precisa ser verdadeiro para sua organização. Isso significa permitir que as pessoas sejam tão experimentais no trabalho quanto no resto de suas vidas. Nas palavras do grande pensador sobre gerenciamento, Elvis Presley, é hora de "um pouco menos de conversa e um pouco mais de ação". Portanto, apenas *tente* algo novo.

O Poder do Paradoxo

Não seria ótimo se a vida fosse simples? Se você nunca tivesse que abrir mão de uma coisa por outra? Se nunca tivesse que escolher nada? Se pudesse pedir a mão e levar o braço junto? Não seria tudo mais fácil? Talvez, mas também tornaria a vida insuportavelmente chata. Honestamente, você quer mesmo ser dispensado da necessidade de exercitar sua mente? Claro, há momentos em que gostaríamos que as alternativas não fossem tão rígidas ou que tivéssemos mais informações, mas a maioria de nós provavelmente não está ansiosa por um mundo em que cada decisão seja tão facilmente exposta e resolvida que o trabalho de fazer escolhas pode ser delegado a um algoritmo. Os dilemas são o que tornam a vida interessante.

O Paradoxo Inevitável

Algumas escolhas são simples: saio para correr e espairecer a cabeça ou encaro a tarefa que tenho em mãos? Muitas dessas escolhas são resultado do tempo limitado. A quantidade de coisas que conseguimos fazer em um dia é restrita.

As escolhas mais difíceis envolvem objetivos que são, ou parecem ser, contraditórios. Protejo minha filha adolescente de uma decisão errada que ela tomou (compaixão) ou a deixo sofrer as consequências (responsabilidade)? Invisto de forma conservadora para proteger meu pecúlio (segurança financeira) ou corro riscos maiores na esperança de ter uma aposentadoria mais confortável (ganho financeiro)? Passo o fim de semana ajudando um amigo a se mudar (amor ao próximo) ou viajo para as montanhas para recarregar as baterias (autocuidado)? Essas decisões, como a maioria das escolhas importantes que encaramos, envolvem um paradoxo.

Como seres humanos, pensar é o que fazemos — é o nosso truque —, mas nada nos desafia a pensar mais do que um paradoxo. Ao usar a palavra paradoxo aqui, nota-se que ele envolve não apenas uma escolha, mas uma em que as alternativas são mutuamente desejáveis e mutuamente excludentes. Em alguns casos, as alternativas refletirão verdades profundas, mas aparentemente irreconciliáveis. Nosso cérebro é levado ao extremo quando é confrontado com escolhas importantes que incorporam ideais que parecem conflitantes. Em um mundo sem paradoxo, não haveria reflexões a se fazer e haveria poucas oportunidades para nos tornarmos mais perspicazes. Não importaria se tivéssemos livre arbítrio ou não, já que os ganhos seriam muito baixos. Søren Kierkegaard, o filósofo dinamarquês, estava certo quando argumentou que o paradoxo é "o *pathos* da vida intelectual". Para nossa sorte, o paradoxo parece estar embutido no universo. Vamos considerar alguns exemplos.

Certeza versus Incerteza

A ciência é a busca de regularidades na natureza. As leis da física e da química nos permitem fazer previsões altamente precisas dos fenômenos físicos. Até o início do século XX, muitos cientistas acreditavam que, se fosse possível especificar com precisão o estado do universo em um ponto no tempo, seríamos capazes de prever todos os estados futuros. Hoje, a maioria dos físicos não acredita que isso seja verdade. Embora possamos fazer previsões sobre certas coisas com um alto grau de confiabilidade — órbitas planetárias e o comportamento dos fluidos quando aquecidos, por exemplo —, essa previsibilidade falha no nível subatômico.

Partículas quânticas, as menores estruturas conhecidas pela ciência, podem existir em vários estados simultaneamente — um fenômeno conhecido como "superposição". Uma partícula assume um estado específico apenas observado uma vez. O problema é que é impossível saber com antecedência qual será esse estado. Isso não significa que não se possa prever uma série de resultados para uma partícula quântica, mas sim que há um limite inerente à nossa capacidade de prever o comportamento dos sistemas físicos. A descoberta dessa aparente aleatoriedade foi tão perturbadora que até Albert Einstein teve dificuldades com suas implicações. "Deus", brincou ele, "não joga dados com o universo". Talvez não, mas é indiscutível que nosso universo é ao mesmo tempo altamente previsível e imprevisível.

Esquerda versus Direita

Há uma razão pela qual os partidos políticos tendem a se posicionar em um espectro esquerda/direita. Esquerda e direita são simplificações para suposições totalmente diferentes a respeito da natureza dos seres humanos, o papel do Estado e os méritos da mudança. O conservadorismo, disse o filósofo britânico Roger Scruton, "trata de conservar as coisas: não tudo, claro, mas as coisas boas que admiramos e estimamos e que, se não forem cuidadas, podemos perder".[1] Os conservadores são receosos com mudanças abruptas e suas consequências indesejadas. Os progressistas, em contraste, acreditam que o progresso social deve ser perseguido com convicção. Nada nunca é "bom o suficiente", então o grande projeto de melhorar a sociedade deve ser levado adiante. A Tabela 13-1 resume algumas das principais diferenças acerca de como conservadores e progressistas veem o mundo.

TABELA 13-1

Esquerda versus Direita

Cosmovisão progressista	Cosmovisão conservadora
Tradições e instituições perpetuam estruturas de poder existentes que muitas vezes são barreiras à justiça social.	Rejeitar o conhecimento arduamente conquistado que está incorporado em nossas instituições e tradições abre as portas para o caos social.
O Estado garante os direitos individuais, e seu poder pode ser usado para melhorar a condição humana.	O Estado é a maior ameaça à liberdade humana, e seu poder deve ser fortemente limitado.
Se os indivíduos prosperam ou não, é uma questão relacionada principalmente às oportunidades oferecidas pela sociedade.	Se os indivíduos prosperam ou não, é uma questão relacionada principalmente ao seu caráter e às suas escolhas.
Dada a realidade do preconceito, da pobreza e de outros males sociais, políticas reformistas podem fazer muito para reduzir a desigualdade sistêmica.	Dadas as diferenças inatas das habilidades e preferências humanas, não se espera que política nenhuma produza igualdade de resultados.
Os grandes desafios que enfrentamos para criar uma sociedade mais justa exigem que sejamos ousados em nossa abordagem de mudança.	As imperfeições humanas e a lei das consequências não intencionais significam que devemos ser cautelosos com programas de mudança ousados.

Tanto conservadores quanto progressistas têm seus pontos cegos. É provável que um conservador afirme que o sucesso pessoal é produto de trabalho árduo, enquanto ignora o papel do gênero, da raça e da classe. Em contraste, um progressista tende a culpar as dificuldades individuais em um sistema deturpado, enquanto minimiza a importância da autodisciplina e da tenacidade. Cada ponto de vista, sozinho, é perigoso. Conservadorismo sem progressismo idolatra o passado. Progressivismo sem conservadorismo vandaliza o passado. Falando em direita e esquerda, Ralph Waldo Emerson argumentou com propriedade: "Cada qual é uma boa metade, mas um todo impossível."[2]

Misericórdia versus Justiça

Muitos sistemas de fé são paradoxais em sua essência. Leia o Antigo Testamento e você encontrará relatos extremamente conflitantes sobre o caráter de Deus. O Salmo 7:11 afirma que "Deus é juiz justo, um Deus que se ira todos os dias". Caramba! Felizmente, o Todo Poderoso tem um lado mais tranquilo. Mais adiante, o salmista declara que "Misericordioso e piedoso é o Senhor; longânimo e grande em benignidade". (Salmos 103:8). Uau! Mas calma, Deus é bipolar? Os teólogos dirão que não. O caráter de Deus simplesmente reflete o paradoxo inerente entre misericórdia e justiça.

Quando agimos com transgressão, imploramos por misericórdia — "Desculpe, estava correndo, policial, pois estou atrasado para pegar minha filha". Quando outros cometem um delito, exigimos justiça — "Olhe como aquele idiota está dirigindo. Eu gostaria que um policial o parasse". Embora queiramos a balança inclinada a nosso favor, reconhecemos que misericórdia e justiça são indispensáveis.

A maioria de nós não gostaria de viver em uma sociedade na qual todas as infrações fossem punidas imediatamente, na qual não houvesse perdão e nem segundas chances. Isso seria a vida sob a ordem Talibã. E, se formos honestos, também ficaríamos infelizes com o excesso de benevolência. Imagine um mundo no qual ninguém fosse responsabilizado por suas ações, no qual não houvesse limites legais ou morais e no qual os malfeitores pudessem escapar impunes de quase tudo. Isso é Las Vegas, e depois de uns três dias parece simplesmente exagerado.

Toda criança tem uma experiência em primeira mão com misericórdia e justiça. "Eu sei que minha mãe me ama", pensa uma criança de 4 anos, "mas quando jogo meus brinquedos, ela fica má e resmungona. Quando me dou conta, estou sentado sem brinquedos em uma cadeira dura. Ela chama isso de 'castigo'; eu chamo de perda de tempo. Mas é estranho, porque depois de 10 minutos, ela volta, me dá um abraço e tudo fica bem. Confuso demais, se quer saber minha opinião, mas acho que é o paradoxo do amor e da disciplina". Realmente, pequenino. Charles Simeon, clérigo do século XIX e membro do King's College, Cambridge, falou bem quando argumentou sobre misericórdia e justiça: "A verdade não está no meio e nem em um extremo; está em ambos os extremos."[3] G. K. Chesterton, escritor inglês, expressou uma ideia semelhante quando definiu paradoxo como "duas cordas da verdade que são opostas e se entrelaçaram em um nó indissociável".[4]

Um paradoxo é perturbador. Não é fácil ter duas visões opostas em nossas cabeças. Porém, quando lutamos com o paradoxo, enfrentamos o mundo como ele é, cheio de complexidade e ambiguidade. Indivíduos que resistem e lidam construtivamente com o paradoxo estão em vantagem. Suas reações são matizadas e sofisticadas, e representam uma melhor adequação à realidade do mundo ao seu redor.

Cientistas que abraçam o conflito entre estruturas teóricas opostas têm a chance de descobrir verdades novas e mais profundas. Os juristas (e pais) que navegam habilmente entre a misericórdia e a justiça são mais humanos e eficazes. Os sistemas políticos que resistem a fraturas ideológicas são melhores na formulação de políticas eficazes. Dominar o paradoxo é igualmente vital para nossas organizações.

Nada Sutil

Quais são as prioridades em competição em sua empresa? Talvez seja escala versus flexibilidade, disciplina versus criatividade, diligência versus velocidade ou prudência versus tomada de risco. Cada uma dessas escolhas reflete um paradoxo mais profundo, a tensão entre *extrapolar* e *explorar*. Décadas atrás, James March, o teórico organizacional e vencedor do Prêmio Nobel, argumentou que o problema mais básico para qualquer organização era "engajar-se na exploração necessária para garantir sua viabilidade atual e, ao mesmo tempo, dedicar energia suficiente à exploração para garantir sua viabilidade futura".[5]

A evidência sugere que poucas organizações fazem isso de maneira correta. Como observamos nos capítulos anteriores, empresas líderes raramente inventam o futuro. Via de regra, não são elas que criam novos modelos de negócios ou redefinem as expectativas dos clientes. Elas não são as primeiras a explorar novas tecnologias ou a aproveitar tendências emergentes. Em vez disso, colhem produtividade fazendo as mesmas coisas repetidamente.

Considere a indústria farmacêutica. Em 2018, as dez maiores empresas farmacêuticas do mundo gastaram mais de US$76 bilhões em P&D — 42% do total global.[6] No entanto, dos 59 medicamentos que foram aprovados naquele ano, apenas 15% foram criados nos laboratórios das dez gigantes farmacêuticas.[7] Pequenos inovadores com menos de US$1 bilhão em vendas corresponderam a 63% de todas as aprovações de novos medicamentos.

Pedro Cuatrecasas, um veterano da indústria que trouxe mais de quarenta medicamentos ao mercado, culpa a burocracia pelo problema das grandes farmacêuticas:

> [As empresas farmacêuticas se sentiram] confiantes de que poderiam administrar e exigir resultados com disciplina, ordem, formalidade e eficiência. Infelizmente, muitas dessas qualidades sufocam a criatividade e a inovação. Liberdade, espontaneidade, flexibilidade, agilidade, tolerância, compaixão, humor e diversidade foram substituídos por estruturas organizacionais volumosas e inflexíveis caracterizadas por arregimentação, controle, conformidade e burocracia excessiva.[8]

A inovação é a força vital de todas as organizações e em nenhum lugar isso é mais verdadeiro do que na indústria farmacêutica. No entanto, mesmo aqui, os defensores da inovação são frequentemente superados pelas forças massificadas de administradores centralizadores e obcecados por compliance.

Na maioria das organizações, o que deveria ser uma competição equilibrada entre *extrapolar* e *explorar* é uma surra unilateral. Considere sua própria organização. Onde isso se encaixa nas escolhas mostradas na Figura 13-1? O que os líderes consideram essencial versus opcional? O que chama a atenção da alta administração e o que é ignorado?

Não é que os burocratas sejam alheios a esses dilemas; só que eles favorecem sistematicamente aqueles à direita. Isso é em parte uma questão de temperamento. As grandes organizações estão repletas de contadores, advogados e gestores profissionais. Por sua predisposição e treinamento, eles tendem a valorizar a estabilidade e a segurança em vez do dinamismo e da ousadia. Esse estado de espírito é reforçado por processos cansativos — definição de metas, orçamento, gerenciamento de projetos, medição de desempenho e promoção — que favorecem a constância em vez da mudança.

FIGURA 13-1

Explorar versus Extrapolar

Como você classificaria a importância relativa destas prioridades na sua organização?

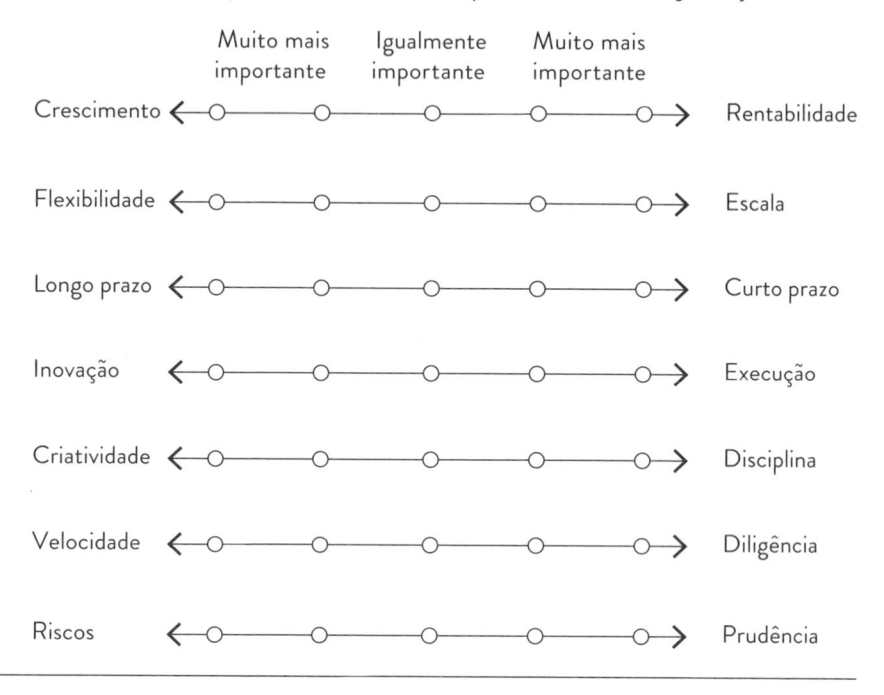

	Muito mais importante	Igualmente importante	Muito mais importante	

Crescimento ← Rentabilidade
Flexibilidade ← Escala
Longo prazo ← Curto prazo
Inovação ← Execução
Criatividade ← Disciplina
Velocidade ← Diligência
Riscos ← Prudência

As assimetrias de informação distorcem ainda mais os dilemas. Os sistemas de informação corporativa coletam grandes quantidades de dados sobre a eficiência operacional, mas, em geral, falham em obter o custo da criatividade inexplorada, da iniciativa desperdiçada, de oportunidades perdidas, da inércia estratégica e do medo exagerado do fracasso. É impossível ser perspicaz a respeito de uma escolha se seus dados mostram apenas metade da situação.

Há uma ameaça final à sutileza: os burocratas abominam a ambiguidade. Seu senso de ordem é ofendido pela ideia de que nem todos os dilemas podem ser resolvidos de uma vez por todas. A uniformidade é uma virtude. Não importa que qualquer política universal esteja errada na maioria das vezes — como quando um congelamento de contratação geral pune injustamente uma unidade pequena, mas de crescimento rápido, ou uma política zelosa incomoda um cliente que vale muito. A alternativa seria conceder àqueles que estão na linha de frente a liberdade de otimizar suas escolhas localmente, conforme as circunstâncias exigirem. Para um burocrata, isso é uma maldição, já que prejudica a "ordem". Como é possível gerenciar uma grande organização se as pessoas no local são livres para fazer suas próprias coisas? Precisamos saber o que está acontecendo, e isso só é possível quando todos seguem o mesmo roteiro. Isso, mais do que qualquer outra coisa, explica por que os líderes seniores favorecem estruturas e políticas aplicadas de maneira uniforme — sim, podem ser inadequadas, mas reduzem a carga cognitiva sobre os líderes executivos. Eles fazem o mundo *parecer* compreensível para os que estão no topo e, assim, ajudam a preservar a ilusão de controle.

A aversão burocrática à ambiguidade leva ao pensamento preto no branco — seja centralização ou descentralização, autonomia ou compliance, tamanho ou agilidade. Com certeza, algumas escolhas são de soma zero. O dinheiro usado para recomprar ações não pode ser gasto em P&D. Mas nem todo dilema é indissolúvel. Cinquenta anos atrás, os executivos de manufatura acreditavam que custo e qualidade eram mutuamente excludentes. Você poderia comprar um Mercedes-Benz meticulosamente fabricado que rodaria por mais de 300 mil quilômetros ou uma lata velha — um Yugo, talvez — que passaria boa parte da vida no conserto. Então, na década de 1970, as montadoras japonesas chocaram suas concorrentes ao reimaginar essa escolha. Eles reconheceram que, ao adotar uma abordagem sistemática para melhorar a qualidade — por meio de controle estatístico de processos, amplo treinamento, redesenho de processos, trabalho em equipe aprimorado e metas ambiciosas de qualidade —, poderiam produzir carros baratos *e* confiáveis. Ao transcender o que há muito era considerado como uma escolha paradoxal, as montadoras japonesas ganharam uma vantagem competitiva que duraria uma geração.

Em última análise, é claro, atinge-se um limite. As melhorias de qualidade se compensam, mas apenas até certo ponto. Se deseja assentos de carro feitos de couro escolhido à mão, esteja preparado para pagar mais. No entanto, quando falamos de *extrapolar* versus *explorar*, muitos gestores acreditam que atingiram o limite quando ainda estão muito distantes. Eles estão no ponto A da Figura 13-2 e assumem que é impossível obter outra unidade de "exploração" (movendo-se para cima no eixo vertical) sem desistir de unidades de "extrapolação" (movendo-se para a esquerda no eixo horizontal). Eles conseguem ver como chegar ao ponto B, mas não conseguem imaginar como chegar ao ponto C.

FIGURA 13-2

Reimaginando o Dilema Extrapolar/Explorar

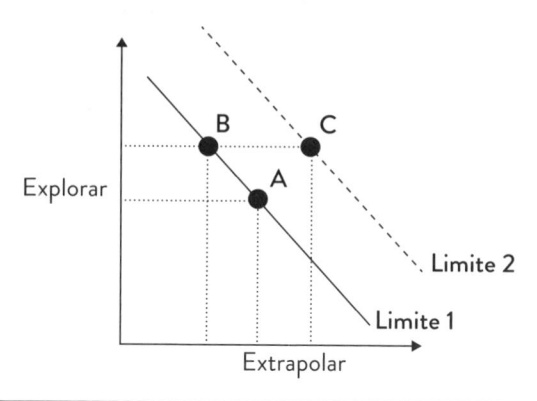

Em muitas organizações, a busca por trade-offs, ou escolhas, de ordem superior é frustrada pelo que é, em essência, fanatismo religioso. Se você cresceu em uma doutrina "enxuta", provavelmente, por reflexo, desconsiderará os méritos de outros sistemas. Você está convencido de que o rigor e a arregimentação são os caminhos mais seguros para a criação de valor. Por outro lado, se foi batizado nas águas do "design thinking", você acredita que o pensamento empático e lateral são as chaves para o sucesso. Essas crenças profundamente arraigadas podem transformar debates sobre trade-offs em cruzadas. Os burocratas veem os tipos criativos como perigosamente irracionais, enquanto os sonhadores veem os contadores como pedantes sem inspiração. Enquanto cada lado estiver encurralado em seu bunker ideológico, há pouca oportunidade de mudar os limites.

Mais cedo ou mais tarde, trade-offs medíocres e unilaterais desencadeiam uma contrarreação: "Ah meu Deus, há anos não temos um crescimento na receita bruta. Precisamos acelerar nosso motor de inovação." Normalmente, um novo CEO é contratado para reverter o curso, mas ultrapassa a meta. O pêndulo, há muito fixado em um extremo, é empurrado para o polo oposto.

Antes de continuar, vamos relembrar:

- Burocracias são máquinas de réplica. São projetadas para *extrapolar*, não para *explorar*.

- Burocracias tendem a ser monoculturas. Elas são administradas por indivíduos inclinados a favorecer o status quo.

- Sistemas de informação burocráticos falham em capturar os custos ocultos dos trade-offs unilaterais. Como resultado, muitas decisões são insuficientes e, portanto, abaixo do ideal.

- Burocracias tendem a impor trocas uniformes em toda a organização. Embora pouco sofisticado, isso preserva o poder central e o senso de ordem.

- A aversão burocrática à ambiguidade leva ao pensamento paradoxal. Em vez de manter uma tensão criativa, as organizações tendem a alternar entre prioridades contrapostas.

Cinquenta anos atrás, as penalidades para trade-offs mal administrados podiam ser toleráveis, mas hoje não mais. Atualmente, uma empresa deve ser um modelo de eficiência econômica por um lado e, por outro, uma campeã em inovação que quebra regras. Em um mundo hipercompetitivo e em rápido movimento, as vencedoras serão as organizações capazes de fazer trade-offs sutis e perfeitamente cronometrados ou, melhor ainda, capazes de redefinir radicalmente as maneiras de *extrapolar* e *explorar*.

Como conseguir isso na prática? Como evitar trade-offs medíocres, com uma estrutura top-down? Como escapar da maldição do pensamento paradoxal?

Grande parte da resposta pode ser encontrada investigando a experiência do Svenska Handelsbanken — o banco mais lucrativo da Europa.

Handelsbanken: Além do Pensamento Paradoxal

Por mais de cinquenta anos, o Handelsbanken superou com folga o desempenho de seu grupo de concorrentes europeus. Ele atravessou a crise financeira de 2008 sem prejuízos e, nos anos que se seguiram, venceu seus rivais em praticamente todos os índices de desempenho. (Veja a Tabela 13-2.)

Ao longo das décadas, o Handelsbanken demonstrou capacidade de dominar dois dos mais difíceis trade-offs bancários. Em primeiro lugar, apresentou forte crescimento sem inflar seu balanço patrimonial e, em segundo lugar, manteve um controle rígido dos custos sem despersonalizar o atendimento ao cliente.

TABELA 13-2

Desempenho Financeiro do Handelsbanken versus Concorrentes Europeus (2009–2018)

	Razão custo-receita[b]	SG&A como porcentagem do faturamento	Crescimento anual do faturamento	Crescimento anual dos depósitos	Empréstimos inadimplentes como porcentagem do total de empréstimos	Retorno sobre o patrimônio	Retorno total aos acionistas
Svenska Handelsbanken	46,6	39,5	2,9	8,7	0,2	12,8	274
Média do grupo de concorrentes europeus[c]	63,3	67,8	-1,1	2,1	3,3	6,0	117

a. Inclui os principais bancos europeus, com ênfase naqueles que competem nos principais mercados do Svenska Handelsbanken (Escandinávia, Reino Unido, Holanda): ABN Amro, BBVA, Barclays, Commerzbank, Danske Bank, Deutsche Bank, HSBC, ING, KBC, Lloyds, Nordea, SEB, Standard Chartered, Swedbank, Royal Bank of Scotland.

b. Despesas operacionais como porcentagem da receita líquida de juros e de receitas não financeiras.

c. Média simples, não ponderada.

O crescimento dos serviços financeiros frequentemente ocorre às custas da prudência. No período que antecedeu a Grande Recessão, os bancos se atulharam de hipotecas subprime e fizeram apostas temerárias em derivativos complexos. Não o Handelsbanken. Uma tartaruga entre lebres, evitou apostas arriscadas e ainda conseguiu superar seus rivais. Embora seja o epítome da prudência, o banco recompensou generosamente seus acionistas, entregando mais do que o dobro do retorno de seus concorrentes entre 2009 e 2018.

O atendimento ao cliente do Handelsbanken é igualmente de alta qualidade. Em uma pesquisa de bancos comerciais do Reino Unido, o Handelsbanken superou seus concorrentes em satisfação do cliente em mais de dez pontos (em uma escala de cem pontos).[9] Caso esteja se perguntando se este é o resultado de uma estrutura de custo banhada a ouro, não é. Na última década, a relação custo-benefício do Handelsbanken (custo como porcentagem do faturamento) foi em média 46,6%, surpreendentes 17,7 pontos abaixo da média de seus concorrentes europeus.

A chave para o desempenho incomparável do Handelsbanken é seu modelo de organização altamente heterodoxo. Em 1970, Jan Wallander, economista que trabalhava em um banco regional no norte da Suécia, foi nomeado CEO do Handelsbanken. Na época, o banco estava perdendo dinheiro e envolvido em uma disputa com órgãos reguladores. Ao avaliar o baixo desempenho do banco, Wallander se convenceu de que a supercentralização era a culpada. A sede inchada do banco e o processo de planejamento rígido o tornaram indiferente às mudanças nas condições econômicas e nas necessidades dos clientes. (Na época, as aprovações de empréstimos levavam dois meses para serem concluídas.) Além disso, banqueiros seniores haviam tomado uma série de decisões de crédito ruins que colocaram em risco o balanço patrimonial.

Mais tarde, Wallander escreveria: "Todas as empresas sofrem com forças poderosas que a puxam em uma direção centralizadora. É como a água que flui fácil e irresistivelmente, a menos que você tome um cuidado especial para mantê-la parada."[10] Embora seja difícil de quantificar, Wallander pressionou seus colegas a serem honestos sobre os custos da supercentralização. Ele alegou: "É fácil construir argumentos matemáticos atraentes que mostrem as vantagens das operações em grande escala, mas é mais difícil ilustrar as desvantagens. Elas são simbolizadas por palavras como rigidez, lentidão, burocracia, falta de transparência e assim por diante. Vagas, mas igualmente reais em seus efeitos."[11]

Wallander acreditava que os executivos seniores não tinham conhecimento do contexto para tomar decisões inteligentes — estavam muito distantes dos clientes e das tendências de mercado. Sem surpresas, os funcionários da sede do banco discordaram. Indiferente às objeções deles, uma das primeiras medidas de Wallander foi parar o trabalho de mais de cem comitês da sede e estabelecer um congelamento dos "memorandos azuis", as diretrizes de política top-down do banco que estavam sendo geradas a uma taxa de dez por dia. Sem trabalho a fazer, as funções da sede começaram a diminuir. O departamento de marketing corporativo, por exemplo, encolheu de quarenta funcionários para apenas um. A linha de organização também foi reduzida a três níveis: matriz, escritórios regionais e agências locais. Wallander descreveu esses movimentos como "parar o trem".

À medida que a centralização diminuía, Wallander localizou trade-offs críticos que aumentavam a autonomia das agências locais. Funcionários de todo o banco receberam treinamento em subscrição de crédito e desenvolvimento de negócios. Novos sistemas de informação foram desenvolvidos para fornecer dados essenciais ao pessoal da linha de frente. As agências receberam autoridade para tomar a maioria das decisões de crédito, determinar o preço de empréstimos e depósitos e definir prioridades de marketing (no final, elas também foram encarregadas das decisões de pessoal). Em outro desvio da prática padrão, as agências receberam a responsabilidade de atender clientes corporativos com base em sua área de influência. Os gerentes locais podiam recorrer às equipes da matriz para obter suporte, mas o relacionamento com o cliente permanecia com a agência.

Cada agência tinha um painel que fornecia leituras sobre a relação custo-benefício, deserções de clientes, lucro por funcionário, desempenho de empréstimos e lucratividade por cliente. O objetivo era transformar cada agência em algo como um negócio autônomo, uma meta expressa no mantra que Wallander frequentemente repetia: "A agência é o banco." Enquanto outros bancos viam as agências como meras lojas, encarregadas de vender produtos e administrar transações, o Handelsbanken via as agências como negócios completos encarregados de construir relacionamentos de longo prazo.

Wallander acreditava que o valor é criado nas "bordas" geográficas da organização. Como os funcionários locais têm as melhores informações e estão mais próximos dos clientes, situam-se em melhor posição para fazer as trocas diferenciadas e em tempo real que podem ajudar uma organização a reconciliar o irreconciliável.

Para ver o poder da "borda" em ação, analise a abordagem do banco para o trade-off entre crescimento e risco. Entre 2009 e 2018, a carteira de empréstimos do Handelsbanken cresceu mais rápido do que quase todos os seus rivais europeus, mas esse crescimento não ocorreu às custas dos padrões de empréstimo. A proporção de empréstimos inadimplentes do Handelsbanken é a mais baixa do setor. (Veja a Figura 13-3.) Como o Handelsbanken realiza esse truque?

FIGURA 13-3

Aumento de Empréstimos e Parcela de Empréstimos Inadimplentes para o Svenska Handelsbanken e Bancos Europeus Selecionados (2009-2018)

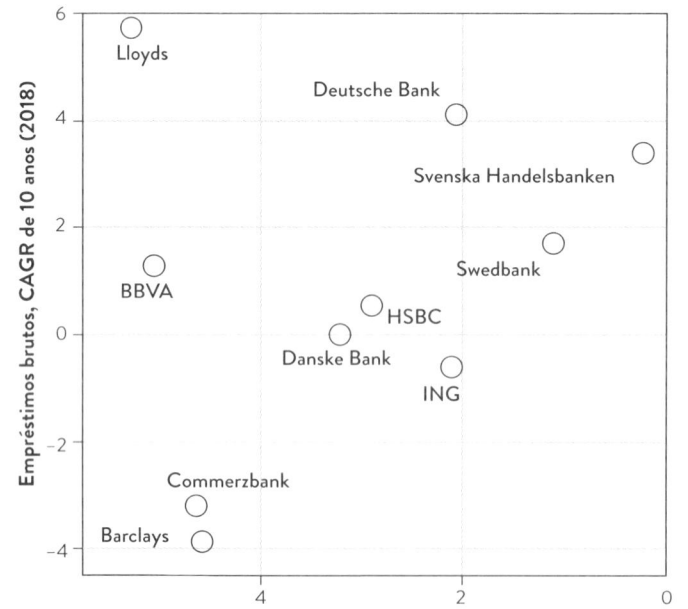

Fonte: CapitalIQ; análise dos autores.

O segredo é a localização. Todos os empréstimos do Handelsbanken — seja um empréstimo de US$30 mil para o Volvo XC40 de um cliente, seja uma linha de crédito rotativo de US$300 milhões para o Grupo Volvo — originam-se com funcionários de agências, metade dos quais tem autoridade para fazer empréstimos. Cada solicitante de empréstimo é entrevistado antes de uma decisão ser tomada. No caso de um grande empréstimo ou de um novo cliente, pode haver várias reuniões presenciais. Embora os algoritmos de pontuação de crédito orientem essas decisões, eles não são um substituto para o julgamento. Por exemplo, um requerente de hipoteca com um histórico irregular de empregos pode parecer um cliente em potencial pouco atraente até que um pouco de sondagem revele que um tio rico pode estar disposto a ser fiador do empréstimo. Outro candidato pode ter um emprego bem pago, mas ser funcionário de uma empresa que está lutando para se manter funcionando. Ao capturar e integrar informações não padronizadas no processo de empréstimo, o Handelsbanken toma decisões de crédito mais inteligentes do que seus concorrentes mais centralizados.

A localização também ajuda o banco a antecipar inadimplências. Assim que o empréstimo é feito, os funcionários da agência se reúnem periodicamente com o mutuário e tomam as devidas providências se houver risco de inadimplência. O presidente do Handelsbanken, Pär Boman, avalia que 70% dos prejuízos são resultados da "intervenção insuficiente depois que a fiabilidade creditícia de um mutuário começou a se deteriorar".[12] O monitoramento local aumenta as chances de que inadimplências potenciais sejam detectadas logo e evitadas ou reduzidas

Por fim, a descentralização reduz o risco sistêmico. Em um banco comum, as decisões de crédito são tomadas por um número comparativamente pequeno de gerentes de risco, cujas decisões são regidas por regras de empréstimo com base em pontuações de crédito, limites *loan to value* e outros fatores. Decisões de crédito centralizadas também são distorcidas por prioridades corporativas, como ganhar participação de mercado com mutuários de pequenas empresas ou reduzir a exposição a um determinado setor. Essa abordagem centralizada e orientada por regras tende a concentrar em vez de diversificar os riscos.

Como observaram o autor de *A Lógica do Cisne Negro*, Nassim Taleb, e o professor Gregory Treverton: "Embora a centralização reduza os desvios das regras, fazendo com que as coisas pareçam funcionar mais suavemente, ela amplia as consequências dos desvios que de fato ocorrem. Ela concentra a turbulência em menos episódios, mas mais graves, que são desproporcionalmente mais prejudiciais do que pequenas variações cumulativas."[13] Ao descentralizar as decisões de crédito e resistir ao impulso de definir prioridades de cima para baixo, o Handelsbanken se vacinou contra o risco de erros grandes e estúpidos.

A localização também é a chave para construir relacionamentos fortes com o cliente. Se você faz negócios com um grande banco, sabe como a experiência pode ser impessoal. É comum ter que ficar na linha de espera de uma central de atendimento do outro lado do mundo. No Handelsbanken é diferente. Cada cliente obtém o nome e o número do gerente da agência e lhe é atribuído um representante particular que trabalha nela. Transferências internas são minimizadas porque todos têm autonomia para resolver os problemas do cliente. As agências fazem seu próprio marketing e adaptam as plataformas digitais do banco às necessidades locais. Para um cliente, o Handelsbanken parece uma empresa local na qual o proprietário sabe o seu nome e fica feliz em vê-lo.

FIGURA 13-4

Custo-benefício do Svenska Handelsbanken versus Bancos Convencionais

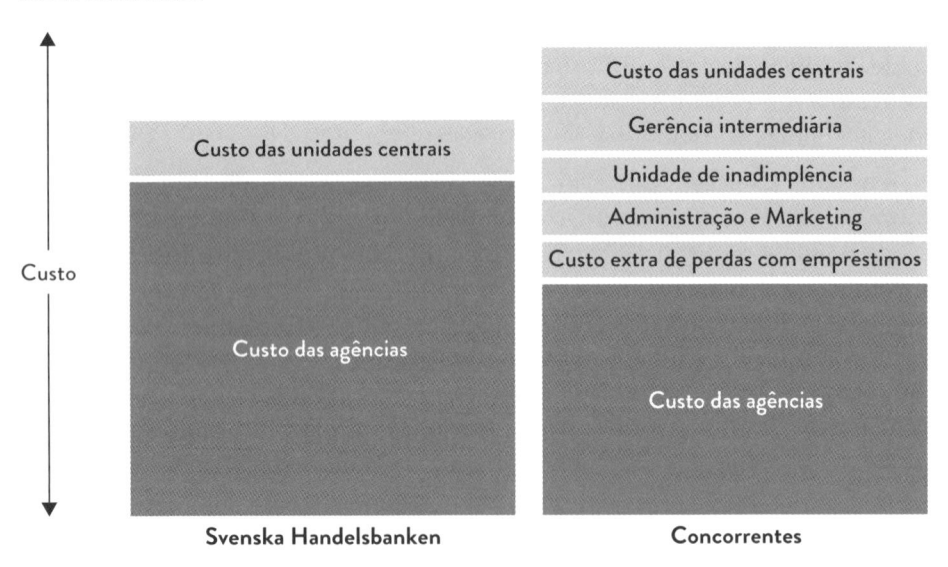

Fonte: Svenska Handelsbanken Investor Presentation, 6 de outubro de 2014.

É comum o que aconteceu com o gerente da agência em Portsmouth, Inglaterra, que dirigiu até o aeroporto de Heathrow para encontrar um cliente que estava saindo em uma viagem de negócios de última hora e que precisava preencher um formulário de hipoteca.[14] É esse tipo de serviço que rendeu ao Handelsbanken sua incomparável classificação dos clientes.

Como o Handelsbanken oferece serviço com qualidade de hotel de luxo e ainda é competitivo em termos de custo? Analise novamente a

Tabela 13-2. Você notará que as despesas de SG&A do banco (despesas de venda, gerais e administrativas) são, em média, menos de 40% do faturamento, contra uma média de 67% de seus rivais. Essa enorme vantagem de eficiência dá ao Handelsbanken a capacidade de resolver o paradoxo de estratégias de serviço de alta qualidade/baixo custo. Quando comparado aos seus concorrentes, o Handelsbanken investe pouco em burocratas e investe muito no atendimento ao cliente. Ao fazer isso, rejeita o pensamento em preto e branco típico de outros grandes bancos. (Veja a Figura 13-4 para uma representação estilizada dos custos-benefícios do Handelsbanken.)

Liberdade e Controle

A escolha mais fundamental para o Handelsbanken e todas as outras organizações é entre liberdade e controle. Essa tensão está no cerne do dilema explorar/extrapolar. Para construir uma organização adaptável, inovadora e inspiradora, as pessoas precisam de liberdade para assumir riscos, ignorar as políticas, desviar do curso comum, perseguir paixões e, ocasionalmente, falhar. Por outro lado, para construir uma organização que ofereça qualidade Seis Sigma e retornos consistentes, é preciso muito rigor, alinhamento e disciplina. Como uma organização poderia ser boa em ambos? É como tentar encontrar um ser humano que possa ganhar medalhas olímpicas no levantamento de peso *e* na ginástica rítmica. Tente imaginar alguém com um corpo assim!

Por mais impossível que pareça, pode haver uma maneira de fazer o que aparenta ser impossível. Em nossa experiência, muitos gestores consideram liberdade e controle como mutuamente excludentes. De forma matemática, eles acreditam que a liberdade multiplicada pelo controle é igual a uma constante — a liberdade só pode aumentar se o controle diminuir. Dado isso, qualquer apelo para ampliar os direitos de decisão dos funcionários de primeiro nível provavelmente provocará uma enxurrada de objeções: "As pessoas vão se descuidar." "Padrões vão afrouxar." "As pessoas abusarão da liberdade." "Vamos perder o foco." "Os funcionários não têm uma visão geral." "Todos vão querer reinventar a roda."

Essa ansiedade é compreensível. Em qualquer organização, um certo grau de controle é essencial e, no modelo burocrático, isso é obtido por meio de regras restritivas, supervisão rigorosa, limites rígidos de gastos e pouco tempo autodirigido. Essas medidas protegem a organização de todos os tipos de males, mas ao custo de resiliência, inovação e iniciativa. Essa troca é inevitável?

Existem formas de garantir o controle que evitem os custos da "burosclerose"? Felizmente, a resposta é sim.

Vamos voltar ao Handelsbanken, no qual os funcionários da linha de frente têm um grau de autonomia sem precedentes. Por que toda essa liberdade não leva a um comportamento irresponsável? Como o banco pode ser radicalmente descentralizado *e* operacionalmente disciplinado? O truque é distinguir entre "o quê" e "como" — separar fins e meios. A inovação costuma ser uma questão de oferecer benefícios familiares de novas maneiras — com o objetivo de superar dilemas históricos. Houve um tempo, antes do Kindle, em que os amantes de livros em movimento encaravam uma escolha: suportar o incômodo de carregar o peso dos livros ou correr o risco de não ter um volume favorito à mão. Assim como a Amazon reinventou o *como* da leitura, o Handelsbanken reinventou o *como* do controle.

Sem Desculpas

Cada agência do Handelsbanken tem seu próprio demonstrativo de lucros e perdas. Do lado da receita, as agências são creditadas com os juros líquidos que geram com os empréstimos e as taxas provenientes da venda de fundos mútuos e outros produtos de investimento.[15] Uma vez feito, o empréstimo permanece no balanço da agência de origem até o vencimento. Se uma hipoteca estiver atrasada, a agência tem a obrigação de garantir que ela volte aos trilhos. Se um empréstimo for baixado, a perda é registrada como uma despesa no demonstrativo de lucros e perdas da agência. As agências são responsáveis por todos os seus custos operacionais diretos — elas definem os níveis de pessoal, assinam contratos de aluguel, decidem sobre a remuneração, aprovam orçamentos de marketing e muito mais. Serviços centralizados como TI e RH são cobrados das agências locais com base no uso real, e as taxas são negociadas todos os anos por um comitê de gerentes de agências que negocia duramente com as funções da equipe.

Em outros bancos, as agências são responsáveis por uma série de indicadores-chave de desempenho (KPIs) — metas top-down para aquisição de clientes, vendas cruzadas, custos de pessoal e outros parâmetros de desempenho. Há uma suposição, claramente errada, de que esse emaranhado de metas maximizará o desempenho da agência. Por mais que os burocratas desejassem que fosse de outra maneira, simplesmente não há como construir um conjunto de metas representativas que possa capturar de maneira adequada todos os fatores que impulsionam a lucratividade. Alvos definidos centralmente, não importa o quão numerosos, nunca conseguem substituir a sabedoria daqueles que são bem treinados e estão no local para tomar as decisões. Ao contrário do que muitas vezes se presume, políticas altamente prescritivas e metas top-down corroem em vez de encorajar a responsabilidade. Quando os funcionários da linha de frente são limitados por políticas excessivamente rígidas e forçados a gerenciar um conjunto de KPIs artificiais, ficam autorizados a delegar o fracasso para o topo. "Afinal", dirão eles, "estávamos apenas fazendo o que você nos pediu para fazer". Por outro lado, quando eles são responsáveis por um demonstrativo de lucros e perdas genuíno e têm controle sobre as variáveis que impulsionam a lucratividade, não há ninguém para culpar quando o desempenho fica aquém.

A ideia de que autonomia e responsabilidade são mutuamente excludentes é uma ficção, baseada na premissa duvidosa de que os funcionários procuram uma desculpa para serem irresponsáveis. Essa não é a suposição ou a realidade no Handelsbanken. A seguir, a visão de um gerente de agência a respeito da cultura de responsabilidade do banco:

> Na verdade, temos orgulho de tornar as coisas mais baratas. Por exemplo, se reservarmos uma passagem, teremos muito orgulho se ela tiver sido barata. Se todos os funcionários do Handelsbanken pensam assim, não é de se admirar que tenhamos a relação custo-benefício mais baixa do que qualquer outro banco, porque tornamos todos responsáveis por seus próprios custos. É parte da natureza humana querer realizar esse tipo de coisa. Pessoalmente, todos gostamos de comprar algo por uma pechincha, não é? E adoramos fazer isso pela empresa. Acho que é uma forma muito sutil e inteligente de incentivar as pessoas.[16]

Ter autonomia não significa estar livre de pressão de desempenho. Espera-se que cada agência do Handelsbanken conquiste novos clientes e alcance uma relação custo-benefício de 40% ou menos. Em casos de baixo desempenho persistente, os gerentes da agência são substituídos. Ninguém no banco pode dormir no ponto; eles podem, porém, ser livres para terem sucesso.

Transparência

A pressão para ter sucesso pode vir de dentro ou de cima, mas muitas vezes os incentivos mais eficazes vêm dos próprios colegas. No Handelsbanken, a autonomia é equilibrada pela transparência. Relatórios mensais classificam todas as agências segundo métricas como relação custo-benefício, qualidade do empréstimo, lucro total e lucro por funcionário. O ex-presidente Arne Mårtensson observa que "a descentralização radical só pode funcionar com sistemas de informação rápidos e abertos", assim, os problemas "não ficam escondidos nos cantos e recantos das camadas de gerenciamento até apodrecerem".[17]

A transparência também estimula a competição amigável. "Não há dúvida de que competimos com nossa agência mais próxima", explicou um gerente do Reino Unido. "No fundo, você está pensando: 'Bem, tenho que vencê-los porque os conhecemos.'"[18]

No Handelsbanken, não há lugar para a mediocridade se esconder. Como Wallander explicou uma vez:

> Nós apenas comunicamos [uma] classificação média que mostra quais agências estão acima e quais estão abaixo. Os executivos seniores não precisam pressionar as pessoas, eles apenas aconselham. Os gerentes sabem o que é um desempenho aceitável — você não pode permanecer nas profundezas da tabela classificativa por muito tempo! A pressão dos colegas desempenha um papel importante nesse processo.[19]

Arriscando a Própria Pele

Pessoas com uma participação significativa no negócio tendem a fazer a coisa certa. Você se lembrará de que no Capítulo 7 falamos sobre como todo funcionário do Handelsbanken participa de um plano generoso de participação nos lucros. Um membro da equipe pode reunir um pecúlio de sete dígitos ao longo de sua carreira. Isso tende a manter as pessoas focadas em fazer a coisa certa.

Além da Jaula de Aço

Durante anos, os teóricos do gerenciamento nos disseram que as grandes empresas são péssimas em realizar trade-offs — e que pouco podemos fazer a respeito. O conselho padrão é pegar um cutelo e dividir a organização em duas. Em *The Ambidextrous Organization*, os respeitados acadêmicos Charles O'Reilly e Michael Tushman argumentaram que as empresas só podem ser grandes e ágeis se "separarem suas novas unidades experimentais das tradicionais e exploradoras, permitindo diferentes processos, estruturas e culturas". Em outras palavras, coloque aqueles que são focados no futuro, que assumem riscos e que são ágeis em uma incubadora ou aceleradora e depois afaste-os de todos que trabalham no centro obcecado por custos e controlado por regras. Com todo o respeito, isso é uma desculpa. Imagine dizer aos pais que estão lutando para equilibrar amor e disciplina de sua prole que devem colocar um dos filhos em um castigo permanente enquanto dão ao outro uma aceitação acrítica. Isso seria ridículo. Ambas as crianças acabariam na terapia.

Podemos fazer melhor que isso. Como vimos neste capítulo, existem três estratégias positivas para lidar com o paradoxo. Primeiro, como Wallander, devemos ser honestos sobre os custos ocultos de trade-offs perpetuamente unilaterais. Precisamos do equivalente a um ecocardiograma que revele o acúmulo de placa burocrática em nossas organizações.

Em segundo lugar, precisamos treinar e equipar os funcionários da linha de frente para fazer trade-offs inteligentes e em tempo real. Isso é fundamental para a vantagem de desempenho de todas as empresas de vanguarda. Eles reconhecem que nenhuma quantidade de big data pode captar o conhecimento contextual local e específico que pode transformar uma decisão medíocre em uma inteligente.

Por fim, devemos reinventar o "como" do controle. A liberdade humana nunca será absoluta, mas temos uma escolha de como esse controle é alcançado. Em uma burocracia, os seres humanos estão acorrentados por precedentes, definições limitadas de funções, regras mesquinhas e supervisão constante. Em uma humanocracia, o controle vem de um compromisso compartilhado com a excelência, da prestação de contas aos colegas e clientes e da lealdade a uma organização que trata todos com dignidade. No primeiro caso, você acaba na "jaula de aço" de Weber; no segundo, acaba em um local de trabalho revigorado, no qual alta autonomia e alta responsabilidade se reforçam mutuamente.

Para Começar

Reconhecer, localizar, despolarizar — esses são os segredos para construir uma organização que pode andar e mascar chiclete ao mesmo tempo.

Então, por onde começar a ajudar *sua* organização a se tornar uma mestra do paradoxo? Aqui estão algumas sugestões:

1. Seja honesto sobre os vieses implícitos em sua organização que distorcem trade-offs importantes. Faça o possível para incluir pessoas com opiniões contrárias em conversas importantes.

2. Desafie a si mesmo e a outros para obter melhores dados sobre os custos ocultos dos trade-offs padrão. Não presuma que zero dados seja igual a zero desvantagens.

3. Se for gestor, resista ao impulso de padronizar os trade-offs em toda a organização. Esteja disposto a sacrificar um pouco de uniformidade por decisões mais apropriadas ao contexto.

4. Nunca aceite uma escolha limitada a uma coisa ou outra. Pense de maneira criativa sobre como você poderia atingir seus objetivos sem sacrificar outros objetivos igualmente vitais.

5. Trabalhe sistematicamente para equipar as pessoas com as informações e habilidades de que precisam para fazer trade-offs inteligentes e, em seguida, reduza-os.

6. Dê às equipes da linha de frente um demonstrativo de perdas e ganhos genuíno, reduza radicalmente o número de KPIs e responsabilize as pessoas pelos resultados.

7. Mesmo se você não for o CEO, procure maneiras de "parar o trem". Questione cada movimento que direciona o poder e a tomada de decisões ao centro.

Quando você e todos os outros em sua organização aprenderem a amar o paradoxo, o trabalho se tornará muito mais interessante e sua organização, muito mais capacitada.

———————

Nesta seção, apresentamos os princípios da humanocracia: propriedade, mercados, meritocracia, comunidade, abertura, experimentação e paradoxo. No momento, não há uma única organização que englobe totalmente todas essas ideias humanocêntricas. No entanto, quando olhamos para a vanguarda da humanocracia — Bridgewater Associates, Haier, Handelsbanken, Intuit, Morning Star, Nucor, Southwest Airlines, Vinci, W. L. Gore e outros desse grupo —, temos um vislumbre do tipo de organização que surge quando esses princípios são traduzidos em políticas e práticas. (Veja a Tabela 13-3.)

Embora essa estrutura não esteja completa em todos os sentidos, ela nos sugere um modelo que pode, finalmente, ajudar nossas organizações a superar suas "incompetências essenciais" — inércia, incrementalismo e indiferença. Não devemos mais nos resignar a organizações que são menos capazes do que as pessoas dentro delas.

Progredir, no entanto, não será fácil. Talvez sua organização não seja liderada por alguém tão esclarecido como Ken Iverson, Jan Wallander ou Zhang Ruimin. Seus colegas seniores podem não estar ansiosos para derrubar o edifício da burocracia. Que esperança existe, então, de construir uma organização resiliente e radicalmente fortalecida? O que *você* pode fazer, depois de ter calculado os custos do desgaste burocrático, aprendido com os vanguardistas e voltado aos primeiros princípios? O que fazer? Como começar quando você *não* é o CEO? Essas são as perguntas que abordaremos nos três capítulos finais.

TABELA 13-3

Burocracia versus Humanocracia

Burocracia	Humanocracia
O poder relaciona-se à posição.	A influência é ganha a partir de companheiros.
A estratégia é decidida no topo.	A estratégia é uma conversa aberta por toda a empresa.
Recursos são alocados por decreto.	Recursos são alocados via mecanismos de mercado.
A inovação é uma atividade especializada.	A inovação é uma tarefa de todos.
Mandatos e políticas forçam coordenação.	A coordenação é produto da colaboração.
As pessoas são alocadas em funções.	Funções são construídas com base nas qualificações individuais.
Gestores atribuem tarefas.	Equipes dividem as tarefas.
O controle vem da supervisão e das regras.	O controle vem da transparência e dos colegas.
Grupos de funcionários são prestadores de serviços monopolistas.	Grupos de funcionários competem contra fornecedores externos.
Indivíduos competem por promoção.	Indivíduos competem para agregar valor.
Unidades são avaliadas de acordo com alvos vindos de cima.	Unidades são responsáveis pelos demonstrativos de perdas e ganhos locais.
A remuneração correlaciona-se à posição.	A remuneração correlaciona-se ao impacto.
Funcionários têm pouca vantagem financeira.	Funcionários têm vantagem financeira significativa.
Existe classificação para gestores.	Equipes e indivíduos são autorregulados.
Trade-offs críticos são feitos no topo.	Trade-offs críticos são aprimorados localmente.

Parte Quatro

O Caminho para a Humanocracia

Como Chegamos Lá?

Michelin

Primeiros Passos

Como se inicia a jornada rumo à humanocracia? Como mudar de um modelo organizacional que enfatiza compliance para um que encoraja a contribuição? Como argumentamos no Capítulo 3, não é fácil derrotar a burocracia. Ela é familiar, sistêmica, bem defendida e se reproduz com facilidade. Ocasionalmente, como na Nucor, no Handelsbanken e na Haier, um CEO corajoso e heterodoxo pode superar esses obstáculos, muitas vezes com a ajuda de uma crise incipiente. Mas como começar se seu CEO não for um rei-filósofo e sua organização não estiver à beira de um precipício?

Qualquer que seja a abordagem adotada, ela deve encorajar o pensamento radical, redefinir os interesses dos poderosos, ser difícil de reverter, entregar resultados comerciais superiores e manter a integridade operacional. Isso é uma tarefa difícil, mas a experiência recente da Michelin fornece lições úteis sobre como começar.

Qualquer um que seja apaixonado por carros — ou alta gastronomia — já ouviu falar da Michelin, cujo rechonchudo pneu é um dos ícones corporativos mais reconhecidos do mundo. Com sede em Clermont-Ferrand, uma cidade universitária no coração da França, as setenta fábricas da Michelin, espalhadas pelo mundo, produzem cerca de 200 milhões de pneus por ano — de pneus de bicicleta de 27 polegadas a gigantes de quase 4 metros usados em máquinas de mineração. Essas instalações empregam cerca da metade dos 117 mil funcionários da força de trabalho da Michelin.

Ao longo das décadas, a Michelin foi pioneira em muitos aspectos. Em 1895, equipou carros que competiam na corrida de rua Paris-Bordeaux com os primeiros pneus pneumáticos. Foi pioneira em sistemas *run flat* em 1934 e pneus radiais em 1946. Nos últimos anos, a Michelin tem inovado em um campo totalmente diferente. Defendendo a ideia da *responsabilização*, a empresa tem trabalhado para aumentar drasticamente a autoridade e a responsabilidade daqueles que estão na linha de frente, uma iniciativa que, no início de 2020, estava prestes a entregar meio bilhão de dólares em melhorias de produção.[1] Jean-Dominique Senard, CEO de 2012 a 2019, proclamou a transformação como uma das "conquistas de maior orgulho" da Michelin.

Apesar do orgulho do executivo e do respaldo à iniciativa recebida de Senard, a responsabilização acontecia mais de baixo para cima do que de cima para baixo. A iniciativa não era supervisionada por um escritório de gerenciamento de projetos e não havia metas semanais ou mensais. Em vez disso, era um projeto informal que começou em 2013, quando Bertrand Ballarin, um ex-gerente de fábrica que passou para as relações industriais, convenceu um grupo de supervisores da linha de frente a realizar um experimento ousado de descentralização.

Confrontando os Limites do Gerenciamento Enxuto

A ideia de responsabilização nasceu da frustração. Em meados da década de 2000, a Michelin lançou o Michelin Manufacturing Way (MMW), um programa corporativo para melhorar a produtividade por meio de processos padronizados, ferramentas, painéis e auditorias de desempenho. Conforme os novos métodos foram implantados, os líderes da fábrica ficaram preocupados com o fato de o projeto estar impedindo a iniciativa e a criatividade locais. Também parecia estar em desacordo com uma frase famosa do cofundador da empresa, Édouard Michelin: "Um dos nossos princípios é dar responsabilidade à pessoa que realiza uma determinada tarefa, pois sabe muito sobre ela." Jean-Michel Guillon, o então chefe do departamento de pessoal da Michelin, temia que o pêndulo estivesse oscilado muito em direção à centralização. "Será que corremos o risco de perder nosso espírito?", comentou ele com um colega.[2] Outros executivos, incluindo Senard, compartilhavam de sua preocupação.

Em 2010, os esforços para padronizar as práticas de fabricação estavam reduzindo os retornos. Ao mesmo tempo, ciclos de produtos mais curtos, novos concorrentes e a crescente importância dos serviços desafiavam a Michelin a se tornar mais criativa e flexível.

Arquitetando Autonomia

Procurando uma direção, Guillon e um executivo do departamento corporativo de manufatura realizaram um workshop no início de 2012. Embora os vinte participantes não tenham conseguido apresentar um novo plano, eles concordaram que as equipes da linha de frente precisavam de maior autonomia para perseguir seus próprios objetivos e melhorar as operações locais.

Um dos participantes mais ativos do workshop foi Ballarin, que chegava ao fim de sua incursão como gerente da fábrica da Michelin em Xangai. Em uma empresa conhecida por longos mandatos, Ballarin era uma exceção — ele havia passado três décadas como oficial do Exército francês antes de ingressar na Michelin em 2003. No entanto, ele logo desenvolveu uma reputação por resgatar fábricas de baixo desempenho. Antes de recuperar a fábrica de Xangai, uma *joint venture* com uma empresa estatal chinesa que tinha sido uma das fábricas de pior desempenho da Michelin, ele evitou o fechamento de uma fábrica no centro da França ao mudar seu foco para pneus de avião. Em cada caso, ao se concentrar na "dimensão social", Ballarin construiu um propósito comum, aprimorou as habilidades dos funcionários e deu mais liberdade às equipes de produção. Muitos dos colegas obstinados de Ballarin viram sua abordagem com ceticismo. Como Ballarin comentou em tom de brincadeira posteriormente, eles a consideraram "tão útil quanto poesia".

Algumas semanas depois do workshop, Guillon convidou Ballarin para ingressar no departamento de pessoal como chefe de relações industriais. Ansioso por "adicionar inteligência coletiva e sentimento ao nosso sistema de produção", Ballarin rapidamente aceitou a proposta.

Ao começar na nova função, Ballarin mergulhou em pesquisas de ciências sociais, investigando as fontes de motivação e engajamento humano. O trabalho de Simone Weil, filósofa francesa no século XX, foi particularmente inspirador. Ela escreveu com eloquência sobre a importância do arbítrio e da empatia. Ballarin também leu o clássico de Michel Crozier, *O Fenômeno Burocrático*, que relata vividamente as disfunções de grandes organizações, incluindo os limites do que Crozier chamou de "mudança por decreto". Essas e outras obras cristalizaram o pensamento de Ballarin: "Estávamos organizando o trabalho com uma visão extremamente limitada dos seres humanos. Presumíamos que as pessoas só se esforçariam se fossem supervisionadas de perto ou motivadas por pagamento. Como resultado, os funcionários estavam usando apenas uma fração de suas capacidades." Por trás disso estava uma convicção ainda mais profunda: se as pessoas fossem inerentemente criativas e apaixonadas por seu trabalho, deveriam assumir a liderança na criação de seus próprios ambientes de trabalho. Ballarin acreditava que eram os funcionários, e não uma equipe corporativa, que deveriam assumir a liderança na "definição do que autonomia e responsabilidade significam para eles".

No verão de 2012, Ballarin havia esboçado os contornos de uma iniciativa bottom-up denominada MAPP — sigla francesa para "gerenciamento autônomo de desempenho e progresso". Sete princípios eram fundamentais:

1. PARTICIPAÇÃO VOLUNTÁRIA. Supervisores e suas equipes seriam convidados a se voluntariar como "demonstradores" do MAPP. Nada seria obrigatório.

2. EQUIPES DA LINHA DE FRENTE EXPLORARIAM NOVAS MANEIRAS DE TRABALHAR DE FORMA AUTÔNOMA. Eles projetariam experimentos locais para abordar duas questões: "Que decisões podemos tomar sem a intervenção dos supervisores?" e "Que problemas podemos resolver sem o envolvimento da equipe de suporte, como manutenção, qualidade ou engenharia industrial?"

3. AS EQUIPES DE DEMONSTRAÇÃO SERIAM EXECUTADORAS DE BASE, FORMADAS POR DIFERENTES LOCALIDADES E GRUPOS DE PRODUTOS. Isso garantiria que os resultados experimentais fossem tão generalizados quanto possível.

4. EQUIPES SERIAM ENCORAJADAS A PRIORIZAR SEUS ESFORÇOS. Em vez de assumir toda a gama de tomadas de decisão, os demonstradores se concentrariam em uma ou duas áreas-chave nas quais poderiam expandir sua autonomia. As equipes teriam onze áreas para escolher. (Veja a Tabela 14-1.) Ao priorizar, elas começariam mais rápido.

5. AS EQUIPES TERIAM UM ANO PARA REALIZAR EXPERIMENTOS. Considerando a novidade do desafio, os manifestantes precisariam de tempo e espaço para descobrir como aumentar a autonomia local. O objetivo não era fixar algumas práticas recomendadas rapidamente, mas ver até onde as equipes poderiam ultrapassar os limites de sua autonomia. O período também coincidiu com o ciclo anual de gestão de desempenho da Michelin, tornando mais fácil medir o impacto da responsabilidade no desempenho.

TABELA 14-1

Mapeando Equipes de Produção para Distribuir Áreas de Experimentação

ÁREA	FÁBRICA 1			FÁBRICA 2		...	FÁBRICA 17
	Equipe 1 (Mistura)	Equipe 2 (Preparação)	Equipe 3 (Montagem)	Equipe 4 (Vulcanização)	Equipe 5 (Inspeção)	...	Equipe 38 (Montagem)
Gerenciamento de desempenho	X						
Relação com outras equipes de linha de frente		X					
Coesão da equipe				X			
Função do líder da equipe		X					
Integração de novos membros da equipe							
Recrutamento							
Resolução autônoma de problemas			X				
Pessoal e atendimento							X
Gerenciamento de padrões e protocolos		X					
Gerenciamento de habilidades e competências							X
Melhoria da função					X		

6. **ESPERAVA-SE QUE EQUIPES DE DEMONSTRAÇÃO SEGUISSEM SEUS COMPROMISSOS OPERACIONAIS MESMO ENQUANTO TESTAVAM NOVAS ABORDAGENS.** O objetivo, disse Ballarin, era "manter a mesma pressão de desempenho sobre os demonstradores para que os resultados fossem mais confiáveis".

7. **NÃO HAVERIA INTERFERÊNCIA DA ADMINISTRAÇÃO.** Os gerentes de fábrica e a equipe de suporte ofereceriam auxílio apenas se solicitados pelas equipes. "Este é o processo dos membros das equipes", Ballarin advertiu seus colegas, "e não deve ser contaminado pelos gerentes".

A abordagem experimental de Ballarin foi de encontro com a cultura de engenharia top-down da Michelin, mas atraiu Guillon, que depois nos disse: "Eu estava familiarizado com outras empresas com forças de trabalho autônomas, como a W. L. Gore — mas a aplicabilidade desses estudos de caso era limitada por seu tamanho ou pelo fato de que nasceram assim. Estava claro para mim que teríamos que trilhar nosso próprio caminho." Executivos menos entusiasmados eram tranquilizados pelo fato de que as equipes de demonstração ainda deveriam "fazer planos".

Descobrindo o Poder da Responsabilização

Depois de evitar os potenciais céticos, Ballarin pediu ajuda aos gerentes da fábrica para encontrar voluntários. Entre as primeiras a se inscrever estava a equipe de montagem da fábrica da Michelin de pneus para tratores em Le Puy-en-Velay. Olivier Duplain, um líder de equipe, explicou seu entusiasmo pelo MAPP: "Quando entrei na empresa em 2011, percebi rapidamente que muito conhecimento no chão de fábrica estava sendo desperdiçado. Eu estava convencido de que poderíamos aproveitar muito, muito mais do nosso pessoal. Vi o projeto das equipes de demonstração como uma oportunidade muito interessante, e, quando sugeri isso à equipe, todos ficaram interessados." No final de setembro, Ballarin havia recrutado 38 equipes de 17 fábricas. Juntos, eles abrangiam 1.500 pessoas, ou um pouco mais de 1% do número total de funcionários da Michelin.

Os meses seguintes foram agitados. Ballarin passou por cada fábrica para as reuniões iniciais. Ele lembrou aos gerentes de que "o objetivo do exercício é que as equipes descubram a solução. A única ajuda de que eles precisam é que você os incentive a serem mais ousados e criativos".

Ballarin mostrou para as equipes de demonstração um breve documento explicando a missão de responsabilização. O foco estava no *quê*, não no *como*. Os supervisores foram encorajados a "abrir mão" e mudar sua função de "decidir" para "habilitar". Foi solicitado que cada equipe documentasse seu progresso por meio de anotações e vídeos que seriam compartilhados no final da longa jornada de um ano. Embora alguns membros da equipe estivessem céticos sobre o repentino entusiasmo pela autonomia, muitos receberam bem a chance de fazer parte do "laboratório de Ballarin".

As equipes de demonstração começaram em janeiro de 2013 e, em março, o fluxo de ideias e experimentos já estava aumentando. O ponto crítico, diz Ballarin, foi quando as equipes descobriram que ninguém iria impedi-los. A experiência de duas equipes, em Le Puy-en-Velay e Homburg, é um ótimo exemplo do desenrolar do processo.

Le Puy-en-Velay

Diante de sua equipe de quarenta pessoas, Duplain introduziu a ideia de responsabilização com uma pergunta: "O que faço hoje que vocês se imaginam assumindo amanhã?" Como ele conta,

> Recebi uma resposta muito interessante e surpreendente: "Não podemos responder à sua pergunta, Olivier, porque não sabemos exatamente o que você faz. Nós o vemos de manhã por algumas horas, enquanto fazemos as verificações do equipamento e revisamos as tarefas individuais. Mas no meio da manhã você sai e vai para outro lugar. Talvez você passe muito tempo na copa?"

Duplain percebeu que a desconexão ocorria em ambos os sentidos. Assim como os membros da equipe não sabiam exatamente o que ele fazia, ele não estava familiarizado com o trabalho deles. Então todos fizeram um acordo: Duplain trabalharia alguns turnos lado a lado com a equipe e depois três de seus subordinados, um de cada turno, o seguiriam por uma semana, a fim de identificar áreas nas quais poderiam expandir suas responsabilidades.

A primeira oferta por mais autonomia envolveu programar os turnos. Duplain deu à equipe algumas restrições básicas, como garantir que cada turno incluísse operadores com a combinação necessária de habilidades, e afastou-se do processo. Uma das primeiras decisões da equipe foi transferir funcionários que trabalhavam há muito tempo no turno da noite para o turno diurno. Outra mudança foi projetada para dar aos colegas mais flexibilidade na troca de turnos. Depois de sentir o gostinho inicial de autonomia, a equipe decidiu assumir o planejamento da produção. Já que havia sido informada das metas de produção semanais da fábrica, a equipe definiu metas diárias e atribuiu operadores para tarefas e máquinas específicas durante cada turno. Em questão de poucas semanas, a equipe já era totalmente autônoma e eficaz nessa tarefa — para grande surpresa da equipe de planejamento de Le Puy-en-Velay.

Homburg

A equipe de demonstração da fábrica de pneus da Michelin em Homburg, localizada a setecentos quilômetros ao norte de Le Puy-en-Velay, na região de Sarre, na Alemanha, era responsável pela produção dos componentes de pneus, como cabos e fios de aço. Sofrendo com problemas de fluxo de trabalho, a equipe optou por se concentrar em melhorar a coordenação interna.

Historicamente, as metas de produção diária da equipe eram definidas pelo grupo de engenharia da fábrica. Recentemente, no entanto, a introdução de uma máquina de montagem nova e cheia de melindres complicou os esforços da equipe para atender às necessidades de seus clientes internos. Às vezes, a equipe produzia muito material, às vezes muito pouco. Os engenheiros de planejamento vinham trabalhando há meses para acertar as coisas, com pouco sucesso.

A equipe de demonstração passou várias semanas estudando o problema e, por fim, resolveu-o ao estabelecer um canal de comunicação direto com a equipe de montagem seguinte. No início e no final de cada turno, representantes das duas equipes se reuniam por quinze minutos para discutir questões de equipamento e coordenar o tempo de produção. Esse mecanismo simples facilitou imediatamente o fluxo de produção. O tempo de inatividade passou de duas horas por dia para zero. De acordo com Ballarin, a experiência de Homburg ofereceu uma lição poderosa sobre os limites do planejamento central: "A equipe de engenharia não consegue prever todos os problemas. Se você permitir que as pessoas se autorregulem e se desenvolver a competência para que façam isso com sucesso, os problemas serão resolvidos com muito mais eficiência."

Como seus colegas em Le Puy-en-Velay, os membros da equipe de Homburg procuraram outras áreas nas quais pudessem se autogerir. Gradualmente, eles assumiram a responsabilidade de gerenciar a assiduidade e criaram um grupo de WhatsApp para facilitar os ajustes de pessoal em tempo real.

Convergindo em uma Visão Compartilhada

Durante o primeiro semestre de 2013, as equipes de demonstração trabalharam de forma independente umas das outras. Com a chegada do verão, Ballarin começou a fazer conexões laterais com a ajuda de Olivier Marsal, um gerente corporativo no departamento de fabricação da Michelin. A dupla começou a realizar conferências telefônicas mensais com equipes de demonstração e criar um espaço online, o MAPPEDIA, no qual as equipes poderiam compartilhar descobertas e resolver problemas comuns.

Conforme o ano passava, Ballarin concentrou-se em fazer com que as equipes convergissem em um conjunto de práticas comprovadas. Uma série de três dias de workshops reuniu representantes de cada equipe de demonstração, incluindo o supervisor e três a cinco operadores. Para muitos dos participantes, as reuniões foram sua primeira vez em viagens de negócios, e a primeira vez em que suas opiniões foram solicitadas no que diz respeito a questões de gerenciamento.

No primeiro dia do workshop, as equipes de demonstração compartilharam resumos em vídeo de seus experimentos. Os membros da equipe faziam comentários à medida que cada vídeo era reproduzido e, ocasionalmente, paravam a reprodução para uma discussão aprofundada. Nos dois dias seguintes, os participantes trabalharam para definir as práticas típicas de uma equipe autônoma. Para ajudar nisso, cada equipe preencheu um cartão com quatro perguntas sobre sua experiência com a responsabilização:

1. O que mudou especificamente?

2. Como isso se compara às práticas existentes?

3. Por que essa mudança foi importante?

4. O que de fato tornou isso viável (p. ex., novas habilidades ou informações)?

Ao todo, os participantes produziram 120 cartões, que foram agrupados em seis categorias: desenvolvimento da missão e dos objetivos compartilhados, organização do trabalho, desenvolvimento de competências, impulsionamento da inovação, coordenação com outros e gerenciamento do desempenho (veja as Figuras 14-1 e 14-2 para um resumo das 22 práticas no grupo "gestão de desempenho". Nos meses seguintes, essa estrutura se tornaria um recurso essencial para outras equipes ansiosas por explorar a responsabilização. De fato, não foi um construto teórico produzido por funcionários de RH ou consultores, mas um menu detalhado do que realmente funcionava na prática.

Os workshops também foram usados para avaliar o impacto da responsabilização na produtividade e no engajamento. Os resultados em ambas as apurações foram notáveis. No final do ano, a equipe em Homburg viu defeitos em alguns de seus pneus mais populares diminuírem de 7% para 1,5% das unidades produzidas. Em conjunto, a produtividade da equipe aumentou 10%, enquanto o absenteísmo caiu de 5% para praticamente 0%. Essas mudanças, em uma única unidade, ajudaram a fábrica de Homburg a aumentar sua produção de 88% para 92% da capacidade nominal. Projetos de equipes em outras fábricas relataram ganhos semelhantes. A fábrica da Michelin em Olsztyn, Polônia, viu sua taxa de defeitos cair 50%, e em Zalau, Roma, a equipe de demonstração reduziu o tempo para os novos operadores atingirem suas metas de produtividade de cinco para três dias. O engajamento também disparou. Um sentimento comum entre os membros da equipe era que, pela primeira vez em suas carreiras, eles se sentiam como se estivessem administrando seu próprio negócio. A mudança foi talvez melhor capturada em um pôster preparado por uma das equipes de demonstração que retratava dois trens. O primeiro trem, pré-MAPP, foi retratado como uma máquina a vapor crepitante. O supervisor, sentado na locomotiva, gritava ordens para os funcionários que ocupavam vários vagões na parte de trás. O segundo trem, pós-MAPP, se parecia com o trem de alta velocidade da França e todos sentavam-se no mesmo vagão.

FIGURA 14-1

Resumo da MAPPEDIA sobre a Área de Desempenho de Gestão

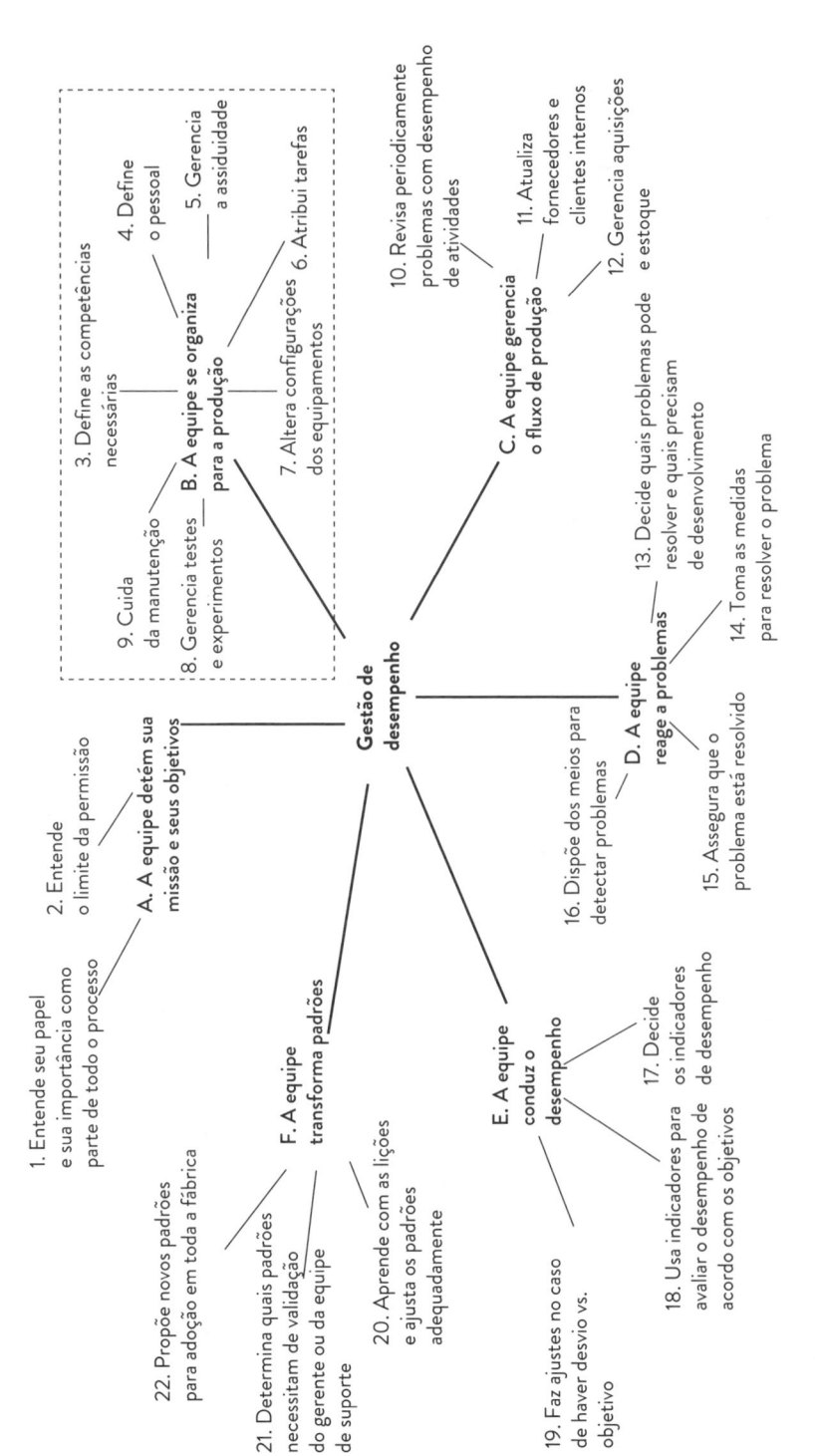

1. Entende seu papel e sua importância como parte de todo o processo
2. Entende o limite da permissão
3. Define as competências necessárias
4. Define o pessoal
5. Gerencia a assiduidade
6. Atribui tarefas
7. Altera configurações dos equipamentos
8. Gerencia testes e experimentos
9. Cuida da manutenção
10. Revisa periodicamente problemas com desempenho de atividades
11. Atualiza fornecedores e clientes internos
12. Gerencia aquisições e estoque
13. Decide quais problemas pode resolver e quais precisam de desenvolvimento
14. Toma as medidas para resolver o problema
15. Assegura que o problema está resolvido
16. Dispõe dos meios para detectar problemas
17. Decide os indicadores de desempenho
18. Usa indicadores para avaliar o desempenho de acordo com os objetivos
19. Faz ajustes no caso de haver desvio vs. objetivo
20. Aprende com as lições e ajusta os padrões adequadamente
21. Determina quais padrões necessitam de validação do gerente ou da equipe de suporte
22. Propõe novos padrões para adoção em toda a fábrica

A. A equipe detém sua missão e seus objetivos
B. A equipe se organiza para a produção
C. A equipe gerencia o fluxo de produção
D. A equipe reage a problemas
E. A equipe conduz o desempenho
F. A equipe transforma padrões

Gestão de desempenho

Fonte: Michelin; resumo dos autores.

FIGURA 14-2

Visão Detalhada de "B. A Equipe se Organiza para a Produção"

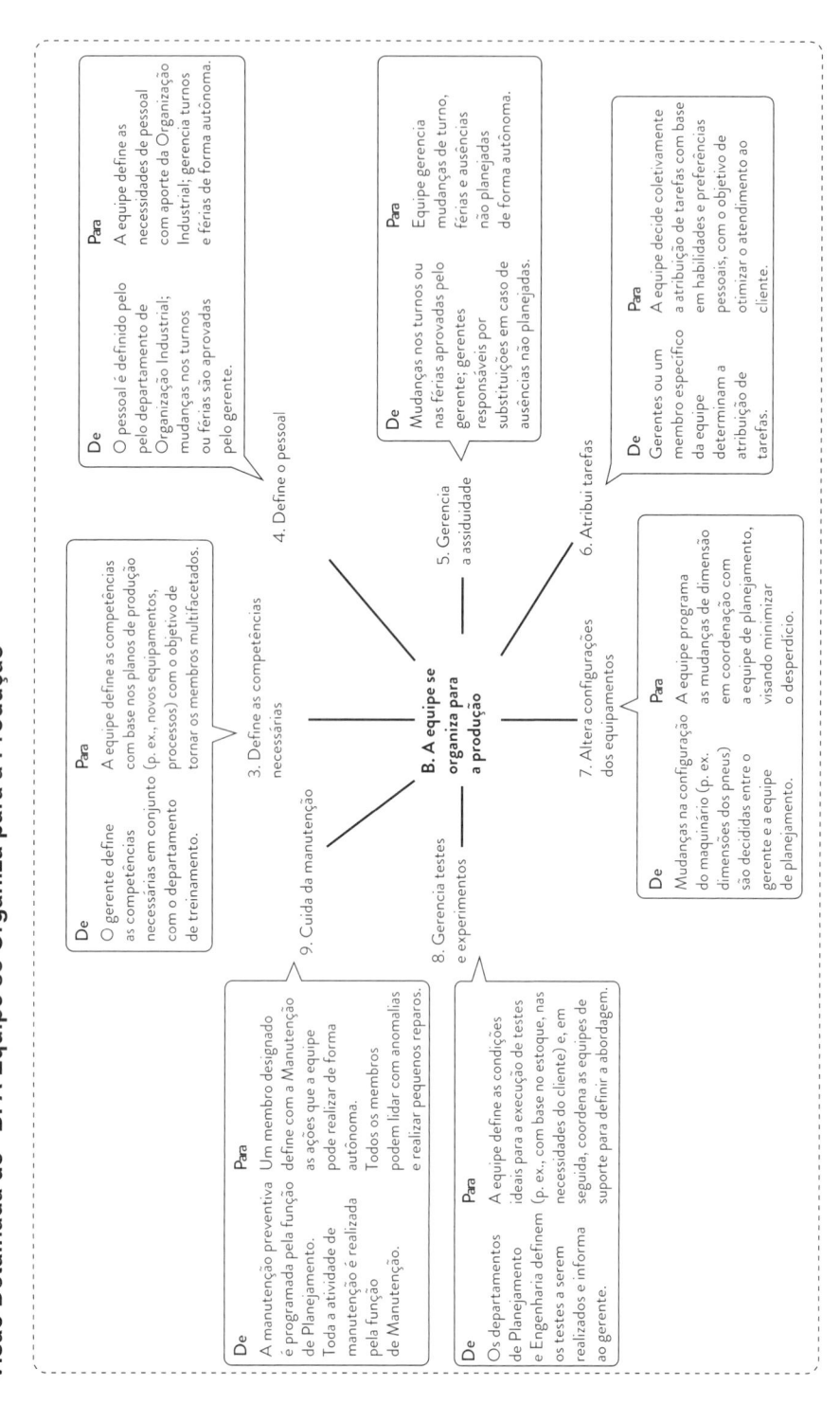

Fonte: Michelin: resumo dos autores.

Mirando Alto

Como as equipes de demonstração apresentaram resultados promissores, Ballarin e Marsal estavam prontos para mirar mais alto. Com a ajuda de Guillon, eles entraram na pauta de uma reunião de liderança sênior em dezembro de 2013. Depois de reproduzir uma seleção de vídeos das equipes de demonstração, Ballarin resumiu os ganhos de desempenho e enfatizou as pontuações crescentes de engajamento. Então surgiu a grande questão: ele queria testar a responsabilização no nível da fábrica. Isso desafiaria os líderes e os departamentos de suporte a redefinir suas responsabilidades à luz de uma maior autonomia das equipes. Ainda mais contencioso, os direitos de decisão da fábrica precisariam se expandir em relação aos dos grupos de funcionários corporativos.

Ciente de que estava desafiando um século de ortodoxia burocrática, Ballarin incentivou seu público a pensar grande. "Por que", perguntou ele, "a Michelin não poderia ser a Toyota do século XXI — uma empresa que trouxe ao mundo um novo modelo de gestão ao ampliar a liberdade e a responsabilidade de cada funcionário?"

Embora agendada para o fim do dia, no final de uma maratona de reuniões de uma semana, a sessão de Ballarin foi muito além do horário programado. Os executivos estavam ansiosos para aprender mais sobre as equipes de demonstração e compartilhar suas reflexões pessoais. Florent Menegaux, que sucedeu Senard como CEO em 2019, exclamou com entusiasmo que "temos a chance de ser a empresa que sempre aspiramos ser". Esperando obter permissão para testar a responsabilização em duas fábricas, Ballarin deixou a reunião com permissão para expandir em seis fábricas. Guillon e Terry Gettys, chefe de P&D da Michelin, ofereceram-se para se tornarem conselheiros e defensores do próximo estágio de experimentação.

Ao voltar para o escritório, Ballarin pensou em como proceder. Ele queria seguir os princípios do voluntariado e da experimentação, mas sabia que, por ser mais complexo, o teste no nível da fábrica exigiria um cronograma mais longo. Ele julgou que as fábricas, algumas das quais tinham mais de mil funcionários, precisariam de um plano de cinco anos com uma revisão no meio para avaliar o progresso.

Mais uma vez, Ballarin saiu em busca de recrutas. Desta vez, dezoito líderes de fábrica se dispuseram. Desse grupo, seis fábricas foram escolhidas para maximizar a diversidade geográfica e de negócios — na Irlanda, no Canadá, nos Estados Unidos, na Alemanha, na Polônia e na França.

Na primavera de 2014, representantes de cada fábrica, incluindo gerentes de fábrica e líderes de departamentos, foram à Clermont-Ferrand para uma apresentação de três dias. Eles foram informados sobre o trabalho das equipes de demonstração e revisaram o catálogo de práticas capturadas no MAPPEDIA. Como antes, o roteiro apresentado por Ballarin era mais uma bússola do que um manual. As fábricas adotariam quaisquer soluções que funcionassem em seu contexto. Ao contrário de outras iniciativas corporativas, não haveria diretrizes top-down e nem revisões mensais. As fábricas, no entanto, poderiam obter o apoio de uma equipe MAPP recém-formada, composta de ex-líderes de fábricas e especialistas que trabalharam para codificar o aprendizado das equipes de demonstração.

Progresso nas Fábricas de Teste

Durante o verão e o outono de 2014, as fábricas de teste elaboraram seus planos. Como primeiro passo, Le Puy-en-Velay convidou os funcionários para uma sessão de um dia de brainstorming sobre como transformar a fábrica em um modelo de autonomia. O evento gerou mais de novecentas ideias que foram posteriormente agrupadas em treze áreas prioritárias, como coordenação entre equipes, habilidades cruzadas, tomada de decisão em grupo e iniciativa em qualidade e segurança. Cada área prioritária era apoiada por uma pequena equipe de funcionários de linha de frente, gerentes e equipe de suporte encarregada de converter as ideias mais promissoras em experimentos práticos. Muitas das ideias escolhidas para o desenvolvimento foram aquelas que foram testadas pela primeira vez pelas equipes de demonstração.

A fábrica polonesa, em Olsztyn, convidou duzentos membros da equipe para o evento de abertura. Durante dois dias, o grupo identificou um conjunto de prioridades de responsabilização, como delegar decisões de planejamento de produção diária, envolver trabalhadores no recrutamento, alterar critérios de remuneração e transformar todos em proprietários do negócio. Como em Le Puy-en-Velay, equipes multifuncionais se formaram em torno de cada área para desenvolver e testar ideias específicas.

Em uma reviravolta significativa, a equipe de lançamento da Olsztyn identificou "confiança" como a palavra-chave para seus experimentos. Como o gerente da fábrica, Jaroslaw Michalak, explicou:

Costumávamos operar com a suposição implícita de que os funcionários não eram confiáveis e que a confiança precisa ser conquistada. Agora começamos confiando completamente em todos, e cabe ao indivíduo perder essa confiança com base em suas ações. Parece uma mudança trivial de perspectiva, mas teve um grande impacto. Quando consideramos as mudanças em nossas práticas agora, o ônus da prova está do lado daqueles que desejam manter o controle.

Dimensionando a Autoridade das Equipes

Nas fábricas de teste, os membros da equipe começaram a desempenhar funções mais significativas em áreas como segurança, qualidade e cronograma. Em Olsztyn, um membro da equipe de linha de frente foi nomeado para assumir o planejamento diário da produção — tomar decisões sobre quais produtos produzir em cada turno e quais máquinas retirar de serviço para manutenção.

Em várias fábricas, os operadores começaram a participar de reuniões de planejamento de alto nível. Pela primeira vez, eles foram capazes de avaliar as decisões sobre o projeto da fábrica, programas de capital, níveis de pessoal e metas anuais.

À medida que suas responsabilidades aumentavam, os funcionários da linha de frente pediam mais informações. Michalak observou: "Não podemos esperar que os operadores tomem as decisões certas e tenham bom julgamento comercial sem a devida informação. Anteriormente, os trabalhadores da linha de frente não tinham ideia de para onde iam os pneus que estavam produzindo e quanto custava para colocá-los no mercado. Agora eles têm tanta informação quanto nós."

Outro facilitador importante da autonomia foi o desenvolvimento de habilidades. Em Homburg, departamentos de suporte em manutenção, qualidade e engenharia criavam treinamentos para os operários. O departamento de manutenção, por exemplo, montou uma sala de treinamento com equipamentos e peças de reposição para que os funcionários pudessem praticar o conserto de suas próprias máquinas. Outras fábricas, como Olsztyn e Greenville, na Carolina do Norte, lançaram cursos destinados a desenvolver a visão de negócios.

Redefinindo o Trabalho dos Gerentes

À medida que as equipes de produção reivindicavam maior autonomia, os gerentes nas fábricas de teste esforçavam-se para redefinir suas funções. Cada fábrica desenvolveu programas de treinamento com tópicos como inteligência emocional e como "liderar dos bastidores". Em Greenville e Le Puy-en-Velay, os gerentes se reuniam a cada poucas semanas para resolver problemas e compartilhar o aprendizado. O que haviam tentado? O que funcionou e o que não funcionou? Esse tipo de apoio dos companheiros provou ser altamente eficaz em ajudar os indivíduos a navegar na transição de gerente para mentor.

Inspirados pelos resultados da capacitação da linha de frente, alguns líderes de fábrica seguiram o exemplo. O gerente de produção da Olsztyn delegou as decisões sobre a liberação dos produtos para envio a um líder de equipe. Em Le Puy-en-Velay, o gerente da fábrica Laurent Carpentier transferiu autoridade sobre orçamento, planejamento de produção, seleção de equipamentos e relações com o cliente para seus subordinados diretos: "Tenho responsabilidade direta pela segurança e pelas principais questões de pessoal", disse Carpentier, "mas, para todo o resto, as equipes devem propor e conduzir as soluções". "Todos", acrescentou o líder da equipe Duplain, "subiram de nível".

Todos ganharam quando as equipes recém-capacitadas deram aos gerentes a liberdade de se concentrar no trabalho de alto valor agregado, como desenvolver habilidades de equipe e planejamento de recursos. Um líder de equipe resumiu como a responsabilização mudou sua função: "Não era mais preciso que eu resolvesse problemas, o que nem sempre resultava na melhor opção; agora os especialistas os resolviam ali na hora."

Renegociando a Relação com o QG

Ao contrário das fábricas da Nucor, as fábricas da Michelin tradicionalmente dependiam dos departamentos centrais para definir padrões e processos e distribuir cotas de produção. Estava claro para Ballarin que, a menos que as fábricas ganhassem mais autonomia nessas áreas, a responsabilização estagnaria. Tirar a autoridade dos departamentos centrais foi um desafio, mas várias fábricas fizeram progressos — porém, nenhuma mais do que Olsztyn. A chave, os gerentes locais perceberam, era obter permissão para um experimento direcionado e, em seguida, usar os resultados para ganhar mais autonomia.

O primeiro experimento envolveu metas de produção mensal. Olsztyn convidou representantes do departamento de planejamento de Clermont-Ferrand para participar de um workshop de um dia inteiro para explorar a questão. Durante a sessão, os membros da equipe local argumentaram que estavam melhor posicionados para tomar esse tipo de decisão — eles tinham relacionamentos em tempo real com os clientes e seriam os primeiros a saber sobre as mudanças na demanda. Os funcionários centrais reconheceram isso e concordaram com um teste de um mês. O experimento foi obviamente um sucesso e, com o tempo, Clermont-Ferrand delegaria autoridade a todas as fábricas. Por meio de experimentos semelhantes, a fábrica de Olsztyn gradualmente ganhou poder de decisão sobre auditorias de qualidade e decisões sobre compras de capital importantes, como moldes de pneus. Pela primeira vez em décadas, a engrenagem do controle central girava para o lado contrário.

Incorporando Responsabilização

No final de 2016, Ballarin, juntamente com o chefe de manufatura e membros da equipe MAPP, visitaram cada fábrica-laboratório para avaliar o progresso após dois anos de experimentação. Embora o ritmo da mudança fosse irregular, todos se comprometeram a seguir em frente. O engajamento nas seis fábricas estava excedendo os padrões históricos e a responsabilização estava melhorando os resultados financeiros. Christian Thierolf, coordenador do MAPP, estimou que a responsabilização aumentou a produtividade em 10% na fábrica de Homburg. Ao delegar mais responsabilidade aos trabalhadores da linha de frente, Homburg conseguiu expandir sua força de trabalho em um terço sem contratar gerentes ou profissionais adicionais. Fábricas como Le Puy-en-Velay e Olsztyn relataram melhorias semelhantes.

Os resultados deram mais ímpeto à responsabilização e logo doze fábricas adicionais estavam fazendo de tudo para se juntar aos pioneiros. As influências do MAPP agora se estendiam para além da manufatura. Uma grande reorganização em 2018, projetada por setenta equipes de unidades cruzadas com pouca contribuição executiva, multiplicou o número de unidades operacionais e ainda descentralizou a tomada de decisões. Em um sinal de que a responsabilização veio para ficar, o CEO Menegaux declarou que a autonomia é uma nova marca da empresa. "Somos muito grandes e globais", argumentou ele, "para não confiarmos nas habilidades de todos na empresa. Todos devem ter a chance de exercer suas habilidades com responsabilidade".[3]

Apesar desses avanços impressionantes, Ballarin e seus coconspiradores são humildes sobre o que conquistaram. Em retrospectiva, eles acreditam que as fábricas de teste teriam progredido mais rapidamente se tivessem recebido mais incentivo dos executivos em Clermont-Ferrand. Os resultados também foram menos radicais do que alguns poderiam esperar. Embora o trabalho dos gerentes esteja mudando rapidamente na Michelin, a hierarquia formal ainda está intacta. No entanto, a maioria dos trabalhadores internos acredita que o movimento em direção à autonomia agora é irreversível.

Ao contrário da maioria das iniciativas top-down, os objetivos iniciais de responsabilização eram amplos e os meios, propositalmente vagos. O objetivo era construir um compromisso em vez de forçar a adoção de protocolos detalhados. Ballarin entendeu que a mudança real acontece por meio de persuasão e persistência, não de ordens e métricas. Como apóstolo da autonomia da Michelin, Ballarin viajava de fábrica em fábrica em busca de adeptos e convertidos. Ele sabia que era o apoio deles, mais do que qualquer outra coisa, que determinaria se sua missão prosperaria ou fracassaria.

Fundamentalmente, Ballarin e sua equipe perceberam que não tinham experiência na prática para imaginar todas as coisas que precisariam mudar no trabalho dos funcionários da linha de frente. Em vez disso, eles confiaram nas equipes de demonstração para descobrir, resolver e mapear as muitas dimensões da jornada de responsabilização. Em todos os pontos, Ballarin e a equipe do MAPP agiram com humildade em vez de arrogância.

Ao construir uma coalizão de voluntários, Ballarin evitou entrar em disputa com líderes que ainda não estavam prontos para compartilhar o poder. Em vez de travar batalhas frontais com seus inimigos intransigentes, ele os flanqueava. Construiu um exército de defensores que podiam atestar os benefícios da autonomia com base na experiência em primeira mão. Sua abordagem difusa e ascendente, e o fato de que a responsabilização nunca foi considerada uma grande iniciativa corporativa, minimizaram a resistência. Como ex-oficial do Exército, Ballarin sabia que é difícil lutar contra uma força de guerrilha que é dedicada e distribuída.

Ao trabalhar com uma seleção cruzada de equipes da linha de frente que permaneceram responsáveis por seus objetivos de negócios, Ballarin também evitou o risco de um colapso operacional. Às vezes, os experimentos fracassavam, mas, por serem pequenos, os contratempos nunca representaram um risco financeiro.

Em todos os aspectos, a abordagem de Ballarin de responsabilização passou nos testes críticos que qualquer tentativa de derrubar o status quo burocrático enfrenta:

1. Foi ancorada em valores humanos atemporais.

2. Ofereceu amplo espaço para improvisação.

3. Contornou pontos de resistência.

4. Convidou, em vez de exigir, os líderes a reimaginarem seus papéis.

5. Minimizou o risco e a disrupção.

Por todos esses motivos, a responsabilização ganhou espaço suficiente para atingir a velocidade de decolagem.

Como a Michelin, cada empresa deve traçar seu próprio caminho para a humanocracia. No entanto, é reconfortante saber que você não precisa de uma legião de consultores ou de um grande programa de mudança corporativa para começar. Na verdade, como veremos, essas podem ser as últimas coisas de que você precisa.

— *15* —

Comece por Aqui

A maioria de nós carrega silenciosamente o fardo da burocracia. Estamos conformados com as estruturas pesadas e com os processos complicados que freiam a velocidade, dão uma chave de braço na iniciativa e um chute na canela da criatividade. Nossa aquiescência coletiva é resultado de um equívoco. Quer sejam novos membros da equipe ou gestores veteranos, presumimos que não temos capacidade nem garantia para reinventar o funcionamento de nossas organizações.

Acreditamos na ficção de que as estruturas e sistemas de gestão que nos confundem e nos restringem só podem ser corrigidos por aqueles que estão no topo da pirâmide ou por seus designados nos departamentos de RH, planejamento, finanças e jurídico. O problema é que esperar que os burocratas desburocratizem é como esperar que os políticos coloquem o país à frente do partido, que as empresas de mídia social defendam nossa privacidade ou que os adolescentes limpem seus quartos. Pode acontecer, mas não é um caminho no qual apostar. Se você deseja construir uma empresa que seja tão capaz quanto as pessoas dentro dela, terá que assumir a liderança.

A questão é: como mudar o sistema quando você não é o dono dele, quando não é um vice-presidente sênior ou até mesmo um gestor? Como é de se suspeitar, o primeiro passo é mudar o que está dentro de você. Para mudar sua organização, você deve primeiro mudar a si mesmo. Todos nós devemos assumir *nossa* parte na perpetuação da burocracia e tomar medidas corretivas. Isso significa comprometer-nos ativamente com os ideais da agência, da dignidade e do crescimento humanos. Isso é mais do que uma orientação filosófica, é uma convicção sincera que inspira a transformação pessoal. Em vários graus, a burocracia torna todos nós uns babacas. Acordar significa mais do que atacar "o sistema"; significa reparar o espírito nas áreas em que a burocracia corroeu nossa humanidade.

Detox para Burocratas

Como observamos antes, três quartos dos que trabalham em grandes organizações acreditam que a astúcia burocrática é o segredo para progredir. Essa crença representa a realidade? A astúcia burocrática é realmente mais importante do que a competência? Ou isso é apenas uma desculpa que pessoas incompetentes usam quando perdem uma promoção? De qualquer maneira, o que é problemático é que as pessoas *acreditam* que isso é verdade e, presumivelmente, agem de acordo. Se você está convencido de que apenas lutadores qualificados estão à frente, é provável que imite as táticas deles — como o atleta que relutantemente conclui que o doping é a única maneira de conseguir uma medalha.

A burocracia, como observamos, é um jogo. Ela coloca os competidores uns contra os outros em uma batalha pelo poder posicional e pelas recompensas que vêm com ele. Não temos problema algum com a competição — a menos que a vitória custe a nossa humanidade. A burocracia começará a desmoronar quando pessoas talentosas e íntegras deixarem o campo de jogo, quando hereges de coração grande decidirem renunciar às vitórias burocráticas em prol de sua própria integridade e por causa daqueles que foram diminuídos pela burocracia. Como observa o professor de Harvard, Marshall Ganz, o objetivo das pessoas que mudam o mundo "não é vencer o jogo, mas mudar as regras".[1]

Para aprender um novo jogo, é preciso desaprender o antigo. Se você é faixa preta na burocracia, como pode mudar hábitos reflexivos? Como é a desintoxicação para os burocratas? Sem surpresas, ela se parece muito com outros programas de recuperação. Um bom lugar para começar é pegando emprestado uma norma dos Alcoólicos Anônimos.

O quarto passo do AA exige um "minucioso e destemido" inventário moral para uma avaliação pessoal e honesta. Seguindo essa linha, qualquer pessoa que trabalhe em uma organização precisa se perguntar: "Onde abri mão de meus princípios por vitórias burocráticas? Como a burocracia me tornou menos humano?"

Aqui está um exercício simples que você pode fazer. Reflita sobre suas ações durante a última semana ou mês e pergunte:

1. **PREJUDIQUEI IMPERCEPTIVELMENTE UM RIVAL?** Em uma burocracia, o poder é de soma zero. Quando uma vaga abre, apenas uma pessoa é promovida. Na batalha que se segue, é tentador desconsiderar as contribuições de outros ou semear dúvidas sobre sua integridade ou competência.

2. **MONOPOLIZEI O PODER QUANDO DEVERIA TÊ-LO COMPARTILHADO?** Em uma hierarquia formal, são as pessoas que tomam as grandes decisões que recebem muito dinheiro. Para justificar seu status superior, os gestores precisam ser *vistos* como responsáveis por decisões difíceis. Isso cria um desincentivo para compartilhar autoridade.

3. **EXAGEREI EM UM PEDIDO DE ORÇAMENTO OU NO MÉRITO DO MEU CASO DE NEGÓCIOS?** A alocação de recursos em uma burocracia é inflexível e conservadora. Os orçamentos costumam ser definidos com um ano de antecedência e tudo o que parece arriscado é diminuído. Diante disso, é tentador oferecer mais recursos do que é necessário ou exagerar os méritos de seu caso.

4. **FINGI ENTUSIASMO COM UMA DAS IDEIAS DO MEU CHEFE?** Em uma burocracia, discordar de seu chefe pode ser um movimento que limita sua carreira. Portanto, os indivíduos muitas vezes engolem suas opiniões em vez de correrem o risco de serem vistos como desleais.

5. **NEGLIGENCIEI OS CUSTOS HUMANOS DE UMA DECISÃO?** Se sua organização trata as pessoas como meros recursos, você pode ser pressionado a tomar decisões que sacrificam a confiança e o capital relacional em troca de ganhos comerciais de curto prazo.

6. **PRESERVEI-ME QUANDO DEVERIA TER SIDO OUSADO?** Em uma burocracia, as penalidades por fazer besteira costumam ser maiores do que as penalidades por ficar quieto. Diante disso, é tentador defender a timidez como prudência.

7. **FALHEI EM DESAFIAR UMA POLÍTICA CONTRAPRODUCENTE?** É mais fácil reclamar de uma regra idiota do que desafiar um legislador sênior. A desobediência civil

nunca é a escolha mais segura, mas os sistemas não mudam até que as pessoas assumam uma posição.

8. **FIZ MENOS DO QUE DEVERIA PARA PROMOVER O CRESCIMENTO DAQUELES QUE TRABALHAM PARA MIM?** Como observamos anteriormente, muitas vezes existe uma suposição de que "empregos commodities" são preenchidos com "pessoas commodities". Como resultado, é fácil ignorar as oportunidades de estimular o crescimento de funcionários que realizam trabalhos banais.

9. **FALHEI EM CRIAR TEMPO E ESPAÇO PARA A INOVAÇÃO OU PERDI A OPORTUNIDADE DE APOIAR UMA IDEIA PROMISSORA?** Não há muito prestígio em ser um mentor da inovação. Leva tempo e geralmente termina em fracasso. É mais fácil manter a cabeça baixa do que defender uma nova ideia, mas o resultado é inércia e incrementalismo.

10. **FAVORECI MINHA EQUIPE A CUSTO DO NEGÓCIO EM GERAL?** As burocracias oferecem poucas recompensas por compartilhar recursos escassos com outras unidades. Essa exclusão geralmente produz os melhores resultados pessoais, mesmo quando não é o ideal para a organização em geral.

11. **COLOQUEI A CULPA OU DEI CRÉDITO À ALGUÉM INJUSTAMENTE?** Em uma burocracia, as avaliações de desempenho geralmente se concentram em indivíduos, e não em equipes. O objetivo é ser Teflon quando a merda bater no ventilador e Velcro quando os aplausos forem entregues. Esse comportamento distorce reputações e atribui recompensas incorretamente, mas é a maneira de vencer em uma organização individualista.

12. **SACRIFIQUEI MEUS VALORES POR CONVENIÊNCIA?** As burocracias valorizam os resultados acima de tudo. Se você exceder suas metas, é provável que ninguém pergunte quais atalhos tomou. Com o tempo, a predisposição por resultados acima da ética dessensibiliza uma organização acerca das consequências morais de suas ações.

Reserve algum tempo e analise essas questões. Crie um diário ou uma planilha. Você consegue se lembrar de ocasiões em que se comportou mais como um burocrata do que como um ser humano? Qual foi o gatilho? Como pode reduzir as chances de a mesma coisa acontecer no futuro? Em nossa experiência, vale a pena fazer disso um exercício semanal. Se você abordar essa tarefa com seriedade, seus colegas logo perceberão a mudança. Você se tornará mais generoso, atencioso e acessível e, consequentemente, mais eficaz.

A transformação nunca é um empreendimento que vem desacompanhado. Você precisará de parceiros de responsabilidade. Fale com três ou quatro colegas de confiança e converse com eles sobre seu desejo de se tornar um líder pós-burocrático. Compartilhe seu inventário pessoal e convide-os a fazer o mesmo. Pense em maneiras de viver sem burocracia e organize encontros regulares para compartilhar o progresso.

Quando estiver pronto, faça as perguntas detox para as pessoas que trabalham para você. Pergunte: "Em que situação agi como um burocrata em vez de um mentor ou defensor? O que eu deveria ter feito de forma diferente?" Peça às pessoas para escreverem seus feedbacks e trazê-los para uma reunião de equipe. Passe-os de mão em mão e peça a todos para comentarem algum deles. Isso manterá o processo anônimo e dará a todos a chance de serem ouvidos. Faça disso um exercício mensal ou trimestral. Com o tempo, os membros da equipe ganharão coragem para chamar sua atenção quando virem que você está voltando aos hábitos burocráticos.

À medida que se tornar mais confortável em seu novo eu pós-burocrático, você e seu grupo de apoio podem começar a compartilhar suas experiências de forma mais ampla. Convide mais colegas para participar da discussão, escreva um blog, converse sobre o que você aprendeu. A maioria de seus colegas lhe aplaudirá por sua integridade e autenticidade — "Meu nome é Karl e sou um burocrata em recuperação". Ao assumir a responsabilidade por sua parte no problema, você incentiva os outros a fazerem o mesmo. A coragem moral é contagiosa.

Há um ditado, atribuído variavelmente a Winston Churchill, Marshall McLuhan e o Padre John Culkin, que diz "Nós moldamos nossas ferramentas e depois nossas ferramentas nos moldam". Isso é verdadeiro para todas as invenções humanas — da escrita cuneiforme a smartphones, da roda a veículos com direção automática e de álgebra ao aprendizado de máquina. Um século e meio atrás, os seres humanos criaram as estruturas básicas da burocracia em escala industrial e, desde então, ela tem tirado nossa humanidade a marretadas. Contudo, não estamos desamparados. Podemos recuar quando sentimos que nossos espíritos estão sendo brutalmente moldados em formas que nos tornam menos do que totalmente humanos. Esse é o primeiro passo na jornada para a humanocracia.

Compartilhando o Poder

A busca pela humanocracia é inerentemente sacrificial. Mary Parker Follett, a guru da administração do início do século XX, argumentou que "a liderança não é definida pelo exercício do poder, mas pela capacidade de aumentar o senso de poder entre os liderados". Como uma repreensão aos chefes de poder burocráticos, isso é quase tão radical quanto a proclamação de Cristo de que os primeiros serão os últimos. É aqui que encontramos o coração pulsante da humanocracia — no desejo altruísta de ajudar os outros a realizar mais do que eles pensariam ser possível.

Este é o ethos por trás de Zhang ver a Haier como uma hoste de dragões. É por isso que a Southwest Airlines celebra o "coração de servo". É o que leva um gerente de fábrica da Nucor a proclamar que "Valorizamos cada função, cada posição, cada pessoa, mas ser um gestor é o trabalho menos nobre".

Se você é algum tipo de gestor, não pode capacitar os outros sem entregar um pouco de sua própria autoridade posicional. Você tem que trocar a velha moeda do poder — vantagens, direitos de decisão e sanções — por novas moedas — sabedoria, generosidade e mentoria.

Um bom primeiro passo é perguntar àqueles que trabalham para você: "O que eu faço que parece intromissão ou não agrega nenhum valor?" Temendo repercussões, eles podem inicialmente hesitar em dar um feedback direto. Se isso acontecer, seja paciente. Podem ser necessárias várias tentativas antes que eles confiem em você o suficiente para serem sinceros. Em seguida, pergunte: "O que eu faço que você pode fazer melhor?" Se eles não tiverem certeza do que você faz, peça aos membros da equipe para lhe acompanharem por alguns dias, como Olivier Duplain fez na fábrica da Michelin em Le Puy-en-Velay (veja o Capítulo 14).

Há muitas maneiras de começar a distribuir o trabalho de gerenciamento para sua equipe. Aqui estão algumas:

Definindo Direções

1. Peça à sua equipe para definir a missão compartilhada. Dê-lhes tempo para pensar em respostas a perguntas como: "Qual é a nossa proposta de valor?", "Como devemos medir o sucesso de nossa equipe?" e "Quais são as coisas mais importantes que podemos fazer para aumentar nosso impacto?"

2. Realize uma sessão mensal com duração de meio período para discutir a unidade de negócios ou a estratégia de nível corporativo. Peça a seus colegas para identificar o que eles poderiam fazer para apoiar a missão geral.

3. Se sua empresa tiver um processo de planejamento formal, peça que sua equipe assuma a liderança na definição de prioridades, no estabelecimento de marcos e no desenvolvimento de orçamentos.

Construindo Habilidades

1. Peça aos membros da equipe que identifiquem as áreas em que gostariam de desenvolver novas habilidades — solução criativa de problemas, análise financeira, design thinking ou relacionamentos interpessoais.

2. Desafie os membros da equipe a criarem planos de desenvolvimento pessoal e, em seguida, apoie esses planos com um pequeno orçamento.

3. Apoie os membros da equipe na aquisição de novas habilidades ao longo do ano. Isso pode significar oferecer às pessoas tempo para fazer aulas online, estabelecer rodízios de funções ou trabalhar para se tornar um mentor melhor.

Coordenando com Outras Equipes e Departamentos

1. Envie membros da equipe para reuniões de nível sênior em seu lugar. Certifique-se de que eles tenham o contexto adequado e a autoridade para falar em nome da equipe.

2. Dê aos membros da equipe tempo e oportunidade de fazer contato com outras unidades e com funções como qualidade, RH, finanças e TI. Delegue a responsabilidade de gerenciar a coordenação entre unidades.

3. Facilite a rotação de cargos para que os funcionários possam entender melhor as relações importantes que precisam ser gerenciadas.

Organizando o Trabalho

1. Dê à sua equipe autoridade para reatribuir funções de trabalho com o objetivo de aumentar o engajamento e a eficácia.

2. Convide membros da equipe para criar suas descrições de função ideais. Reserve um tempo para revisar e iterar essas descrições como uma equipe.

3. Peça à equipe para assumir a liderança na definição de metas diárias ou semanais e na avaliação do progresso.

Motivando Resultados das Equipes

1. Faça com que a equipe organize e promova conversas semanais ou mensais sobre o desempenho da unidade. Deixe os membros da equipe criarem a programação, reunirem as informações relevantes, identificarem áreas para melhoria e desenvolverem planos de ação.

2. Desafie os membros da equipe a desenvolver e testar ideias de melhoria e certifique-se de que eles tenham tempo e orçamento para isso.

3. Promova reuniões de inovação mensais — sessões de um dia inteiro em que sua equipe tem a chance de resolver problemas maiores e mais estratégicos.

Gerenciamento de Desempenho

1. Pergunte aos membros da equipe se eles acreditam que têm as metas de desempenho certas. Se não, peça que sugiram alternativas.

2. Facilite o feedback entre colegas. Faça uma reunião em que cada membro da equipe receba feedback construtivo de seus colegas.

3. Convide os membros da equipe a desenvolverem uma pesquisa mensal para monitorar a saúde da equipe. O questionário pode examinar o engajamento, a eficiência, a colaboração e o valor agregado.

Compartilhando Informações

1. Organize uma discussão trimestral que ofereça aos membros da equipe a chance de interagir diretamente com clientes internos e externos que, de outra forma, eles não encontrariam. Concentre a reunião na identificação e na solução de necessidades não atendidas.

2. Pergunte à equipe se há informações financeiras ou operacionais adicionais que seriam úteis para eles e faça o possível para fornecê-las.

3. Ajude os membros da equipe de linha de frente a entenderem melhor as medidas e avaliações estratégicas que a unidade de negócios ou os líderes corporativos usam para julgar a eficácia organizacional.

Tudo isso vai levar tempo, então seja paciente. Você deve se lembrar de que Bertrand Ballarin deu às suas 38 equipes de demonstração um ano para se adequarem a suas novas funções.

Ao começar o trabalho de distribuição de autoridade, convide alguns colegas para fazer o mesmo. Reúna suas equipes periodicamente para compartilhar o aprendizado. Nunca acredite que você tem que lutar sozinho contra a burocracia.

Hackeando o Gerenciamento

Não é possível destruir a burocracia com uma bola de demolição gigante ou uma banana de dinamite. Em vez disso, ela precisa ser desmontada, tijolo por tijolo. Desintoxicação e delegação são os primeiros passos, mas e depois? Obviamente, não é suficiente mudar você e sua equipe. No final das contas, você tem que mudar os processos centrais segundo os quais sua empresa é administrada — planejamento, alocação de recursos, gerenciamento de projetos, desenvolvimento de produtos, avaliação de desempenho, promoção, remuneração, contratação, treinamento e todo o resto. Cada um desses processos deve ser reconstruído sobre os princípios da humanocracia.

Sistemas complexos, como um organismo humano ou uma cidade vibrante, não são construídos de cima para baixo. Eles precisam ser montados de baixo para cima, por meio de tentativa e erro. Nenhum pequeno grupo de funcionários seniores ou consultores tem imaginação ou sabedoria para projetar uma Arcádia pós-burocrática totalmente funcional. Isso poderia ser diferente se dezenas de empresas já tivessem feito a mudança para a humanocracia, mas não é o caso. Não existe um passo a passo para a construção de uma humanocracia. Não é como migrar um sistema de TI para a nuvem, lançar um autosserviço de RH ou mudar o nome dos gerentes de projeto para "Scrum Masters".

Por definição, a humanocracia é um afastamento radical do status quo. No entanto, ao construí-la, devemos ter cuidado para não jogar uma enorme chave inglesa no tilintante maquinário da burocracia. O que é necessário é uma abordagem revolucionária e evolucionária, que é radical em suas aspirações, mas pragmática em sua abordagem. Na prática, isso significa realizar muitos experimentos — é assim que os seres humanos testam ideias malucas sem explodir as coisas. Antes de enviar um astronauta ao espaço, enviamos alguns macacos. Antes de colocar um novo medicamento no mercado, nós o testamos em ratos. Felizmente, no caso da humanocracia, nenhum teste animal é necessário — a menos, é claro, que você conte com a gente.

Resolver um desafio complexo e novo — como a captura de carbono ou veículos autônomos — requer *muita* experimentação. Construir organizações centradas no ser humano não é diferente. Não foi por acaso que Ballarin lançou dezenas de experimentos na Michelin, não apenas um ou dois.

Se você é líder de equipe, gerente intermediário ou até mesmo vice-presidente, é fácil acreditar que outra pessoa deveria assumir a liderança na destruição da burocracia. Mas e se não o fizerem? A boa notícia é que qualquer um pode ser um renegado da administração e toda equipe pode ser um laboratório.

O segredo é pensar como um hacker — não aquele que rouba os dados do seu cartão de crédito, mas aqueles que postam brilhantes fragmentos de código no GitHub. Os hackers não esperam ninguém lhes pedir nada. Eles não pensam: "Isso é problema de outra pessoa." Em vez disso, tomam a iniciativa. Agem como se tivessem permissão, quer tenham ou não. O termo "hacker" ganhou destaque na década de 1990 como um rótulo para programadores renegados que estavam comprometidos com enfraquecer a hegemonia da Microsoft e de outros gigantes tecnológicos ao produzir softwares gratuitos de autoria da comunidade. Linus Torvalds, o hacker mais famoso do mundo, lançou a primeira versão do Linux em 1991 e convidou outros hackers para torná-lo melhor. Hoje, o sistema operacional abrange mais de 26 milhões de linhas de código, reunidas por mais de 16 mil colaboradores.

Será que os hackers rebeldes podem ter o mesmo impacto dramático que tiveram no software no gerenciamento? Sim — mas apenas se eles se engajarem no ethos hacker. Eric Raymond, autor de *A Catedral e o Bazar*, o clássico tratado sobre software de código aberto, identifica cinco crenças que definem um hacker:[2]

1. O mundo está cheio de problemas fascinantes esperando para serem resolvidos.

   Para ser um hacker, você precisa ter uma empolgação genuína para resolver problemas, aprimorar suas habilidades e exercitar sua inteligência. Você também tem que desenvolver um tipo de fé em sua própria capacidade de aprendizagem — uma crença de que mesmo que não saiba tudo o que precisa para resolver um problema, se você resolver apenas uma parte dele e aprender com isso, aprende o suficiente para resolver a próxima parte; e assim por diante, até terminar.

2. Nenhum problema deve ser resolvido duas vezes.

   Para se comportar como um hacker, você precisa acreditar que o tempo de outros hackers é precioso — tanto que é quase um dever moral compartilhar informações, resolver problemas e, em seguida, entregar as soluções apenas para que outros hackers possam resolver novos problemas em vez de ficar perpetuamente se preocupando com os antigos.

3. O tédio e o trabalho penoso [e a burocracia] são maléficos.

   Hackers (e pessoas criativas em geral) nunca devem ficar entediados ou ter que se dedicar a um trabalho repetitivo estúpido, porque, quando isso acontece, significa que eles não estão fazendo o que só eles podem fazer — resolver novos problemas. Esse desperdício é ruim para todos. Portanto, o tédio e o trabalho penoso não são apenas desagradáveis, mas também maléficos.

4. Liberdade é bom.

   Hackers são naturalmente antiautoritários. Qualquer pessoa que dê ordens a você pode impedi-lo de resolver qualquer problema pelo qual esteja fascinado — e, dada a forma como as mentes autoritárias funcionam, geralmente encontrarão alguma razão pavorosamente idiota para fazer isso. Portanto, a atitude autoritária deve ser combatida onde quer que a encontre, para que não sufoque você e outros hackers.

5. Atitude não é substituta de competência.

    Para ser um hacker, você precisa desenvolver algumas dessas atitudes. Mas apenas tomar uma atitude não o tornará um hacker, assim como não o tornará um atleta campeão ou uma estrela do rock. Tornar-se um hacker exige inteligência, prática, dedicação e trabalho árduo. Portanto, você deve aprender a desconfiar de atitudes e respeitar todo tipo de competência.

Se essas são as *suas* crenças, parabéns — você é um hacker. Mas o que exatamente você vai hackear, e como? Qual é a *aparência* de um hack de gerenciamento? Vamos dar alguns exemplos.

Os Experimentos Hawthorne

O hack de gerenciamento mais famoso foi conduzido na década de 1920 na fábrica Hawthorne Works da Western Electric, na época o ramo de fabricação da AT&T. O estudo foi organizado pelo National Research Council com o apoio da Illuminating Engineering Society, órgão criado para incentivar as empresas a investirem em iluminação artificial. O experimento inicial, projetado para testar a hipótese de que uma melhor iluminação de tarefas aumentaria a produção, foi conduzido em duas salas de teste. Na primeira, o nível de iluminação foi aumentado gradualmente, enquanto na segunda, foi diminuído. Surpreendentemente, a produção em ambas as salas aumentou em relação a outras áreas da fábrica. Parecia que o simples ato de prestar atenção às pessoas melhorava seu desempenho. Esse resultado inesperado trouxe uma equipe de pesquisadores de Harvard à fábrica, liderada por Elton Mayo. Nos anos seguintes, eles conduziram experimentos adicionais para entenderem melhor a motivação no local de trabalho. Essa pesquisa lançou as bases para o movimento das relações humanas e os primeiros pequenos esforços para humanizar o trabalho.

Veja a seguir mais alguns hacks recentes.

Financiamento Coletivo Barato

Em um de nossos clientes, uma jovem equipe de e-commerce inspirada pela promessa de tomada de decisão com base no mercado criou um experimento para testar a viabilidade do financiamento coletivo interno. Os membros da equipe acreditavam que ideias promissoras muitas vezes não eram ouvidas quando não se encaixavam nas prioridades existentes ou eram apresentadas por colegas juniores. Depois de estudar sites como Kickstarter e Indiegogo, a equipe se perguntou o que aconteceria se cada funcionário recebesse US$1 mil por ano para investir em projetos terceirizados. Embora a hipótese fosse simples — o financiamento coletivo ajudaria a desenvolver ideias que, de outra forma, não seriam desenvolvidas —, a questão de como testar o conceito era problemática. Dar a cada funcionário US$1 mil custaria milhões, e construir um marketplace online exigiria o suporte dos departamentos de TI, financeiro e do RH.

O caminho mais fácil, concluiu a equipe, seria realizar um pequeno experimento local. Depois de um pouco de pressão, o chefe de e-commerce da empresa concordou com um breve teste. Todos na unidade — cerca de sessenta indivíduos — receberam US$150 cada para investir e foram convidados a postar propostas de uma página em um enorme quadro branco — uma alternativa capenga para um site elegante. Assim que uma ideia surgisse, os funcionários poderiam anexar comentários e compromissos de investimento usando notas autoadesivas. Cada ideia tinha uma barra de progresso de financiamento, que era atualizada diariamente. Dez ideias foram apresentadas durante o teste de duas semanas e seis atingiram suas metas de financiamento. A maioria das ideias vencedoras foram impulsionadores de produtividade, como projetores para salas de reuniões e conjuntos de modelos de PowerPoint comumente usados

Esse experimento rápido e grosseiro validou a hipótese da equipe e levou a empresa a construir uma robusta plataforma de financiamento online — uma mudança que poderia não ter acontecido se a jovem equipe não tivesse se dado permissão para hackear o processo de alocação de recursos.

Capacitando Viajantes Corporativos

Como você testaria a hipótese de que a transparência é um meio mais eficaz de controle do que as regras impostas de cima para baixo? Essa é a pergunta que um grupo de gestores de nível médio em uma empresa farmacêutica global se fez durante um workshop conduzido por um de nossos colegas.

O primeiro passo foi procurar uma política incoerente que fosse considerada por muitos como um pé no saco. Como é de se suspeitar, havia muitas candidatas, mas as enfadonhas políticas de viagem da empresa pareciam um alvo particularmente interessante. Em uma tentativa de controlar um orçamento de viagens corporativas de cerca de US$500 milhões por ano, o departamento financeiro desenvolveu um labirinto de regras insignificantes. Havia diretrizes rígidas sobre quem poderia viajar, para quais propósitos, em quais companhias aéreas e em que classe. As opções de hotéis e carros de aluguel também eram restritas. Havia limites rígidos para gastos com alimentos e bebidas. Como um gestor reclamou: "Sou responsável por US$70 milhões em vendas, mas quando estou viajando, tenho que conferir se vou ser reembolsado por uma xícara de café de US$3."

O experimento, baseado na metodologia da empresa para testes de drogas, envolveu dois pares de grupos de tratamento e controle — um par na sede e outro em uma unidade operacional. O experimento foi projetado para testar a hipótese de que o aumento da autonomia e da transparência (1) simplificaria o planejamento de viagens, (2) reduziria frustrações e (3) não aumentaria os custos. Cinquenta pessoas foram recrutadas para cada grupo, para uma amostra de duzentos indivíduos. Os grupos de tratamento foram informados que, pelos próximos noventa dias, eles poderiam fazer seus próprios preparativos de viagem, sem autorizações pré-viagem ou auditorias pós-viagem. O problema: todas as despesas de viagem seriam publicadas online para que todos vissem.

Ao final do teste, a equipe analisou os resultados. A grande maioria das pessoas nos dois grupos de tratamento — 74% e 87% — relatou que o novo processo consumia menos tempo do que o anterior. O que foi mais surpreendente foi que 45% dos participantes disseram que a simples mudança de regras aumentou sua satisfação geral com o trabalho. Os pesquisadores esperavam que os custos de viagem aumentassem ligeiramente e estavam preparados para argumentar que esse era um preço que valia a pena pagar por um processo mais eficiente em termos de tempo, mas no final, para os grupos de tratamento, os custos de viagem caíram. Para os grupos de controle, porém, permaneceram essencialmente inalterados.[3]

Esse experimento simples oferece uma lição sobre como desafiar uma política de osso duro de roer: em vez de reclamar, hackeie e colete alguns dados.

Construindo o Seu Hack

Para criar seu próprio hack, convide sua equipe para uma "reunião para improvisação da gestão" que dure um dia inteiro. Se possível, peça aos colegas que preencham a pesquisa de dez perguntas do Índice de Massa Burocrática com antecedência (visite www.humanocracy.com/BMI [conteúdo em inglês] ou consulte o Apêndice A). Os resultados oferecerão um contexto importante.

Uma vez juntos, peça à sua equipe para identificar os males burocráticos que custam mais à sua organização — as políticas ou sistemas que mais contribuem para diminuir a resiliência, a inovação e o engajamento. Especificamente, peça que trabalhem com as três questões a seguir:

Questão 1: Problemas

Onde você acha que podemos estar sofrendo de "burosclerose" — desperdício, atrito, insularidade, autocracia, conformidade, timidez, politicagem ou outros males relacionados? Escolha uma doença e esteja preparado para ilustrar como ela prejudica a eficiência. (Seja o mais concreto possível.)

Dê aos indivíduos quinze minutos para refletirem em particular sobre essa questão antes de pedir-lhes que compartilhem seus pensamentos com o resto do grupo. Grave as respostas de todos em um quadro branco ou capture-as digitalmente e projete-as em uma tela. Passe quarenta minutos explorando o raciocínio por trás dessas visões. Depois, nos cinco minutos restantes de reunião, peça à equipe para escolher uma doença para tratar.

Em seguida, peça à sua equipe para pensar sobre os processos e políticas que contribuem para essa enfermidade.

Questão 2: Processos e Políticas

Quais políticas ou processos de gestão — incluindo planejamento, definição de metas, orçamento, pessoal, job design, desenvolvimento de produtos, gestão de desempenho, contratação, promoção, treinamento, desenvolvimento e remuneração — são os mais culpados por esse problema? Escolha um processo e esteja preparado para descrever como ele contribui para a doença.

Mais uma vez, dê aos indivíduos quinze minutos para formularem suas próprias respostas; em seguida, passe quarenta minutos compartilhando perspectivas. Use os últimos minutos para chegar a um acordo sobre um processo ou política para hackear o sistema.

Agora, passe para a terceira pergunta.

Questão 3: Princípios

Qual princípio pós-burocrático — sentimento de dono, mercados, meritocracia, comunidade, abertura, experimentação ou paradoxo — seria o mais útil para superar essa desordem? Escolha um princípio e descreva como ele poderia ser aplicado de uma forma que ajudasse a combater os efeitos negativos da burocracia.

Mais uma vez, dê aos indivíduos tempo para cogitarem em particular antes de perguntar suas opiniões. Depois que todos tiverem compartilhado suas ideias, tente convergir em um ou dois princípios que seriam úteis para corrigir a falha burocrática.

Você também pode responder às questões na ordem inversa. Comece perguntando: "Qual princípio da humanocracia aceleraria nossa tentativa de nos tornarmos uma organização mais resiliente, criativa e capacitadora?" Em seguida, pergunte: "Se levássemos esse princípio a sério, quais processos ou políticas mudaríamos?" E, por fim, "Qual seria a recompensa — como, exatamente, isso ajudaria a reduzir o arrasto burocrático?"

Seja qual for o caminho que você seguir, o objetivo é concentrar-se em um problema, um processo e um princípio. Para uma equipe de oito a doze pessoas, isso é metade de um dia de trabalho. Após o almoço, tente conseguir soluções com brainstorming. Nesse ponto, a maioria dos seus colegas já terá um potencial hack em mente. Dê-lhes quarenta minutos para concretizar suas ideias individuais. Como, exatamente, eles operacionalizariam o princípio escolhido?

Quando a equipe se reunir novamente, dê a todos alguns minutos para descreverem seu hack e responderem às perguntas do grupo. Procure aqueles parecidos ou que possam ser fragmentos de uma solução maior. Assim que todos os hacks forem compartilhados, dê a todos uma pequena pausa. Quando se reunirem novamente, peça que selecionem dois ou três hacks para desenvolvimento posterior e depois se auto-organizem em torno do preferido. Uma vez em grupos, eles devem passar as próximas horas trabalhando em um projeto experimental.

Perguntas importantes nessa etapa incluem:

1. Qual é a nossa solução proposta, em uma única frase?

2. Quais são os principais componentes do nosso hack?

3. Quais hipóteses precisamos testar?

4. Quem participará do experimento?

5. Que dados coletaremos?

6. Como podemos garantir resultados significativos?

7. Quanto tempo precisaremos para executar o experimento e quais recursos serão necessários?

As respostas devem ser registradas em um modelo simples e compartilhável, como o da Tabela 15-1, que resume o experimento de viagem que descrevemos anteriormente.

Lembre-se de que o objetivo é testar as soluções propostas da forma mais eficiente possível, não construir algo à prova de bombas. No entanto, você deve pensar sobre como minimizar os riscos. Algumas dicas:

1. Favoreça a simplicidade. Teste uma ou duas hipóteses de cada vez, começando pela mais relevante.

2. Use voluntários. Não obrigue ninguém a participar de seu experimento.

3. Torne o processo divertido. Pense em maneiras de gamificar a experiência.

4. Comece em seu próprio quintal. Isso minimizará o número de permissões de que você precisará e o risco de alguém lhe dizer para parar.

5. Execute o novo em paralelo com o antigo. Não acabe com o processo existente até que você tenha validado o novo.

6. Refine e teste novamente. Crie uma expectativa de que este será o primeiro de muitos experimentos.

7. Seja leal ao problema. Não se apaixone por sua solução. Se não der certo, procure outros hacks testáveis.

TABELA 15-1

Modelo de Design Experimental — Aprovações Autogerenciadas de Viagens

Pitch no Elevador

Gastamos mais de US$500 milhões em custos de viagem todos os anos, mas isso não inclui o tempo necessário para obter aprovações para viagens e reembolso de despesas. O processo é oneroso e prejudica nossa aspiração de tratar cada funcionário como proprietário do negócio. Estudamos um novo processo para gerenciar despesas que conta com a responsabilidade pessoal e o controle entre pares.

Solução Proposta

Os componentes primários da nossa solução são:
• Autonomia: Dar aos funcionários a capacidade de "autoautorizar" viagens de negócios e decidir sobre os níveis adequados de despesas.
• Transparência: Compartilhar todos os dados de despesas de viagem em um site interno ("a luz solar é o melhor desinfetante").

Hipótese	Grupos-alvo
H1: A maioria dos funcionários considerará as viagens autoautorizadas mais simples e mais alinhadas com nossos valores.	Um grupo seleto de funcionários de duas localidades (aproximadamente cem pessoas por local).
H2: Alguns funcionários acharão motivador o aumento no poder de decisão pessoal e na confiança.	
H3: As despesas de viagem agregadas não aumentarão substancialmente.	

Tipo de Teste	Estratégia de Avaliação
Em cada local, dividiremos de maneira uniforme as pessoas em um grupo de controle e um grupo de tratamento:	• Faremos uma pesquisa com o grupo de tratamento no início e no final do experimento. As perguntas serão focadas nas hipóteses 1 e 2.
• O grupo de controle não terá nenhuma mudança na política de viagens.	
• O grupo de tratamento será convidado a participar de um teste discreto de um novo processo de gerenciamento de despesas.	• Para a hipótese 3, monitoraremos despesas individuais e gerais para os grupos de tratamento e de controle ao longo do teste.

Duração	Recursos Necessários
Três meses — agosto a outubro.	• Apoio de gerentes de departamento dispostos a promover o experimento.
	• Acesso aos dados de despesas do departamento financeiro.
	• Suporte de TI na configuração de uma página de intranet para compartilhamento de dados granulares de despesas.

Com no máximo um dia de trabalho, sua equipe deve ser capaz de elaborar um ou dois hacks promissores. Você não precisa obter uma aprovação de nível superior, antecipar cada armadilha, elaborar toda a solução com antecedência ou convencer milhares de pessoas a mudar a maneira como trabalham. Lembre-se do ethos do hacker — comece de onde está, mude o que puder, reelabore, repita. (Para obter mais ajuda para construir seu hack, visite www.humanocracy.com/hack [conteúdo em inglês]). O que queremos dizer é que cada um de nós tem agência. Ralph Waldo Emerson disse uma vez: "Sempre há dois partidos, o partido do passado e o partido do futuro, o establishment e o movimento." Todos podem escolher. Você pode reclamar de todas as besteiras burocráticas ou colocar a mão na massa.

Ainda assim, a ideia de que você e sua equipe podem hackear o sistema pode parecer duvidosa: "É claro que podemos fazer um experimento local, mas o que realmente vai mudar? Alguém vai notar? É como lutar contra um grande incêndio com uma mangueira de jardim." Entendemos seu ceticismo, mas continue conosco. No capítulo final, mostraremos como escalonar tudo isso.

— *16* —

Escalonando

Desburocratizar-se, deixar o poder de lado, realizar experimentos locais — esses são bons lugares para começar, mas não são suficientes. No fim das contas, você precisa mobilizar toda a sua organização em torno do desafio de construir uma humanocracia. Para fazer isso, é necessário pensar como um ativista.

São os ativistas, não os burocratas, que mudam o mundo — indivíduos como Malala Yousafzai, a adolescente paquistanesa ganhadora do Prêmio Nobel que, depois de sobreviver a uma tentativa de assassinato pelo Talibã, lançou uma campanha global para expandir as oportunidades de educação para meninas; ou Greta Thunberg, outra adolescente, cujo protesto na porta do Parlamento sueco inspirou mais de 1 milhão de jovens de 125 países a faltarem a um dia de aula e tentarem influenciar seus líderes para uma ação mais rápida a respeito do aquecimento global.

Se Malala e Greta podem mobilizar milhares, por que você também não pode? Não há nada mais poderoso do que uma causa justa — seja a igualdade de gênero, proteger o planeta ou libertar o espírito humano no trabalho.

Ainda assim, você pode estar se perguntando: como ir da ação local à mudança em todo o sistema? Como você leva a organização a um ponto de inflexão? Ótimas perguntas. Aqui estão cinco "multiplicadores de impacto" que o ajudarão a superar as dificuldades:

CREDIBILIDADE. Na maioria das organizações, há uma lacuna enorme entre a retórica e a realidade em torno dos valores corporativos. As pessoas são justificadamente céticas em relação a discursos nobres demais. Portanto, aja antes de exortar. Trabalhe em sua própria recuperação burocrática, inicie alguns experimentos locais e *depois* trabalhe para influenciar outros.

CORAGEM. No livro *A Guerra dos Tronos*, Brandon Stark pergunta a seu pai: "Um homem ainda pode ser corajoso se ele estiver com medo?" A resposta foi: "Esse é o único momento em que um homem pode ser corajoso." É preciso ter coragem para enfrentar a burocracia, mas lembre-se de que, na vida, nossas realizações são proporcionais à nossa coragem.

PENSAMENTO "DO CONTRA". Se um problema já existe há algum tempo, provavelmente não pode ser resolvido com o pensamento convencional. Procure por contestadores positivos, como a Nucor e a Haier. Pegue ideias de outros domínios, como biologia, startups e crowdsourcing. Desafie rigorosamente suas suposições mais profundas. Faça tudo isso e você aumentará as chances de encontrar uma nova solução.

COMPAIXÃO. As pessoas não são apenas céticas, elas são cínicas — e com razão. Todo mundo está lutando por sua própria conta e risco, cuidando de seus próprios interesses. Quando se recebe um pedido de ajuda, a maioria das pessoas pergunta: "Em que isso vai me beneficiar?" Para ultrapassar esse obstáculo, você precisa colocar os outros em primeiro lugar. Quando os colegas veem você trabalhando para entender as necessidades *deles*, quando você os ajudar a criar os experimentos *deles* e garantir que *eles* recebam o crédito, começarão a confiar em você. Quando a sua compaixão transparecer, as pessoas correrão riscos com você e o protegerão se algo der errado.

CONEXÕES. Construir uma comunidade é a coisa mais importante que um ativista pode fazer. Este é o multiplicador máximo do esforço individual. Funcionários ansiosos para experimentar algo novo geralmente cometem o erro de pedir permissão ao chefe. Em geral, eles são barrados ou recebem apenas um apoio relutante. Isso não é inteiramente culpa do gestor. De início, é difícil saber se uma ideia subdesenvolvida é brilhante ou maluca. Como grandes ideias são raras, a atitude padrão para a maioria dos gestores é dizer não. Então não vá ao topo, vá à rua. Converse com seus colegas. Encontre aqueles que o ajudarão a criar e executar um experimento. É fácil para um gestor dizer não a um suplicante solitário, mas é muito mais difícil deixar de lado um pequeno grupo de partidários que já começou e está entusiasmado por tornar as coisas melhores.

Construindo uma Comunidade de Paixão

Gostamos da palavra "hacktivista". É uma mistura desajeitada, mas funciona. Um hacker constrói coisas. Um ativista reúne uma coalizão. Um hacktivista faz as duas coisas — mobiliza muitas pessoas para tentar coisas novas. Bertrand Ballarin, da Michelin, é um hacktivista talentoso. Agora é hora de conhecer outra.

Helen Bevan, nascida em Yorkshire, é uma veterana da área de saúde que deu início a um movimento surpreendentemente bem-sucedido por um melhor atendimento ao paciente em todo o Serviço Nacional de Saúde da Grã-Bretanha (NHS). Com 1,7 milhão de pessoas em sua folha de pagamento, o NHS é o terceiro maior empregador do mundo e é tão burocrático quanto seria de se esperar — o que torna a história de Bevan ainda mais notável.

Em 2012, Bevan trabalhava para uma consultoria interna do NHS, o Instituto para Inovação e Melhoria. Em uma noite de outono, ela se viu conversando com um grupo de médicos em treinamento. Eles estavam frustrados porque o preenchimento de relatórios burocráticos frequentemente parecia ter prioridade sobre o atendimento ao paciente. Todos no NHS se sentiam sobrecarregados com as ordens e metas com estrutura top-down, mas os funcionários da linha de frente estavam particularmente sobrecarregados — fazendo malabarismo entre as necessidades de seus pacientes e as demandas de uma burocracia imperiosa e inescapável. O que poderia ser feito, os médicos perguntaram a Helen, para colocar a experiência do paciente em primeiro lugar?

O grupo fez um brainstorming de opções e, por fim, concordou em convidar todos do NHS a identificar uma ação específica que poderiam realizar para melhorar o atendimento ao paciente. Qualquer que fosse a ação, eles se comprometeriam a prosseguir. Damian Roland, pediatra, relembra: "Achamos que faríamos 65 mil compromissos, mil para cada ano desde a fundação do NHS. Era loucura, mas pensamos que, a menos que fizéssemos algo muito ambicioso, nunca causaríamos um impacto real."[1]

Os ativistas se comprometeram com um lançamento no início de 2013 e concordaram em oferecer seu tempo, mesmo que isso significasse perder os dias de férias. Decididamente, ninguém pensou em pedir permissão aos líderes seniores.

A página "Dia da Mudança" foi ao ar em janeiro de 2013. Apresentava um vídeo de boas-vindas, um formulário no qual indivíduos ou equipes podiam registrar seu compromisso e um pedido para compartilhar o link com outras pessoas. Cada compromisso deveria ser algo que um indivíduo ou equipe pudesse fazer sem a necessidade de aprovação adicional. Era possível criar seu próprio compromisso ou apoiar o de outra pessoa. As pessoas foram incentivadas a imprimir seus compromissos e colocá-los em seu espaço de trabalho.

Para despertar o interesse do pessoal, a equipe enviou e-mails, cooptou canais de comunicação interna, mobilizou por meio do Twitter e do Facebook e incentivou influenciadores internos a ativar suas redes. Durante as primeiras semanas, os compromissos progrediram devagar, mas a equipe continuou estimulando os funcionários. Em 14 de fevereiro, o site havia acumulado 5 mil compromissos. Uma semana depois, o número aumentou para 43 mil. Quando o Dia da Mudança foi concluído, em meados de março, mais de 189 mil compromissos haviam sido registrados, com 50 mil surgindo no último dia.

Mais de cem médicos se comprometeram a provar pessoalmente qualquer medicamento oral antes de prescrevê-lo a crianças e a trabalhar com a farmácia do hospital para melhorar o sabor de medicamentos com gosto especialmente ruim. Uma equipe de estudantes de enfermagem comprometeu-se a simular uma ala na qual pudessem vivenciar como era receber os cuidados ao paciente. Em outro compromisso, as equipes de aquisição prometeram remover suprimentos redundantes de hospitais e clínicas para liberar mais espaço de trabalho para os médicos.

O sucesso do Dia da Mudança encorajou a equipe a realizar uma segunda edição em 2014. Dessa vez, os compromissos no site chegaram a impressionantes 800 mil. No ano seguinte, em vez de solicitar compromissos, o Dia da Mudança pediu aos funcionários que compartilhassem ideias e práticas acerca de desafios específicos, como fornecer melhor suporte para pacientes com demência ou aprimorar a experiência na ala da maternidade. Uma rede voluntária de sessenta profissionais reuniu as melhores contribuições em protocolos, programas de treinamento e outras ferramentas.

Apesar de ser uma tentativa não oficial, o Dia da Mudança acabou sendo a maior e mais bem-sucedida iniciativa de mudança na história do NHS. Isso impactou centenas de milhares de pessoas e restabeleceu o atendimento ao paciente como a meta primordial de cada funcionário. Igualmente importante, na opinião de Bevan, foi o crédito que a iniciativa deu à ideia de mudança vinda da base da pirâmide hierárquica. Os funcionários do NHS não mais presumiam que eram incapazes de fazer a diferença. Como disse uma enfermeira participante: "O Dia da Mudança me fez perceber que tenho o poder. Minha paixão, que havia perdido porque pensei que não fazia diferença, foi retomada."[2]

Por fim, o impacto do Dia da Mudança se propagou muito além da Grã-Bretanha. O programa gerou iniciativas semelhantes em dezenove outros países, incluindo Austrália, Canadá, Jordânia, África do Sul e Suécia.

Se o seu objetivo é atender melhor ou humanizar o trabalho, o Dia da Mudança tem muito a lhe ensinar. Especificamente:

- As pessoas estão dispostas a mudar por coisas pelas quais vale a pena mudar.

- Começar uma mudança não precisa ser complicado ou caro.

- Um convite é mais atraente do que uma ordem.

- Ativistas não esperam permissão.

- A tecnologia pode ser um poderoso acelerador.

- Não há limite para o impacto que você pode criar.

- Você tem uma escolha: reclamar ou mobilizar.

Para iniciar um movimento em prol do ser humano em sua organização, comece recrutando alguns colegas que o ajudarão a planejar uma campanha. Eles não precisam ser líderes seniores, ou mesmo gestores, mas devem representar uma seção transversal de seu negócio ou da organização em geral.

No início, o objetivo é criar consciência e energia positiva. Como Bevan, você pode postar uma pergunta simples ou um desafio online e, em seguida, divulgar por meio das redes sociais.

As opções para iniciar uma conversa incluem:

LEVANTAMENTO. Publique um link para a pesquisa IMB (acesse em www.humanocracy.com/BMI [conteúdo em inglês] ou consulte o Apêndice A) e peça às pessoas para ajudá-lo a documentar como a burocracia debilitou sua organização. Compartilhe os resultados assim que tiver uma boa amostra.

DIAGNÓSTICO. Crie um quadro de discussão online e peça aos colegas que identifiquem os gargalos burocráticos — políticas e processos — que impedem que sua organização seja mais adaptável, inovadora e inspiradora. Convide-os a fornecer breves apontamentos de um parágrafo sobre como esses impedimentos sabotaram a mudança, a inovação e a iniciativa.

HÁBITOS. Faça a lista de comportamentos burocráticos que abordamos no Capítulo 15. Peça às pessoas que escolham um comportamento e descreva os sistemas ou processos burocráticos que induzem a esse comportamento e recompensam por ele. Peça às pessoas que assumam um compromisso específico de viver "livres da burocracia".

VITÓRIAS RÁPIDAS. Convide as pessoas a nomearem uma "regra estúpida" ou um impedimento burocrático irrelevante que torna o trabalho diário mais difícil do que o necessário. Peça-lhes para sugerir uma solução.

MINIHACKS. Poste um dos princípios da humanocracia junto com uma breve descrição. Convide as pessoas a oferecer uma ideia que pode ser tuitada para colocar esse princípio em prática. Faça isso por uma semana e depois passe para outro princípio. Peça às pessoas para "curtirem" seus minihacks favoritos e, em seguida, desafie-as a transformá-los em experimentos.

Não deve ser difícil animar seus colegas. A maioria das pessoas está cansada da burocracia, mas não tem uma plataforma na qual possam desabafar, muito menos oferecer uma solução. Uma médica amiga nossa, que trabalha para um grande grupo de saúde, nos disse que, quando ligou para o setor de TI pedindo ajuda para conectar uma impressora extra, foi informada de que instalar uma impressora adicional colocaria sua clínica em violação de uma política que estipulava o máximo de uma impressora para oito médicos. Seu único recurso, disseram-lhe, era fazer uma petição solicitando ao comitê de impressão uma exceção dessa política. Se ela tivesse a chance, pode apostar que ficaria feliz em participar de um desafio online contra essa idiotice.

Histórias como essa são comuns, mas raramente levam à ação. Os funcionários assumem que são impotentes para mudar as coisas, então se irritam silenciosamente sob o jugo da burocracia. Não há fórum no qual possam falar e nenhuma maneira de agregar sua frustração coletiva. Como resultado, os líderes presumem que a burocracia é muito menos difusa e destrutiva do que realmente é. Você pode mudar isso. Você pode começar uma conversa sobre a idiotice e a desumanidade da burocracia e o que fazer a respeito. A energia que você liberar ajudará sua organização a redescobrir sua essência.

Realizando um Hackathon

Depois de instigar as pessoas, o que fazer? Como controlar a frustração? Como criar dezenas, ou até centenas, de hacks? Como avançar em várias dimensões simultaneamente? Embora a abordagem lenta e constante de Ballarin na Michelin tenha muito a acrescentar, acreditamos que é possível se movimentar mais rápido. Quando você reúne pessoas online e oferece a elas as ferramentas certas, pode aumentar drasticamente o ritmo e o escopo da inovação em gerenciamento. Para ver como, vamos compartilhar um breve estudo de caso de uma empresa de bens de consumo multibilionária que convidou mais de 4 mil funcionários a reimaginar o modelo organizacional da empresa.

A empresa passou vários anos tentando reverter as quedas no faturamento e na margem, com pouco sucesso. Em uma conversa inicial com a equipe executiva, perguntamos se as raízes do problema poderiam estar nas práticas conservadoras de gerenciamento top-down da empresa. Os que estavam ao redor da mesa admitiram que havia poucas coisas na organização que davam suporte à inovação contínua e destruidora de regras, e muitas que trabalhavam contra isso. O que poderia ser feito, eles perguntaram, para construir um ambiente pró-inovação? Como podemos redesenhar nossos processos de gerenciamento para serem propícios à inovação, em vez de serem tóxicos a ela? Admitimos que poucas empresas haviam sistematicamente reprojetado suas organizações para a inovação. A magnitude e a complexidade do desafio eram assustadoras e não havia soluções prontas para implementar. Por outro lado, argumentamos, eles tinham milhares de funcionários que estavam ansiosos para ajudá-los a decifrar o código e, se convocados, resolveriam o problema. Como se costuma dizer no desenvolvimento de software de código aberto, "Dados olhos suficientes, todos os erros são triviais".

O hackathon de seis meses que se seguiu, hospedado em uma plataforma construída para esse propósito, buscou respostas para uma pergunta aparentemente simples: "Como conectamos os princípios pró-inovação a cada sistema e processo de gerenciamento?"

A primeira tarefa era identificar os obstáculos que impediam a criatividade. Uma breve pesquisa gerou resultados surpreendentes. Os membros da equipe culparam a falta de tempo, recursos e suporte da equipe. Muitos também estavam frustrados com o que consideraram uma obsessão por resultados em curto prazo e uma abundância excessiva de regras e restrições burocráticas.

Essas descobertas geraram conversas importantes no quadro de discussão da plataforma. Muitos participantes, por exemplo, expressaram frustração com a falta de responsabilidade executiva pela inovação. Outros compartilharam exemplos dolorosos de como processos específicos sufocaram a iniciativa e o pensamento original.

Ao priorizar os maiores obstáculos, o hackathon foi direcionado a um brainstorming de potenciais soluções. Nos meses seguintes, os membros da equipe participaram de sete "sprints" para resolução de problemas. Cada um foi construído em torno de um princípio específico da humanocracia. Depois de serem apresentados a um princípio com uma curta aula em vídeo, os participantes foram convidados a fazer um brainstorming sobre como poderiam operacionalizá-lo nos sistemas de gestão da empresa, incluindo planejamento, alocação de recursos, gestão de talentos, remuneração e job design.

Hacks realizados durante o sprint de "Mercados" incluíram ideias como o estabelecimento de um conjunto de investimentos parecidos com capital de risco em cada negócio, a criação de um mercado de ações interno que permitiria aos funcionários investirem em ideias emergentes, criando uma "gig economy" interna para tarefas de design e de marketing em curto prazo e a incorporação de métricas baseadas no mercado, como lucratividade do produto ou Net Promoter Scores em todas as avaliações de desempenho.

Inicialmente, a maioria dos hacks não passava de tuítes. Nesta fase, o objetivo era gerar o maior número possível de ideias promissoras. A avaliação e a elaboração viriam depois. Ao final dos sete sprints, a comunidade gerou mais de 5 mil minihacks e contribuiu com milhares de comentários e curtidas.

A equipe de três pessoas que apoiava a iniciativa, que incluía um gerente de desenvolvimento de negócios, um especialista em inovação e um especialista em mídias sociais, foi fundamental para fomentar o engajamento da comunidade dentro e fora da plataforma. "Embaixadores" voluntários foram recrutados em todos os locais para ajudar na ativação local. Uma estratégia comum era promover encontros do hackathon nas tardes de sexta-feira, com pizza e cerveja oferecidas pelos gerentes de departamento.

Todos na plataforma tinham uma "pontuação hacker" que incluía índices sobre o número de hacks e comentários que postaram e o número de seguidores e curtidas que conquistaram. Os quadros de líderes de hackers foram acompanhados de perto e estimularam uma competição amigável entre um grupo de supercontribuintes.

Depois de trabalhar os princípios, a próxima tarefa da comunidade foi identificar os minihacks mais promissores. Cada membro da equipe teve uma semana para revisar seus próprios minihacks e selecionar um para levar adiante. Após essa seleção, oitocentos hacks permaneceram. Em seguida, vinha a revisão por pares. Nas duas semanas seguintes, cada hacker recebeu alguns minihacks escolhidos aleatoriamente para pontuar. Sobre cada um, eles eram questionados:

1. É profundo? Aborda uma ou mais barreiras? Aumenta significativamente nossa capacidade de inovação?

2. É factível? A ideia é prática? Você consegue imaginar como isso pode ser testado?

O processo de revisão por pares gerou 10 mil avaliações, ou cerca de doze revisões por minihack. Os autores dos cem minihacks com maior pontuação tiveram algumas semanas adicionais para expandir suas propostas em hacks completos, usando um modelo semelhante ao mostrado na Tabela 15-1, no capítulo anterior. Dada a quantidade considerável de trabalho necessária para desenvolver seus hacks, os participantes foram encorajados a entrar em contato com colegas que enviaram ideias semelhantes e a formarem equipes quando fizesse sentido.

No final das duas semanas, a comunidade mais ampla do hackathon ajudou novamente a reduzir o número de competidores. Cada participante recebeu cinco votos para distribuir entre seus hacks favoritos. O objetivo era convergir para um número gerenciável que seria levado para experimentação. No final, dezesseis hacks chegaram ao topo, incluindo:

Sistema de Promoção à Liderança (LPS)

PRINCÍPIO: Meritocracia

HACK: Introduzir uma nova métrica, o LPS, para avaliar o valor gerencial agregado. Gerado por meio de uma pesquisa trimestral dos subordinados diretos e colegas de um gestor, o LPS foi concebido para ser um índice simples que medisse os comportamentos de liderança desejados, como o incentivo à inovação dentro de uma equipe.

Empreendedorismo de Campo

PRINCÍPIO: Sentimento de dono

HACK: Conceder às equipes de vendas da linha de frente muito mais arbítrio sobre preços, gastos com marketing e o desenvolvimento de estratégias de engajamento do cliente. Isso seria apoiado pelo demonstrativo de lucros e perdas em nível de equipe.

U-Fund-It

PRINCÍPIO: Mercados

HACK: Criar uma plataforma na qual os funcionários possam fazer o financiamento coletivo de ideias geradas por colegas.

Após a votação, as dezesseis equipes vencedoras se reuniram para um "Laboratório de Hack" presencial de dois dias. Depois de revisar os princípios do design experimental, as equipes começaram a trabalhar no desenvolvimento de testes detalhados. Ao final dos dois dias, cada equipe recebeu um patrocinador executivo e um orçamento de até US$30 mil para cobrir os custos de execução de seu experimento. Cada membro da equipe também teria um dia por semana durante os próximos três meses para desenvolver sua ideia.

A comunidade de hackathon mais ampla permaneceu envolvida à medida que os experimentos progrediam. Cada um deles tinha sua própria página na plataforma, na qual as equipes de teste podiam postar atualizações e solicitar ajuda. A equipe do LPS, por exemplo, explorou sua rede de seguidores para obter conselhos sobre os comportamentos de liderança que deveriam ser incorporados à ferramenta de avaliação. Muitas das equipes progrediram rapidamente. A equipe do U-Fund-It, cujo teste de financiamento coletivo foi descrito no Capítulo 15, projetou e executou seu experimento no espaço de um mês. Outras equipes agiram com a mesma rapidez para iniciar os testes.

Enquanto escrevo deste livro, vários dos experimentos foram escalonados, alguns ainda estavam sendo iterados e outros foram abandonados. Coletivamente, seu impacto nos resultados e na cultura foi notável. A inovação não é mais uma atividade isolada que ocorre apesar do sistema. O crescimento do faturamento e da margem está acima das tendências do setor e as pontuações de engajamento estão altas. Como observou o CEO, o hackathon sinalizou para todos que eles "podiam pensar, desafiar e fazer experimentos com a forma como a empresa era administrada".

Como esse exemplo sugere, construir uma humanocracia requer uma mudança radical na forma como pensamos sobre dois construtos da gestão: "liderança" e "mudança". Acreditamos que ambos precisam ser reconstruídos de maneira consistente com os princípios da humanocracia.

Repensando a Liderança

Se a definição de líder é alguém que catalisa mudanças positivas, então toda organização precisa de quantos líderes puderem ter. Infelizmente, a ideia de liderança que predomina na maioria das organizações foi irremediavelmente comprometida pelo pensamento burocrático. Para entender como isso aconteceu, precisamos revisar um pouco da história.

Nas primeiras décadas de industrialização, a competência administrativa era escassa. Entre 1890 e 1920, o número de empregos na indústria dos Estados Unidos mais do que dobrou, foi de 5 para 11 milhões de trabalhadores, e depois expandiu mais 50% antes da explosão da Segunda Guerra Mundial. Quem enfrentaria essa crescente comunidade de funcionários, senão um quadro de gerentes recém-formados? Reconhecendo a necessidade, as universidades norte-americanas se prontificaram a ajudar. A Wharton School da Universidade da Pensilvânia foi fundada em 1881, a Harvard Business School em 1908 e a Stanford Graduate School of Business em 1925.

Na época, o gerenciamento era considerado uma disciplina excepcionalmente complexa e exigente — da mesma forma que a engenharia genética e a ciência de dados são vistas hoje. Havia pouco conhecimento sobre gerenciamento explícito e ainda menos pesquisa e teoria. Aos poucos, porém, um corpus de conhecimento sobre gerenciamento começou a surgir. Na metade do século, as empresas começaram a investir em treinamento gerencial. Em 1956, a General Electric abriu seu famoso instituto de gerenciamento em Crotonville, Nova York. O objetivo, disse o empresário Philip D. Reed, era fazer da GE a empresa "mais bem administrada" do mundo. Essa era uma meta ambiciosa e digna. Afinal, foi a mágica do gerenciamento que transformou a mão de obra e o aço em locomotivas, geradores de turbina e máquinas de lavar.

Em 1977, quando o historiador de Harvard Alfred Chandler publicou seu hino para o "gerencialismo", *The Visible Hand*, o gerenciamento não era mais uma atividade misteriosa ou excepcional. Graças ao trabalho de Peter Drucker e outros, os princípios e práticas da competência administrativa foram completamente codificados e amplamente disseminados.

Na década de 1980, a gestão tornou-se ultrapassada. Consultores e escolas de negócios precisavam de algo novo para vender — uma atualização de produto, se preferir chamar assim. Eles caíram na "liderança". Por que, perguntaram aos clientes, você continuaria sendo um mero gestor quando, com o treinamento certo, poderia se tornar um valente líder? Dê-nos uma ou duas semanas de seu tempo e alguns milhares de dólares e nós o transformaremos em uma fusão de Abraham Lincoln, Alfred Sloan e Winston Churchill.

Hoje, mais livros de negócios são escritos sobre liderança do que sobre qualquer outro tópico, então é fácil esquecer a relativa novidade de nossa obsessão por liderança. Em seu clássico de 1966, *O Gestor Eficaz*, Drucker usou a palavra "gestor" e suas variantes 209 vezes, enquanto empregava as palavras "líder" ou "liderando" apenas quinze vezes. Hoje, essa contagem seria o contrário. No entanto, apesar da onipresença do tópico — se você pesquisar "modelo de liderança" no Google, obterá mais de 1 bilhão de resultados — há poucas evidências de que sabemos como desenvolver líderes, ou que a maioria daqueles que afirmam ser líderes merecem o título.

Estudiosos como Jeffrey Pfeffer, de Stanford, e Barbara Kellerman, de Harvard, acreditam que o treinamento de liderança tradicional produz pouco valor para as organizações que investem ou insistem nisso.[3] Embora desconfortável para muitos, essa conclusão dificilmente surpreende. Como poderia ser diferente, quando a maior parte do treinamento de liderança ocorre inteiramente dentro da estrutura burocrática? Em geral, o objetivo não é ajudar os indivíduos a se tornarem catalisadores para a mudança, mas prepará-los para funções gerenciais maiores.

Para ser justo, o treinamento de liderança raramente se concentra apenas em habilidades administrativas. Em um programa de várias semanas em uma importante escola de negócios, haverá módulos sobre IA, blockchain, neurociência, Internet das Coisas e a força de trabalho da Geração Z. O treinamento de liderança contemporâneo também enfatiza as "habilidades pessoais", afirmando o valor da "autenticidade", da "empatia" e do "mindfulness". Infelizmente, essas coisas são de pouca utilidade em uma disputa burocrática. Uma vez de volta ao trabalho, os pós-graduados descobrem rapidamente que há pouco em sua organização que reforce honestidade, humildade e introspecção, e que há pouco que possam fazer para mudar esse fato.

O elitismo é outro fator que limita o impacto do desenvolvimento da liderança. O treinamento tende a ser estratificado. No nível executivo, o foco está na "gestão da organização"; nos níveis médios, em "liderar o negócio"; e em níveis inferiores, em "liderar sua equipe". Essa abordagem hierárquica é baseada na proposição absurda de que os funcionários de nível inferior são incapazes de pensar além de sua própria função ou unidade.

Temos um longo caminho a percorrer para separar a liderança da hierarquia. Por exemplo: quando as pessoas em sua organização falam sobre "a equipe de liderança", elas referem-se a "todos na organização que podem fazer coisas incríveis acontecerem" ou a cerca de uma dúzia de VPEs que se sentam no topo da pirâmide? A realidade, claro, é que muitos dos membros da equipe de liderança não são líderes de forma alguma — não no sentido Bertrand Ballarin ou Helen Bevan da palavra. Nem são uma "equipe", se com isso você quer dizer um grupo de espíritos altruístas unidos em torno de uma causa comum.

A competência nas tarefas de liderança que *realmente* importam — identificar oportunidades, incentivar colegas, desafiar interesses adquiridos, reimaginar modelos de negócios e cuidar dos outros — não se correlaciona com a hierarquia e recebe pouca ou nenhuma atenção na maioria dos programas de liderança.

O absurdo do modelo burocrático de liderança é evidente para qualquer pessoa que cresceu nas redes sociais, nas quais liderança se trata de atrair seguidores em vez de subir uma escada. Se é um nativo digital, você vê o poder posicional como inerentemente autoritário e suspeita profundamente de qualquer pessoa que busque "poder sobre algo". Para você, liderança não significa assumir o comando e dar ordens; trata-se de ativar uma comunidade e colaborar. Para você, ser um ativista não é um conjunto de táticas, é sua postura cotidiana; é como você faz a diferença, seja qual for a tarefa em mãos. Credibilidade, coragem, pensamento "do contra", compaixão, conexão — é assim que você joga. Você entende que a maneira mais rápida de desgastar seu capital de liderança *verdadeiro* é forçar sua autoridade posicional sobre os colegas.

Considerando tudo isso, é hora de repensar radicalmente a liderança e seu desenvolvimento. Por mais que sua organização gaste ensinando novatos a serem melhores administradores, ela precisa investir ainda mais em identificar e equipar aqueles que são naturalmente inclinados a serem hacktivistas. Isso é elementar. Todos os CEOs sabem que suas organizações precisam mudar mais rapidamente. E, como qualquer historiador social lhe dirá, mudanças profundas geralmente vêm da margem — de pessoas que não foram seduzidas pelo poder e se preocuparam o suficiente para se colocarem na linha de fogo. Quando finalmente abandonarmos o mito de que um grande título torna você um líder, e quando o departamento de RH para de atuar no topo da pirâmide, nossa abordagem de liderança finalmente alcançará as realidades do século XXI.

Repensando a Mudança

Como argumentamos ao longo deste livro, a virada para a humanocracia requer uma mudança radical — em indivíduos, equipes e nos processos centrais pelos quais nossas organizações são administradas. Diante desse desafio, o tradicional modelo de mudança é totalmente inadequado. O programa de mudança típico é lento, gradual, desajeitado e cria antagonistas desnecessariamente — todos resultados de um modelo burocrático que atribui a responsabilidade por mudanças profundas a um pequeno núcleo de gestores seniores e seus conselheiros. No entanto, como observamos no Capítulo 2, no momento em que um problema ou uma oportunidade se torna grande o suficiente para provocar uma iniciativa de mudança vinda do topo da pirâmide, a organização já está correndo atrás do prejuízo. Em nossa pesquisa junto a *Harvard Business Review,* apenas 10% dos mais de 10 mil entrevistados disseram que os programas de mudança recentes de sua organização eram "sempre" ou "principalmente" centrados em inovação. Quando executivos seniores são o ponto de bloqueio da mudança, a organização passará muito tempo comendo poeira.

A complexidade da mudança top-down cria ainda mais resistência. Estruturas e processos organizacionais são complicados e intrincados. É difícil mudar uma coisa sem mudar tudo. Essa complexidade significa que uma empresa típica pode gerenciar uma grande reorganização apenas uma vez a cada três ou quatro anos. A maioria dos programas de mudança ainda está em conformidade com o modelo de mudança em três estágios de Kurt Lewin de setenta anos atrás: descongelar — mudar — congelar novamente. Na concepção de Lewin, a mudança era episódica e programática, em vez de contínua e emergente. Essa visão podia fazer sentido na década de 1940, mas é inadequada para um mundo que é só pontuação e nenhum equilíbrio.

Em uma burocracia, a mudança não é apenas lenta, mas também desanimadora. Quando a mudança é o imperativo e finalmente se torna inevitável, o comitê executivo perguntará: "Quem já fez isso?" Prudentes para não criar caos operacional — um risco real quando você força a mudança no nível do sistema vinda de cima —, eles procurarão um caminho bem trilhado. Graças a essa timidez, os programas de mudança corporativa raramente mudam algo que realmente valha a pena mudar. Eles não redistribuem o poder, diminuem as funções corporativas, reduzem as camadas organizacionais ou extirpam regras inúteis.

Aqui está outro problema: a mudança centralmente orientada carece de nuances. Por definição, a mudança vinda do topo é um instrumento obtuso — não apenas porque as prescrições tendem a ser aplicadas uniformemente, mas porque muitas vezes são elaboradas com pouca contribuição daqueles na linha de frente. Em uma grande pesquisa europeia, cerca de metade dos funcionários não supervisores afirmou que sua organização havia passado recentemente por uma grande reorganização, mas apenas um quarto dos entrevistados disse que sua opinião havia sido questionada antes do lançamento.[4] Na maioria dos programas de mudança, os infelizes subordinados encarregados de fazer as coisas funcionarem coçam a cabeça e se perguntam: "O que aqueles idiotas estavam pensando?"

Uma última deficiência da mudança vinda do topo é que ela inevitavelmente produz reações. De acordo com uma pesquisa da McKinsey & Company, a resistência à mudança é a principal razão pela qual os programas de mudança em grande escala ficam estagnados. Isso não ocorre, porém, como muitas vezes se afirma, porque as pessoas têm fobia de mudanças. O que irrita os funcionários são os decretos reais — mudanças impostas, mudanças que não melhoram suas funções, mudanças que funcionam melhor para generais do que para os soldados.

Há alguns anos, conversávamos com o chefe de vendas de uma conhecida gigante da tecnologia. Com a ajuda de alguns consultores, ele reformulou recentemente o modelo de remuneração por vendas. "Como foi?", perguntamos. "Francamente", ele admitiu, "foi a m**** de um caos. Não esperávamos tanta resistência. Alguns de nossos melhores funcionários abandonaram o barco". "Você escreveu um blog sobre as alterações propostas antes de implementá-las?", perguntamos. "Você incentivou o feedback?" "Não", respondeu ele, "isso teria demorado muito". Correndo o risco de sermos impertinentes, lembramos a ele que o que importa não é o tempo de implementação, mas o tempo de sucesso.

Simplificando, o modelo burocrático de mudança, como o modelo burocrático de liderança, não é mais adequado para o propósito. De acordo com estudos independentes da McKinsey, do Boston Consulting Group e da Bain

& Company, 75% de todos os programas de mudança falham em atingir seus objetivos. Isso não é surpreendente. Hoje, as organizações são desafiadas de forma mais rápida e profunda do que nunca. No entanto, "gerenciamento de mudança", assim como "culinária escocesa" e "coque masculino", é um oximoro. Não há como uma mudança radical e sistêmica ser projetada e implantada de cima para baixo — não se for proativa, refinada e adotada com entusiasmo. Mesmo quando uma organização é liderada por um CEO pioneiro como Jan Wallander ou Zhang Ruimin, a elaboração de um novo modelo de gestão envolve mais "descobrir e testar" do que "projetar e impor".

Para eliminar as defasagens burocráticas entre perceber e responder, a responsabilidade pela mudança deve ser amplamente distribuída. Todos, como Helen Bevan e seus compatriotas, devem se ver como um potencial líder de mudança. Diante de novos desafios, todos devem tomar atitude e agir, em vez de esperar que as prioridades executivas se adaptem à realidade.

Os gerentes seniores devem abraçar a complexidade da mudança sistêmica enquanto resistem ao impulso de criar programas de mudança exaustivos e altamente prescritivos. A questão de reconectar o genoma organizacional precisa ser desagregada e pequenas equipes devem ser capacitadas para trabalhar em componentes individuais. Curiosamente, é assim que a Amazon organiza suas equipes de desenvolvimento de software.

Quase duas décadas atrás, a crescente ansiedade sobre a capacidade da empresa de superar seus rivais levou a Amazon a dividir sua organização de TI em centenas de equipes de microsserviços. Antes da mudança, o software que comandava o setor de e-commerce da empresa residia em uma única base de código monolítica. Centenas de engenheiros seniores eram necessários para integrar o código que estava sendo produzido pelas expansivas equipes de desenvolvimento da empresa. Como era de se esperar, os conflitos eram abundantes, atrasos eram frequentes e todas as grandes atualizações eram uma tarefa hercúlea. Percebendo que essa abordagem não seria escalonável, a Amazon distribuiu o trabalho de desenvolvimento entre dezenas de pequenas equipes, cada uma responsável por um único elemento do site, como o botão "comprar". Dali em diante, os componentes de software seriam integrados por meio de interconexões padronizadas conhecidas como interfaces de programação de aplicações, ou APIs. Essas mudanças liberaram as equipes para trabalhar em seu próprio ritmo e reduziram drasticamente a necessidade de coordenação gerencial. Hoje, a página inicial da Amazon é montada por centenas de equipes individuais. O sucesso desse modelo fez com que várias empresas seguissem o exemplo da Amazon, incluindo os colaboradores dos sites da Netflix e da Uber (a última relatou ter 1.300 equipes de microsserviços).[5]

Nossa experiência sugere que uma abordagem celular distribuída para a construção da humanocracia é igualmente sensata. Pode-se facilmente imaginar uma grande organização apoiando dezenas de experimentos paralelos de gerenciamento, como os descritos no capítulo anterior. Essa é a maneira de derrubar a burocracia — não com uma reorganização gigante, mas com uma profusão de hacks.

Distribuir a responsabilidade em prol da mudança também é o segredo para ganhar comprometimento genuíno. Os executivos seniores costumam falar sobre a necessidade de obter a adesão dos funcionários, geralmente algo visto como um exercício de comunicação. Como um relatório do Boston Consulting Group sobre a mudança argumentou: "Todos os participantes, em todos os níveis, precisam entender com clareza a lógica e o design do programa, seu papel na condução da estratégia da organização e seus próprios papéis e responsabilidades dentro do programa."[6] Isso é bom o bastante — mas conhecimento não é a mesma coisa que compromisso. A adesão genuína, diferente de compliance, é o produto do envolvimento, não da obrigatoriedade. Para abraçar a mudança, os funcionários precisam ter ajudado a criá-la.

Pode ser assustador para um líder entregar uma grande iniciativa de mudança para o "povo", mas muitas vezes é a única maneira de enfrentar os defensores da burocracia. Um CEO solitário não tem horas suficientes no dia para, sozinho, persuadir dezenas ou centenas de burocratas com muito poder a abrir mão de seus privilégios — pergunte ao Papa Francisco.

Em uma entrevista de setembro de 2013, seis meses depois de se tornar papa, Francisco denunciou o que viu como a arrogância e o egocentrismo da Igreja: "Os líderes da Igreja costumam ser narcisistas, bajulados por seus cortesões e deslumbrados com eles. Essa corte é a lepra do papado. Essa visão centrada no Vaticano negligencia o mundo ao seu redor e farei tudo o que puder para mudá-la." Ele acusou a Igreja de ser "obcecada" por "regras mesquinhas" e alertou que ela deve mudar ou "cair como um castelo de cartas". Ele apelou aos clérigos seniores da Igreja para ajudarem a construir uma "organização que não seja apenas piramidal, mas horizontal".[7] Desde então, o progresso — na abordagem de abuso sexual, aplicação da responsabilidade fiscal e simplificação das estruturas centrais — tem sido lento ou inexistente. Mudar a igreja, observou o Papa Francisco em 2018, é como "limpar a esfinge com uma escova de dentes".[8] Mesmo a infalibilidade, ao que parece, se curva diante da burocracia.

Enquanto mudar uma organização de 2 mil anos apresenta um desafio particularmente difícil, encontramos dezenas de CEOs que compartilham da frustração do papa. Ansiosos por uma transformação radical, eles assistem impotentes enquanto suas reformas pretendidas são engolidas pela areia movediça da burocracia. Burocratas habilidosos têm centenas de maneiras de adiar, neutralizar ou sabotar iniciativas desconfortáveis — enquanto fingem apoio. O que um CEO reformista precisa é de muito mais gente com escovas de dentes.

Esse é o poder de uma plataforma aberta — ela pode ativar uma coalizão pró-mudança que é grande e ampla o suficiente para conter o arrastar de pés daqueles ameaçados por uma redistribuição de poder. Quando as reformas são publicamente elaboradas e endossadas por centenas ou milhares de indivíduos, não é fácil para alguns poucos funcionários seniores impedi-las.

Nem todo problema requer esse tipo de processo de mudança. Se sua organização está defasada na integração de seus sistemas de distribuição online e offline, você não precisa realizar um hackathon com toda a empresa — existem muitas receitas bem testadas para fazer tudo se conectar. Porém, quando você tenta abrir novos caminhos, tenta mudar algo que é complexo e sistêmico, acaba tendo que realizar uma mudança no nível genético; ou quando desafia interesses profundamente arraigados, você precisa de um processo que seja...

Aberto a todos.

Fundamentado em novos princípios.

Assumidamente radical.

Altamente generativo.

Regulado por colegas de trabalho.

Experimental.

Inescapável.

Nos próximos anos, as iniciativas de mudança mais eficazes serão socialmente construídas. Elas evoluirão e a palavra "cascata" terá sido banida do léxico corporativo. Para escapar da maldição da burocracia, devemos mudar a forma como mudamos.

Uma Palavra Final

Voltemos por um instante à nossa premissa inicial. Em todo o mundo, as organizações são desgastadas pela burocracia — são inertes, incrementais e desumanas. Esse é um problema não apenas para os CEOs, mas para todos nós.

Instituições morosas e inflexíveis abusam dos recursos da sociedade e reduzem a produtividade. Elas desperdiçam a imaginação, suprimem a iniciativa e destroem o futuro.

Executivos, desesperados para compensar os efeitos entorpecentes da burocracia, recorrem a meios desesperados. Reduzem os investimentos para aumentar os lucros em curto prazo, recompram ações para inflar seu preço e adquirem concorrentes para aumentar o poder de mercado e a influência política. Nada disso é bom para investidores, clientes ou cidadãos. Contudo, são milhões de funcionários que pagam o maior preço. O sistema burocrático de castas priva-os da chance de adquirir novas habilidades, exercitar sua engenhosidade e ampliar seu impacto. Privados de autoridade e vantagens, eles têm poucas oportunidades de aumentar o retorno emocional e financeiro de seu trabalho.

Podemos fazer melhor do que isso, e devemos. Ao abraçar os princípios e práticas de humanocracia, podemos construir organizações que são tão resilientes, criativas e cheias de paixão quanto as pessoas que trabalham nelas. Fazer isso nos permitirá arrancar as ineficiências burocráticas de nossas economias, o que desencadeará uma enxurrada de inovações reprimidas. Isso oferecerá a todas as organizações a capacidade de superar as mudanças e ter sucesso em um mundo que não se parece em nada com aquele que deu origem à burocracia. Mais importante ainda, isso transformará todo emprego em um bom emprego, dará a cada ser humano no trabalho a oportunidade de prosperar.

Libertar o espírito humano — essa é a promessa da humanocracia, e, com coragem e determinação, você pode reivindicar essa promessa para si mesmo, para sua equipe e para sua organização. Como toda jornada épica, o caminho será árduo, mas, no final das contas, gratificante. Isso o testará, mas também alimentará seu espírito. Portanto, se deseja trabalhar para uma organização que nutre, estimula e honra o melhor de cada ser humano, é hora de largar este livro e colocar a mão na massa.

Pesquisa do Índice de Massa Burocrática

1. Quantos níveis existem em sua organização (desde os funcionários da linha de frente até o CEO, presidente ou diretor administrativo)?

   – Três ou menos níveis: 0 pontos

   – Quatro níveis: 2,5 pontos

   – Cinco níveis: 5 pontos

   – Seis níveis: 7,5 pontos

   – Sete níveis ou mais: 10 pontos

2. Qual porcentagem do seu tempo você gasta em "tarefas burocráticas" (p. ex., preparar relatórios, comparecer a reuniões, atender a solicitações, garantir autorizações ou interagir com departamentos de pessoal, como RH)?

   – Praticamente nenhuma: 0 pontos

   – Menos de 10%: 2,5 pontos

   – 10%–20%: 5 pontos

   – 20%–30%: 7,5 pontos

   – Mais de 30%: 10 pontos

3. Quanto a burocracia desacelera a tomada de decisões e as ações em sua organização?

   – Quase nada: 0 pontos

   – Moderadamente: 2,5 pontos

   – Significativamente: 7,5 pontos

   – Substancialmente: 10 pontos

4. Até que ponto suas interações com seu gestor e outros líderes relacionam-se com questões internas (p. ex., resolução de disputas, garantia de recursos, obtenção de aprovações)?

   – Menos de 10% do tempo focado em questões internas: 0 pontos

   – 10%–30%: 2,5 pontos

   – 30%–50%: 5 pontos

   – 50%–70%: 7,5 pontos

   – Mais de 70%: 10 pontos

5. Em seu ambiente de trabalho, quanta autonomia você ou sua equipe tem para definir metas e prioridades?

   – Autonomia completa: 0 pontos

   – Autonomia substancial: 2,5 pontos

   – Autonomia moderada: 5 pontos

   – Pouca autonomia: 75 pontos

   – Zero autonomia: 10 pontos

6. Com que frequência os membros da equipe da linha de frente estão envolvidos em projetos e no desenvolvimento de iniciativas de mudança?

   – Sempre envolvidos: 0 pontos

   – Frequentemente envolvidos: 2,5 pontos

   – Ocasionalmente envolvidos: 7,5 pontos

   – Nunca envolvidos: 10 pontos

7. Como as pessoas em sua organização reagem a ideias não convencionais?

   – Com entusiasmo: 0 pontos

   – Com interesse: 2,5 pontos

   – Com indiferença: 5 pontos

   – Com ceticismo: 7,5 pontos

   – Com resistência: 10 pontos

8. Em geral, quão fácil é para um funcionário lançar um novo projeto que requer uma equipe pequena e pouco financiamento inicial?

   – Fácil. Temos uma abordagem aperfeiçoada que é aberta a todos (p. ex., um Kickstarter interno). (0 pontos)

   – Difícil. É possível acontecer, mas são necessárias as conexões certas e muita coragem. (5 pontos)

   – Muito difícil. É preciso muito esforço e muitas aprovações. (10 pontos)

9. Qual a prevalência de comportamentos políticos em sua organização?

   – Nunca acontecem: 0 pontos

   – Acontecem ocasionalmente: 5 pontos

   – Acontecem frequentemente: 10 pontos

10. Com que frequência as habilidades políticas, em oposição à competência comprovada, influenciam quem se destaca em sua organização?

    – Nunca: 0 pontos

    – Raramente: 2,5 pontos

    – Ocasionalmente: 5 pontos

    – Frequentemente: 7,5 pontos

    – Quase sempre: 10 pontos

Medindo a Classe Burocrática

Estimativas para a Combinação Ocupacional e de Força de Trabalho

A Secretaria de Estatísticas Trabalhistas dos EUA (BLS) coleta dados ocupacionais detalhados sobre empregos por meio de duas pesquisas: a Current Population Survey (CPS — Pesquisa Populacional Atual) e a Occupational Employment Survey (OES — Pesquisa Ocupacional Empregatícia). A CPS é a pesquisa mais amplamente usada em análises econômicas — ela forma a base de estatísticas oficiais, como a taxa de desemprego, e sustenta a maioria dos estudos de tendências da força de trabalho. Os dados da CPS são autorrelatados e coletados por meio de pesquisas mensais. Os dados da OES são coletados em uma pesquisa anual de estabelecimentos e exclui trabalhadores autônomos, agrícolas e domésticos.

Baseamos a estimativa geral de 146 milhões de empregos dos EUA nos dados da CPS de 2018, excluindo os autônomos (o que totalizou 16 milhões de trabalhadores). O número de gestores e administradores foi estimado com base nos dados da CPS e da OES. Especificamente, primeiro calculamos a parcela de emprego total para as categorias ocupacionais relevantes tanto na CPS quanto na OES, pegamos uma média das participações para cada ocupação nas duas pesquisas e, em seguida, aplicamos a parcela combinada à força de trabalho geral de 146 milhões.

Nossa lógica para uma abordagem combinada tinha dois motivos. Em primeiro lugar, as combinações ocupacionais para gestores e administradores nas duas pesquisas diferem significativamente — nos dados da CPS, os gestores e administradores representam 22% da força de trabalho, enquanto nos dados da OES essa participação é de 15%. Em segundo lugar, não há consenso entre os economistas do trabalho sobre qual pesquisa é mais adequada para analisar a composição da força de trabalho (contudo, a CPS é mais amplamente usada), portanto, não estávamos inclinados a dar preferência a nenhuma das fontes de dados.

Os dados da CPS provavelmente sofrem com "inflação de notas" da administração, uma vez que se baseiam em dados autorrelatados. No entanto, é difícil estimar o grau em que esse fator influencia os números.

Por outro lado, há razões para considerar as estimativas da OES de gestores e administradores como inerentemente conservadoras. Os gestores seniores encarregados de fornecer dados ocupacionais podem estar inclinados a relatar uma estrutura menos pesada (por exemplo, não considerando "líderes de equipe" como parte das posições gerenciais). Vimos algumas evidências dessa variação em nossa pesquisa do IMB, na qual os executivos tendiam a relatar menos camadas de gerenciamento em sua organização em comparação aos entrevistados menos experientes (isso se manteve ao controlar o tamanho da organização do entrevistado). Os resultados da OES também diferem de outra pesquisa da BLS de estabelecimentos do setor privado, denominada Current Employment Statistics (CES — Pesquisa Empregatícia Atual). A CES pesquisa uma amostra representativa de estabelecimentos todos os meses, pedindo a cada um para indicar quantos funcionários têm a gestão ou supervisão como responsabilidade primária, juntamente com o emprego total. As últimas estimativas da CES sobre gerentes e supervisores como uma proporção de todos os funcionários são próximas às da CPS.

Estimativas de Ocupações Administrativas

Aqui, nosso objetivo era quantificar os funcionários não gerenciais que fazem parte dos departamentos de suporte administrativo. Nossas estimativas são baseadas em nossa revisão da categoria ocupacional que a BLS descreve como "Negócios e Ocupações Financeiras". Alguns dos grandes grupos ocupacionais nessa categoria incluem contadores e auditores, responsáveis pelo compliance, trabalhadores de recursos humanos, analistas de gestão, agentes de compras e especialistas em treinamento e desenvolvimento. Excluímos de nossas estimativas uma série de ocupações que consideramos improváveis de serem essencialmente administrativas, como reguladores de sinistros, subscritores de seguros e consultores financeiros pessoais. Também não incluímos as ocupações relacionadas ao suporte de TI, uma vez que é impossível diferenciar entre os profissionais de TI que ocupam cargos da linha de frente e aqueles que desempenham funções de suporte. Dada a exclusão de ocupações relacionadas a TI, nossas estimativas provavelmente reduzem o número total de administradores.

Estimativas de Remuneração de Gestores e Administradores

Estimamos a remuneração multiplicando os salários médios anuais (obtidos por meio da pesquisa OES) para cada grupo ocupacional (gestores, supervisores, administradores, outros funcionários) pelo número de pessoas em cada grupo. Isso rendeu US$7,9 trilhões para uma força de trabalho estimada de 146 milhões de funcionários e é consistente com a estimativa mais recente da BLS de US$8,4 trilhões para os salários gerais dos funcionários (de acordo com o Censo Trimestral de Emprego e Salários de 2018). Para estimar a remuneração total, aumentamos a remuneração salarial em 33%, refletindo as estimativas das estatísticas da BLS (da Pesquisa Nacional de Remuneração). Isso rende um total de US$10,6 trilhões, o que está de acordo com as estimativas da Secretaria de Análises Econômicas, de US$10,9 trilhões em remuneração total dos funcionários. Suspeitamos que nossas estimativas de remuneração total sejam mais baixas porque os dados salariais subjacentes não incluem formas particularmente lucrativas de remuneração de executivos, como participação nos lucros e opções de ações subsidiadas.

Notas

Todos os links citados estão em inglês.

Prefácio

1. Gustavo Grullon, Yelena Larkin e Roni Michaely, "Are US Industries Becoming More Concentrated?", abril de 2017, *Review of Finance* 23, no. 4 (2019): 697–743, doi: 10.1093/rof/rfz007.

2. Bruce A. Blonigen e Justin R. Pierce, "Evidence for the Effects of Mergers on Market Power and Efficiency", National Bureau of Economic Research Working Paper No. 22750, outubro de 2016, http://www.nber.org/papers/w22750.pdf.

3. A análise mais recente de dados nos EUA é de Jan De Loecker, Jan Eeckhout e Gabriel Unger, "The Rise of Market Power and the Macroeconomic Implications", ensaio econômico, novembro de 2019, http://www.janeeckhout.com/wp-content/uploads/RMP.pdf. Para dados globais, veja De Loecker e Eeckhoutt, "Global Market Power", National Bureau of Economic Research Working Paper 24768, 2018, https://www.nber.org/papers/w24768.

4. James E. Bessen, "Accounting for Rising Corporate Profits: Intangibles or Regulatory Rents?", Boston University School of Law, Law and Economics Research Paper No. 16-18, 9 de novembro de 2016, https://papers.ssrn.com/sol3/papers.cfm?abstract_id =2778641.

5. Council of Economic Advisers, *Benefits of Competition and Indicators of Market Power*, Nota Informativa, abril de 2016.

6. Eric Posner e Glen Weyl, "The Real Villain Behind Our Gilded Age", *The New York Times*, 1º de maio de 2018, https://www.nytimes.com/2018/05/01/opinion/monopoly-power-new-gilded-age. html.

7. Joe Weisenthal, "Goldman Sachs Forced to Fundamentally Question How Capitalism Is Working", *Sydney Morning Herald*, 4 de fevereiro de 2016, https://www.smh.com.au/business/ goldman-sachs-forced-to-fundamentally-question-how-capitalism-is-working-20160204-gmljq0. html.

8. Jay Shambaugh et al., "Thirteen Facts about Wage Growth", Brookings, 25 de setembro de 2017, https://www.brookings.edu/research/thirteen-facts-about-wage-growth/.

9. Max Muro, Robert Maxin e Jacob Whiton, *Automation and Artificial Intelligence*, Brookings Policy Program, janeiro de 2019, https://www.brookings.edu/wp-content/uploads/2019/01/2019.01_ BrookingsMetro_Automation-AI_Report_Muro-Maxim-Whiton-FINAL-version.pdf.

10. Ljubica Nedelkoska e Glenda Quintini, "Automation, Skills Use and Training", *OECD Social, Employment and Migration* Working Paper No. 202, 2018, https://doi.org/10.1787/2e2f4eea-en; Claire Cain Miller, "A Darker Theme in Obama's Farewell: Automation Can Divide Us", *The New York Times*, 12 de janeiro de 2017, https://www.nytimes.com/2017/01/12/upshot/in-obamas-farewell-a-warning-on-automations-perils.html; Elon Musk, comentários na conferência de verão da National Governors Association de 2017, 17 de julho de 2017.

11. Martha Ross e Nicole Bateman, "Meet the Low-Wage Workforce", Brookings, 7 de novembro, 2019, https://www.brookings.edu/research/meet-the-low-wage-workforce/. A força de trabalho, conforme definida por este estudo, é inferior às estimativas típicas, uma vez que exclui alguns estudantes, os autônomos e as observações com a qualidade dos dados é preocupante. Para as tendências de empregos de baixa renda nas economias desenvolvidas, veja *OECD Employment Outlook 2019: The Future of Work*, https://doi.org/10.1787/9ee00155-en.

12. Carl Frey e Michael Osborne, "The Future of Employment: How Susceptible Are Jobs to Computerisation", *Technological Forecasting and Social Change* 114 (2017): 254–280.

13. Com base na análise dos autores da Pesquisa da Gallup *Great Jobs Demonstration Survey*, novembro de 2019. Exclui trabalhadores autônomos ou temporários e funcionários não gerenciais (embora as respostas para funcionários gerenciais sejam apenas ligeiramente superiores). Os dados são ponderados usando os pesos populacionais sugeridos pela Gallup.

Capítulo 1

1. Eric J. Chaisson, *Cosmic Evolution* (Cambridge, MA: Harvard University Press, 2001).

2. "Cisco Visual Networking Index: Forecast and Trends, 2017–2022", white paper, 27 de fevereiro de 2019, https://www.cisco.com/c/en/us/solutions/collateral/service-provider/visual-networking-index-vni/white-paper-c11-741490.html.

3. James Vincent, "Tesla's New AI Chip Isn't a Silver Bullet for Self-Driving Cars", *The Verge*, 24 de abril de 2019, https://www.theverge.com/2019/4/24/18514308/tesla-full-self-driving-computer-chip-autonomy-day-specs.

4. A estimativa mais baixa vem da Intel, https://www.intel.com/content/dam/www/public/us/en/images/iot/guide-to-iot-infographic.png; a estimativa mais alta vem de um estudo do professor Vincent Poor, da Universidade de Princeton, https://www.nsf.gov/awardsearch/showAward?AWD_ID=1702808&HistoricalAwards=false.

5. "Cord-Never and Cord-Cutter Households, 2019–2023", relatório de eMarketer, julho de 2019.

6. Aaron Pressman, "For the First Time, More Americans Pay for Internet Video Than Cable or Satellite TV", *Fortune*, 19 de março de 2019, http://fortune.com/2019/03/19/cord-cutting-record-netflix-deloitte/.

7. "GM Share Finally on the Upswing", *Automotive News*, 27 de novembro de 2017, http://www.autonews.com/article/20171127/OEM/171129852/gm-share-up-final-assembly. O desempenho de participação do mercado de 2018 e 2019 é baseado em dados da participação de mercado da General Motors dos EUA de 2000 a 2019, Statista, fevereiro de 2020, https://www.statista.com/statistics/239607/vehicle-sales-market-share-of-general-motors-in-the-united-states/.

8. Andrew J. Hawkins, "GM Will Release at Least 20 All-Electric Cars by 2023", *The Verge*, 2 de outubro de 2017, https://www.theverge.com/2017/10/2/16400900/gm-electric-car-hydrogen-fuel-cell-2023.

9. "The Arts and Crafts Consumer-U.S.", Mintel Research, janeiro de 2016, https://store.mintel.com/the-arts-and-crafts-consumer-us-janeiro-2016.

10. Gallup, "State of the Global Workforce", 2017.

11. Jim Harter e Amy Adkins, "Employees Want a Lot More from Their Managers", Gallup.com, 8 de abril, 2015, https://www.gallup.com/workplace/236570/employees-lot-managers.aspx.

12. Amy Adkins, "Only 35% of U.S. Managers Are Engaged in Their Jobs", Gallup.com, 2 de abril de 2015, http://news.gallup.com/businessjournal/182228/managers-engaged-jobs.aspx.

13. Max Weber, in *Economy and Society*, ed. G. Roth e C. Wittich (Berkeley: Univer-sity of California Press, 1978), 975.

14. Max Weber, *The Theory of Social and Economic Organization*, trad. A. M. Henderson e Talcott Parsons (Nova York: Free Press of Glencoe, 1947), 337.

Capítulo 2

1. Para uma descrição detalhada do modelo organizacional do ATLAS, veja Max Boisot et al., eds., *Collisions and Collaboration: The Organization of Learning in the ATLAS Experiment at the LHC* (Oxford, UK: Oxford University Press, 2011).

2. Fred Vogelstein, "Search and Destroy", *Fortune*, 2 de maio de 2005, http://archive.fortune.com/magazines/fortune/fortune_archive/2005/05/02/8258478/index.htm.

3. Austin Carr e Dina Bass, "The Most Valuable Company (for Now) Is Having a Nadellaissance", *Bloomberg Businessweek*, 2 de maio de 2019, https://www.bloomberg.com/news/features/2019-05-02/satya-nadella-remade-microsoft-as-world-s-most-valuable-company.

4. Connie Loizos, "Bill Gates on Making One of the Greatest Mistakes of All Time", Techcrunch, 22 de junho de 2019, https://techcrunch.com/2019/06/22/bill-gates-on-making-one-of-the-greatest-mistakes-of-all-time/.

5. Jason D. Schloetzer, Matteo Tonello e Gary Larkin, *CEO Succession Practices: 2018 Edition*, Conference Board, outubro de 2018.

6. Lawrence Mishel e Julia Wolfe, *CEO Compensation Has Grown 940% Since 1978*, Economic Policy Institute Report, 14 de agosto de 2019, https://www.epi.org/publication/ceo-compensation-2018/.

7. Veja, por exemplo, o artigo de Ria Marshall e Linda-Eling Lee, "Are CEOs Paid for Performance?", Pesquisa do MSCI, julho de 2016; e o artigo de Weijia Li e Steven Young, "An Analysis of CEO Pay Arrangements and Value Creation for FTSE-350 Companies", UK CFA Society, dezembro de 2016.

8. Andrew Toma et al., "Flipping the Odds for Successful Reorganization", Boston Consulting Group, abril de 2012, https://www.bcg.com/en-us/publications/2012/people-organization-design-flipping-odds-successful-reorganization.aspx.

9. David Barboza, "An iPhone's Journey, from the Factory Floor to the Retail Store", The New York Times, 29 de dezembro de 2016, https://www.nytimes.com/2016/12/29/technology/iphone-china-apple-stores.html.

10. Jack Morse, "This College Student Spent His Summer Undercover in a Chinese iPhone Factory", Mashable, 25 de abril de 2017, https://mashable.com/2017/04/25/iphone-factory-dejian-zeng-apple-china/.

11. Os dados são ponderados usando os pesos populacionais sugeridos de cada pesquisa. A amostra europeia inclui entrevistados dos países da Europa dos 15 (ou seja, membros da União Europeia antes da ampliação de 2003).

12. As citações dos funcionários da Morning Star e as descrições das práticas da empresa foram obtidas a partir de entrevistas pessoais conduzidas pelos autores.

13. "Scientific Management", The Economist, 9 de fevereiro de 2009, https://www.economist.com/node/13092819.

14. Frederick Winslow Taylor, The Principles of Scientific Management (Nova York e Londres: Harper and Brothers, 1911), 83.

15. Ibid., 59.

16. Conversa com os autores, junho de 2018.

17. Ken Blanchard e Colleen Barrett, Lead with LUV: A Different Way to Create Real Success (Londres: Pearson Education, 2011), 102–103, Kindle.

18. United Airlines, "United Express Flight 3411 Review and Action Report", 27 de abril de 2018, https://hub.united.com/united-review-action-report-2380196105.html.

19. Bob Bryan, "UNITED CEO: 'This can never, will never happen again on a United Airlines flight'", Business Insider, 12 de abril de 2017, http://www.businessinsider.com/united-airlines-ceo-oscar-munoz-apology-david-dao-good-morning-america-2017-4.

Capítulo 3

1. Art Kleiner, The Age of Heretics: A History of the Radical Thinkers Who Reinvented Corporate Management (São Francisco: Jossey-Bass, 2008), 199, Kindle.

2. "Topeka Pride", The Modern Times Workplace, http://www.moderntimesworkplace.com/DVD_Collection/Whole/TopekaPride.pdf.

3. David Olsen e Richard Parker, "Lessons of Dogfood Democracy", Mother Jones, junho de 1977, 19–20.

4. Brett Frischmann e Evan Selinger, "Robots Have Already Taken over Our Work, but They're Made of Flesh and Bone", The Guardian, 25 de setembro de 2017, https://www.theguardian.com/commentisfree/2017/sep/25/robots-taken-over-work-jobs-economy.

5. Mike Swift, "Five Silicon Valley Companies Fought Release of Employment Data, and Won", San Jose Mercury News, 11 de fevereiro de 2010, https://www.mercurynews.com/2010/02/11/five-silicon-valley-companies-fought-release-of-employment-data-and-won/.

6. "Google's Diversity Record Shows Women and Minorities Left Behind", PBS News Hour, 28 de maio de 2014, https://www.pbs.org/newshour/show/google-report-shows-women-and-minorities-left-behind.

7. "Getting to Work on Diversity at Google", Google Blog, 28 de maio de 2014, https://googleblog.blogspot.com/2014/05/getting-to-work-on-diversity-at-google.html.

8. Para dados sobre orçamento de RH como porcentagem dos custos, veja Bloomberg, HR Department Benchmark and Analysis, 2017; para dados sobre pesquisas executivas do papel estratégico do RH, veja John Boudreau e Ed Lawler, Strategic Role of HR, Center for Effective Organization Publication G14-12, dezembro de 2014.

9. Veja, por exemplo: Michael Mankins e Richard Steele, "Stop Making Plans; Start Making Decisions", *Harvard Business Review*, janeiro de 2006; e Peter Young, "Finance: 2 Reasons Why Managers Hate Budgeting (and What to Do about It)", *Corporate Executive Board Blog*, 28 de agosto de 2014, https://web.archive.org/web/20170725175327/https://www.cebglobal.com/blogs/finance-2-reasons-managers-hate-budgeting-and-what-to-do-about-it/.

10. Há uma grande quantidade de pesquisas de uma variedade de países e setores mostrando que organizações que adotam práticas de gestão pós-burocrática — como equipes autogerenciadas, remuneração baseada na lucratividade da unidade, aprimoramento comercial e técnico e transparência de informações — são mais eficientes e produtivas. Para uma revisão da literatura estabelecida, veja Casey Ichniowski e Kathryn Shaw, "Beyond Incentive Pay: Insiders' Estimates of the Value of Complementary Human Resource Management Practices", *Journal of Economic Perspectives* 17, no. 1 (inverno de 2003): 155–180. Veja também Jeffrey Pfeffer, "Human Resources from an Organizational Behavior Perspective: Some Paradoxes Explained", *Journal of Economic Perspectives* 21, no. 4 (outono de 2007): 115–134.

11. Secretaria de Estatísticas Trabalhistas dos EUA, "Productivity Change in the Nonfarm Business Sector, 1947–2018", 8 de março de 2019, https://www.bls.gov/lpc/prodybar.htm.

12. Robert J. Gordon, *The Rise and Fall of American Growth: The U.S. Standard of Living Since the Civil War* (Princeton, NJ: Princeton University Press, 2017), 462–463.

13. Compêndio de Indicadores de Produtividade (*Compendium of Productivity Indicators*) da OCDE de 2017 (Paris: OECD Publishing, 2017), 42.

14. "Fixing the Foundations: Creating a More Prosperous Nation", UK Treasury, julho de 2015, https://www.gov.uk/government/uploads/system/uploads/attachment_data/file/443897/Productivity_Plan_print.pdf.

15. O análogo mais próximo pode ser a aplicação de tecnologia digital, incluindo automação, mobilidade e análise de dados, que a McKinsey calcula que pode render até 1,2% de crescimento na produtividade no período de 2015–2025. Veja McKinsey Global Institute, "Solving the Productivity Puzzle: The Role of Demand and Promise of Digitization", fevereiro de 2018.

16. Matthew Herper, "Merck R&D Head Bets Slashing Bureaucracy Will Unlock Innovation", *Forbes*, 19 de setembro de 2013, http://www.forbes.com/sites/matthewherper/2013/09/19/merck-rd-head-bets-slashing-bureaucracy-will-unlock-innovation/#2715e4857a0b7cb632911c8a.

17. "Working, Labor, Economy", Studs Terkel Radio Archive, https://studsterkel.wfmt.com/categories/labor.

Capítulo 4

1. Em um alto-forno, o oxigênio é forçado a se misturar ao ferro-gusa em um forno superaquecido, geralmente movido a gás natural. Em vez disso, as *mini-mills* contam com um forno elétrico a arco, que usa eletricidade como principal fonte de energia. Eletrodos gigantescos produzem um arco no forno siderúrgico, no qual as temperaturas podem chegar a 3 mil graus centígrados.

2. World Steel Association, registros da Nucor Company.

3. Dados empregatícios do setor da Secretaria de Estatísticas Trabalhistas dos EUA (Primary Metals); registros da empresa.

4. Kenneth Iverson, *Plain Talk: Lessons from a Business Maverick* (Hoboken, NJ: Wiley, 1997), 91.

5. Salvo quando indicadas, as citações e descrições dos funcionários da Nucor sobre as práticas da empresa foram obtidas a partir de entrevistas pessoais conduzidas pelos autores.

6. Ernst & Young, "Global Generations 3.0: A Global Study on Trust in the Workplace", 2017.

7. Dados empregatícios do setor da Secretaria de Estatísticas Trabalhistas dos EUA (Primary Metals).

8. Iverson, *Plain Talk*.

9. "The Working Man's Evangelist", Metals Service Center Institute, 1º de janeiro de 2006.

Capítulo 5

1. As informações do Capítulo 5 foram coletadas quase exclusivamente de entrevistas pessoais conduzidas pelos autores e documentos internos fornecidos pela Haier.

2. Informação baseada na análise dos autores de dados financeiros públicos da Haier e de outros grandes fabricantes de eletrodomésticos nos mercados chinês e global.

Capítulo 7

1. Arthur Cole, *Business Enterprise in Its Social Setting* (Cambridge, MA: Harvard University Press, 1959), 28.

2. Edmund S. Phelps, *Mass Flourishing: How Grassroots Innovation Created Jobs, Challenge, and Change* (Princeton, NJ: Princeton University Press, 2014).

3. Ibid., 270.

4. Ibid., 241–242.

5. Arthur Cole, "An Approach to the Study of Entrepreneurship", *Journal of Economic History* 6, Supplement (1946), reimpresso em Frederick C. Lane e Jelle C. Riemersma, eds., *Enterprises and Secular Change: Readings in Economic History* (Homewood, IL: Richard D. Irwin, 1953), 183–184.

6. Chris Hughes, "It's Time to Break Up Facebook", *The New York Times*, 9 de maio de 2019, https://www.nytimes.com/2019/05/09/opinion/sunday/chris-hughes-facebook-zuckerberg.html.

7. Henry Hansman, "Ownership of the Firm", *Journal of Law, Economics, and Organization* 4, no. 2 (outono de 1988): 269.

8. "Expectations vs. Reality: What's It Really Like to Go It Alone?", Relatório Vista Print Research, 15 de janeiro de 2018, http://news.vistaprint.com/expectations-vs-reality.

9. Joseph Blasi, Richard Freeman e Douglas Kruse, "Do Broad-Based Employee Ownership, Profit Sharing and Stock Options Help the Best Firms Do Even Better?", *British Journal of Industrial Relations* 54, no. 1 (março de 2016): 55–82.

10. Dirk von Dierendonck e Inge Nuijten, "The Servant Leadership Survey: Development and Validation of a Multidimensional Measure", *Journal of Business and Psychology* 26, no. 3 (setembro de 2011): 249–267.

11. Blasi et al., "Do Broad-Based Employee Ownership, Profit Sharing and Stock Options Help the Best Firms Do Even Better?"

12. Ibid.

13. "Employer Costs for Employee Compensation: Historical Listing", Bureau of Labor Statistics, março de 2004 – setembro de 2019, https://www.bls.gov/web/ecec/ececqrtn.pdf.

14. Estimativas derivadas da análise dos autores das Pesquisas sobre Condições de Trabalho na Europa e nos Estados Unidos de 2015. A amostra europeia inclui entrevistados de países da UE15 (ou seja, membros da União Europeia antes da ampliação para o leste de 2003).

15. Dominic Barton, Dennis Carey e Ram Charan, "An Agenda for the Talent-First CEO", *McKinsey Quarterly*, março de 2018, https://www.mckinsey.com/business-functions/organization/our-insights/an-agenda-for-the-talent-first-ceo.

16. Richard Milne, "Handelsbanken Is Intent on Getting Banking Back to the Future", *Financial Times*, 19 de março de 2015, https://www.ft.com/content/85640c38-ad2a-11e4-a5c1-00144feab7de.

17. David W. Smith, "Handelsbanken: A Different Kind of Bank", Salt, 28 de maio de 2014, https://www.wearesalt.org/the-swedish-bank-that-is-not-all-money-money-money/.

18. Xavier Huillard, "Expanding without Getting Fat: Managing the Vinci Group", L'École de Paris, Business Life Seminar, 6 de janeiro de 2017. Todas as citações de Xavier Huillard usadas neste capítulo foram extraídas desta fonte.

19. Roy Jacques, *Manufacturing the Employee* (Londres: Sage, 1966), 40.

Capítulo 8

1. Margit Molnar e Jiangyuan Lu, *State-Owned Firms Behind China's Debt* (Paris: OECD, 2019).

2. Nicholas Lardy, *The State Strikes Back: The End of Economic Reform in China?* (Washington, DC: Peterson Institute for International Economics, 2019).

3. Alexis C. Madrigal, "Paul Otellini's Intel: Can the Company That Built the Future Survive It?", *Atlantic*, 16 de maio de 2013, https://www.theatlantic.com/technology/archive/2013/05/paul-otellinis-intel-can-the-company-that-built-the-future-survive-it/275825/.

4. Benjamin J. Gillen, Charles R. Plott e Matthew Shum, "A Pari-mutuel-like Mechanism for Information Aggregation: A Field Test Inside Intel", California Institute of Technology, working paper, 8 de novembro de 2015, http://www.its.caltech.edu/~mshum/papers/IAMField.pdf.

5. Adam Mann, "The Power of Prediction Markets", *Nature,* 18 de outubro de 2016, https:// www.nature.com/news/the-power-of-prediction-markets-1.20820.

6. Joyce Berg, Forrest Nelson e Thomas Rietz, "Prediction Accuracy in the Long Run", *International Journal of Forecasting* 24, no. 2 (abril–junho de 2008): 285–300.

7. Justin Wolfers e Eric Zitzewitz, "Prediction Markets", *Journal of Economic Perspectives* 18, no. 2 (primavera de 2004): 107–126.

8. Shelley Dubois, "Cisco's New Umi: The Answer to a Question Nobody Asked", *Fortune*, 8 de outubro de 2010, http://fortune.com/2010/10/08/ ciscos-new-umi-the-answer-to-a-question-nobody-asked/.

9. Para uma excelente revisão da pesquisa sobre alocação de recursos, consulte John Busenbark et al., "A Review of the Internal Capital Allocation Literature: Piecing Together the Capital Allocation Puzzle", *Journal of Management* 43, no. 8 (novembro de 2017): 2430–2455.

10. Gary Hamel, "Bringing Silicon Valley Inside", *Harvard Business Review*, setembro–outubro de 1991, 71–84.

11. David Bardolet, Alex Brown e Dan Lovallo, "The Effects of Relative Size, Profitability and Growth on Corporate Capital Allocations", *Journal of Management* 43, no. 8 (novembro de 2017): 2469–2496.

12. Matthias Arrfelt, Robert Wiseman e G. Tomas Hult, "Looking Backward Instead of Forward: Aspiration-Driven Influences on the Efficiency of the Capital Allocation Process", *Academy of Management Journal* 56, no. 4 (2013): 1081–1103.

13. Hyun-Han Shin e Rene M. Stulz, "Are Internal Capital Markets Efficient?", *Quarterly Journal of Economics* 133 (1998): 531–552.

14. Markus Glaser, Florencio Lopez-De-Silanes e Zacharias Sautner, "Opening the Black Box: Internal Capital Markets and Managerial Power", *Journal of Finance* 68, no. 4 (agosto de 2013): 1577–1631.

15. James Ang, Abe DeJong e Marieke van der Poel, "Does CEOs' Familiarity with Business Segments Affect Their Divestment Decisions?", *Journal of Corporate Finance* no. 29 (dezembro de 2014): 58–74.

16. Julie Wulf, "Influence and Inefficiency in the Internal Capital Market", *Journal of Economic Behavior and Organization* 72, no. 1 (2009): 305–321.

17. David Bardolet, Craig Fox e Dan Lovallo, "Corporate Capital Allocation: A Behavioral Perspective", *Strategic Management Journal* 32, no. 13 (dezembro de 2011): 1454–1483.

18. Stephen Hall, Dan Lovallo e Reinier Musters, "How to Put Your Money Where Your Strategy Is", *McKinsey Quarterly*, março de 2012.

19. Pitchbook/NVCA Venture Monitor, Q4, 2019.

20. Anne Fisher, "How IBM Bypasses Bureaucratic Purgatory", *Fortune*, 5 de dezembro de 2013, http://fortune.com/2013/12/04/how-ibm-bypasses-bureaucratic-purgatory/.

21. Ibid.

22. *IfundIT CookBook*, Relatório IBM, https://ifunditcookbook.mybluemix.net/what.html.

23. Phil Wahba, "Gillette Is Introducing Cheaper Blades to Fend Off Dollar Shave Club and Harry's", *Fortune*, 29 de novembro de 2017, http://fortune.com/2017/11/29/ gillette-blades-dollar-shave-club-harrys/.

24. Peter Cappelli, "Why We Love to Hate HR and What HR Can Do About It", *Harvard Business Review,* julho–agosto de 2015, 54–61; e Ram Charan, Dominic Barton e Dennis Carey, "People Before Strategy: A New Role for the CHRO", *Harvard Business Review,* julho–agosto 2015, 62–71.

Capítulo 9

1. Peter Coy, "The Future of Work", *Business Week*, 20 de agosto de 2000, 41–46.

2. P. A. Mabe III e S. G. West, "Validity of Self-Evaluation of Ability: A Review and Meta Analysis", *Journal of Applied Psychology* 67 (1982): 280–286.

3. Cameron Anderson et al., "A Status-Enhancement Account of Overconfidence", *Journal of Personality and Social Psychology* 103, no. 4 (2012): 718–735.

4. Geoff Colvin, "What the Hell Happened to GE?", *Fortune*, 1 de junho de 2018.

5. Marcus Buckingham, "Most HR Data Is Bad Data", *Harvard Business Review*, 9 de fevereiro de 2015, https://hbr.org/2015/02/most-hr-data-is-bad-data.

6. Neha Mahajan e Karen Wynn, "Origins of 'Us' versus 'Them': Prelinguistic Infants Prefer Similar Others", *Cognition* 124 (2012): 227–233.

7. Emily Chang, *Brotopia: Breaking Up the Boys Club of Silicon Valley* (Nova York: Portfolio/Penguin, 2018).

8. Joe Nocera, "Silicon Valley's Mirror Effect", *The New York Times*, 26 de dezembro de 2014, https://www.nytimes.com/2014/12/27/opinion/joe-nocera-silicon-valleys-mirror-effect.html.

9. F. David Schoorman, "Escalation Bias in Performance Appraisals: An Unintended Consequence of Supervisor Participation in Hiring Decisions", *Journal of Applied Psychology* 73, no. 1 (1988): 58–62.

10. Kathryn Tyler, "Undeserved Promotions", *HR Magazine* 57, no. 6 (junho de 2012): 79.

11. Dana Wilkie, "Is the Annual Performance Review Dead?", Society for Human Resources Management, 19 de agosto de 2015, https://www.shrm.org/resourcesandtools/hr-topics/employee-relations/pages/performance-reviews-are-dead.aspx.

12. Dacher Keltner, *The Paradox of Power: How We Gain and Lose Influence* (Nova York: Penguin Books, 2016). Veja também Nathanael Fast et al., "Power and Overconfidence in Decision-Making", *Organizational Behavior and Human Decision Processes* 117, no. 2 (março de 2012): 249–260.

13. Laszlo Bock, *Work Rules!: Insights from Inside Google That Will Transform How You Live and Lead* (Nova York: Grand Central Publishing, 2015), 108–109, Kindle.

14. Pure Alpha, o maior fundo da Bridgewater, saiu-se particularmente bem durante a crise financeira; seu desempenho ao longo dos últimos anos tem sido conflitante.

15. Raymond Dalio, *Principles: Life and Work* (Nova York: Simon & Schuster, 2017), 36, Kindle.

16. Rob Copeland e Bradley Hope, "Schism Atop Bridgewater, the World's Largest Hedge Fund", *Wall Street Journal*, 5 de fevereiro de 2016, https://www.wsj.com/articles/schism-at-the-top-of-worlds-largest-hedge-fund-1454695374.

17. Dalio, *Principles: Life and Work*, 422.

18. Ibid., 371.

19. Raymond Dalio, "How to Build a Company Where the Best Ideas Win", apresentação na conferência do TED de 2017, https://www.ted.com/talks/ray_dalio_how_to_build_a_company_where_the_best_ideas_win/transcript?language=en#t-837607.

20. Dalio, *Principles: Life and Work*, 308.

21. Bock, *Work Rules!*, 241.

22. Nicholas Carson, "A Google Programmer 'Blew Off' a $500,000 Salary at a Startup—Because He's Already Making $3 Million Every Year", *Business Insider*, 10 de janeiro de 2014, https://www.businessinsider.com/a-google-programmer-blew-off-a-500000-salary-at-startup-because-hes-already-making-3-million-every-year-2014-1.

23. Eric Schmidt e Jonathan Rosenberg, *How Google Works* (Nova York: Grand Central Publishing, 2014), 126–127.

Capítulo 10

1. Veja, por exemplo, N. K. Humphrey, "The Social Function of Intellect", em *Growing Points in Ethology*, P. P. G. Bateson e R. A. Hinde, eds. (Cambridge, RU: Cambridge University Press, 1976), 303–317; e Roy F. Baumeister e E. J. Masicampo, "Conscious Thought Is for Facilitating Social and Cultural Interactions: How Mental Simulations Serve the Animal-Culture Interface", *Psychological Review* 117, no. 3 (julho de 2010): 945–971.

2. Veja Julianne Holt-Lunstad, Timothy B. Smith e J. B. Layton, "Social Relationships and Mortality Risk: A Meta-Analytic Review", *PLoS Medicine* 7, no. 7 (2010): 1–20, e Julianne Holt-Lunstad et al., "Loneliness and Social Isolation as Risk Factors for Mortality: A Meta-Analytic Review", *Perspectives on Psychological Science* 10, no. 2 (2015): 227–237.

3. Alexis de Tocqueville, *Democracy in America*, Harvey C. Mansfield e Delba Winthrop, eds. (Chicago: University of Chicago Press, 2000).

4. Para um estudo abrangente sobre a importância relativa dos diferentes fatores que afetam a mudança de comportamento dos membros do AA, consulte John F. Kelly et al., "Determining the Relative Importance of the Mechanisms of Behavior Change within Alcoholics Anonymous: A Multiple Mediator Analysis", *Addiction* 107, no. 2 (fevereiro de 2012): 289–299.

5. Veja, por exemplo, Kimberly S. Walitzer, Kurt H. Dermen e Christopher Barrick, "Facilitating Involvement in Alcoholics Anonymous During Outpatient Treatment: A Randomized Clinical Trial", *Addiction* 104, no. 3 (março de 2009): 391–401, https://www.ncbi.nlm. nih.gov/pmc/articles/PMC2802221/; ou Michael Gross, "Alcoholics Anonymous: Still Sober After 75 Years", *American Journal of Public Health* 100, no. 12 (dezembro de 2010): 2361–2363.

6. Gross, "Alcoholics Anonymous".

7. Esta seção baseia-se no relato de John Kania e Mark Kramer em seu artigo, "Collective Impact", *Stanford Social Innovation Review*, inverno de 2011, 36–41, https://ssir.org/articles/entry/ collective_impact#.

8. David Brooks, "A Really Good Thing Happening in America", *The New York Times*, 3 de outubro de 2018, https://www.nytimes.com/2018/10/08/opinion/collective-impact-community- civic-architecture.html.

9. David Bornstein, "Coming Together to Give Schools a Boost", *The New York Times Blogs*, 7 de março de 2011, https://opinionator.blogs.nytimes.com/2011/03/07/ coming-together-to-give-schools-a-boost/

10. Ibid.

11. John Kania e Mark Kramer, "Embracing Emergence: How Collective Impact Addresses Complexity", *Stanford Social Innovation Review*, 21 de janeiro de 2013, https://ssir.org/articles/entry/ social_progress_through_collective_impact.

12. Com base nos dados de receita líquida e receita operacional fornecidos pela Secretaria de Estatísticas Trabalhistas dos EUA, cronograma P1.2 (dólar corrigido pela inflação de 2018). Esta seção depende muito do trabalho pioneiro de Jody Gittell sobre "coordenação relacional". Em particular, veja Jody Hoffer Gittell, *The Southwest Airlines Way: Using the Power of Relationships to Achieve High Performance* (Nova York: McGraw-Hill, 2003).

13. P. E. Moskovitz, "Original Disruptor Southwest Airlines Survives on Ruthless Business Savvy", *Skift*, 5 de setembro de 2018, https://skift.com/2018/09/05/ original-disruptor-southwest-airlines-survives-on-ruthless-business-savvy/.

14. Robin Grugal, "Decide upon Your True Dreams and Goals: Corporate Culture Is the Key", Investor's Business Daily, 15 de abril de 2003.

15. Gittell, *The Southwest Airlines Way*, 340, Kindle.

16. Herb Keller no prefácio para Ken Blanchard e Colleen Barrett, *Lead with Luv: A Different Way to Create Real Success* (Upper Saddle River, NJ: Pearson Education, 2011), 105, Kindle.

17. Bill Taylor, "GSD&M, Southwest Airlines, and the Power of Ideas", *Harvard Business Review* online, 5 de setembro de 2007, https://hbr.org/2007/09/gsdm-southwest-airlines-and-th.

18. Joseph Guinto, "A Look at Southwest Airlines 50 Years Later", *Dallas Magazine*, maio de 2017, https://www.dmagazine.com/publications/d-ceo/2017/maio/ southwest-airlines-50-year-anniversary-love-field-dallas/.

19. Gittell, *The Southwest Airlines* Way, 729, Kindle.

20. Jeremy Hope, Peter Bunce e Franz Roosli, *The Leader's Dilemma* (Londres: John Wiley & Sons, 2011), 97–98.

21. Gittell, *The Southwest Airlines Way*, 2415, Kindle.

22. Dan Reed, "Herb Kelleher: Comedian, Clown, Well-Connected Lawyer and a Uniquely Successful Business Leader", *Forbes*, 4 de janeiro de 2019, https://www.forbes.com/sites/ danielreed/2019/01/04/comedian-clown-brilliant-well-connected-lawyer-but-mostly-a-uniquely- successful-business-leader/#468d4147ee1b.

23. B. O'Brian, "Flying on the Cheap", *Wall Street Journal*, 26 de outubro de 1992, A1.

24. Hervé Mathe, *Innovation at Southwest Airlines: Reinventing the Business Model* (Cergy, França: ESSEC Publishing, 2015), Kindle.

25. Ibid.

26. Ibid.

27. Ken Iverson, *Plain Talk: Lessons from a Business Maverick* (Nova York: John Wiley and Sons, 1998), 176–177, Kindle.

28. Gittell, *The Southwest Airlines Way*, 726 e 738, Kindle.

29. Ibid, 772 e 763.

30. Katrina Brooker, "Herb Kelleher: The Chairman of the Board Looks Back", *Fortune*, 28 de maio de 2001.

31. Gallup, *State of the American Workplace*, 2017, 118.

32. Troca de e-mails dos autores com Luke Stone, setembro de 2019.

33. Colleen Barrett sobre Southwest Culture, Southwest Airlines Community Site, 5 de maio de 2015, https://www.southwestaircommunity.com/t5/Southwest-Stories/Colleen-Barrett-on-Southwest-Culture/ba-p/46053.

34. Hans Morgenthau, "Love and Power", *Commentary* 33 (1962): 247–251; Roy Baumeister e Mark Leary, "The Need to Belong: Desire for Personal Attachments as a Fundamental Human Motivation", *Psychological Bulletin* 117, no. 3 (1995): 497–529.

35. Gittell, *The Southwest Airlines Way*, 2089, Kindle.

36. Kevin Freiberg e Jackie Freiberg, "20 Reasons Why Herb Kelleher Was One of the Most Beloved Leaders of Our Time", *Forbes*, 4 de janeiro de 2019, https://www.forbes.com/sites/kevinandjackiefreiberg/2019/01/04/20-reasons-why-herb-kelleher-was-one-of-the-most-beloved-leaders-of-our-time/#60079e5bb311.

37. Gallup, *State of the American Workplace*, 118.

38. Southwest Airlines, 1996 Annual Report.

39. Entrevista dos autores na sede da Nucor, janeiro de 2018.

Capítulo 11

1. Gus Lubin, "Queens Has More Languages Than Anywhere in the World—Here's Where They're Found", *Business Insider*, 15 de fevereiro, 2017, https://www.businessinsider .com/queens-languages-map-2017-2.

2. Christian Hernandez Gallardo, "Londres's Diversity Is One of the Strongest Attributes of Its Tech Ecosystem", *Guardian*, 22 de junho, 2015, https://www.theguardian.com/media-network/2015/jun/22/Londres-diversity-tech-ecosystem-entrepreneurs.

3. Centro Americano de Emprendedorismo, "The Rise of the Startup City", http://www.startupsusa.org/global-startup-cities/.

4. Douglas Hockstad et al., eds., "AUTM US Licensing Activity Survey: 2017, A Survey Report of Technology Licensing (and Related) Activity for US Academic and Non-profit Institutions and Technology Investment Firms", AUTM, https://autm.net/AUTM/media/SurveyReportsPDF/AUTM_2017_US_Licensing_Survey_no_appendix.pdf.

5. Página inicial do site Wal-Mart Store No. 8, https://www.storeno8.com/about.

6. Henry Chesbrough, "The Future of Open Innovation", *Research Technology Management*, novembro–dezembro 2017, 34.

7. Kevin J. Boudreau e Karim Lakhani, "Using the Crowd as an Innovation Partner", *Harvard Business Review*, abril de 2013, https://hbr.org/2013/04/using-the-crowd-as-an-innovation-partner.

8. Jason Aycock, "NBC Reveals Netflix Data, Says Service Isn't 'Consistent' Threat", Seeking Alpha, 14 de janeiro, 2016, https://seekingalpha.com/news/3032896-nbc-reveals-netflix-data-says-service-consistent-threat.

9. "Nearly Half the World Lives on Less than $5.50 a Day", World Bank, comunicado oficial, 17 de outubro, 2018, https://www.worldbank.org/en/news/press-release/2018/10/17/nearly-half-the-world-lives-on-less-than-550-a-day.

10. Steve Jobs, discurso de abertura na Stanford University, 12 de junho, 2005, https://news.stanford.edu/news/2005/junho15/jobs-061505.html.

11. Thomas S. Kuhn, *The Structure of Scientific Revolutions* (Chicago: University of Chicago Press, 1970), 90.

12. Shunryū Suzuki, *Zen Mind, Beginner's Mind* (Boston: Shambhala Publications, 2006), 1.

13. Lars Bo Jeppesen e Karim R. Lakhani, "Marginality and Problem-Solving Effectiveness in Broadcast Search", *Organization Science* 21, no. 5 (setembro–outubro 2010): 1016–1033.

14. Aravind Eyecare System, *Activity Report 2017–2018*, 5, http://online.pubhtml5.com/idml/copn/#p=1.

15. "2019: China to Surpass US in Total Retail Sales", *eMarketer report*, janeiro 23, 2019, https://www.emarketer.com/newsroom/index.php/2019-china-to-surpass-us-in-total-retail-sales/. Veja também Kai-Fu Lee e Jonathan Woetzel, "China as a Digital World Power", *Acuity Magazine*, 2 de dezembro de 2018, https://www.acuitymag.com/business/china-as-a-digital-world-power.

16. Cheng Ting-fang, "Apple: A Semiconductor Superpower in the Making", *Nikkei Asian Review*, 29 de setembro de 2017, https://asia.nikkei.com/Asia300/Apple-A-semiconductor-superpower-in-the-making.

17. "The Strategy Crisis: Insights from the Strategy Profiler", *Strategy&*, 2019, https://www.strategyand.pwc.com/media/file/The-Strategy-Crisis.pdf.

18. Guido Jouret, "Inside Cisco's Search for the Next Big Idea", *Harvard Business Review*, setembro de 2009.

19. Cisco Global Problem Solver Challenge 2019, https://cisco.innovationchallenge.com/cisco-global-problem-solver-challenge-2019/overview.

20. Jouret, "Inside Cisco's Search for the Next Big Idea".

21. Entrevista dos autores com Zion Armstrong, 2019.

22. Entrevista dos autores com Mark King, 2019.

Capítulo 12

1. Com base na análise dos autores da Pesquisa Gallup Great Jobs Demonstration Survey, de novembro de 2019. Exclui trabalhadores autônomos ou com contrato temporário e funcionários não gerenciais (embora as respostas para funcionários administrativos sejam apenas ligeiramente superiores). Os dados são ponderados usando os pesos populacionais sugeridos pela Gallup.

2. "The Most Innovative Companies 2018", Boston Consulting Group.

3. "Venture Capital Funnel Shows Odds of Becoming a Unicorn Are About 1%", *CB Insight Research Brief*, 6 de setembro de 2018.

4. Peter Diamandis, "Culture and Experimentation—with Uber's Chief Product Officer", Medium, 10 de abril de 2016, https://medium.com/abundance-insights/culture-experimentation-with-uber-s-chief-product-officer-520dc22cfcb4.

5. Greg Linden, "Early Amazon: Shopping Cart Recommendations", *Geeking with Greg Blog*, 25 de abril de 2006, http://glinden.blogspot.com/2006/04/early-amazon-shopping-cart.html.

6. "How Big Companies Can Innovate", McKinsey & Company White Paper, fevereiro de 2015, https://www.mckinsey.com/business-functions/strategy-and-corporate-finance/our-insights/how-big-companies-can-innovate.

7. Jeff Zias, "Snap and File: An Innovation Story Behind Intuit's TurboTax Mobile App", LinkedIn post, 14 de abril de 2016, https://www.linkedin.com/pulse/snap-file-innovation-story-behind-intuits-TurboTax-mobile-jeff-zias/.

8. Brad Smith, "Intuit's CEO on Building a Design Driven Company", *Harvard Business Review*, janeiro–fevereiro de 2015.

9. Shikhar Ghosh, Joseph Fuller e Michael Roberts, "Intuit: Turbo Tax PersonalPro—A Tale of Two Entrepreneurs", Estudo de Caso nº 9-816-048 da Harvard Business School, março de 2016.

10. Apresentações no Intuit Investor Day de 2015 e 2016.

11. Entrevista de Scott Cook com Michael Chui, McKinsey & Co., https://www.mckinsey.com/business-functions/strategy-and-corporate-finance/our-insights/how-big-companies-can-innovate.

12. Scott Cook, "Accounting for Intuit's Success", Stanford University Lecture, 4 de novembro de 2015, https://stvp-static-prod.s3.amazonaws.com/uploads/sites/2/2015/11/3594.pdf.

13. Suzanne Pellican, "How Intuit Applied Design Thinking", O'Reilly Design Conference, 2016.

14. Hugh Molotsi e Jeff Zias, *The Intrapreneur's Journey: Empowering Employees to Drive Growth* (Lean Startup Co., 2018), 823–824, Kindle.

15. Ghosh et al., "Intuit: Turbo Tax PersonalPro."

16. Bennett Blank, "Lessons on Innovation from Intuit", 12 de junho de 2017, https://innov8rs. co/news/make-innovation-part-everyones-job-cisco-ge-adobe-intuit-intrapreneurship/.

Capítulo 13

1. Roger Scruton, "Conservatism", https://www.roger-scruton.com/images/pdfs/ Conservatism-POV-1.pdf.

2. *The Complete Works of Ralph Waldo Emerson*, vol. II (Londres: Bell and Daldy, 1866), 266.

3. Charles Simeon, citado em H. C. G. Moule, *Charles Simeon* (Londres, 1956), 77–78.

4. G. K. Chesterton, *Complete Works of G. K. Chesterton* (Hastings, RU: Delphi Classics, 2014), Kindle.

5. James March, "Exploration and Exploitation in Organizational Learning", *Organization Science* 2 (1991): 71–87.

6. Os 10 principais gastos com P&D farmacêutico provenientes do conjunto de dados da S&P Capital IQ; investimento R&D global retirado de "Total Global Spending on Pharmaceutical Research and Development from 2010 to 2024", *Statista*, https://www-statista-com.lbs.idm.oclc. org/statistics/309466/global-r-and-d-expenditure-for-pharmaceuticals/.

7. *HBM New Drug Approval Report: Analysis of FDA Drug Approvals in 2018*, 17.

8. Pedro Cuatrecasas, "Drug Discovery in Jeopardy", *Journal of Clinical Investigation* 116, no. 11 (2006): 2837–2842.

9. Os bancos menores e nichados têm os clientes mais satisfeitos no mercado bancário do Reino Unido; EPSI, 2019, http://www.epsi-rating.com/wp-content/uploads/2016/07/EPSI-Rating-UK-Banking-2018.pdf

10. Jan Wallander, *Decentralization—Why and How to Make It Work* (Stockholm: SNS Forlag, 2003), 42.

11. Ibid., 87.

12. Amar Bhide, Dennis Campbell e Kristin Stack, "Handelsbanken: May 2002", Caso 116–119 (Boston: Harvard Business School, 1 de julho de 2016), 5.

13. Nassim Nicholas Taleb e Gregory F. Treverton, "The Calm Before the Storm", *Foreign Affairs*, janeiro–fevereiro de 2015, https://www.foreignaffairs.com/articles/africa/calm-storm.

14. Richard Milne, "Handelsbanken Is Intent on Getting Banking Back to the Future", *Financial Times*, 20 de março de 2015, https://www.ft.com/content/85640c38-ad2a-11e4-a5c1-00144feab7de.

15. O Tesouro do Handelsbanken cobra das agências os fundos que adiantam aos mutuários; esses custos são em parte impulsionados pela carteira de empréstimos da agência. Por exemplo, uma agência com uma grande quantidade de empréstimos fixados em trinta anos enfrentará custos de financiamento mais altos do que outra com mais hipotecas ajustáveis de dez anos devido ao risco de taxa de juros mais alto. Os empréstimos específicos nos livros da agência também impulsionam os encargos de capital — quanto maior a quantidade de empréstimos relativamente arriscados, maior a cobrança para cobrir o custo do capital próprio reservado como uma proteção contra perdas potenciais. Embora nem todos os custos de financiamento sejam controlados pela agência (eles refletem uma variedade de fatores, como o equilíbrio geral entre ativos e passivos em todas as agências e o custo das lacunas de financiamento entre os dois nos mercados de capitais), a prática do Handelsbanken de alocar financiamento e custos de capital de uma forma que reflita a carteira de empréstimos da agência e os custos reais de captação do banco são incomuns no setor. Para obter mais detalhes, consulte Kroner Niels, *A Blueprint for Better Banking: Svenska Handelsbanken and a Proven Model for Post-Crash Banking* (Petersfield, RU: Harriman House, 2009), 106–107, Kindle.

16. Caroline Teh, *Researching Stewardship, Göteborg University School of Business, Economics and Law* (Göteborg, Sweden: BAS Publishing), 2016, 101.

17. Lindsay R. Murray e Theresa Libby, "Svenska Handelsbanken: Controlling a Radically Decentralized Organization without Budgets", *Issues in Accounting Education* 22, no. 4 (novembro de 2007): 631.

18. Teh, *Researching Stewardship*, 102.

19. Jeremy Hope e Robin Fraser, *Beyond Budgeting: How Managers Can Break Free from the Annual Performance Trap* (Boston: Harvard Business School Press, 2003), 134.

Capítulo 14

1. De acordo com Dominique Foucard, chefe de fabricação da Michelin entre 2011 e 2016.

2. Salvo quando indicado, as citações dos funcionários da Michelin e as descrições das práticas da empresa foram obtidas a partir de entrevistas pessoais realizadas pelos autores.

3. "Michelin demain en France et à Clermont-Ferrand: le nouveau président Florent Menegaux se confie", *La Montagne*, 17 de maio de 2019, https://www.lamontagne.fr/clermont-ferrand-63000/actualites/michelin-demain-en-france-et-a-clermont-ferrand-le-nouveau-president-florent-menegaux-se-confie_13561532/.

Capítulo 15

1. Marshall Ganz, "Leading Change: Leadership, Organization, and Social Movements", https://www.researchgate.net/publication/266883943_Leading_Change_Leadership_Organization_and_Social_Movements.

2. Adaptado de Eric Steven Raymond, *The Cathedral and the Bazaar* (Sebastopol, CA: O'Reilly Media, 2001), 197–199.

3. Paul Lambert, "Roche: From Oversight to Insight", Management Innovation eXchange, 23 de dezembro de 2011, https://www.managementexchange.com/story/roche-oversight-insight.

Capítulo 16

1. Entrevista dos autores com Damian Roland, 2015.

2. Liora Moskovitz e Lucia Garcia-Lorenzo, "Changing the NHS a Day at a Time", *Journal of Social and Political Psychology* 4, no. 1 (2016): 196–219, doi:10.5964/jspp. v4i1.532.

3. Veja, por exemplo, Barbara Kellerman, *The End of Leadership* (Nova York: HarperCollins, 2012); e Jeffrey Pfeffer, *Leadership BS: Fixing Workplaces and Careers One Truth at a Time,* (Nova York: HarperBusiness, 2015).

4. Com base na análise dos autores do Inquérito Europeu sobre Condições de Trabalho de 2015. A amostra inclui respondentes dos quinze países-membros da UE que trabalham em organizações com mais de 250 pessoas e cujo mandato é de pelo menos três anos (a pergunta relevante questiona os respondentes se eles passaram por uma grande reorganização nos últimos três anos). Os dados são ponderados usando os pesos populacionais sugeridos pela pesquisa.

5. Amit Yadav, "Why Companies Like Netflix, Uber, and Amazon Are Moving Towards Microservices", TechSur, 10 de janeiro de 2018, https://techsur.solutions/why-companies-like-netflix-uber-and-amazon-are-moving-towards-microservices/.

6. Peter Tollman et al., "Getting Smart About Change Management", Boston Consulting Group, 5 de janeiro de 2017, https://www.bcg.com/en-us/publications/2017/change-management-getting-smart-about-change-management.aspx.

7. Scott Neuman, "Pope Francis Says the Court Is the 'Leprosy of the Papacy,'" National Public Radio, 1º de outubro de 2013, https://www.npr.org/sections/thetwo-way/2013/10/01/228200595/francis-says-the-court-is-the-leprosy-of-the-papacy.

8. Ed Condon, "Pope Francis's Bold Reforms Have Been Frustrated. How Did This Happen?", *Catholic Herald*, 2 de fevereiro de 2018, https://catholicherald.co.uk/commentandblogs/2018/02/02/pope-franciss-bold-reforms-have-been-frustrated-how-did-this-happen/.

Índice